JN441511

소설로 읽는 **한국민중운동사1**: 전통시대편

서연비람은 조선 시대 왕궁 내, 강론의 자리였던 서연(書筵)에서 강관(講官)이 왕세자에게 가르치던 경전의 요지를 수집하여 기록한 책(비람備覽)을 말합니다. 서연비람 출판사는 민주주의 국가의 주인인 시민들 역시 지속 가능한 과거와 현재, 미래의 이치를 깨우치고 체현해야 한다는 믿음으로 엄착한 도서를 발간합니다.

소설로 읽는 한국문화사 제5집

소설로 읽는 **한국민중운동사1**: 전통시대편

초판 1쇄 2025년 12월 30일

지은이 김민효 · 유시연 · 엄광용 · 김주성 · 정수남 · 백영 · 김세인 · 채희문 · 김찬기 · 김민주
편집주간 김종성
편집장 이상기
펴낸이 윤진성
펴낸곳 서연비람
등록 2016년 6월 29일 제2016-000147호
주소 서울시 강남구 남부순환로 2909, 2층 201-2호
전자주소 birambooks@daum.net

ISBN 979-11-89171-89-6 04910
ISBN 979-11-89171-77-3 (세트)

값 16,500원

소설로 읽는 한국문화사 제5집

소설로 읽는

한국민중운동사 1

전통시대편

소설로 읽는 한국문화사 편찬위원회 편

차례

머리말

'소설로 읽는 한국문화사' 제5집이 집필 기간에 집필을 하지 못한 작가들로 인하여 출간이 늦어져 이제서야 출간하게 되었다. 소설로 읽는 한국문화사 편찬위원회 편집주간은 김종성 소설가가, 간사는 유시연 소설가가 계속해서 맡아 '소설로 읽는 한국문화사' 제5집 출간에 많은 수고를 했다. '소설로 읽는 한국문화사' 제5집의 필자 20명 모두 ㈔한국작가회의 회원들이 집필에 참여하여 20편의 신작 중단편소설을 편집해 『소설로 읽는 한국민중운동사1: 전통시대편』과 『소설로 읽는 한국민중운동사2: 근현대편』을 출간하게 되었다.

그동안 단행본이면서 테마가 있는 문예지의 성격을 아울러 갖춘 출판물인 무크(mook)로 출간되어 온 '소설로 읽는 한국문화사'는 제1집, 제2집, 제3집, 제4집을 세상에 내보내는 동안 제1집 『소설로 읽는 한국 여성사1: 고대 · 중세편』은 신작 중편소설 1편과 신작 단편소설 7편을, 제1집 『소설로 읽는 한국 여성사2: 근세 · 현대편』은 신작 중편소설 2편과 신작 단편소설 7편을, 제2집 『소설로 읽는 한국음악사1: 고대 · 중세편』은 신작 중편소설 1편과 신작 단편소설 7편을, 제2집 『소설로 읽는 한국음악사2: 근세 · 현대편』은 신작 중편소설 1편과 신작 단편소설 8편을, 제3집 『소설로 읽는 한국문학사1: 고전문학편』은 신작 중편소설 2편과 신작단편소설 7편을, 제3집 『소설로 읽는 한국문학사2: 현대문학편』은 신작 중편소설 3편과 신작 단편소설 6편을, 제4집 『소설로 읽는 한국환경생태사1: 산업화 이전편』은 신작 중편소설 3편, 신작 단편소설 6편을, 제4집 『소설로 읽는 한국환경생태사2: 산업화 이후편』은 신작 중편소설 2편, 신작 단편소설 7편을 실었다. 이어서 출간하는 제5집 『소설로 읽는 한국민중운동사1: 전통시대편』에서는 신작 중편소설 3편, 신작 단편소설 7편을, 제5집 『소설로 읽는 한국민중운동사2: 근현대편』은 신작 중편소설 2편, 신작 단편소설 8편을 실었다.

소설로 읽는 한국문화사 제5집 『소설로 읽는 한국민중운동사1: 전통시대편』에서 김민효의 신작 단편소설 「운명에 이끌리다」는 묘청의 난을, 유시연의 신작 중편소설 「왕후 장상의 씨가 따로 있나」는 만적의 난을, 엄광용의 신작 중편소설 「전설이 된 숨은 용」은 삼별초의 난을, 김주성의 신작 단편소설 「과녁 없는 살(薩)」은 임꺽정의 난을, 정수남의 신작 중편소설 「꺼지지 않는 횃불」은 홍길동의 난을, 백영의 신작 단편소설 「활빈도의 길」은 장길산의 난을, 김세인의 신작 단편소설 「작변(作變)」은 이필제의 난을, 채희문의 신작 단편소설 「녹두꽃 지던 길」은 동학농민전쟁을, 김찬기의 신작 단편소설 「불이 붙는다」는 평안도농민전쟁을, 김민주의 신작 단편소설 「민란(民亂)」은 이재수의 난을 각각 다루고 있다.

이 시대를 살아가는 사람들이 ㈔한국작가회의 소속 소설가들이 집필한 10편의 중단편소설을 통해 우리 역사 속에서 살다 간 민중들의 삶을 올바르게 인식하고, 깊이 있게 이해하는 데 도움이 되리라 믿는다.

어렵게 모은 원고를 아름다운 책으로 만들어 준 ㈜서연비람 윤진성 대표와 이상기 편집장을 비롯한 편집진의 노고에 감사드린다. 끝으로 내외 환경이 나날이 어려워져 가는 이때 혼신의 힘을 다해 작품활동을 하는 ㈔한국작가회의 회원들과 출간의 기쁨을 함께하고자 한다.

2025년 10월 29일

소설로 읽는 한국문화사 편찬위원회 편집주간

김종성

소설로 읽는 한국 민중운동사 1: 전통시대 편

1. 운명에 이끌리다—묘청의 난

- 김민효

1. 출정의 아침

더 이상 인종은 서경으로 행차하지 않았다. 묘청을 개경으로 부르는 일도 없었다. 조정의 정책 결정을 맡기고 의지할 것 같던 인종은 그에게 편지 한 통 보내지 않았다. 서경으로의 천도는 더 이상 논하지 않겠다는 뜻도 개경 주재 유수관의 입을 통해 통보 형식으로 전달받았다. 천도가 무산되었다는 소식은 삽시간에 서경 전역으로 퍼졌고, 학수고대하며 힘을 보탰던 주변 성들에도 빠르게 전해졌다. 분노와 허탈은 극에 달했다.

천도가 무산되자 서경의 민심은 요동쳤다. 서너 명만 모이면 인종이 서경을 버렸다고 분통을 터트렸다. 그들은 묘청의 행방을 찾아 대화궁 성문 앞과 사찰로 몰려와 원성을 쏟아냈다. 서경 천도가 왜 무산됐는지, 인종은 왜 서경을 버렸는지, 서경이 버려졌다면 그 책임은 누구에게 있는지 등등. 급기야 급진파의 분노는 묘청에게로 향했다. 묘청은 운명의 칼끝이 자신을 향해 바짝 다가와 있음을 직감했다.

새벽 예불을 올린 묘청은 좌정을 한 채 한동안 침묵에 잠겼다. 눈을 감은 채 미동도 하지 않은 그의 모습은 좌선의 경지에 이른 것처럼 보였다. 긴 시간 이를 지켜보던 제자가 무릎걸음으로 그에게 다가갔다. 그제야 묘청이 눈을 뜨며 말했다.

"해가 떴느냐."

제자가 법당 문설주에 기대놓은 용두지팡이를 가리키며 말했다.

"네, 용머리까지 들이쳤습니다."

묘청은 자리에서 일어났다. 어쩐 일인지 중심을 잃고 휘청거렸다. 제자가 재빨리 그를 붙들었다. 묘청은 가까스로 중심을 잡은 뒤 제자의 손을 밀어냈다. 그리고 가사를 벗어 제자에게 건넸다. 묘청은 문턱에 놓아둔 소가죽 조끼를 덧입고 허리를 바짝 조였다. 두건까지 쓰자 전쟁터로 나가는 승병의 차림새였다. 제자는 비감한 표정으로 말했다.

"스승님, 지금이라도 물러서십시오. 결코 스승님이 가실 길이 아닙니다."

묘청은 고개를 가로저으며 말했다.

"이미 때가 꽉 찼느니라. 갈수록 높아지는 원성을 어떻게 막을 것이며, 날마다 이곳으로 몰려드는 백성들을 뉘라서 달랠 수 있겠느냐. 저들은 내 입을 통해 전하의 뜻을 헤아렸고, 내가 전하는 천도 소식에 희망을 품었던 사람들이다. 책임도 책임이지만 장차 고려에 닥칠 대환란이 뻔히 내다보이는데 강 건너 불 보듯 구경만 할 수는 없잖느냐."

묘청은 절망적인 표정을 짓는 제자에게서 시선을 돌렸다. 그는 대웅전 마루에 걸터앉아 바짓단을 단단히 조였다. 그리고 혼잣말처럼 낮게 말했다.

"전하만 이곳으로 모셔 오면 천도는 저절로 이루어질 게야. 그 대업을 위해 내가 제물이 되고자 하느니라."

묘청은 결기를 다지듯 벌떡 일어섰다. 그의 눈빛은 어느 때보다 형형했다. 제자는 숫제 사색이 되었다. 묘청은 마루 한쪽에 놓아둔 바랑을 집어 들었다. 바랑 안에는 자신의 발우와 한 덩이의 은자 그리고 편지 한 통이 들어 있었다. 그는 용두지팡이까지 집어 든 다음 제자의 양손에 건네주며 비장한 어조로 말했다.

"자 너에게 이것들을 물려주마. 네 법명은 이제부터 정심이니라. 이것으로 너와 나의 인연은 끝났다. 알겠느냐?"

평소 그답지 않게 묘청의 목소리는 몹시 떨렸다. 도반 이상인 제자와 연을 끊는다는 건 승려로서의 모든 걸 내려놓는다는 의미이기도 했다. 그는 수족이었고, 밥이었으며, 옷이기도 했던 제자였다. 그에게서 빌리지 않았던 건 오직 머리뿐이었다. 묘청이 자신의 법명까지 내어주자, 제자는 아예 그의 발밑에 엎드리며 말했다.

"아닙니다. 그림자가 사라지다니요. 저도 스승님을 따라가겠습니다."

묘청은 큰 소리로 꾸짖으며 칼등으로 제자의 등을 후려쳤다.

"이 순간부터 내게는 그림자가 없느니라."

말을 마친 묘청은 대웅전 마당을 빠르게 지나 거병 주도자들이 기다리고 있는 일주문 밖으로 나왔다. 나무아미타불 관세음보살…. 제자의 진언이 절규처럼 등 뒤로 따라붙었다. 그는 대기 중인 말에 올라탔다. 한 번의 채찍과 함께 묘청을 태운 말은 대화궁을 향해 내달렸다. 제자의 간절한 진언은 뒤따르는 반란 주도자들의 말발굽에 완전히 묻혀버렸다. 말발굽 소리는 묘청의 등을 강하게 떠밀었고, 살을 에는 듯한 북풍은 드높은 파도처럼 그에게 달려들었다. 그는 고삐를 바투 잡으며 운명의 파고를 향해 허리를 곧추세웠다. 사실상 인종의 부름은 묘청의 운명을 좌우할 파고의 조짐이었다.

2. 서경으로의 천도 요청

역대 인종들의 조서를 살펴보고 있는데, 정지상과 백수한을 대동하고 인종이 보문각으로 들어왔다. 보문각은 궁중 도서관으로 학사들이 회의나 강론을 펼치는 곳이다. 궁궐이 불탄 후 청연각의 장서들까지 옮겨 놓아 학사들의 회의나 강론을 펼치기엔 비좁았다. 하지만 인종과 긴밀한 대화를 나누기에는 그만한 장소가 없을 듯했다. 묘청은 조정 회의와 경연이 끝날 때까지 이곳에 앉아 책을 읽거나 깊은 사색에 잠겼다. 사색에 잠겨있는 동안은 이곳이 개경의 보문각인지, 서경의 사찰인지에 대한 구분이 없어졌다. 이른바 이곳이 그곳이고, 저곳이 이곳이었다.

인종이 상좌에 앉자 묘청과 정지상과 백수한도 맞은편 자리에 앉았다. 조정 회의가 길었던 탓인지 인종은 매우 지쳐있었고 표정 또한 어두웠다. 하지만 인종은 허리를 꼿꼿하게 세운 채 의연한 척 애를 쓰는 모습이었다. 인종이 유 내관을 힐긋 바라보았다. 그러자 유 내관은 뒷걸음으로 조용히 물러났다. 문이 닫히자, 인종이 말을 꺼냈다.

"원사도 짐작하겠지만 현안이 한두 가지가 아닐세. 궁궐을 중건하는 일부터 금나라와의 관계 설정까지 어느 것 하나 쉽게 판단할 수가 없으니…."

인종은 말꼬리를 흐리며 깊은숨을 몰아쉬었다, 마치 세상사에 짓눌린 노인처럼. 묘청은 젊은 왕의 고뇌와 불안이 고스란히 느껴졌고 그것의 근원이 무엇인지도 이미 꿰뚫고 있었다. 겨우 열세 살에 왕위에 올라 삶과 죽음의 경계를 몇 차례나 겪어낸 인종이 아닌가. 여느 양반집 선비였다면 글공부나 하고 사냥놀이나 즐겼을 나이에 극한의 험한 일을 겪어냈으니 저 속이 오죽할까 싶었다. 더구나 그의 생사여탈을 쥐락펴락했던 자가 장인이자 외할아버지였으니 말이다. 외척인 이자겸이 외손자인 인종에게 자기 딸 둘을 왕비로 들여앉힌 것이며, 인종을 자기 집에 유폐시킨 뒤 여러 차례 독살을 시도했던 것을 떠올리자, 묘청의 입에서는 저절로 탄식이 새어 나왔다.

"나무아미타불 관세음보살……."

묘청은 진언을 낮게 읊조리며 인종의 다음 말을 기다렸다. 다소 긴장이 풀린 듯한 목소리로 인종이 말을 이었다.

"오늘 원사를 따로 부른 것은, 긴히 청할 일이 있기 때문이네. 지금 가장 시급한 문제는 불타버린 궁궐을 중건하는 게 아니겠나. 왕실뿐만 아니라 신료들의 의견 또한 당장 실행하는 것이 마땅하다는 쪽으로 중지가 모아졌네. 그러니 원사의 도력과 혜안으로 착공하기 좋은 날을 잡아보게나."

묘청은 일단 고개를 끄덕였다. 그는 잠시 눈을 감은 채 생각에 잠겼다.

그의 한 손은 용두지팡이를 잡은 채였고, 다른 한 손은 연신 염주 알을 넘겼다. 그가 지팡이와 염주를 내려놓은 뒤 말했다.

“전하, 소실된 궁궐을 중건하는 것은 마땅한 일이라 사료됩니다. 하지만 그 일에 앞서 심각하게 고려해야 할 일이 있사옵니다.”

묘청의 말에 인종의 표정은 다시 굳어졌다. 그는 채근하듯 묘청을 바라보았다.

“개경은 불의 기운으로 가득 찬 곳입니다. 창건 이후 벌어진 크나큰 사건들을 떠올려 보십시오. 선대뿐만 아니라 전하께서도 얼마나 큰 고초를 겪으셨습니까. 게다가 대부분의 궁궐이 소실되지 않았습니까? 무방비 상태로 계시다간 더 큰 환란이 닥칠 것입니다. 소승은 개경에 당도한 순간 그런 기운이 느껴져 장탄식을 금할 수가 없었나이다.”

인종의 얼굴은 점점 흙빛으로 변해갔다. 그의 눈꺼풀이 파르르 떨렸고 얼굴 근육도 제 멋대로 꿈틀거렸다. 인종은 이내 표정을 수습하며 버럭 소리를 질렀다.

“또 다른 환란의 징후라니? 이 무슨 해괴한 망언인가. 내 목숨을 노렸던 이자겸이나, 대궐을 불태우며 난행을 벌였던 척준경의 역모보다 더한 환란이 또 있겠느냐 말이다.”

묘청은 인종의 얼굴을 지긋이 바라보며 잔뜩 목소리를 낮춰 말했다.

“전하, 거듭 말씀드리지만, 개경은 이제 왕기가 쇠할 대로 쇠한 곳입니다. 게다가 알게 모르게 세력을 키우고 있는 또 다른 이자겸이 있는 듯하옵니다. 저들은 언제든 기회를 잡아 전하를 손아귀에 넣고 국정을 주무르려 할 겁니다. 불 보듯 훤히 내다보이는데 소승이 어찌 눈을 감아버릴 수는 있고 입을 다물 수 있겠사옵니까.”

묘청의 말에 인종은 고개를 세차게 가로저었다. 또다시 환란을 겪고 싶지 않다는 의지의 몸짓으로 보였다. 인종의 얼굴은 순간순간 불안과 의구심과 기대가 교차했다. 인종은 다그치듯 물었다.

"원사, 지금 하는 말이 얼마나 위중한 것인지 알고는 있겠지? 목을 내놓아야 할 만큼 불온한 발언이란 말일세. 그런 만큼 원사가 하는 말에는 무거운 책임이 뒤따른다는 뜻이야."

"그렇습니다. 소승은 지금 전하께 천기를 누설하는 중입니다. 소승의 충심을 담아 말씀드리는 바를 부디 헤아려 주십시오."

묘청이 확신에 찬 모습을 보이자, 인종은 안도하는 표정으로 다음 말을 재촉했다.

"전하 황공하오나, 수도를 옮기는 일은 왕실의 안위와 강력한 왕권을 확보하기 위한 강구책입니다. 또한 왕권에 도전하거나 해하려는 불순한 세력을 미리 차단하고 끊어낼 최선의 방책입니다. 이곳 개경에서 억지로 화기를 누르려고 하지 마십시오. 그렇게 화기를 누를 수 있는 땅이라면 전하께서 그렇게 모진 고생을 하지 않으셨을 겁니다."

두 사람의 말을 경청하고 있던 정지상과 백수한이 거들고 나섰다. 백수한 역시 천문과 지리학에 밝고 예지력이 있었던 터라 묘청은 그의 왼팔로 여기고 있었다.

"전하, 그렇습니다. 궁궐이 불탐으로써 그나마 명맥을 유지하던 좋은 기운은 완전히 사라졌습니다. 거듭 말씀드리지만, 원사께서는 진리를 통찰하는 혜안을 가진 고승입니다. 간곡히 청하오니 정사에 관한 모든 일은 원사의 고언대로 행하심이 옳을 것입니다.

정지상의 목소리에는 강한 신념이 담겨 있었다. 그의 명철함과 충성심을 익히 알고 있던 인종은 기대 어린 표정으로 고개를 끄덕였다. 척준경 제거에 큰 공을 세웠던 정지상의 지혜와 지략을 떠올린 것 같았다. 인종은 정지상을 개경 핵심 세력인 김부식을 견제할 수 있는 유일한 인물로 여기며 총애하고 있음을 은근하게 드러냈다. 묘청은 일침을 가하듯 강한 어조로 말했다.

"왕기가 성하고 땅의 기운이 순한 곳으로 수도를 옮기는 건 이제 천명입니다."

"왕기가 성하고 땅의 기운이 순한 곳이라니?"

"그곳이 어딘지 전하께서는 이미 알고 계십니다."

"내가 이미 알고 있다?"

"예, 바로 서경입니다. 서경은 꽃이 활짝 핀 명당으로 왕기가 성한 땅입니다. 특히 임원역에 궁궐을 짓고 나라를 세우면 금나라와 삼십육 국이 조공을 바치며 신하국을 자청하게 될 것입니다. 일찍이 태조께서도 서경을 일컬어 수덕이 순조롭고, 지맥은 나라의 뿌리가 되며, 대업을 만대에 전할 명당이라 하셨잖습니까. 연중 최소 백일은 서경에서 거하라 명하실 만큼 왕실과 정사에 중요한 곳임을 설파하셨습니다. 또한 여러 선대 임금께서도 몇 차례나 서경 천도를 고려하신 적이 있사옵고요. 다만 여러 가지 난관에 부딪혀 뜻을 펼치지 못하셨던 겁니다. 전하, 모든 건 분명한 때가 있으니, 바로 지금이 그것을 결정하고 실행에 옮겨야 할 때입니다."

정지상이 묘청의 말을 바로 받았다.

"그렇습니다. 원사의 혜안이 담긴 충정의 뜻을 깊이 헤아려 주시길 소신 정지상, 간곡히 청하옵니다."

묘청과 정지상의 말에 인종은 깊은 생각에 잠긴 듯했다. 그의 표정으로 미루어 묘청 일행의 의견에 동조하는 듯했다. 묘청과 정지상은 확신에 찬 표정으로 시선을 교환하였다. 고개를 숙인 채 듣기만 했던 백수한도 그들과 시선을 교환하며 고개를 끄덕였다.

인종의 요청에 따라 묘청의 체류는 한동안 계속되었다. 인종이 자리한 가운데 묘청은 정지상과 함께 서경 천도에 대한 구체적인 논의를 거듭했다. 긴 숙의 끝에 서경 천도에 대한 계획과 제도 개혁의 세부 사항까지 매듭이 지어졌다. 기득권 문벌 세력의 확산을 막아 왕권을 강화하고, 국방을 튼튼히 하여 오랑캐의 침략을 사전에 차단하는 게 주요 목표였다. 세부적으로는 문벌들에게 집중된 공음전을 개혁하여 그 혜택이 백성들에게 고루 돌아가도록 법을 제정하는 것, 지역적 차별을 없애고 유능한 인재를 고르게 등용하는 것, 무신들의 처우를 개선하여 군사력의 누수를 막는 것 등이었다.

처음엔 엄두를 내지 못하던 인종도 논의를 거듭하자 차츰 개혁 의지를 굳히는 듯 보였다. 그는 자신이 오랫동안 고민했던 사람처럼 서두르기 시작했다. 닦달하듯 묘청을 앞세워 서경으로 행차한 다음 곧바로 김안에게 대화궁 건립을 명령했다. 겨울 초입인데도 묘청과 김안을 다그치며 궁궐 공사를 재촉했다. 사상자 발생과 소요 사태 등 지난한 과정을 거쳤으나 인종이 바라던 대로 대화궁은 완공을 보게 되었다.

3. 대화궁 완공과 축성식

묘청은 아침 일찍부터 정지상과 함께 대화궁 축성식 준비를 점검하였다. 백수한은 그들보다 먼저 나와 임원 궁성 주변 모두를 살피며 곳곳에 경계병을 배치하고 있었다. 정지상이 연회를 준비하는 신료들의 보고를 받는 동안 묘청은 팔성당이 들어설 자리를 돌아보았다. 팔성당은 장차 이 땅의 호국신들인 팔선과 부처를 함께 모실 사당으로 아직 터만 잡아 놓은 상태였다. 묘청은 주변을 돌아보았다. 초석만 놓인 팔성당 건너편에는 버들가지가 휘늘어졌다. 어느새 가지마다 도도록하게 움이 트이고 있었다. 그는 자신에게 이르듯 낮게 중얼거렸다.

"서경 백성들에게도 진정한 봄이 시작되려나…."

묘청은 합장을 한 채 하늘과 땅을 번갈아 보았다. 그의 표정에는 간절함이 담겨 있었다. 그가 건룡전 쪽으로 돌아서자, 정지상과 백수한이 곧바로 뒤를 따랐다. 건룡전으로 향하는 그들의 걸음걸이가 갑자기 빨라졌다. 그들은 숨조차 고르지 않고 열두 계단을 올라갔다. 그리고 중앙 통로 앞에 멈춰 섰다.

건룡전 팔작지붕은 하늘을 찌를 듯이 솟아 있었다. 용마루에서 흘러내린 합각마루는 황룡의 형상이었고. 치미는 여의주를 물고 있는 용머리로 장식되었다. 막 떠오른 아침 해가 건룡전 지붕에 들이쳐 황금빛으로 퍼져 나갔다. 마치 살아있는 용이 온몸의 비늘을 세워 황금빛을 내쏘는 것처럼 보였다. 백수한이 묘청을 향해 말했다.

"스승님, 금세라도 황룡이 승천할 것 같지 않사옵니까?"

묘청은 백수한을 바라보며 빙긋이 웃었다. 그러자 정지상이 거들고 나섰다.

"원사님, 참으로 그렇습니다. 게다가 날씨까지 거들고 있잖습니까? 서경의 산천초목까지 오늘을 기다려온 듯싶습니다."

정지상의 말에 그들은 동시에 하늘을 올려다보았다. 사실 며칠 전까지만 해도 아침저녁으로 서릿발이 성성했고, 간간이 진눈깨비도 내렸다. 게다가 바람은 뼛속까지 파고들 정도로 매서웠다. 그런데 언제 그랬냐는 듯 갑자기 푸근해진 것이다. 묘청이 정지상과 백수한을 번갈아 보며 말했다.

"아무렴, 천도를 위한 순조로운 기운 아니겠나. 조금 전 자네들이 말했듯 고려 천 년의 새 역사가 이곳에서 시작될 것이네."

묘청의 말에 정지상과 백수한은 한목소리처럼 대답했다.

"네, 반드시 그렇게 되어야지요. 북방의 오랑캐들을 제압하고 대국을 건설했던 고구려의 기상을 되살려야 합니다. 고려는 황제국이 되어 독자적인 연호를 세우게 될 거고요."

칭제건원은 묘청과 정지상이 인종에게 거듭했던 주청이었다. 하지만 김부식 등의 개경 신료들은 이들의 주청을 반대하며 번번이 묵살했다. 금나라의 신경을 거슬러서는 안 된다는 취지였다. 묘청은 김부식과 벌였던 설전을 떠올렸다. 김부식이 금나라의 요구에 따라야 한다는 말에 묘청이 반기를 든 것이다.

"금에게 신하국을 자청하는 게 현실적인 외교라니요. 판이부사께서는 역적 이자겸의 주장을 그대로 되풀이하고 있는 겁니다. 조공을 받았던 오랑캐들에게 어찌 굴복하란 말입니까."

김부식은 송나라가 망하는 상황을 직접 목격했다며 금나라의 요구를 받아들여야 한다고 주장했다. 금나라의 세력은 우리에게 조공을 바치는 약소국이 아니라는 말이었다. 섣불리 저항하다가는 금나라의 말발굽에 고려가 쑥대밭이 될 거라며 묘청에게 꾸짖듯 말했다.

"승려 묘청은 해괴한 요설로 전하의 혜안을 어지럽히지 말라. 정치와 외교는 이상만으로 펼치는 게 아니다. 고도의 전략과 지략을 바탕으로 나아갈 때와 물러날 때를 알고 결단하는 게 외교이고, 어리석은 백성들을 엇나가지 않게 잘 다스리는 게 정치인 것이니라."

김부식은 현실을 모르는 승려의 의견 따위는 재고의 여지조차 없다며 묵살해 버렸다. 묘청은 굽히지 않았다. 그는 문벌이나 귀족들이 국가 재산을 독식하고 있는 게 문제라고 강변했다. 소작농들에게 거둬들이는 세금 일부를 무인들의 처우개선과 국방비에 투입한다면 충분히 자주권을 회복할 수 있다고 맞받아쳤다. 두 사람의 논쟁은 개경 바닥에 파다하게 퍼졌다. 묘청을 위험인물로 치부하며 경계하는 신료들의 목소리가 터져 나왔다. 김부식과 개경 원로들은 서경 천도는 허황된 망상이라며 인종에게 거듭 경고성 주청을 올렸다. 그러나 인종은 묘청의 직위를 높여주면서까지 곁에 두고 조언을 구했다. 사실상 개경 세력의 반대와 인종의 갈등은 묘청의 구상과 계획이 험난한 가시밭길일지를 예고하고 있었다.

묘청은 결연한 목소리로 말했다.

"그렇지. 금을 황제국으로 떠받칠 수는 없는 일이지. 이 나라가 개경 몇몇 문벌과 신료들에게 좌지우지되도록 두어서는 안 될 것이야. 천도가 성사되는 즉시 그들 세력부터 도려내야 할 걸세."

묘청은 임무를 부여하듯 정지상을 돌아보며 말했다. 그는 김부식이 차지하고 있는 자리가 정지상의 것이어야 한다는 생각을 버린 적이 없었다, 문장이든 식견이든 지략이든.

"자네 어깨가 무겁다는 걸 한시도 잊어서는 안 되네. 잘못된 제도는 뜯어고쳐야 하고, 떨어진 국가의 위상은 바로 세워야 한단 말일세."

대화궁에 인종의 행차가 당도한 것은 반나절이 지난 후였다. 연회 분위기는 점점 고조되었다. 정지상이 하늘을 가리키며 외쳤다.

"보십시오. 하늘에서 풍악 소리가 들려오지 않습니까. 이는 대화궁의 축성과 전하의 은덕을 기리는 하늘의 노래가 아니겠습니까?"

묘청이 고개를 끄덕이며 화답했다.

"그렇습니다. 대화궁의 완공과 더불어 대업의 시작을 축원하는 하늘의 소리입니다. 그러니 여기 계신 신하들께서는 이런 마음을 담아 전하께 축원을 올리도록 합시다."

묘청이 정지상이 축원 표문을 올리자며 두루마리를 내밀자, 개경에서 온 늙은 신하가 얼굴을 잔뜩 찡그린 채 동참을 거절했다. 판이부사 김부식의 최측근 중 한 사람이었다. 그는 인종을 곁눈질하며 들으라는 듯 볼멘소리로 말했다.

"내 참, 무슨 풍악이 들린단 말입니까. 내 비록 늙었으나 귀까지 어둡지는 않습니다."

그러자 다른 개경파 신하들도 고개를 끄덕이며 맞장구를 쳤다.

"그렇습니다. 인간은 속일 수 있으나 결코 하늘을 속일 수는 없다, 이 말입니다."

묘청은 개경에서 온 신하들 모두가 김부식의 뜻을 대변하고 있음을 간파했다. 머쓱해진 그는 축원 시문을 든 채 개경 신료들과 인종을 번갈아 보았다. 하지만 인종은 아무 말도 듣지 못한 것처럼 좌중을 돌아보며 말했다.

"오늘은 참으로 기쁜 날이요. 모처럼 바람이 순하고, 술맛까지 깊으니 이 어찌 상서로운 일이 아니라 하겠는가. 이렇게 안락한 궁궐을 빨리 완공할 수 있도록 심혈을 기울인 원사와 서경 백성들의 노고를 내 어찌 치하하지 않으리. 자, 원사는 앞으로 나와 내가 주는 곡차를 받으시게나."

인종이 대놓고 묘청과 서경 관리들을 치하하자 개경에서 온 신하들은 일제히 입을 다물었다. 그들은 고개를 절레절레 흔들며 마땅치 않다는 표정을 감추지 않았다. 묘청은 늙은 신하를 일별한 다음 고개를 돌렸다. 그는 보란 듯 인종이 따라주는 술잔을 받아 단숨에 마셨다. 잔을 내려놓은 다음 그는 인종을 올려다보며 말했다.

"전하, 참으로 황공하옵니다. 전하의 행차에 맞춰 날씨까지 좋으니 어찌 상서롭다 하지 않겠사옵니까. 이곳의 서기를 받아 머지않아 고려 왕실에 대단히 기쁜 소식이 있을 것으로 사료되옵니다. 부디 옥체를 잘 보존하시어 그날을 기다리십시오."

묘청의 말에 인종의 표정이 환해졌다.

"종사에 기쁜 일이라…. 그 기쁜 소식은 조용히 따로 듣겠네. 원사의 도력과 혜안을 술자리에서 가볍게 받을 수는 없지 않겠는가. 그나저나 지금은 이 술맛이 가장 좋구만."

묘청은 인종의 임기응변에 탄복하지 않을 수 없었다. 그동안 갖은 풍상을 겪은 인종인지라 늘 위축된 모습이었지만, 잘만 다듬으면 성군이 될 가능성이 높다고 여겼다. 서경으로 모셔 와 잘만 조탁하면…. 묘청은 건룡전 용상에 앉아 청렴한 신료들의 보필을 받으며 백성의 복락을 위해 고심하는 인종의 모습, 금나라와 주변 삼십육 국의 사신들이 용상을 향해 머리를 조아리며 하례하는 광경을 그려보았다. 상상만으로도 가슴이 벅차올랐다.

4. 대위국 선포와 서경 전역 접수

하지만 그날의 설렘과 기대는 배신감과 허망함으로 돌아왔다. 천도를 추진했던 모든 계획을 폐기한다는 선언과 함께 인종은 일 년여 동안 서경에 오지 않았다. 그 사이 대화궁은 그날의 위용을 잃어가고 있고, 점점 쇠락의 기운이 더해지고 있다. 완공 이후 건룡전은 여러 차례 수난을 겪었기 때문이다. 특히 용마루와 합작 마루 그리고 치미를 장식했던 용머리 형상은 몇 번이나 벼락을 맞아 형편없이 망가졌다. 벼락은 매번 용마루를 내리쳤고, 그럴 때마다 용의 형상이 뒤틀리며 불꽃이 튀었다. 이를 두고 갖가지 억측이 쏟아졌다. 대화궁을 완공하고도 천도를 미적거리는 인종에 대한 경고라는 둥, 건룡전 아래에 잠들어 있던 황룡의 기운이 벼락을 토해내는 거라는 둥, 황룡의 기운이 벼락을 끌어들이기 때문이라는 둥. 연거푸 건룡전 지붕에 벼락이 떨어지는 것에 대한 세론은 모두 부정적이었다. 먹고살기가 힘든데 궁궐 지붕에 금칠까지 한 것에 대한 불만과 서경 천도가 순조롭지 않을 것 같다는 불안의 표출이었다.

목전까지 다가왔던 천도가 무산될 위기에 처했다. 묘청은 다급해졌다. 인종의 마음이 돌아서기 전에 서경이 정도임을 확인시킬 필요가 있었다. 일관 백수한이 묘안을 짜냈다. 성공만 한다면 인종이 결단을 내리게 되리라 확신했다. 묘청은 그림자를 자청하는 제자를 시켜 큰 떡을 만들고 그 안에 기름을 가득 채운 다음 대동강 바닥에 가라앉혔다. 밤이 되자 앞산에 등불을 켜놓고 남극성이 떴다고 헛소문도 퍼트렸다. 오색 기름띠를 신룡의 침이라고 했던 것이나 등불을 남극성이라고 했던 건 인종의 마음을 돌려놓기 위한 막바지 궁여지책이었다.

하지만 김부식과 그의 수하들은 묘청이나 백수한보다 한 수 위였다. 결국 어설픈 자작극은 김부식의 수하에 의해 만천하에 드러났다. 김부식을 비롯한 개경 신료들에게 서경 천도가 부당하다는 빌미를 스스로 제공한 셈이었다. 더 치명적인 건, 묘청이 평생 이룬 승려로서의 신뢰를 단번에 날려버렸다는 사실이었다. 그는 세상을 등지고 칩거에 들어갔고, 속세로부터 잊히길 바랐다. 그러나 세상은 그의 바람을 용납하지 않았다. 거병 주도자들은 그를 세상으로 끌고 나와 더 큰 파고 앞에 세웠다.

진영이 차려진 대화궁 성안에는 유참의 아들 유호의 지휘 아래 수백 명의 거병들이 전열을 가다듬고 있었다. 유독 돋보이는 무리는 조광과 그의 사병들이었다. 조광의 사병들은 완전무장을 했고, 여느 거병들과 달리 대열도 잘 정돈되어 있었다. 일반 백성들이 대거 참여한 반란군들은 무장 상태는 물론이고 대열 또한 매우 허술했다. 하지만 그들은 훈련된 군사들 못지않게 전의를 불태우고 있었다. 유참을 비롯한 거병 주도자들과 함께 묘청이 나타나자, 그들은 일제히 함성을 질렀다. 백주, 정주, 서산진, 해주 등에서 새벽같이 달려온 성주들이 함성을 듣고 막사에서 나왔다. 그들 역시 묘청을 에워싼 채 결의를 다졌다.

주도자들과 성주들은 묘청의 뒤를 따라 대화궁 계단을 올라갔다. 그들은 팔성당 앞에 도열했다. 병사들의 시선이 일제히 그들에게 쏠렸다. 묘청은 두 팔을 벌린 채 하늘을 우러르며 소리쳤다.

"환웅천왕을 위시한 이 땅의 팔선(八仙)과 자비로우신 부처님께 아뢰나니 서경에 새로운 나라가 세워졌나이다. 나라의 이름은 대위이며 연호는 천개이옵니다…. 부디 대위국의 천세를 축복해 주소서."

묘청 일행은 약식으로 삼보(三寶) 예식과 경문을 낭송하는 등 건국 의식을 짧게 마쳤다. 의식을 마친 묘청은 성주들과 성문 안팎 병사들을 향해 다시 소리쳤다.

"서경을 대위국의 수도를 삼으며 이곳 대화궁은 천세를 누릴 왕실의 터전임을 선포하노라."

묘청은 건룡전을 가리키며 말을 이었다.

"저기 비어 있는 용상에 전하를 모셔 와, 백성을 위한 새 나라로 거듭날 것이다."

이어 묘청은 대위국이 펼쳐나갈 정책에 대해 간단하게 설명했다. 인종과 함께 새 시대를 꿈꾸며 구상하고 계획했던 제도와 개혁안들이었다.

"대위국은 백성의 고달픈 삶을 우선하여 살필 것이다. 문벌귀족이 독점하고 있는 국가 소유의 농지 일부를 백성들에게 고루 나눠줄 것이며, 지역적 차별 없이 유능한 인재를 등용할 것이다. 또한 무장이나 병사들이 국방에 전념할 수 있도록 적극 처우를 개선할 것이다. 그밖에 세세한 정책은 나라가 안정되는 대로 모든 백성에게 전해질 것이니라."

묘청이 앞으로 펼칠 정책을 밝히자, 거병에 참여한 사람들은 어리둥절한 모습이었다. 한 번도 꿈꿔보지 못한 세상이라 믿어지지 않은 모양이었다. 잠시 술렁대던 그들은 이내 손뼉을 치며 환호성을 내질렀다.

"분연히 떨쳐 일어난 서경의 거병들이여, 그대들은 하늘이 보낸 충성스럽고 의로운 군사들이다. 너희들은 지금부터 천견충의군(天遣忠義軍)이란 이름으로 불리게 될 것이니라. 천견충의군들이여, 새로운 세상을 향해 진격할 준비가 되었는가?"

결기에 찬 묘청의 목소리가 대화궁 안팎으로 쩌렁쩌렁 울려 퍼졌다. 설법할 때와 전혀 다른 묘청의 모습에 모두가 환호성으로 응답했다.

유참과 조광을 위시한 주도자들은 각 부대의 수장들을 잠시 쉬게 한 다음 관풍전으로 모였다. 묘청과 병부상서 유참, 분사시랑 조광, 승선 김신, 소경 조창언, 안중영은 서둘러 전략회의에 돌입했다. 묘청은 대위국을 총괄하며 내정과 병력 지원을 맡는 등 왕의 임무를 대신하고, 군대의 총지휘권은 유참에게 부여했다. 유참은 조광을 대장군으로 임명하여 실제적인 지휘권을 맡겼다. 거사 첫날의 목표는 서경 관아와 서북 지역 관아들을 접수하는 것이었다.

유참과 조광의 군사는 서경 관아를 향해, 김신의 군사들은 서북 지역 관아들로, 소경 조장언과 안중영은 서경 주재 개경 관리들을 체포하러 급히 출동했다. 전략이 노출되기 전에 서경 관아를 접수하고 개경에서 파견한 유수관과 관리들을 체포하는 게 급선무였다. 흙먼지를 뿌옇게 일으키며 내달리는 천견충의군의 사기는 당장이라도 개경을 접수할 만큼 사기충천했다. 묘청은 한 번도 품었던 적이 없는 대업의 책무, 한 치 앞을 내다볼 수 없는 위태로운 현실 앞에서 천근을 짊어진 것처럼 어깨가 무거웠다.

묘청은 궁성 안팎을 점검한 뒤 대화궁으로 올라갔다. 그는 대화궁 정문에 걸린 대위국 깃발을 바라보았다. 한겨울 휘몰아치는 바람에 깃발이 세차게 휘날렸다. 묘청은 삼엄하게 경계 중인 대화궁 안으로 들어갔다. 그의 뒤로 여러 명의 호위병이 따라붙었다. 그는 인종이 여섯 달 동안 정사를 보았던 건룡전으로 향했다. 건룡전 안은 찬바람이 휘돌았다. 묘청은 호위병이 받쳐 들고 있는 용포를 두 손으로 받아 들었다. 그는 성큼 용상 앞으로 다가가 비어 있는 용상에 용포를 걸쳐놓았다.

5. 인종이 전해온 편지

관아 정문 양쪽에도 대위국의 깃발이 꽂혀있었다. 반나절 사이 세상이 바뀌었다는 걸 알리는 깃발이었다. 관아 주변 상황은 전장의 한가운데처럼 긴장감이 감돌았다. 묘청 일행은 나부끼는 깃발 사이를 지나 관아 안으로 들어갔다. 유참과 조광이 묘청을 맞아들였다. 개경 출신 주재원들의 체포를 맡았던 조창언과 안중영도 함께 자리하고 있었다. 묘청이 자리에 앉자마자 유참이 관아 접수 상황과 유수관들의 체포 과정을 보고하기 시작했다. 부유수 최재, 감군사 이총림, 분사어사 이지종과 그들 휘하의 관리 모두를 체포하여 구금했다는 보고였다. 개경에서 파견된 주재원들을 체포 이송하여 관아에 투옥했다는 조창언과 안중영의 보고도 이어졌다. 전격적으로 진행한 군사 작전이었던 만큼 유혈 충돌 없이 비교적 순조로웠다는 결과 보고였다. 피를 흘리지 않아서 그나마 다행이었다.

저물녘이 되자 서북면과 주변 지역으로 출동한 승선 김신과 그의 수하들에게서도 파발이 속속 도착했다. 서북면 병마사 이중과 그 보좌관들 그리고 고을 수령들을 체포하여 소금 창고에 가뒀다는 내용의 짧은 보고서들이었다. 인종의 명을 받고 나온 비선들이라는 말이 단번에 통했던 모양이었다.

묘청과 거병 주도자들은 다음 전략회의에 돌입했다. 묘청은 서경 문무 양반들을 전략회의에 합류시키자는 조창언과 안중영의 제안을 적극 수용하였다. 서경 백성들에게 직접적인 영향력을 행사할 수 있는 사람들로 그들의 지지와 참여는 필수적이었다. 조광이 이의를 제기하고 나섰다.

"장수 출신이면 모를까. 전술은 쥐뿔도 모르는 늙은 문관들이 전략회의에 참여하여 이러쿵저러쿵하는 소리를 듣자고요? 자칫 배가 산으로 갈 수 있다는 걸 모르십니까. 저는 반댑니다."

안중영이 조광의 말을 자르고 나섰다.

"시랑 나리, 원로 문무 양반들의 마음을 노엽게 해서는 안 됩니다. 비록 현역에서 물러났으나 전쟁에 참여한 경험과 지혜를 가진 분들입니다. 또한 언제든 백성들의 마음을 움직일 힘이 있다는 걸 간과해서는 안 된다이 말입니다."

두 사람의 논쟁은 계속되었다. 조광은 안중영을 하대하며 그의 의견을 뭉갰다. 안중영도 물러설 기미가 보이지 않았다. 유참이 두 사람의 논쟁을 중지시키며 말했다.

"두 사람 다 일리가 있는 의견이요. 그들은 직접 참전할 수 없으니, 지혜와 지략을 구하는 전체 회의에 합류시키는 게 좋을 듯합니다만…."

유참이 묘청을 바라보며 말끝을 흐렸다. 상황 정리는 묘청이 하라는 뜻인 것 같았다.

"두 사람의 의견을 모두 들었으니 문무 원로들의 의견을 듣는 것은 조금 더 고민해 보겠소. 유 병부상서 말대로 지금은 전시 중이요. 대업을 눈앞에 둔 상황이니 가급적 사소한 논쟁은 피하시오. 자칫 사사로운 감정에 치우쳐 분란이 일어날 수도 있단 말이오."

묘청의 말에 조광과 안중영의 논쟁은 일단 정리가 되었다. 묘청은 거병 주도자들을 얕보는 듯한 조광의 표정과 공격적인 눈빛이 마음에 걸렸다. 거병의 핵심 주도자인 유참에게 동화되었다는 전언과는 달리 유참의 지시에 순순히 따르지 않았다. 물론 투지나 전투력에서는 누구보다 조광이 월등했다. 반면 유참에게는 모든 병사를 아우르는 능력이 돋보였다. 행정관으로서는 장점일 수 있으나 장수로서 단호하지 못한 건 치명적인 문제로 여겨졌다.

묘청은 고려를 위기에서 구해냈던 장수들을 떠올렸다. 멀리는 신승겸과 서희, 가깝게는 윤관 장군을 떠올리지 않을 수 없었다. 그들은 모두 지략과 덕망을 겸비한 장수들로 민심 안정과 나라의 이익을 고려하는 통찰력을 발휘했던 장수들이었다. 거병 주도자들 가운데 그들처럼 덕망과 지략을 갖춘 장수가 없음이 묘청은 참으로 한스러웠다.

대위국을 세우고 묘청이 총지휘권을 행사한 지 열흘이 지났다. 서경은 물론이고 인근 지역 성들도 대위국의 세력권 안으로 들어왔다. 개경 출신 관리들이 다스리고 있던 서북 지역의 관아들까지 점거함으로써 서경 권역은 완전히 장악한 셈이었다. 다만 대위국의 왕좌가 아직 비어 있다는 것은 결정적인 불안 요소였다.

때마침 개경으로부터 인종의 내관들이 도착했다는 연락이 왔다. 그들이 왔다는 소식에 묘청은 서둘러 밖으로 나왔다. 포박당한 채 끌려온 사람들은 세 명의 내관이었다. 그들 중 한 명인 유 내관과는 개경에 머무르는 동안 꽤 친숙해진 사이였다. 묘청은 그들이 반가웠다. 한 가닥 기대도 없지 않았다. 그는 유참을 향해 포박을 풀어주도록 지시했다. 그리고 내관들에게 가까이 다가갔다. 그는 속내를 감춘 채 근엄한 어조로 말했다.

"유 내관 전하의 뜻을 내게 전하시오."

유 내관은 소매 속에서 서류 한 장을 꺼내 펼쳐 들었다. 그는 매우 경직된 목소리로 적힌 내용을 읽어 내렸다.

"묘청은 유수관을 비롯한 관리들을 석방할 것이며, 즉시 군사 행동을 중지하고 자진 해산할 것을 명하노라."

묘청의 얼굴이 굳어졌다. 유 내관은 묘청을 향해 상체를 굽힌 채 기어드는 목소리로 말했다. 묘청만 알아들을 수 있는 작은 목소리였다.

"전하께서는 원사께서 다치시는 것을 원하지 않으십니다, 그러니 제발 …."

묘청은 여지가 없음을 알아챘다. 기대가 컸던 것은 아닌데 태산이 무너지는 듯한 절망을 느꼈다. 그는 단호한 목소리로 그들에게 말했다.

"전하께서 서경으로 오시기만 하면 된다고 전하시오."

묘청이 호령하듯 말하자 조광이 칼을 빼어 들고 나섰다. 그는 내관들의 목을 쳐서 개경으로 보내자면 주위를 돌아보았다. 묘청이 그를 가로막고 나섰다.

"안될 일이요. 이들은 전하를 모시는 내관들이잖소. 융숭하게 대접해서 돌려보냅시다."

묘청은 조광과 장수들의 불만을 뒤로한 채, 내관들을 안으로 데려가 술과 음식을 대접했다. 내관들이 자리를 털고 일어나자, 묘청은 편지를 유 내관에게 건넸다. 묘청의 간곡함과 단호한 의지가 담긴 편지였다.

'전하, 엎드려 바라옵건대, 속히 서경으로 이어하시길 간청하옵니다. 소승의 뜻을 가볍게 여기신다면, 장차 큰 변란이 왕실을 위협하게 될 겁니다. 부디 서경 백성들의 민심을 두려워하시고, 그들의 분노를 헤아려 주시옵소서.'

묘청이 호위병까지 붙여 내관들을 돌려보내자, 조광을 비롯한 몇몇 주도자들은 볼멘소리로 불만을 드러냈다. 쓸데없는 호의로 이곳의 상황만 노출했다는 항의였다. 왕의 진의를 알게 된 이상 대화궁의 왕좌를 비워둘 수 없다는 의견도 속출했다. 그들 사이에서 대위국의 왕권을 향한 욕심이 꿈틀대고 있음이 느껴졌다. 묘청은 불안했다. 조기에 사태가 수습되지 않으면 동족 간의 살육전은 피할 수 없을 것 같았다. 그는 이 사태가 새 시대를 염원하는 개혁운동임을 장수들과 주도자들에게 재차 주지시켰다.

6. 운명의 칼날

내관들이 개경으로 돌아간 뒤 사흘을 지났다. 인종으로부터는 아무런 응답이 없었다. 더 이상 선택의 여지는 없었다. 묘청은 관풍전으로 서경의 문무 원로들을 불러들였다. 모두의 의견이 일치된 결의에 따라 유참과 조광 등의 주도자들은 개경으로의 진격을 결의했다. 유참은 개경 정부군이 절령으로 치고 들어올 것으로 예상하여 군사를 그곳에 집중적으로 배치했다. 조광은 후방을 맡겼던 군사들을 재편성하여 황주와 동주 사이의 길목을 막게 했다.

묘청이 머무는 대화궁 본진 상황도 긴박하게 돌아갔다. 다소 느슨했던 서경성 안의 분위기도 전장의 한가운데처럼 긴장감으로 팽팽해졌다. 묘청은 주변 성들에 전령을 급파하여 병력을 징발하고 서경성 외곽에서 키우던 말들을 모두 성안으로 들였다. 각 진지의 요청에 따라 징발한 병력과 무기와 식량 등의 보급품도 즉시 보냈다.

투지가 고조된 만큼 성과가 보이기 시작했다. 서경 외곽에 배치했던 조광의 선봉대로부터 전령들이 속속 도착하기 시작했다. 그들은 저항하는 관리들을 체포하여 말과 함께 전리품처럼 호송해 왔다. 과격한 선봉장은 반기의 조짐이 보인 관리들의 목을 베거나 탈출한 자들의 가족을 인질로 끌고 왔다. 조광이 배치했던 선봉대장들의 과격함이 그대로 드러난 것이다.

개경으로 잠입시킨 첩자들에게서도 속속 보고가 들어왔다. 서경 천도 계획이 폐기된 후 김부식 등을 비롯한 개경 신료들의 세력은 더욱 강고해졌다는 보고였다. 후속 조치로 서경 천도에 앞장섰거나 동조했던 자들에 대한 처벌 요구가 거세지고 있다는 내용도 포함하고 있었다.

조광의 전략은 많은 전과에도 불구하고 곳곳에서 허점이 노출되었다. 개경으로 향하는 길목을 완벽하게 차단하지 못한 게 가장 큰 문제였다. 황주 동선역을 접수한 부대의 상황이 개경 병사 두 명에게 노출되었고, 뒤쫓았으나 끝내 체포하지 못했다는 보고가 올라왔다. '불똥이 기름 항아리로 튀었습니다.' 첩자가 보내온 내용은 간단했으나 다른 어떤 말보다 급박한 상황임을 알게 했다. 인종이 재추회의를 소집하여 서경군을 토벌하라는 명령을 내렸다는 소식이 곧바로 이어졌다. 토벌대장에는 판이부사 김부식을 임명하여 총지휘를 맡겼으며 서경을 향해 진군 준비를 끝냈다는 소식이었다.

토벌대가 조직되고 군대가 편성되었다는 첩보를 받은 지 사흘이 지났다. 한겨울인지라 연일 살을 에는 한파가 계속되었다. 특히 절령의 혹한은 매서웠다. 군사들이 대거 집결한 절령의 상황은 초조감만 더해갈 뿐 개경군의 기미는 포착되지 않는다고 했다. 전략대로라면 절령에서 토벌대를 진압한 다음 총력을 다해 개경으로 밀고 들어가는 것이었다. 묘청은 전술에 허점이 드러났음을 간파했다. 하지만 전술 지휘권이 없는 그로서는 장수들에게 왈가왈부할 상황이 아니었다.

전령들의 보고를 기다리던 중 첩자로부터 뜻밖의 비보가 전해졌다. 정지상과 백수한 그리고 김안이 김부식 일파에 의해 죽임을 당했다는 소식이었다. 세 사람을 궁으로 유인한 뒤 인종의 명도 받지 않고 살해했으며, 묘청과 내통하여 역모를 꾸몄다는 죄목을 씌워 그들의 목을 베었다는 것이다. 지극히 총애했던 충신들의 죽음에 인종은 아무런 조치를 하지 않았다는 보고였다. 그들의 목이 궁성 밖에 내걸렸다는 말에 묘청은 절통한 심정을 감추지 못했다. 정지상, 백수한, 김안 등은 새로운 세상을 펼치기 위해 반드시 지켜내고 싶었던 인재들이었다. 묘청은 세상이 무너지는 듯한 충격을 받았고, 심장을 저미는 듯한 통증을 느꼈다. 그는 이성을 잃을 만큼 분노했다. 유참과 안중영도 마찬가지였다. 그들은 한목소리로 울부짖었다. 서경의 별들이 졌다고.

불행하게도 서경군은 묘청 일행의 분노를 뒷받침하지 못했다. 정지상 일행의 비보가 알려지자, 문무 원로들이 선을 긋기 시작했다. 문벌들이 차지한 국가 소유의 농지를 백성들에게 고루 나눠주겠다는 정책에 대해서 내심 불만을 품었던 터였다. 그들이 등을 돌리자, 소작농들도 슬그머니 돌아섰다. 대의를 위한 분노보다 눈앞의 밥그릇이 그들에게 더 위협적인 것 같았다. 게다가 서남부 지역으로 파견했던 수장들이 하나둘 쫓겨오는 사태가 벌어졌다. 선봉대의 대장이었거나 지역 관아의 수장이었던 그들의 몰골은 패잔병과 다름없었다. 인솔했던 군사들의 행방을 다그쳐 묻자, 그들은 움켜쥐고 있던 것들을 내놓았다. 편지 형식의 투서와 왕명으로 내건 방이었다. 편지와 방의 내용은 거의 동일했다. '왕명으로 전한다. 투항하는 병사나 협조하는 자는 목숨을 부지할 것이나, 저항하는 자는 신분 고하를 막론하고 죽음을 면치 못하리라.' 편지와 방을 붙인 자들이 묘청이 개경에 잠입시킨 첩자들이었다고 했다. 그들이 이중 첩자였다는 사실에 묘청 일행은 경악했다.

서경 외곽의 성주들이 돌아섰다는 소문은 삽시간에 성안으로 퍼졌다. 선봉대 장수 일맹이 개경군에 투항하여 관직을 얻었다는 소문에 본진 내부도 술렁이기 시작했다. 유참이 병사들을 바짝 죄긴 했지만, 내부의 동요를 잠재우진 못했다. 특히 조광과 그 휘하의 병사들 움직임이 수상했다.

묘청의 뜻을 거역하는 건 물론이고 유참의 지시나 의견에 건건이 시비를 걸었다. 조광은 자신의 전략 실패를 묘청의 탓으로 돌렸다. 김부식과 개경 신료들의 대변인처럼 그간의 일들을 비난하고 나섰다. 서경 천도가 가당키나 했냐며, 실권도 없는 젊은 왕에게 놀아난 것도 모자라 서경 백성들을 불구덩이로 쓸어 넣었다며 광분했다. 그의 모습은 퇴로를 잃은 맹수가 동족을 물어뜯으며 발악하는 것처럼 보였다. 묘청은 그를 향해 호통을 쳤다.

"조 장수, 체통을 지키시오. 천견충의군의 최고 장수가 적의 교란 작전에 말려들어 쩔쩔매다니 참으로 한심하오. 부하들이 볼세라 심히 걱정된다 이 말이요. 지휘관들이 똘똘 뭉쳐 한 치도 흔들림이 없다는 것을 보여야 병사들이 믿고 따를 것이 아니요?"

묘청의 호통에 조광은 잠시 멈칫했다. 하지만 그의 얼굴은 더욱 붉어졌고, 목의 핏줄은 터질 것처럼 곤두섰다.

"삼중대통지누각원사 나리, 또다시 서경이 버려졌는데, 내가 한심하다니요. 어디, 원사 나리의 도력으로 개경군을 단번에 무찔러보시든가요."

조광은 칼집 채로 바닥을 여러 차례 내리쳤다. 여차하면 칼을 빼어 휘두를 기세였다. 조광의 기세에 눌린 노회한 거병 주도자들은 조광의 무례한 반기에 입술도 달싹하지 못했다. 유참의 아들 유호와 젊은 장수 몇몇만이 전의를 불태우며 묘청을 에워쌌다. 유참이 조광을 가로막고 나섰다.

"자, 조 장수, 진정하시오. 이 무슨 망언이요. 원사 나리의 말씀처럼 지금은 우리가 총력을 다해 결집할 때잖소. 최고 지휘부까지 이러다간 개경군에게 대위국을 통째로 넘겨주게 될 거란 말이요. 일단 마음을 가라앉힌 다음 난관을 타개할 묘책을 찾아봅시다."

유참의 말에 조광은 들었던 칼을 내려놓았다. 조마조마한 표정으로 지켜보던 장수들도 숨을 길게 내쉬며 자세를 풀었다. 유참이 눈치를 주자 측근 장수들이 조광을 이끌어 밖으로 나갔다. 양쪽의 눈치를 보고 있던 장수와 주도자들도 하나둘 주춤주춤 물러났다. 밖으로 나간 뒤에도 소란은 계속되고 있는 듯했다.

"나는 이대로 개죽음을 당하진 않을 것이야. 우리를 사지로 몰아넣은 자들에게 책임을 묻겠다고…."

조광의 찢어지는 듯한 목소리가 관풍전 안까지 들려왔다. 그의 목소리는 겁에 질린 맹수의 울부짖음처럼 느껴졌다. 소리가 멀어지자, 묘청은 무너지듯 자리에 주저앉았다.

장수들이 각자의 진영으로 돌아가고 혼자 남자 묘청은 깊은 시름에 잠겼다. 그는 결전도 치러보지 못한 채 자중지란에 빠져버린 상황이 너무나 안타까웠다. 저들이 거병 당시의 기세만 회복한다면 승산이 없는 건 아니었다. 하지만 걷잡을 수 없이 무너지기 시작한 민심을 수습하기엔 역부족이었다. 그를 비롯한 거병 주도자들이 서경 백성들에게 확고한 신뢰를 얻지 못했다는 게 더 큰 문제였다. 신뢰를 회복할 방안이 떠오르지 않았다.

어느새 어둠이 짙어졌다. 그는 어둠 속에서 미동도 하지 않았다. 관풍전 뒤란 숲에서 바람 소리가 사나웠다. 바람이 불 때마다 쌓인 눈이 쏟아지고, 나뭇가지 부러지는 소리가 요란했다. 추위에 깃들이지 못한 새들이 사방에서 울부짖었다. 묘청은 처소를 나와 우물로 다가갔다. 그가 숨을 쉴 때마다 새하얗게 입김이 서렸고 수염에는 얼음이 맺혔다. 그는 옷을 모두 벗은 다음 우물을 길어 끼얹었다. 몸을 타고 흘러내린 물들이 그대로 얼어붙었다. 그는 맨몸인 채로 관풍전으로 들어와 열일곱 날 동안 자란 머리를 깨끗하게 밀었다. 그는 승복으로 갈아입은 다음 팔성당으로 내려가 새벽 예불을 올렸다. 그의 좌선은 길지 않았다. 말발굽 소리와 함께 대화궁 안팎의 정적이 깨졌다. 호위병들의 비명에 이어 아우성이 들려왔다. 묘청은 비로소 좌선을 풀고 일어났다. 그리고 물었다.

"해가 떴느냐?"

그의 목소리는 팔성당 안을 잠시 휘돌았을 뿐 이내 사라졌다. 대신 누군가 팔성당 문을 벌컥 열어젖혔다. 문밖에는 조광과 그 휘하 장수들 그리고 눈에 익은 서경 백성들이 몰려와 있었다. 조광의 한 손에는 칼이 들려 있었고, 칼에는 핏물이 흥건했다. 조광의 측근 장수 손에는 유참과 그의 아들 유호의 목이 들려 있었다. 그들의 목에서는 계속해서 피가 뚝뚝 떨어졌다. 묘청이 몸을 곧게 세우기도 전에 조광의 칼날이 그의 목을 향해 날아들었다.

2. 왕후 장상의 씨가 따로 있나—만적의 난

- 유시연

1

잠결에 흉몽을 꾸었다. 몸은 만근 쇳덩어리를 매단 듯 무겁고 고됐다. 고된 몸을 일으켜 세우려 안간힘을 쓰느라 등허리에 땀이 흥건했다. 무거운 몸과는 별개로 의식은 지상으로 돌아와 있었다. 먼 데서 새벽닭이 우는 소리를 들으며 만적은 무거운 눈꺼풀을 밀어 올리려 기를 썼다. 지난밤 희동 영감의 앓는 소리에 한숨도 못 자고 뒤척이다 겨우 눈을 붙였는데 벌써 날이 밝아오고 있었다. 여명의 희미한 빛이 돌아누운 희동 영감의 등을 비췄다. 밤새 앓는 소리를 내더니 잠잠했다. 순간 만적의 머릿속으로 서늘한 기운 한 줄기가 지나가며 등골이 오싹해지는 느낌을 받았다. 평소 같으면 먼저 일어나 잠 속에 깊이 빠진 만적을 깨우는 게 상례였는데 이날 아침은 조용했다. 그 조용함이 문득 불길함을 불러일으키며 만적의 눈이 번쩍 뜨였다. 사위가 고요했다. 손을 뻗어 희동 영감의 야윈 어깨에 얹었다.

"아제, 일어나요. 무슨 잠을 그리 오래 자요."

움직임이 없는 희동 영감의 둘둘 만 이불을 흔들다가 만적은 이상한 느낌에 바짝 얼굴을 디밀어서 들여다보았다. 그는 숨이 멎어 있었다. 만적은 순간 바위처럼 몸이 뻣뻣해지며 어떻게 해야 할지 몰라 굳어버렸다. 정신을 차린 만적은 사랑채를 향해 달려갔다.

"큰일 났어요!"

"웬 소란이냐?"

사랑채 앞에서 주인 최충헌을 지키던 사병 둘이 칼집에 손을 얹으며 만적을 가로막았다.

“희동 아제가 죽었어요.”

“희동 아제라니, 누구를 말함이냐.”

“이 집 늙은 종이 죽었다고요.”

“알았으니 물러가라. 장군께서 기침하시면 전달할 것이다.”

만적은 서슬이 퍼런 사병들의 손에 떠밀리다시피 하여 사랑채에는 근접을 못 하고 물러 나왔다. 분명 사랑채에 등잔불이 밝혀져 있고 주인이 일어난 기척이 느껴졌음에도 아무런 움직임이 없었다. 어쩌면 주인 최충헌이 만적의 소리를 들었을 수도 있었다. 그럼에도 불구하고 사랑채는 조용했다. 사람이 죽었다는데 눈도 깜짝 안 하는 사병들은 권력에 기생하는 문객들과 다름없었다. 만적은 기다란 싸리 빗자루를 들고 마당을 쓸었다. 희동 영감이 죽은 것은 안 됐지만 할 일을 안 하고 지나가면 무슨 불호령이 떨어질지 알 수 없었다. 마당을 쓴 다음에는 우물에서 물을 길어 부엌 뒤채 처마 밑에 나란히 둔 항아리에 가득 채웠다. 항아리는 수십 개가 넘었다. 요즘 들어 문객이 늘어나서 아침저녁으로 물을 길어야 했다. 문신들과 무신들이 회합이라도 갖는 날이면 하루 종일 뛰어다니며 장작을 패거나 우물물을 길어야 했으므로 몸은 늘 피곤했다. 늙어 노쇠해진 희동 영감은 그런 만적을 보며 초점 잃은 눈길을 보내곤 했다.

만적은 이마에 맺힌 땀을 옷소매로 닦은 다음 집에서 오십여 보 떨어진 마구간으로 갔다. 헛간에 쟁여둔 건초를 수레에 실어서 말들의 먹이로 던져주었다. 다시 말들이 먹을 물을 기다란 여물통 가득 부어주고는 희동 영감에게로 달려갔다. 만적은 비로소 희동 영감을 위해 애도의 시간을 가졌다.

“저세상에서는 부디 귀한 신분으로 태어나 부귀영화를 누리시오.”

만적은 혼자 중얼거리며 희동 영감의 시신을 이불로 잘 덮어주었다. 스스로 중얼거린 말에 그냥 눈물이 났다.

“나는 소만도 못한 인간이여.”

평소 희동 영감은 그 말을 자주 했다. 소 한 마리를 주고 노비 3명과 맞바꾸어서 데려올 때 희동 영감은 솟값이 아깝다고 툴툴 대던 최충헌 댁 친척이 한 말을 두고두고 써먹었다. 소나 말을 주고 노비 서너 명을 사서 농사일을 시키는 일이 권력가들에게는 일상이었다. 사람이 소나 말보다 못한 시절이었다. 노비 출신의 아비와 어미를 떠난 후 두 번 다시 혈육을 볼 수 없었던 희동 영감은 만적을 아들처럼 동생처럼 아껴주었다. 그 일을 떠올리자 만적은 깊은 가슴 속 심연에 가라앉았던 슬픔이 연기처럼 밀려 나와 슬피 울었다. 만적은 자신이 어디서부터 왔는지 기억이 없었다. 희동 영감의 기억에 의지하여 절에서 왔다는 얘길 들었지만 그것도 알 수 없었다. 몇 번의 무신 정변이 지나가고 최충헌이 권력을 잡은 후 그의 집안에는 문객들이 몰려들었다. 하루에 소비되는 양식이 만만치 않게 들어가자 최충헌은 사병들을 앞세워 개경 인근의 만만한 절을 접수해버렸다. 절에서 소유한 논과 밭, 소금밭과 일꾼들을 탈취하여 부를 늘렸다. 저항하는 승려들은 죽여버렸다. 그때 만적이 절에서 살던 공양주보살이나 어느 이름 모를 보살의 자식이었을 것이라고 희동 영감이 얼핏 중얼거렸던 적이 있었다. 폐허가 된 절에서 울고 있던 아이를 최충헌이 데려왔다는 말을 희동 영감으로부터 들었으니 말이다. 만적은 자신의 이름을 기억했다. 범종 소리를 기억했고 향불 냄새를 기억했고 경을 읊는 스님들의 목소리를 기억했으나 두 번 다시 확인할 방법은 없었다.

아침 해가 문지방을 넘어 방 안 깊숙이 스며들 무렵 사랑채에서 전갈을 보냈다. 거적에 싸서 산속 들짐승의 먹이가 되게 하라는 전언이었다. 만적은 그 말을 전하는 사병을 물끄러미 쳐다보았다. 송충이가 꿈틀거리듯 검은 눈썹이 꿈틀하며 험악한 표정을 짓고는 돌아서 가버렸다. 평생 몸 바쳐 일한 사람을 아무리 노비라지만 주인댁 어느 누구도 들여다보지 않았다. 손가락이 뒤틀리고 허리 통증에 시달리며 한 생을 바친 주인댁에서는 아무도 아는 척하지 않았다. 물 한 잔 떠오지 않았으며 노비 세 명과 묶어서 소를 주고 팔려 왔을 때처럼 소보다 못한 신세 취급을 했다. 만적은 실망을 넘어 분노가 치밀었다. 분노를 애써 누르는 데 가슴속에 맺힌 슬픔과 한스러움이 억눌린 틈새를 비집고 튀어나왔다.

만적의 울음소리에 집 안팎의 노비들이 하나둘 모여들었다. 주인댁 둘째 아들 최항이 다가와 만적에게 말했다.

"양지바른 곳에 묻어 주어라."

만적은 그제야 울음을 그치고 주위를 둘러보았다. 눈이 벌게진 노비들이 엉거주춤 서 있었다. 만적은 거적에 둘둘 만 희동 영감을 지게에 얹어 끈으로 동여맸다. 만적의 뒤를 삽과 괭이를 든 노비 두 명이 뒤따랐다. 멀리서 부엌일을 하던 여종과 찬모가 치맛말기에 눈물을 찍으며 배웅을 했다. 별채에 있던 최충헌의 딸 연아가 멀리서 눈인사로 배웅을 하는 게 만적의 눈에 들어왔다. 가지런히 땋아 내린 머리, 노랑 저고리에 붉은 비단 치마를 입은 연아의 시선을 받으며 만적은 심리적 안정을 느꼈다. 희동 영감이 예뻐하던 애기씨 연아의 배웅을 받는 게 나쁘지 않은 조짐 같아서 마음이 편안해졌다.

최항이 연민에 가득 찬 시선을 보내며 어서 빨리 가라고 눈으로 말하고 있었다. 원래 문신이었던 집안이었다. 서책을 가까이 하고 시문을 지으며 인생을 향유하던 최충헌이 무신으로 변신한 건 조위총의 난을 진압하면서부터였다. 맏아들 최우가 검술에 능한 무인의 기개가 있었다면 최항은 예술을 지향하는 문신들과의 교류를 이어갔다. 만적을 대하는 최항의 태도는 호의적이었다. 어쩌면 만적의 혼자 생각인지도 모르겠다. 어느 날 집이 가까운 숲속에서 큰 참나무에 매어놓은 그네를 최항이 탔고 만적이 그네를 밀었다. 몇 번이나 그네를 밀어주고 잡아 당겨주고 할 때 최항이 먼 능선을 바라보며 말했다.

"저 멀리 켜켜이 엎드린 산들이 말 잔등 같구나. 그렇지 않더냐."

"참말이지 그렇구먼요."

"넌, 절에서 태어났다지."

"도련님이 그걸 어떻게?"

"아버님에게 들었다."

"저도 제 어미가 누군지 아비가 어떤 분인지 알고 싶구먼요."

"……."

만적이 슬쩍 눈치를 보며 말을 건넸으나 최항은 다른 생각을 하고 있는 듯 그의 말에 대꾸가 없었다. 만적은 이참에 최항이 관심을 가져주기를 바라며 말을 건넸다.

"장군님이 데려왔다는 그 절이 어디 있는지 아시나요?"

"늦었다. 어머니가 걱정하실라. 집에 가자."

최항은 만적의 질문을 외면한 채 귀가를 서둘렀다. 만적은 최항의 말고삐를 잡고 천천히 걸어 숲길을 지나는 동안 자신이 태어난 개경의 어느 절을 생각했다. 만적은 예전의 일을 떠올리며 조금 전 양지바른 곳에 묻어주라는 최항의 말에 감읍하여 울컥할 뻔한 마음을 다잡았다. 권력 가진 것들은 믿어선 안 될 일이었다. 형제끼리도 권력을 두고 피비린내 나는 싸움을 벌이는 판이었다.

만적은 이 년 전 그날을 떠올리면 아직도 가슴이 두근거렸다. 한밤중 마당에 횃불이 타올랐다. 빠르고 조심스럽게 움직이는 수만 명의 발자국들이 하나둘 최충헌의 마당으로 집결하고 있었다. 잠들어 있던 만적을 희동 영감이 흔들어 깨웠다. 만적은 고된 몸을 겨우 일으켜 세워 앉아 무슨 일인가 싶어 눈을 끔벅거렸다.

"정신 차리고 출병할 준비를 하거라."

"예? 출병할 준비를 하다니요."

"지금 주인어른이 큰일을 벌이고 있다. 이럴 때 우리 같은 종들이 힘을 보태줘야 하지 않겠나."

만적은 희동 영감의 말에 옷을 추슬러 입고 헛간에서 쇠스랑을 들고 사병들의 긴 줄 끝에 합류했다. 뭔지는 모르지만 분위기로 보아 큰일을 벌이려는 것은 확실했다. 사병들이 속닥거리는 소리에 만적은 두려움이 몰려왔다.

"여러분 내 뜻에 따라 줘서 고맙소. 도탄에 빠진 백성들과 나라를 위해 큰 결단을 내렸소. 부디 뜻을 모아 여러분의 용기를 보여주오."

"와와와!"

"이의민을 척결하자."

"최충헌 장군 만세."

여기저기서 우레와 같은 함성이 터져 나왔다. 말 위에 올라탄 최충헌의 눈썹이 꿈틀 움직이며 그의 부릅뜬 눈이 어둠 속에서도 빛이 났다. 최충헌이 좌중을 둘러보며 오른팔을 번쩍 들었다. 허리에 찬 그의 가죽 칼집이 흔들거렸다.

"자, 검을 들어라! 어떤 어려움 속에서도 굽히지 마라."

최충헌이 말고삐를 잡아당기자 앞발을 들어 올린 말 울음소리가 허공에 메아리쳤다. 가죽 장화를 신은 그의 발이 말허리를 걷어찼다. 박차를 가하는 말의 울음소리가 어둠을 갈랐다. 함성 소리가 밤의 하늘을 뚫고 울려 퍼졌다. 사내들의 열기와 전의가 캄캄한 어둠을 횃불처럼 타오르게 했다. 만적은 그날 밤의 일을 잊을 수가 없었다. 뭔가를 얻기 위한 열망이 뜨겁게 타오르던 그 밤, 그건 잊을 수 없는 경험이었다. 사내들의 열의와 열기는 얼음이라도 녹일 듯 뜨거웠다. 수만 명의 사병들이 개인의 영달이 아니라 마치 나라를 위해 대의를 위해 뭔가 큰일을 한다는 환상에 젖어 있던 밤이었다. 사내들이 내지르는 고함 소리와 뜨거운 열기가 어두운 밤하늘을 환히 밝히며 만적은 그들의 뒤꽁무니에 서서 전의를 다졌다.

정권의 핵심이 제거되던 날 만적은 최충헌 집안의 힘과 그들의 욕망을 보았다. 오랜 시간 어지러운 정치에 힘들어하던 백성들은 최충헌의 거사에 환호했다. 그는 세금을 감면해 주고 농지를 재분배하며 백성들의 삶을 보살폈고 '봉사 10조'를 만들어 개혁을 단행했다. 혼란스럽던 정국이 안정돼 갔고 최충헌의 입지는 공고해졌다. 만적은 다른 권신들의 노비들에게서도 은근히 대접을 받는 것 같아 우쭐했다.

아마도 그때부터였을 것이다. 정국에 다시 회오리바람이 불게 된 것은 최충헌 형제의 권력 다툼과 문객들이 그의 집에 몰려 들면서였다. 요지부동 견고하던 최충헌의 아성에 조금씩 균열이 가기 시작했다. 최충헌은 자객의 공격에 몇 번 당하면서 처음의 마음이 흔들렸고 왕을 믿지 못했고 누구도 믿지 못하면서 사병을 더욱 키웠다. 사병의 권력이 나라의 군대보다 더 세졌다.

만적은 단풍이 곱게 들고 푸르게 시린 하늘이 높던 그날 어린 연아가 담 옆에 서서 우울한 얼굴로 먼 능선을 쳐다보는 것을 지켜보았다. 최충헌의 두 번째 첩 안심(安心)이 가마를 타고 들어오는 날이었다. 첫 번째 첩인 서련방이 들어올 때 정실부인 송씨는 머리를 싸매고 드러누웠고 이를 본 어린 연아는 아랫입술을 깨물며 눈물을 삼켰는데 만적은 이 모든 것을 지켜본 장본인이었다. 어린 계집아이의 얼굴에 서린 우수는 만적의 마음을 아련한 슬픔으로 변모시켰는데 부모의 생사를 모르는 그로서는 그런 연아의 마음을 막연히 이해할 것 같았다. 그날 만적은 들꽃을 꺾어 돌담 위에 올려놓았다. 어린 연아가 꽃 무더기를 보고 슬픈 듯 기쁜 듯 종잡을 수 없는 표정으로 꽃묶음을 손에 들고 바라보던 그 모습이 지금도 눈에 선했다.

문객들이 최충헌 댁 문턱을 넘기 시작하자 덩달아 바빠진 건 노비들이었다. 부엌에서는 음식 냄새가 하루 종일 났고 탁주를 잘 빚는 여인을 마을에서 구해 와 술을 빚게 하였다. 술을 빚기 위해서는 물맛이 좋은 맑은 샘물을 길어와야 했는데 만적을 비롯한 노비들은 집안의 우물물 대신에 멀리 떨어진 숲속에서 샘물을 길어와야 했다. 누룩 뜨는 냄새가 집안에 떠다녔다. 사병들은 최충헌의 전답이 있는 선산에 모여 활쏘기와 검술 훈련을 했다. 문장이 좋은 선비는 집안 식솔과 사병들을 관리하는 의견을 내거나 계획서를 짜서 감시하고 지도했다.

해가 지면 만적은 몸이 녹초가 되어 쓰러졌다. 방바닥에 등을 대기가 무섭게 코를 골며 잠에 곯아떨어졌다. 다른 노비들도 마찬가지였다. 고달픈 나날이었다. 주인어른뿐 아니라 그의 자식들까지 노비들을 수족 부리듯 쉴 틈 없이 불러댔다. 노비는 사람이 아니라 짐승이었다. 주는 대로 먹고 시키는 대로 노동을 하는 노예였다. 하루하루 시간이 가고 계절이 지나갔다. 만적은 그즈음 아련한 슬픔이랄까, 막막함이 제 영혼을 휩싸고 도는 것을 느꼈다. 주인댁을 찾아드는 수많은 문객들은 뭔가 벼슬자리를 하나 얻어볼까 하고 기웃거렸는데 사노비들의 일도 그만큼 늘어나서 더욱 고달팠다.

진달래가 지고 산벚꽃이 피었다. 산에 핀 봄꽃이 향기를 뿜어내며 벌과 나비를 불러 모았다. 만적은 지게에 짊어진 희동 영감의 시신을 내려놓고 땅을 파기 시작했다. 함께 온 노비 두 명이 교대로 땅을 팠다. 이마에 땀이 솟아나며 더웠다. 뻐꾸기가 이 산 저 산에서 울었다. 겨울을 견딘 나뭇가지에서 연둣빛 새순이 다투어 피어나는 좋은 봄날이었다.

"날이 참 좋소. 이 좋은 봄날, 꽃향기 맡으며 편히 쉬시오."

땅속에 희동 영감을 묻고 흙을 덮어준 후 만적은 곡을 하며 슬피 울었다. 다른 노비들도 눈물을 훔쳤다. 급하게 오느라 탁주 한 잔 올리지 못함을 아쉬워했다. 사흘이 지나 만적은 찬모에게 부탁하여 탁주 한 병을 얻었다. 된장을 종지에 담아 연잎에 싸서 바구니에 넣었다. 지게에 얹은 바구니가 흔들거렸다. 술 한 잔 올리지 못한 게 마음에 걸렸는데 나이 든 찬모는 안방마님 몰래 술 한 병을 내어주느라 주위를 연신 힐끔거렸다. 만적은 지게를 내려놓은 후 막 피어나기 시작한 새순을 땄다. 두릅을 따서 된장 종지를 무덤 앞에 놓고 탁주를 따라 올렸다.

"술 한 잔 받으시오. 이제야 탁주 한 잔 올립니다. 부디 평안한 안식에 드시오. 세상 시름 다 잊고 저세상에서는 행복하시오. 내 이리 빌겠소."

만적은 혼자 주저리주저리 넋두리를 하며 탁주를 앞에 놓고 큰절을 했다. 산비둘기가 울었다. 평소 희동 영감이 좋아하던 두릅이었다. 육포가 아니더라도 충분히 고인이 좋아할 거라 생각하며 만적은 음복을 하고 술을 봉분에 부었다. 좋은 날씨였다. 봄볕이 연녹색 나뭇가지를 뚫고 숲속에 쏟아져 내렸다. 온갖 날짐승과 들짐승이 따스한 볕을 쬐며 만물이 소생하는 봄을 향유했다. 다람쥐가 나무를 타는가 하면 청설모가 나무꼭대기에서 곡예를 했다. 만적은 술을 마시고 바닥에 드러누웠다. 평소 잘 마시지 않던 술이 몸에 들어가자 나른해지고 알딸딸해져서 잠이 쏟아졌다. 산을 내려가야지 하면서 만적은 자기도 모르게 잠이 들었다. 산비둘기 소리에 만적은 깨어났다. 먼 능선 위로 저녁 해가 길게 꼬리를 늘이며 넘어가고 있었다. 만적은 벌떡 일어나 지게를 지고 숲길을 내달리기 시작했다. 불안이 먹구름처럼 피어올랐다. 만적이 대문을 들어서는 순간 마당에 노비들과 사병들이 모여 서서 웅성거렸다. 만적이 무슨 일인가 싶어 조심스럽게 그들 무리에 섞였다. 주인댁 둘째 아들 최항이 다리를 흰 면포로 감싼 채 대청마루에 누워 있는 것이 보였다. 마당 한편에는 말 한 마리가 서 있었다. 조금 후 최충헌이 칼을 빼어 들고 가차 없이 말의 목을 베었다. 말머리가 피를 흘리며 흙바닥에 나뒹굴었다. 여기저기서 비명이 터져 나왔다.

만적이 고개를 쳐들다가 주인댁 대주, 최충헌의 눈과 마주쳤다. 그의 눈은 붉게 상기되어 분노에 차 있었다. 만적은 소름이 돋았다. 급히 고개를 숙인 채 두려움에 떨었다. 뭔지 모를 불길한 예감이 스쳐 지나갔다. 최충헌의 목소리가 카랑카랑 울려왔다.

"만적이 네 이노옴! 어딜 가서 무얼 하다 이제 나타났느냐?"

"저어, 그게……."

만적은 입이 얼어붙었다.

"상전이 저리 되도록 네 놈은 무얼 하고 있었더란 말이냐!"

만적은 마음 한구석에 켕기는 게 있어서 최충헌 앞에 무릎을 꿇었다. 최충헌의 발이 만적을 걷어찼다. 만적의 몸이 한 길이나 뒤로 나가떨어지며 비명을 내질렀다. 어려서부터 만적이 둘째 최항을 따라다니며 보필했고 또한 그의 직무이기도 했으나 언젠가부터 성인이 되면서 집안일에 더 매달렸던 터여서 이날도 만적은 최항이 다친 일이 자신과 어떤 연관이 있는지 미처 깨닫기도 전에 걷어 채인 몸이 허공을 날아 아무렇게나 땅바닥에 처박혔다. 만적은 아픈 몸을 추슬러 앉으며 다시 무릎을 꿇었다. 최충헌의 충혈된 눈빛이 만적을 매섭게 쏘아보았다. 사병 두엇이 달려들어 만적에게 발길질을 했다.

"아이구구!"

만적이 내지르는 비명 소리가 저녁노을 속으로 흩어졌다. 최충헌이 사랑채로 들어가고 의원이 돌아가고 난 뒤에야 마당에 모여 섰던 남종과 여종, 사병과 문객들이 흩어졌다. 만적은 정신을 잃은 채로 쓰러져서 신음을 내뱉었다. 어둠이 마당에 내려앉았다. 이슬이 내려 바닥이 축축했다. 주인의 노여움이 자신에게 올까 두려워 노비들은 만적을 챙길 엄두를 못 낸 채 숨을 죽이고 있었다. 한밤중이 되어서야 노비 맹돌이 만적을 부축하여 문간방에 데려다줬다. 만적은 밤새 끙끙 앓았다. 뼈마디가 쑤시고 등과 가슴, 다리 어디 한 군데 아프지 않은 데가 없었다. 온몸이 불덩이처럼 뜨거웠고 갈비뼈가 부러졌는지 숨을 쉬기가 어려웠다.

계집종 은비가 찬모가 끓여준 귀리죽을 갖고 왔다. 만적은 귀리죽 한 수저를 입에 물고 천천히 삼켰다. 간장 종지에 담긴 간장을 떠서 뒤이어 삼켰다. 귀리죽 한 수저, 간장 조금, 다시 귀리죽 한 수저, 간장 조금씩을 아주 천천히 떠먹으며 만적은 입술을 꽉 다물었다. 평생 노동을 하며 고된 생을 살다가 허무하게 죽은 희동 영감을 떠올리자 자신의 아픈 몸보다도 가슴이 더 묵직한 통증으로 뒤덮이는 것 같았다. 만적은 수저를 내려놓았다.

꼬박 사흘을 앓고 난 후에야 만적은 일어났다. 걸음걸이가 성치 못해 어기적거리며 걸었다. 만적이 하던 마당 쓰는 일과 마구간 치우기, 말먹이 주는 일은 맹돌이 했고 우물물을 길어오는 일도 다른 노비들이 거들어서 하느라 모두가 고단했다. 만적은 마구간의 말똥을 퍼내다가 가슴에 통증이 일어나서 주저앉았다. 통증을 참으며 조심스럽게 일을 하느라 만적의 등허리와 이마에 땀이 줄줄 흘렀다.

"좀 더 쉬어. 내가 자네 몫까지 할게."

맹돌이 걱정스럽게 만적을 위로했다. 만적은 그럴 수 없었다. 아픈 몸을 이끌고 말에게 건초와 불린 콩을 주고 물을 주었다. 문객은 나날이 늘어나 이제 개경에서 제일 번잡한 집안이 별감 댁일 정도로 사람들이 집 안팎에 들끓었다. 심지어 각설이패와 사당패도 음식을 하느라 굴뚝에 연기가 쉴 새 없이 오르는 최충헌 댁을 기웃거렸다. 개들과 야생 고양이가 기름 냄새를 맡고 대문과 담 밑으로 모여들었다. 궁궐이 가까운 교정도감 집무실에서 자택으로 퇴근을 한 최충헌의 사랑채에는 문객이 늘어나는 만큼 경비가 삼엄했다. 한바탕 자객 소동이 벌어진 후여서 사병을 여러 조로 나누어 번을 서게 했다.

해가 지고 날이 어두웠으나 사랑채 안팎에는 관솔불이 환하게 타올랐다. 만적은 한밤중이 되어서야 성치 않은 몸을 이끌고 방바닥에 누웠다. 언제까지 이렇게 살아야 할까. 만적은 오래전 주인의 말고삐를 잡고 정권의 우두머리가 사는 집을 몇 번 간 적이 있었다. 왕도 꼼짝 못 한다는 권력자, 이의민의 사택이었다. 술자리가 유쾌하게 이어지는지 웃음소리가 방 밖으로 새어 나왔는데 권력가에게 잘 보이려는 사람들이 모여들어 집안이 왁자했다. 굴뚝에서는 연기가 피어오르고 안채에서는 고소한 참기름과 들기름 냄새가 솔솔 났다. 밤이 깊어 가고 만적은 심부름하던 이의민댁 노비와 잠깐 이야기를 나눌 기회가 있었다. 손님이 얼마나 드나드는지 일은 얼마나 하는지 주인이 잘 대해주는지와 같은 소소한 것들을 주고받은 기억이 났다.

진귀한 선물이 들어오거나 노동할 일손이 부족하여 계속 노비를 사 온다는 말을 들으며 만적은 이의민의 위세를 짐작할 뿐이었다. 바깥마당에서 대기하고 있는데 이의민이 문을 열고 밖으로 나왔다. 하필 조금 전까지 이야기를 나누던 노비가 심부름을 간 터여서 아무도 없었다. 만적이 달려가 이의민을 부축하였다. 오줌을 누러 나온 이의민이 미처 허리춤을 풀지 못해 헛손질을 할 때 만적이 도와 일을 쉽게 해결했다.

"어어, 취한다. 너는 누구냐."

"제 주인은 최, 충자 헌자 어른이십니다."

"허허, 애쓰는구나."

이의민이 취한 목소리로 말했다. 덩치가 크고 목소리가 우렁우렁한 사내였다. 만적은 그 후에도 몇 번 주인을 따라 이의민 사택을 간 적이 있었다. 그때 알게 된 사실은 정권의 권력자 이의민이 천인 출신이라는 사실이었다. 몇 번의 정변이 지나가며 주인을 도와 목숨을 내어놓고 싸웠던 노비들이 충성심을 보상받아 관직에 진출한 일이 많았는데 만적은 막연히 어떤 기대감에 차 있었다. 저녁 하늘에 별이 점점이 떠서 어두운 대지를 비춰주었는데 공기가 맑고 차가웠다. 하늘의 별을 쳐다보던 만적은 멀리 손닿을 수 없는 거리에 떠 있는 별이 막막했다. 자신의 처지처럼 막막한 어둠이 주위를 에워쌌고 만적은 긴 한숨을 내쉬며 주인이 타고 온 말잔등을 쓸어주었다. 이의민 장군처럼 내 처지가 달라질 날이 올 것인가, 그러며 넋두리를 했다. 말이 긴 꼬리를 흔들며 콧김을 내뿜었다.

이의민은 권력에 취해 힘없는 백성의 집이나 밭을 빼앗아 말들의 훈련장으로 썼다. 집과 땅을 빼앗긴 백성들의 원망이 하늘에 닿았음인가. 그의 지나친 탐욕에 젊은 장수들이 때를 기다렸다. 지방으로 사냥을 떠나며 이의민은 소수의 사병만을 데리고 떠났고 지방의 별장은 경비가 허술했다. 그의 말로는 비참했다. 믿었던 주변 사람들로 인해 그의 가족과 그는 권력의 정점에서 죽음을 맞았다.

만적은 이 년 전 그날 밤 어둠 속을 포효하던 함성 소리를 떠올리며 잠이 오지 않아 뒤척였다. 별감 댁에서 보낸 시간들이 머릿속으로 빠르게 지나갔다. 몇 번의 정변이 이어졌고 사회는 뒤숭숭했다. 천민 출신 장군 이의민의 죽음은 한동안 만적의 뇌리에서 사라지지 않았다. 만적은 돌아누웠다. 새벽닭이 홰를 치는 소리가 들렸다. 아슴아슴 눈꺼풀이 무거워지며 깊은 잠의 나락으로 빨려 들어갔다. 어수선한 시기에 신분이 뒤바뀌어 행세를 하는 천인들의 행적은 만적에게 막연한 희망을 주었다. 하지만 그저 막막한 희망일 뿐이었다.

평소보다 늦은 시간에 일어난 만적은 놀라서 일어나 급하게 방을 뛰쳐나왔다. 그러자 어린 사내아이가 제 키보다 더 긴 빗자루를 들고 마당을 쓸고 있었다. 빗자루는 아이의 키 위로 이리저리 흔들렸다. 마당이 제대로 쓸리는지도 모르는 채 사내아이는 열심히 쓸고 있는 중이었다. 만적이 빗자루를 빼앗아 직접 마당을 쓸며 물었다.

"넌 누구니."

아이는 겁먹은 표정으로 질책을 받을까봐 울상을 지었다. 새로 온 어린 종이었다. 집안의 가세가 커지면서 새로 들어온 어린 종들이 더러 눈에 뜨였다.

"이름이 뭐냐."

"……."

아이는 대답을 못 했다. 어쩌면 부모와 떨어져 팔려 온 충격으로 이름을 잊어버렸는지도 모를 일이었다. 만적은 그저 막연히 짐작했다. 어쨌거나 차츰 알아가면 될 일이었다. 노비에게 이름은 아무짝에도 쓸모없는 장신구였다. 일을 열심히 배워 주인댁 눈에 들어서 그나마 좀 덜 힘든 자리에 배속되는 게 중요했다. 매질을 당하지 않으려면 죽을 만큼 성실해야 했다.

“지금부터 내가 하는 일을 잘 보고 배워라.”

“예.”

아이는 작은 목소리로 대답을 했다. 사병이 별감을 모시고 교정도감에서 출퇴근을 하는 터여서 예전처럼 노비가 말고삐를 잡거나 뒤를 따르는 일은 줄어들었다. 해도 해도 일은 끝이 없었다. 만적은 지게를 짊어지고 어린 종을 데리고 나무를 하러 갔다. 북산으로 가는 길에 만적은 평소 낯이 익은 노비 두 사람을 만났다. 관청에서 일하는 공노비들이었다. 그들도 가끔 산으로 나무를 하러 와서 말을 트곤 했는데 오늘은 어린 종을 소개했다. 아직 지게를 질 수 있는 몸은 아니었지만 나무를 하러 가는 길을 알려주고 또 어떻게 땔감을 준비하여 오는지 교육을 시킬 필요가 있었다.

“에효, 너도 고생 줄에 접어들었구나.”

“이제부터는 어미 아비를 만날 수도 없을 텐데.”

“그나저나 어느 집 노비 자손이냐.”

아이는 망설이다가 송악산 근처에 살았다고 답했다. 산길에 접어들다가 만적은 공노비들을 먼저 보내고 희동 영감의 묘지에 들렀다. 어린 종에게 절을 시키고 자신도 두 번 절하고는 주위를 휘이 둘러보았다. 둘째 도령 최항의 말대로 양지바른 곳 풍광이 좋은 곳에 유택이 마련되어 있었다. 살아서 누리지 못한 호사를 죽어서라도 누리는 희동 영감의 일생이 자신의 미래를 보는 것 같았다.

“누구 무덤이에요?”

“부모나 다름없는 분이시지. 너도 앞으로 산에 오고 갈 때 꼭 들러서 인사드리고 가거라.”

“예.”

어린 종이 고분고분했다. 만적이 별감댁에 올 무렵의 나이와 비슷할 것이다. 만적은 나이가 비슷한 둘째 도령 최항을 옆에서 모시고 활터를 따라 가거나 말을 몰거나 먹을 가는 일을 했다. 집안에 스승을 두고 학문을 익히는 최항 옆에서 먹을 갈며 만적은 당나라와 남송에서 들여온 종이와 책을 자주 접했다. 그것들이 낯익었다. 스님들이 쓰던 것을 본 것 같았다. 최항이 '천자문'이나 '명심보감', '소학'을 소리 내어 읽을 때 만적의 귀에 그 내용이 들어와 박혔다. 최항이 책을 읽고 글을 쓰고 공부를 하면 만적은 묵묵히 종이를 바꾸어주거나 먹을 갈았다. 어찌 보면 함께 학습을 하는 것과 같았다. 말타기와 활쏘기 창검 연습을 할 때 만적은 최항의 상대편이 되어 같이 내달리고 검술 연습을 했다. 어린 종에게 만적이 가진 모든 것을 학습시켜야겠다고 속으로 다짐을 했다. 산비둘기 울음소리가 숲에 울렸다. 나른한 한낮이었다.

2

나뭇짐을 가득 채우고 앉아서 쉬던 노비들이 만적을 보고 반가워했다.

"오늘은 왜 이리 늦었나."

"몸이 좋지 않아서 늦었지."

"쟤는 새로 온 종인가."

"인사드려라. 형님들이시다."

만적이 어린 종을 바라보자 소년이 꾸벅 절을 했다. 노비들이 무덤덤하거나 측은한 시선으로 어린 종을 바라봤다.

"소삼, 자네 얼굴이 그게 뭔가."

만적은 온통 멍투성이 얼굴을 하고 있는 사노비 소삼을 보고 물었다. 별로 놀랄 일도 아니었다. 산에 나무를 하러 모여든 노비들은 어디 성한 구석이 없었다. 일을 하다 다치거나 상전에게 매를 맞아 온몸이 멍투성이였는데 그 일이 비일비재했다. 그냥 지나가는 소리로 물어본 것이었다. 소삼도 으레 그러려는 듯 무심하게 대꾸했다. 마른 잎을 종이에 말아 엽초를 돌아가며 피웠다. 소삼이 한 모금을 하고 효삼에게 건넸다. 효삼이 한 모금을 빨고 나서 연복에게 건넸다. 연복이 조금 길게 한 모금을 하고 성복에게 엽초를 건넸다. 성복이 사동에게 사동이 다시 만적에게 건네주었다. 만적이 한 모금 깊이 들이마시고 나서 미조이에게 건넸다. 미조이가 엽초를 입에 대려다가 빤히 쳐다보는 어린 종에게 너도 주랴, 그러고는 연기를 흡입했다가 후 허공에 불어 올렸다. 동글동글한 연기가 하늘로 올라가는 모양새를 어린 종이 신기한 듯 쳐다보았다.

"내가 주인마님 몰래 챙겨 왔지. 탁주 한 잔씩 하세."

연복이 허리춤에서 탁주 병을 꺼내어 사발에 부었다.

"여종 금비가 챙겨준 것 다 아네."

연복이 굳이 발뺌하지 않고 기분 좋은 웃음을 가득 물고는 탁주를 돌렸다. 탁주 사발을 입에 대고 한 모금씩 마시고는 성복에게 돌렸다. 성복이 입술을 대고 한 모금 마신 후 사동에게 사동이 만적에게 사발을 건넸다. 줄어든 사발에 탁주가 가득 채워졌다. 만적이 미조이에게 미조이가 효삼에게 효삼이 다시 소삼에게 사발을 돌렸다. 이때 만적의 눈에 성복의 다리가 눈에 들어왔다. 무릎까지 걷어 올린 성복의 다리에 상처가 나서 핏자국이 맺혀 있었다.

"성복이 자네 다리는 왜 그러나."

"묻지 말게."

그러자 옆에서 사동이 여종과 몰래 만났다가 주인에게 들키는 바람에 작대기로 얻어맞았다며 대신 대답을 했다.

"여종과 만나는 게 무슨 문제인데."

"주인댁 친척 집 남종과 그 여종을 혼인시키려고 날을 잡아 놓았거든."

"그날 나는 성복이 죽는 줄 알고 가슴을 쓸어내렸지. 개돼지도 그렇게 때리진 않을 거야."

"노비 신세가 개돼지보다도 못한 게지."

만적은 그들의 대화를 들으며 한숨을 쉬었다. 대부분 무신 집안의 노비들이었다. 주인들이 정변을 일으킬 때 거침없이 동참하여 공을 세웠음에도 꿩고기 만두를 푸짐하게 얻어먹은 것 외에는 잊혀졌다. 만적은 희동 영감의 죽음을 말했고 돌아가다가 안부 인사를 하고 가라고 일렀다. 엽초를 피우고 탁주를 마신 일행은 기분이 좋아졌다. 누군가 한숨 자고 가자고 말했고 괜히 성복처럼 얻어맞았다가 다리 병신이 되거나 죽을 수도 있다며 일부는 일어섰다.

"난 죽기 싫으이."

사동이 소삼과 효삼을 보며 눈짓을 하고 일어났다. 어린 종이 만적을 쳐다보았다. 언제 일어서는지 묻고 있었다. 그사이 다른 노비들이 어느 구석엔가에서 나무를 한 짐씩 짊어지고 나타났다.

"깜짝 놀랐네. 기척이나 하고 다니지."

"그대들이 한가하게 엽초를 피우고 탁주를 마실 때 우리는 나무를 베고 다듬었지."

"탁주 남은 것 있나. 목이 마르네."

"벌써 다 없어졌지. 남아 있겠나."

"에효, 힘들어서 못 해 먹겠네. 죽은 목숨보다 산목숨 건사하느라 고달프이."

같은 처지에 있는 노비들이 하나둘 넋두리를 시작했다. 늘 있는 일이었다. 집안에서 일만 하다가 하루 중 아주 작은 자유를 숨 쉴 수 있는 시간이었다. 처지가 비슷한 노비들이 모여 주인댁 일과 궁궐에서 일하는 관노와 환관들이 전해주는 소식을 공유했다. 모든 정보는 나무를 하는 산에서 나왔다. 정변의 기미가 보이면 그들은 몸을 보전했다.

그때 미조이가 만적에게 다가와 의미심장한 말을 했다.

"자네 어릴 적 절에서 살았다고 했나."

만적은 뜬금없이 묻는 미조이를 빤히 바라보았다. 미조이가 다시 의혹이 가득한 시선을 만적에게 보내며 누가 들을세라 작은 소리로 속삭이듯 말을 했다.

"주인댁에서 일하는 노파가 있는데 자신의 이름을 몰라. 가끔 넋이 빠진 표정으로 적아, 적아, 만적아, 부르고는 잠잠해지곤 해."

만적은 귀가 번쩍 뜨였다. 다짜고짜 미조이의 옷소매를 잡아당겨 주저앉혔다. 그러고는 얼굴을 가까이 대고 진지하게 물었다.

"그 노파 인상착의를 자세히 말해보게."

"머리는 하얗게 세었는데 눈빛이 맑아. 하지만 어느 순간 혼이 나간 표정을 짓곤 해. 나이도 이름도 아무것도 기억하지 못해서 주인댁에서도 그냥 보살이라 불러."

만적은 가슴이 쿵 내려앉으며 요동치기 시작했다. 미조이는 혹시 괜한 말을 하여 긁어 부스럼을 만든 게 아닌가 싶어 눈알을 불안하게 굴렸다.

"이상한 것은 육고기는 일체 입에 대지 않아. 집안 잔치가 있거나 손님들이 회합을 가질 때 부엌에서 음식을 만들면서 꿩고기나 닭고기, 돼지고기나 바다 생선을 손질할 때 본인은 입에도 안 대고 여종에게 간을 보라고 한다네."

"미조이, 자네가 그 노파 기억을 살려서 어느 절에서 왔는지 알아봐줘."

만적은 애원하는 듯한 태도로 은밀하게 말했다. 노비들의 이름 중에서 만적이라는 이름은 흔하지 않았다. 집집이 노비 이름이 중첩되거나 비슷한 이름이 많았음에도 만적이라는 이름은 흔하지 않아 큰스님이 지어 주었거나 도교를 믿는 도사가 이름을 지어주었다고 말하는 이도 있었다. 늦기 전에 귀가를 서두르는 노비들의 행렬이 분주해졌다. 숲이 울창하고 고목이 많은 북산은 골이 깊어 계곡에 물이 많아 나무꾼이 몰리는 곳이었다. 가재를 잡아먹거나 옷을 훌러덩 벗어 던지고 땀에 절어 냄새나는 몸을 씻을 수 있는 곳이었다. 만적은 어린 종의 옷을 벗겨주고 자신도 옷을 벗어 던지고 계곡물에 몸을 담갔다. 물은 차갑다 못해 시렸다. 물에 들어가자마자 만적은 밖으로 나와 옷을 입었다. 나무를 하느라 땀에 젖은 몸이 금세 한기를 느꼈다.

어린 종이 기다란 나뭇가지를 끌고 뒤에서 따라왔다. 뒤돌아보니 어린 종이 희동 영감의 무덤 쪽을 향해 허리를 숙여 절을 하고 있었다. 만적은 피식 웃음이 나왔다. 어린 종이 끄는 나뭇가지가 바닥의 돌멩이와 낙엽을 긁으며 요란한 소리를 냈다. 산새가 날아가고 풀숲에 숨어 있던 꿩이 놀라 날개를 휘저으며 건너편 능선으로 날아갔다.

희동 영감의 자리를 어린 종이 차지했다. 종은 고단한지 금세 곯아떨어졌다. 꼬질꼬질한 피부와 콧물 자국이 말라붙은 얼굴은 굴곡진 그늘을 담고 있었다. 만적은 몸이 무거웠으나 의식은 또렷했다. 오랫동안 부모의 소식을 모르고 지낸 세월이었다. 노비라 하여도 뿌리는 있기 마련이고 그 뿌리를 찾고자 하는 열망은 인간의 본능이었다. 만적은 미조이가 하던 말이 기억 속에 틀어박혀 선명하게 자리 잡았다. 어떻게든 확인을 해야 했다.

어머니의 정이 뭔지 어린 나이에 남의 집 종살이를 하며 만적은 천인으로 태어난 것을 숙명으로 알고 살았다. 그러나 몇 번의 정변으로 인간의 운명은 미리 정해진 것이 아니라 환경이 그렇게 만든다고 하는 깨달음이 왔다. 어쩔 수 없이 종 노릇을 하며 노비로 살고 있지만 언젠가는 핏줄을 찾고 신분을 뛰어넘어 위세를 부리는 날이 올지도 모른다는 막연한 환상을 품었다. 아니 막연한 환상이 아니라 실제로 두 눈으로 보고 겪은 일이었다. 무신 정변이 회오리를 일으키며 천지가 진동할 동안 노비들도 신분이 바뀌어 권력층으로 살거나 기득권층이 되어 사는 것을 본 터였다.

사랑채에서 돌연 큰 소리가 났다. 퇴근한 별감의 세숫물을 떠서 갖고 가던 만적은 시끄러운 소리에 멈춰 섰다. 청동 대야에 담긴 물이 식을까 봐 노심초사하며 만적은 섬돌 아래 서서 가만히 사태를 관망했다. 안에서 다투는 말소리가 흘러나왔다.

"형님, 제 여식을 공주와 혼인시키면 우리 가문에 광영이 되지 않겠소."

"백성들이 뭐라 하겠느냐. 이번 일은 좀 과했다."

"형님, 너무 하십니다. 형님이 권력을 모두 쥐고 있는데 하나밖에 없는 동생은 찬밥 신세로 내버려둘 작정이오."

"니가 미쳤구나. 누구 덕에 이만큼 먹고 사는데. 돌아가거라."

"형님, 실망이 크오. 내 오늘 일을 잊지 않을 거요."

장지문이 열리며 별감의 동생 최충수가 화를 억누르려는 듯 얼굴이 붉으락푸르락하며 나왔다. 그의 도포 자락이 휘날리며 찬바람을 일으켰다. 조만간 무슨 일이 터질 것 같아 만적은 불안이 엄습했다. 근자에 최충헌 사병의 수가 늘어나며 사택 옆으로 건물을 새로 짓느라 공사가 한창이었다. 나무를 다듬는 사람, 대패로 미는 사람, 돌을 다듬거나 짚을 썰어 진흙을 주무르는 사람으로 주위가 소란스러웠다. 문객들과 사병들의 숙소를 짓는 일도 벌써 여러 달이 지나가고 있었다.

소세할 물이 식어 만적이 망설이자 별감이 마루에 그냥 두라고 지시를 했다. 별감 최충헌이 아직 화가 풀리지 않았음인지 얼굴이 붉게 상기되어 있고 소맷부리에서 편지 한 통을 끄집어냈다.

"도방에 다녀오너라."

별감이 만덕에게 편지를 내밀었다. 만덕은 편지를 받아 들고 바람같이 대문을 나섰다. 마구간을 지나 토끼장을 지나 몇백 보를 가면 오래된 건물이 있었다. 별감이 그곳에 살던 백성을 이주시키고 사병들의 임시 숙소로 쓰는 곳인데 도방이라 불렀다. 왕실의 사유지에서 자라는 황장목을 베어내어 별감의 사저를 짓는 일에 대신들은 아무 말도 못 하고 수수방관했다. 새벽부터 황장목과 모래와 자갈, 볏짚과 황토를 실은 수레가 길게 줄을 지어 공사장으로 진입하는 장면은 장관이었다. 백성들이 길을 가다가 그 장면을 보고는 뒤돌아서서 나라가 망조라고 수군거렸다.

다음 날 새벽 만적은 마당을 쓸고 어린 종을 깨웠다. 늦잠을 자면 습관이 되고 습관이 되면 상전에게 경을 칠 수 있으므로 애초에 버릇을 고쳐놔야 했다. 어린 종이 눈을 비비며 하품을 했다.

"마구간에 다녀와야겠다."

만적은 헛간에서 건초와 밀기울을 꺼내어 수레에 실었다. 만적이 앞에서 수레를 끌고 어린 종이 뒤에서 밀었다. 우물물을 길어 항아리에 담아 말과 가축들에게 주고 나면 아침 해가 산등성이를 넘어왔다. 풀이 무성해지는 계절이어서 토끼풀이나 영양소가 많은 새순을 넣어주는 일도 만적이 하는 일이었다. 햇볕이 풍부해지면 말들을 언덕으로 내몰았다. 어린 노비들을 동원하여 말들을 들판과 언덕으로 몰아내기 위해서는 방치해 두었던 울타리를 다시 손보는 작업이 필요했다.

만적은 낫과 괭이 삽, 노끈 다발을 지게에 지고 어린 종을 데리고 산으로 갔다. 들판을 지나 목초지가 보이는 곳에 다다르자 잠시 쉬었다. 계곡물을 손으로 떠 마시고 푸른 언덕을 올려다보았다. 어린 종은 노랑나비 흰나비가 날아다니는 들판의 정경에 푹 빠져서 놀고 있었다.

"잘 봐두어라. 앞으로 네가 할 일이다."

"예."

어린 종이 대답했다. 만적은 끝이 없는 집안일과 바깥일에 치여 지칠 대로 지쳐 있었다. 미조이를 못 본 지도 며칠이 지났다. 미조이에게 물어볼 것도 있고 기억을 잃어버린 노파가 자꾸 신경 쓰여서 마음이 혼란스러웠다. 언덕에는 풀이 무성했다. 봄볕을 받으며 자란 풀들은 말에게 영양분을 주고 살찌게 할 터였다. 겨울을 지낸 울타리는 부서졌거나 삭아서 무너진 곳이 있어 만적은 울타리를 다시 세웠다. 어린 종이 나무 장대를 붙잡아주었다. 힘이 달려 낑낑대며 장대를 잡고 있는 모습이 안쓰러웠으나 만적은 일부러 냉담한 척했다. 감정을 보이면 약해질 수 있었고 더 어려운 일을 감내하기에 무너질 수 있다고 믿었기 때문이었다. 이제 말을 풀밭으로 내몰면 한동안 건초와 물을 주지 않아도 될 터였다. 해가 질 무렵 계곡물에 손발을 씻고 세수를 했다. 어린 종이 힘들어서 칭얼거렸다. 만적은 어린 종을 업고 해지는 들판을 걸어 집으로 왔다. 어린 종이 만적의 등에서 잠이 들었다. 만적은 어린 종을 문간방에 눕혔다. 그러고는 주인댁 둘째 도령 최항에게 갔다. 다리를 감았던 면포를 벗어던진 최항은 뒤뜰에서 검술 연습을 하고 있었다.

"도련님, 날이 저물어가는데 검술 연습을 하십니까요."

"그냥 놀이라 생각한다. 무슨 일로 왔느냐."

"도련님 다리가 걱정되어서 와봤습니다요."

"이제 괜찮다."

"다행입니다요."

"사랑채 문객들은 어찌하고 있더냐?"

"무슨 말씀이신지요."

"아, 아니다. 가보거라."

만적은 최항이 무슨 말을 하려다가 생략했다는 것을 알았다. 또 무슨 일이 있는 것인가. 눈치로 산 세월이었다. 몇 번의 무신 정변이 지나가며 만적은 이제 권력의 향방을 알게 되었다. 별감 최충헌의 권력은 견고하고 탄탄했다. 만적의 예상대로라면 한동안 아무도 그의 권력에 대항하는 자는 없을 듯했다. 몇만 명의 사병은 궁궐의 경비보다 훈련이 잘되어 있었고 똑똑하다는 문객들이 그의 휘하에 속속 몰려들어 그야말로 작은 궁궐이라 해도 손색이 없었다. 만적은 고구마 한 개로 끼니를 때우고 자리에 누웠다. 하루 두 끼를 제대로 배부르게 먹은 기억이 없었다. 혼사가 있거나 문관 무관들이 모여 회합이 있는 경우 가마솥의 누룽지를 얻어먹거나 특별한 날에 고봉밥을 먹을 수 있었지만 보통 때에는 배부르게 먹지 못해 늘

속이 헛헛했다. 눕자마자 잠에 빠져 들었다. 다음 날 새벽 만적은 집안 노비들을 모두 불러 말고삐를 잡고 언덕으로 갔다. 울타리 안으로 말을 몰아넣고 나무 문을 닫았다. 울타리 면적도 몇만 평은 되었으므로 말들은 그 안에서 맘껏 자유롭게 놀고먹고 살찌울 터였다. 한 철 산에서 보내면 살찐 말들은 튼튼해지고 갈기에 윤기가 흐를 터였다. 길게 지체할 틈이 없었다. 노비들을 모두 데리고 나와 주인이 찾으면 낭패였다. 서둘러 집으로 돌아오는데 멀리서도 별감 댁 대문 앞이 소란스러웠다.

조반을 마친 문객들이 출근하는 별감을 에워싸고 그 뒤를 따라 대문 밖에서 서성거렸다. 이날 별감은 대궐로 행차할 채비를 했다. 가마를 타고 출근을 하는 별감 주위로 사병들이 에워쌌다. 경비는 삼엄했다. 최근 동생 최충수가 다녀간 뒤로 더욱 경비가 삼엄했다. 별감이 평복을 했으므로 도감으로 가는지 궁으로 가는지 알 수 없었으나 일산을 쓰고 문객 삼천여 명이 뒤따르는 것으로 보아 궁궐 행차를 하는 것 같았다. 만적은 그 어마어마한 행렬을 지켜보며 권력의 무서움을 실감했다. 새로 짓는 건물이 막바지에 이르렀는지 건축 자재를 나르던 긴 줄도 이제는 보이지 않았다. 이제 사병의 수가 몇만 명에 이르렀다. 궁궐을 지키는 군사보다도 별감의 사병이 훈련이 더 잘 되어 있다고 문객들이 떠드는 소리를 만적은 들은 것 같았다.

별감 댁에서는 농사를 지을 노비가 더 필요해서 계속 새로운 노비들이 들어왔다. 만적은 새로 온 노비들을 감독하고 일을 시키는 일을 맡았다. 그렇다고 만적의 일이 줄어 든 것은 아니었다. 집안이 제대로 안 돌아가거나 일을 깔끔하게 마무리하지 못하면 만적이 매를 맞았다. 별감의 불호령이 떨어지면 험악한 인상의 사병들이 노비들을 매질했다. 만적은 문객과 사병이 늘어날수록 몸이 고되고 매질도 더 늘어나 안팎으로 괴로웠다.

어느 사이 교정도감에서 업무를 처리하던 별감이 사랑채에서 국가 중대사를 의논하거나 처리를 하는 일이 늘어났다. 이제 사랑채는 나라의 일을 처리하는 중요한 업무 장소가 되었고 도감은 그 연장선에 있었다. 맏아들 최우가 별감의 뜻을 받들어 인재를 추천하면 왕에게 재가를 얻는 일은 그의 부친이 했다. 집안을 드나드는 문객들이 하나둘 벼슬자리를 얻다 보니 점점 더 식객이 늘어났다. 전국에 흩어진 논과 밭을 경작하여 농작물을 관리하는 일을 재능이 있는 문객에게 맡겼다. 인사 담당과 국방 문제, 문적 관리를 문객이 담당하며 별감의 자리는 더 견고해졌다.

다양한 물목을 실은 긴 수레가 별감 최충헌 댁을 향하여 이어졌다. 일부 대신들이 불만을 드러냈다. 권력의 한 축인 최충수의 귀에 그들의 불만이 들어가자 그가 가세했다. 자식의 혼사를 왕실과 맺으려던 일이 별감 때문에 틀어지자 최충수는 은근히 형을 견제했고 자신의 세력을 끌어모으기 시작했다. 권력은 최충헌과 최충수 두 개로 나뉘어졌다. 뒤숭숭한 분위기 속에서 국경지대가 소란스러웠다. 거란족이 수시로 국경을 침범하여 백성들의 가축을 빼앗아 가거나 집에 불을 지르거나 끌고 가는 일이 벌어졌다. 궁궐에서 대책 회의가 열렸고 궁궐을 지키는 병사들을 내보낼 수는 없었다. 사병을 차출하자는 말에 별감이 거절하면서 내분이 일어났다.

별이 자취를 감춘 밤이었다. 날은 흐렸고 공기는 눅눅했다. 별감댁 사랑채를 지키던 사병이 픽 쓰러졌다. 어둠 속에서 화살이 날아왔다. 두 번째 사병이 쓰러지고 요란한 발소리가 났다.

"적이 쳐들어왔다. 별감 어른을 지켜라!"

누군가 소리쳤다. 사랑채에 불이 꺼졌고 대기하던 사병들이 마당으로 몰려나왔다. 담을 타 넘는 그림자가 곳곳에서 날렵한 몸을 움직이며 사랑채를 향해 달렸다. 별감이 철릭을 입고 나타나 지휘를 했다. 만적이 날랜 말을 끌고 와 대령하자 별감이 말 위에 올라탔다. 별감이 출퇴근 때 이용하는, 집안에 남아 있는 유일한 말이었다.

"한 놈도 남기지 말고 죽여라!"

별감이 소리치자 전갈을 받은 사병들이 속속 모여들어 집 안팎을 에워쌌다. 대문이 열리고 몇백 명의 검은 옷을 입은 승려들이 장검을 뽑아 들고 사병들과 대치했다.

"역적 최충헌은 하늘의 심판을 받아랏!"

누군가 지르는 고함 소리에 말이 놀라 앞발을 쳐들었다.

"별감 어른을 모셔라!"

그 소리에 사병들이 별감을 에워쌌다. 돌멩이가 날아오고 화살이 쏟아지더니 함성이 울려 퍼졌다. 골목과 골목에서 검은 복장을 입은 승려들이 쏟아져나왔다. 날렵한 그들의 몸이 허공으로 솟구쳐 오르며 별감이 탄 말에게로 날아갔다. 쨍 하고 칼날이 부딪치는 소리가 허공을 갈랐다. 지붕 위에서도 검은 그림자가 날아왔다. 삽시간에 길은 아수라장이 되었다. 몇백 명이 되는 승려들이 고함을 지르며 북을 치고 칼자루를 휘둘렀다. 기별을 받은 사병들이 일시에 몰려들었다. 사병들의 수가 늘어나며 승려들이 밀리기 시작했다. 마당과 한길에는 시체가 널브러져 있었다.

"후퇴하라, 후퇴하라!"

다급한 목소리가 어둠을 갈랐다. 순식간에 검은 그림자들이 산을 향해 달아나기 시작했다. 사병들이 그들의 뒤를 쫓았다.

"말을 가져와라!"

그 순간 만적은 눈앞이 아득했다. 말들은 풀들의 언덕에 있었고 그 시간에 갖고 올 수가 없었다. 수백 필 말이 움직이지 못하고 묶이자 별감의 분노가 하늘을 찔렀다. 뒤늦게 자신의 집에서 말을 갖고 온 일부 문객의 배려로 사병들이 말을 타고 어둠의 골짜기로 진격했다. 그들은 밤새 승려들을 추적하여 그들이 머물던 부처의 도량을 불살랐다. 포로로 잡힌 승려를 고문하여 그들의 근거지를 알아냈고 이리하여 흥왕사, 홍원사, 왕륜사, 안양사, 수리사 등지에서 승려들이 모여 암살 모의를 하고 종군한 사실을 알아냈다. 날이 훤히 밝아올 무렵 사병들은 절을 불태우고 숨어 있던 승려들을 잡아 목을 벴다. 팔백여 명의 승려들이 처참한 몰골로 계곡과 길에 버려졌다. 그들이 흘린 피가 계곡물을 적시고 도랑을 적시며 강으로 흘렀다. 시체들이 널브러진 길을 까마귀와 독수리 떼가 맴을 돌며 날아다녔다.

"만적이 이노옴, 네 죄를 네가 알렸다!"

"밤새 뜬눈으로 밤을 새다시피 하다가 잠깐 문간방 기둥에 기대어 무거운 눈꺼풀을 덮으며 잠이 들려던 찰나 만적은 호통 소리에 눈을 번쩍 떴다. 긴 칼을 허리에 차고 철릭을 입은 별감 최충헌이 이글거리는 눈빛을 빛내며 만적을 노려보고 있었다.

"대, 대감마님."

"누구 명으로 말을 옮겼느냐. 내통자가 있느냐?"

"아, 아닙니다요……."

만적은 할 말이 없었다. 해마다 해 온 일이었다. 그날 만적은 사랑채에 고하려 했으나 일찍 도감으로 출근한 별감의 허락을 구하지 않고 오로지 말을 위해 풀들의 언덕으로 몰고 간 것이었다. 평소 같으면 아무런 문제가 없을 터였다.

"죽을죄를 지었습니다요."

만적은 무릎을 꿇고 머리를 바닥에 조아렸다. 사병들이 주위를 에워쌌다. 다른 노비가 멍석을 지게에 짊어지고 와서 바닥에 부려놓았다. 만적은 멍석말이를 당한 채 마당에 부려졌고 몽둥이가 그의 몸을 두드리기 시작했다. 비명 소리조차 나오지 않았다. 고통을 느끼기에는 그의 의식이 두려움을 삼켜버렸다. 이제 죽었구나. 만적은 눈을 감고 얼굴도 모르는 어머니를 떠올렸다. 몽둥이세례가 온몸을 강타할 때마다 만적은 뼈마디가 으스러지는 고통에 몸부림쳤다. 까무룩 정신을 잃었다. 몇 번이고 정신을 잃었다. 만적이 깨어난 것은 마구간에서였다. 헛간과 붙어 있는 그곳은 평소 만적이 말에게 물을 주고 건초와 보리와 밀기울을 넣어주던 말 우리였다. 축 늘어져서 숨이 겨우 붙어 있는 만적을 노비들이 마구간에다 옮겨 놓은 것이었다. 갈비뼈가 부러졌는지 가슴에 통증이 심했다. 엉덩이뼈가 으스러져서 돌아눕기도 어려웠다. 만적은 눈물도 나지 않았다. 이대로 그냥 죽어버렸으면 하는 절망적인 마음뿐이었다.

눈을 떴으나 하늘이 캄캄했다. 고통이 심한 나머지 만적은 앞이 보이지 않았다. 만적은 스르르 눈을 감았다.

“형님.”

누군가 불렀다. 만적은 힘겹게 눈을 떴다. 희미한 몸체가 만적의 옆에 웅크려 앉아 그를 들여다보았다. 어린 종이었다. 어린 종이 바가지에 물을 담아 와서 만적에게 먹이려 애를 썼다. 만적의 입에 바가지를 대자 물이 옆으로 흘러내려 목을 적셨다. 한 줄기 차가운 생수에 정신이 돌아오는 듯했으나 온몸이 아프고 뼈마디가 쑤셔서 저절로 어구구 신음 소리가 새어 나왔다.

“형님, 많이 아프지요.”

어린 종이 물었다. 만적은 대답할 수가 없었다. 어린 종은 한참 만적을 들여다보다가 물바가지를 옆에 놓고 일어서 갔다. 타박타박 걸어가는 어린 종의 발소리가 아련하게 멀어졌다. 만적은 마구간에서 일주일을 누워 일어나지 못했다. 노비 맹돌이 찬모에게 부탁하여 귀리죽과 보리죽을 가져다주었고 어린 종이 매일 찾아와 들여다보고 갔다. 별감 댁에서는 아무도 보러 오지 않았다. 거란의 침입을 막느라 어수선했고 몽골과 동진의 협력으로 거란을 물리친 후에는 몽골이 압박을 가해왔으므로 별감은 예민해져 있었다.

반란이 진압되고 나서 최충헌은 왕실과의 혼사를 추진했다. 왕실 종친의 딸과 셋째 아들을, 폐위된 왕의 딸과 넷째아들을 혼인시켰다. 왕은 아무런 힘이 없었다. 최충헌의 의도대로 따를 뿐이었다. 더 이상 반란 세력이 별감 댁을 흔들지 못하게 더 이상 흔들리는 가문이 아닌 왕실과 엮인 든든한 집안임을 만방에 고하는 셈이었다.

“몸은 쾌차했느냐.”

최충헌의 그 한마디로 만적은 다시 문간방으로 돌아왔다. 다른 가문에 팔아버리지 않음이 다행인지 불행인지 만적은 알 수 없었다. 승려들의 반란 이후 만적은 풀들의 언덕에 방목했던 말들을 다시 마구간 우리로 몰아넣었다. 언제 또 난이 발생할지 알 수 없는 혼란스러운 시기였다. 노비들이 힘을 합쳐 풀을 베어 날랐다. 잘 벼린 낫을 들고 연한 풀만이 아니라 어린 나뭇가지도 과감히 잘라내어 헛간에 쌓았다. 풀들의 기세가 꺾이는 늦가을에 하던 풀베기를 이제는 연중 계절과 상관없이 해야만 할 정도로 말들의 먹성이 좋았다. 하루에 말 한 마리가 건초 한 자루, 밀기울이나 콩을 한 말씩 먹고는 똥을 한 자루씩 쌌다. 어떤 말은 똥을 한 가마니나 푸짐하게 싸서 똥을 치우는 일에 지칠 지경이었다. 어린 종이 말똥을 보고 김이 난다고, 짚이 섞였다고, 풀이 그대로 있다고 재미있어했다. 만적은 어린 종에게 삽을 주고 말똥 치우는 것을 지시했다. 긴 삽자루에 치여 어린 종이 휘청거렸다. 삽의 무게에 밀려 이리저리 뒤뚱거리다가 결국 뒤로 나자빠졌다. 어린 종이 넘어지면서도 만적의 눈치를 살폈다. 어린 종은 울음을 참고 있는 듯 볼을 실룩거렸다.

"밥 마이 묵고 힘을 길러야제."

만적이 삽을 도로 빼앗아 낙엽과 말똥을 뒤섞어 퍼냈다. 수레 가득 말똥을 싣고는 오십여 보 떨어진 거름더미에 쌓았다. 소작농들이 거름을 달라고 찾아올 때를 대비하여 채곡채곡 쌓았다. 마구간에는 참나무잎과 잡초와 온갖 나뭇잎을 깔아주었다. 나뭇잎 속에 똥이 쌓이면 그걸 퍼내어 다시 거름으로 썼다. 이제 우물물을 길어 부엌 항아리에 채우는 일은 새로 온 노비가 했다. 말을 관리하는 일은 만적이 직접 했는데 그만큼 별감 댁에서의 말은 중요했기 때문에 노련한 관리가 필요했다. 연둣빛 새순이 돋고 산과 들에 푸른 기운이 번져가는데 마구간에 말을 가둬두는 건 말들도 고통이었다. 말 보다 더 힘든 건 수백 마리의 말을 관리하는 만적이었다. 후계자 노비를 두엇 두긴 했지만 말을 보살피는 일은 직접 해야 했고 그

일은 고된 노동이었다. 말 먹이와 말에게 먹이는 물을 매일 갈아줬고 아침이면 말똥을 치웠다. 거란이 수시로 국경을 침범하고 몽골이 호시탐탐 공격할 기회를 노리는 가운데 농민들과 노비들이 반란을 일으켰다는 소문이 바람을 타고 들려왔다. 들판을 내달리고 싶어 하는 말들의 근육이 간지러움으로 근질거렸음인지 말들은 뒷발질을 하며 헛울음을 내질렀다.

3

미조이를 다시 만난 것은 만적이 몸을 추스르고 난 오월 초순이었다. 숲은 검녹빛으로 짙어져 갔다. 나무를 하는 일은 온 집안 노비들이 감당해야 할 큰일이었다. 만적은 갓 태어난 망아지 새끼들의 물통을 만들고자 몇몇 노비를 불러 모았다. 통나무를 베어 운반하려면 적어도 네댓 명의 노비가 필요했다. 아니면 숲에서 나무를 다듬어 완성된 먹이통을 나르는 방법이 있었다. 늘 주인의 눈에 띄어야 하고 대기상태에 있어야 했지만 만적은 이날 숲에서 손질하기로 마음먹고 어린 종을 데리고 갔다.

"미조이 얼굴이 왜 반쪽이 되었나."

나무를 하러 온 미조이를 만난 만적은 반가워서 말을 텄다. 미조이는 주위의 눈치를 살피며 그럴 일이 있었어, 그러며 뒷걸음질 쳤다. 집안 노비 중에도 주인의 간자가 있어서 종종 아랫사람들의 행적을 상전이 알고 있었다. 미조이는 망아지 새끼가 죽자 제대로 건사하지 못했다고 주인에게 심한 매타작을 당해서 거의 닷새를 누워 있다가 산에 온 터였다. 다리가 부러져 골절상을 입었는지 한쪽 다리를 절었다. 미조이는 만적과도 거리를 두려고 했다.

"미조이, 그 노파에 대해 말 좀 해봐."

"오늘은 바빠서 그만 가봐야겠어."

두려움에 가득한 얼굴로 미조이가 다리를 절룩이며 멀어져갔다. 만적은 아쉬운 마음을 누르며 베어낸 통나무를 반으로 쪼개었다. 노비들이 교대로 도끼질을 했다. 쪼개어진 통나무 속을 파기 시작했는데 어린 종이 산딸기를 따왔다. 통나무 속을 파내는 데 한나절이 걸렸다. 노비 네 명이 각각 통나무 먹이통 두 개씩 어깨에 메고 발을 맞춰 산을 내려오느라 온몸이 땀에 젖었다. 어린 종은 나뭇가지를 묶어 작은 지게에 지고 왔다.

붉은 저녁 해가 별감 댁 담장을 넘실대며 마당을 지나 뒤뜰을 지나 산기슭을 물들이며 지고 있었다. 별감이 부른다는 전갈을 노비가 갖고 왔다. 노비들 일이라면 별감은 오랜 식구로 살아온 만적을 부르고는 했다.

"산에 갔었다고?"

"예, 대감마님, 말먹이 통을 만들었습니다."

"흠, 지금 바로 시장통에 가서 석수장이를 데려와야겠다. 아니아니 그럴 필요 없이 연장을 갖춰 내일 아침 일찍 데리고 오너라."

"석수장이요?"

"그래, 내일 어디 좀 가야겠다. 큰아들 우에게는 발설하지 말고 둘째 항에게만 말하여라."

별감은 만적에게 물러가라고 고갯짓을 하고는 문객들이 있는 사랑채 문을 열고 들어갔다. 맏아들 우에게는 알리지 말고 둘째 항에게만 말하라니 이게 무슨 조화인가 싶어 만적은 아리송한 의문을 품고 시장통으로 갔다. 석수장이 집으로 가서 장인(匠人)에게 비단 주머니에 든 은덩이를 던져주고 다음 날 일찍 오라고 말했다.

이른 아침, 최충헌 댁 마당과 대문 앞에는 행렬이 모여들었다. 귀족들은 말 위에 올라 선두를 기다렸고 하급 관리들과 문객들, 사병은 말에 타지 않고 서서 별감이 나오기를 기다렸다.

"어디로 행차하십니까요."

둘째 아들 최항에게 다가가 만적이 물었다.

"박연폭포로 간다."

"무슨 좋은 일이 있습니까요?"

"왕의 서녀를 세 번째 부인으로 맞아들이는 일이 순조롭게 되어 아버님이 그 기념으로 하루 여흥을 즐기려는 게다."

"우 도련님은요?"

"혹시 불미스러운 일이 있을까 봐 동행하지 않을 거야. 후계자를 조심시키는 거지."

최항이 먼 하늘을 바라보며 혼잣소리로 중얼거렸다. 만적은 더 이상 묻지 않았다. 치밀한 최충헌의 성격이 드러나는 순간이었다. 맨 앞에 날랜 사병 두 명이 길을 안내하고 나섰다. 사람들이 걷거나 말을 타고 행렬을 따라갔다. 개성에서 박연폭포는 삼십여 리가 넘는 거리였다. 백성들이 길옆에 비켜서서 행렬을 지켜보았다. 그 수가 왕의 행렬에 버금갔다. 가다가 말에게 물을 먹이려 두어 번 쉬었는데 만적이 근처 계곡이나 강에서 물을 퍼 나르느라 진땀을 뺐다. 들과 산에 피어나는 검녹색 풀들이 짙어져 가는 계절이었다. 말들이 목을 길게 빼고 풀을 뜯어 먹었다.

박연폭포에 도착하자 악공들이 자리를 잡고 앉았다.

"고려의 문장가인 그대가 저 너른 바위에 글 한 수 남겨보게."

"과찬이십니다. 별감께서 한 수 남기시지요."

"나는 됐고, 그대가 첫 문을 열어보시오."

이규보는 더 이상 사양하지 않고 붓에 먹을 듬뿍 묻혀서 폭포 너른 암반에 글을 썼다. 돌아가며 두어 사람이 글을 남기자 먹이 마르기를 기다려 석수장이가 바위를 파기 시작했다. 악공들이 일제히 악기를 연주하기 시작하자 지게에 항아리를 짊어지고 온 노비들이 술독을 내려 청자 도자기 술병에 담았다.

이날 이 자리에는 몇몇 환관이 눈에 띄었는데 궁중 악사들을 동원한 것은 그들의 공이 컸다. 쇠와 나무, 돌과 대나무, 박으로 만든 악기가 고요히 울려 퍼졌다. 네모난 나무통에 구멍을 뚫어 나무 방망이로 내려치는 축 악기가 문을 열자 명주실을 꼬아 만든 해금이 화답했고 오동나무로 울림통을 만든 거문고와 가야금, 가늘고 긴 줄을 이은 아쟁, 대쟁, 금, 슬 같은 현악기가 초봄의 바람이 지나가듯 울림을 주었다. 향피리, 당피리, 세피리, 단소, 퉁소, 소금, 대금, 중금, 지, 약, 적, 소가 대나무의 결을 따라 곱고 낮은 음계로 흘러갔다. 생황을 박에 넣어 만든 악기와 돌을 깎아 만든 열여섯 개의 편경과 나무로 만든 박, 어, 태평소가 화음을 이루었다. 놋쇠로 만든 종 열여섯 개를 나무 틀에 매달아 놓고 뿔 망치로 내려치는 편종은 맑고 부드러운 음색을 보탰다. 당과 송에서 들여온 악기들과 고구려와 백제, 신라로부터 전해 내려온 악기들이 총동원된 이날은 왕의 잔치가 부럽지 않을 정도의 규모였다. 폭포가 쏟아져서 소를 이루는 물가에는 동원된 찬모들이 숯을 피워 무쇠솥 뚜껑에 기름을 두르고 들기름에 두부를 굽거나 꿩고기 전골을 끓이거나 노루와 사슴고기를 숯불에 구워내느라 연기가 매캐했다. 만적은 가마니에 넣어 짊어지고 온 숯을 꺼내어 돌을 쌓아 아궁이를 만들어 부지런히 풍구를 돌렸다. 어린 종이 만적을 졸졸 따라다니며 구경을 했다. 집에 두고 올까 하다가 바람이라도 쐬어주고 싶어서 데리고 왔는데 오래 걸어 발이 아프다고 칭얼거렸다. 어린 종이 퉁퉁 부은 발을 계곡물에 담갔다.

최충헌을 비롯하여 문신과 무신들이 돌아가며 한 가락씩 노래를 했다. 그들이 가락을 뽑을 때 악공이 연주를 했다. 폭포 위 상류 쪽에서는 석수장이가 바위를 쪼는 소리로 악공들의 화음에 음률을 보탰다. 산 꿩이 울고 꾀꼬리가 먼 산에서 울었다. 그들은 글자 한 자라도 잘못될까 초집중을 하여 바위를 팠다. 문신들이 노래를 하는 동안 무신들이 말을 타고 사냥을 하러 갔다. 최충헌은 원래 문신 가문이었으나 시대의 흐름에 맞춰 무신으로 방향을 바꿔 권력을 유지했다.

"왕실과의 혼사를 경하드리옵니다."

문객 중 한 명이 최충헌에게 잔을 올렸다. 그러자 최충헌이 기분 좋은 너털웃음을 웃으며 수염을 쓸어내렸다. 돌아가며 최충헌에게 술을 올리려는 자들로 경쟁이 붙었다.

"자자, 오늘은 술이 과했소. 그대들끼리 즐겨 마시고 먹고 노시오."

최충헌이 잔을 사양하고 그늘로 피신했다. 악공들이 일제히 악기를 연주하며 여흥이 무르익어갔다. 도포 자락을 휘날리며 춤을 추는 자와 목청을 길게 뽑아내는 자와 술잔을 들고 팔을 건들거리며 제 흥에 취한 자로 박연폭포 주변은 분주했다. 고소한 기름 냄새와 고기 굽는 냄새와 술 냄새가 숲을 가득 채웠다. 노비들도 이날은 고기 몇 점을 얻어먹었다. 만적은 어린 종에게 사슴고기 두어 점을 나누어 주었다. 하늘은 푸르고 봄이 깊어가는 연둣빛 산야는 진초록의 세상이었다. 산새가 울고 나비가 날고 아지랑이가 피어올랐다. 멀리 산자락에는 산벚꽃과 산철쭉 나무가 꽃 무더기를 흔들며 서 있고 함박꽃이 흰 종이를 매단 듯 탐스러웠다.

어느 순간 숲이 두런거리며 돌연 함성 소리가 울렸다. 그 소리는 바윗돌이 무너져 내리는 소리처럼 고막을 찢었다.

"역적, 최충헌을 잡아라!"

"와와와!"

숲속에서 병사들이 튀어나와 칼을 휘두르며 잔치판을 뒤엎었다. 그늘에서 기생의 무릎을 베고 누워 있던 최충헌이 후다닥 일어나며 소리쳤다.

"대오를 갖춰라, 물러서지 마라!"

최충헌이 벗겨진 도포를 미처 찾아 입지도 못하고 검을 찾았다. 말 잔등에서 내려놓았던 칼집을 만적이 잽싸게 갖다주었다. 말뚝에 매어놓았던 말이 줄이 풀어졌는지 멀리 달아나 언덕에서 풀을 뜯고 있었다. 사병들이 최충헌을 에워쌌다.

"형님, 오늘은 이 아우와 끝장을 보십시다."

"충수, 네 이노옴! 여기가 어디라고 감히!"

최충헌의 긴 수염이 부들부들 떨렸다. 최충헌을 에워싼 사병들이 최충수의 사병이 쏜 화살에 맞고 쓰러지기 시작했다. 잔치판은 아수라장이 되었고 악공들은 악기를 팽개치고 엉금엉금 기어 바위 뒤나 숲으로 도망쳤다. 물속으로 들어가 목을 빼꼼히 내어놓은 자도 있었다. 검과 검이 부딪치는 소리가 골짜기에 메아리를 일으켰다. 폭포 위 바위를 파던 석수장이들도 숲으로 기어들어가 숨을 죽였다. 만적은 낫을 집어 들고 어린 종을 큰 바위 뒤 기생들 무리에 데려다 놓았다. 한바탕 고함 소리와 검이 부딪치는 소리, 비명 소리로 아비규환이었다. 여기저기서 쓰러진 자들의 신음소리가 골짜기에 떠돌았다. 칼에 찔려 죽은 자들의 시체가 쌓여갔다.

"형님, 이제 대세는 기울어졌소. 내 앞에 무릎을 꿇으시오."

최충수가 말 위에서 내려다보며 소리쳤다. 최충헌은 말이 나오지 않았다. 소수의 사병에 둘러싸여 그는 숲으로 도망치고자 하였으나 술에 취해 발이 미끄러지며 자꾸 넘어졌다. 최충헌의 사병들 대부분이 죽거나 다쳐서 싸우고자 하는 사람이 없었다. 문객들은 공포에 질린 눈으로 그 자리에 무릎을 꿇고 앉아 최충수의 처분을 기다렸다. 이제 최충헌의 목숨이 경각에 달렸다. 최충수가 득의양양한 웃음을 띠며 말했다.

"그러게 형님, 욕심이 지나쳤소. 이 동생이 공주를 며느리로 데려오겠다 할 때는 코웃음 치더니 형님은 왕실과 몇 겹의 혼사를 맺으며 권력을 독차지하다니 안될 말이오. 이 아우를 원망하지 마시고 편안히 눈 감으시오."

최충수가 장검을 허공에 높이 쳐들었다. 그 순간 지진이 일어난 것처럼 커다란 함성이 폭포 주변을 향해 몰아쳤다. 최충수의 팔이 화살을 맞고 꺾이자 높이 쳐들린 칼이 땅에 떨어졌다.

"아버님, 소자 우가 왔습니다. 어디 계십니까?"

절박한 최우의 목소리에 최충헌의 귀가 번쩍 열렸다.

"오냐, 애비는 걱정 말고 저 역적놈들을 처부숴라."

"예, 아버님."

"한 놈도 남기지 말고 모조리 다 죽여라!"

최우의 목소리가 허공을 갈랐다. 그 소리에 일제히 화살이 날아오고 검이 번쩍였다. 순식간에 들이닥친 최충헌 사병 수만 명이 최충수의 사병을 격파했다. 검과 검이 부딪치는 소리가 골짜기에 메아리치다가 어느 순간 조용했다.

"우리가 이겼다!"

"와와!"

최우가 소리치자 사병들이 환호했다. 최충헌이 붉게 충혈된 눈을 비비며 도포 자락을 걸쳐 입고 최우를 마주 보았다. 묻지 않았으나 두 부자는 눈빛으로 서로의 마음을 주고받았다. 최충헌이 집을 떠난 후 최우는 노비로부터 그 사실을 알았다. 아무래도 미심쩍어서 훈련 중이던 사병을 동원하여 뒤늦게 박연폭포로 향했고 때를 맞춰 최충수의 무리를 막아낼 수 있었다. 이날의 일을 계기로 최충헌은 더욱 몸을 사렸고 맏아들에 대한 신뢰를 굳건히 했다. 최우를 향한 최충헌의 신뢰는 인사권을 위임하는 정도가 되었다. 최우가 추천한 인사는 만사였다. 최충헌은 맏아들이 소개한 인물은 이유를 묻지 않고 기용했다. 이렇게 최우는 차곡차곡 후계 구도를 쌓아갔다.

"수고했다. 사병들을 데리고 집으로 가자."

만적이 달아났던 말을 찾아와 안장을 얹었다. 최충헌이 말에 올라 타자 여기저기서 승리의 함성 소리가 골짜기를 덮었다. 숲으로 기어들어 갔던 악공들이 어기적거리며 나타나 악기를 챙겼다. 석수장이들이 다시 바위를 쪼기 시작했다. 문신들이 무신들 뒤에 천천히 따르며 자신의 살아남은 목을 어루만졌다. 최충수와 그 무리가 흘린 피가 바위 암반과 폭포수 아래에 흘러넘쳐 붉은 물이 계곡을 적셨다.

난이 평정되고 며칠이 지났다. 별감 댁 마당에 차일이 처졌다. 이날 최충헌의 세 번째 부인이 가마를 타고 도착했다. 폐위된 왕의 서녀였는데 왕실의 인척이 된 별감의 딸 연아가 친정에 와서 일을 돕고 있었다. 연아는 아버지의 혼사를 덤덤하게 받아들였으나 본처인 안방 부인은 속을 끓였다. 바깥 영감이 하는 일이라 드러내놓고 반대는 못 했지만 아녀자로서 자존심 상하고 애가 타는 일이었다. 왕의 딸을 첩으로 맞는 지아비를 바라보며 안방 부인은 시대를 원망했다. 계집을 좋아하는 것은 알았지만 왕가의 딸을 첩으로 들이다니 최충헌의 세도를 짐작할 만한 사건이었다.

음식 솜씨 좋은 이웃집 여자들이 불려 와 부엌에서 전을 부치고 떡을 하고 국을 끓이고 가마솥 밥을 짓느라 분주했다. 연아는 그의 모친 옆에서 위로를 하느라 밥을 제대로 먹지 못했다. 연아 눈에 어린 종이 눈에 띄었다.

"너는 언제부터 이 집 종이냐. 못 보던 얼굴이네."

"……."

"이름이 무엇이냐."

"……."

그때 물지게를 지고 부엌으로 가던 만적이 연아를 보고 고개를 숙였다. 그러고는 잠시 멈춰 서서 이름을 기억하지 못한다고, 송악산 근처에서 살았다고 말했다.

"달처럼 흰 얼굴에 맑은 눈을 가졌구나. 내가 이름을 지어주랴."

"그리하면 영광이지요."

연아가 말하고 만적이 대답했다. 연아는 하늘을 한참 바라보더니 생각났다는 듯 빙긋 웃었다.

"은동, 어떠냐. 은처럼 고운 사내아이란 뜻이야."

"좋습니다요. 뭐 하고 있는 거냐. 아씨에게 절을 해야지."

어린 종이 고개를 숙여 절을 하자 작은 웃음소리가 담장을 넘었다. 머리를 싸매고 누워 있던 안방 부인이 일어나 연아를 노려보며 한마디 했다.

"너는 무엇이 그리 좋아 웃음이 담장을 넘어가느냐."

"어머니, 죄송해요. 이번만큼은 어머니가 양보를 해야할 듯싶어요."

"니 애비 여색 좋아하는 버릇은 죽을 때까지 고치지 못할 병이다."

안방 부인이 다시 드러누웠다. 연아는 지붕을 쳐다보며 그 옛날 담장 위에 놓여 있던 꽃다발을 떠올렸다. 만적은 둘째 오라비 항과 나이가 비슷하여 거의 같이 성장했다. 어릴 때는 노비라는 의미도 모르면서 친밀하게 지냈다. 긴 머리를 땋아 내린 만적이 친정에 헌신하는 것을 보며 연아는 어머니에게 말해 장가보내주라고 해야겠다고 다짐했다.

만적은 물심부름이 끝난 후 들판에서 야생화를 한 다발 꺾었다. 아무도 모르게 담장 위에 올려놓고는 지게를 지고 집을 나왔다. 이날 은동을 데리고 오지 않고 혼자 산으로 갔다. 산의 초입에서 비릿한 숲의 향기를 들이마셨다. 산에는 저잣거리와는 다른 냄새, 다른 세상이 있었다. 오랜 세월 켜켜이 쌓인 범접할 수 없는 기개와 자태가 태고의 향기를 품고 그 자리를 지키고 있었다. 고대 시간을 돌아 나온 이끼의 세월처럼 만적은 산의 신비스러운 기운을 가득 들이마셨다. 변함없이 깊고 은밀하고 친밀함이 가득한 산의 품에서 만적은 안정감을 느꼈다. 저녁이 올 때 산등성이를 넘어가는 붉은 노을 같은 것, 어두워지면 하나둘 불을 밝히는 등잔 같은 것, 고운 자태로 함박 미소 짓는 주인댁 아씨 연아의 모습에서 떠오르는 달그림자 같은 것이었다. 연아를 보며 만적은 세상의 아름답고 부드러운 것과 곱다는 의미를 알았다. 고된 노동 속에서 한 가닥 마음속에 그런 안식처가 있었기에 견뎌낼 힘을 얻을 수 있었다. 주인댁 최우는 맏이로서의 진지함이 지나쳐서 어려움이 있었지만 형에게 치이는 둘째 항과 그런 오라비를 따르는 연아의 해맑음 속에서 만적은 아주 가끔 어떤 이상 세계의 가족 구성원을 그리곤 하였다. 아버지와 어머니 그리고 아들이 있는 가정의 풍경은 만적의 먼 염원이었다.

만적은 지난겨울 눈 폭풍에 쓰러진 나무를 건성으로 주워 지게에 매달았다. 그러고는 주저앉아 하늘을 쳐다보았다. 노비로서 살아온 지난 시간은 파란만장한 세월이었다. 주인어른을 따라 사병으로 내란이 벌어진 전쟁터를 오가며 물자를 조달하고 싸우기도 하며 폭풍우 같은 시간을 건너왔다. 강물이 물굽이를 휘돌아 포말을 일으키는 순간도 유유히 산기슭을 적시며 돌아나가는 물결의 유순한 시간도 견디며 흘러온 세월이었다. 아마도 느린 유속의 시간은 연아 애기씨가 어릴 때 그네를 매어주고 허공을 향해 붉은 비단 치맛자락을 날리던 그 모습을 훔쳐보며 아련한 슬픔 같은 것을 느끼던 순간일지도 몰랐다. 손 닿을 수 없는 거리에서 아른아른한 꽃나무처럼 희거나 붉은 꽃송이를 피우며 성장해 가던 연아의 모습을 바라보며 만적은 깊은 인생의 회오 같은 것을 가슴에 담았다.

숲이 수런거렸다. 나무를 한 짐씩 짊어지고 이 골짜기와 저 골짜기에서 내려온 노비들이 한곳에 모였다. 오랜만에 미조이를 보며 만적은 반가워서 아는 척했다.

"미조이, 나무를 많이 했나."

"평소와 비슷하지."

"난 오늘은 요만큼만 갖고 갈 거야."

만적이 지게를 일으켜 세워 미조이 뒤를 천천히 따라갔다. 시간이 늦어서인지 노비들이 잡담을 하지 않고 모두들 주인댁으로 돌아가는 중이었다. 앞서가던 미조이가 이상했던지 뒤를 돌아다보았다.

"어디로 가는 거지?"

"미조이 자네 따라가는 거지."

"나를 왜 따라오는데."

"그 노파를 만나야겠어."

"만나는 거야 어렵지 않지만 주인마님이 알면 괜찮을까."

"그 일은 나중에 걱정하고 지금은 그 노파를 봐야겠어."

미조이가 다시 앞에서 걸어갔다. 만적은 휘파람을 불었다. 얼굴도 목소리도 기억나지 않는 어머니를 어떻게 찾는다는 것인지 알 수 없었지만 그냥 부딪쳐볼 생각이었다.

미조이가 의탁하여 사는 주인은 시내 중심에서 외곽으로 나 있는 길을 따라 조금은 한적한 곳에 있었다. 세도가는 아니지만 대대로 명망가로서 절에 시주를 많이 하여 거사로 불리는 선비댁이었다. 만적은 지게를 대문간에 세워놓고 마당에 성큼 들어섰다. 그러자 멀리서 물동이를 이고 어기적거리며 걷는 노파의 구부정한 등이 눈에 들어왔다. 머리카락은 하얗게 세어서 마치 눈을 뒤집어쓴 것처럼 희었다. 노파가 마당 한가운데에 있는 우물물을 길어 물동이에 담아 머리에 이고 조심스럽게 걸었다. 균형이 잡히지 않은 걸음걸이로 인해 물이 출렁이며 쏟아져 내렸다. 노비 둘이 낄낄거리며 노파를 향해 손가락질을 하며 웃었다. 노파는 다시 천천히 발을 내디뎠다. 만적은 달려가서 노파를 불러세웠다. 노파가 멈춰 섰다. 그 눈에는 의혹이 가득했다. 노파의 얼굴은 낯설었고 모습도 낯설었다. 만적은 노파가 머리에 이고 있던 물동이를 내려 손으로 들고 큰 걸음으로 걸어가서 항아리에 부었다. 그러고는 낄낄거리던 노비들에게 달려가 주먹을 날렸다. 방심하고 있던 노비들이 나동그라지며 비명을 질렀다. 정신을 차린 노비들이 만적을 향해 덤벼들었다. 노비 두 사람과 만적이 엎치락뒤치락 흙바닥을 뒹굴었다. 어린 종들과 늙은 종들이 달려 나와 구경을 했다. 미조이가 만적을 부르며 발을 굴렀다. 세 사람이 뒤엉켜 싸우느라 먼지가 일어나며 주위가 어수선했다. 그때 외출에서 돌아오던 주인이 대문을 들어서다 말고 눈살을 찌푸렸다. 노비들이 일제히 뒤로 물러나며 공손하게 손을 앞으로 모아 잡고 쥐 죽은 듯 조용했다.

"무슨 일인데 이리 시끄러운 게냐."

만적과 노비들이 주인의 목소리를 알아듣지 못하고 뒤엉키며 몇 번이나 나뒹굴었다. 서로의 얼굴을 할퀴고 주먹을 내지르고 발길질을 하여 온

몸이 흙투성이가 되었다. 두 번째 불렀을 때야 그들은 씩씩거리며 일어났다. 주인이 점잖게 물었다.

"너는 못 보던 얼굴인데 누구냐."

"별감댁 종 만적이라 하옵니다."

"별감댁 종이 왜 여기서 내 종들과 싸우는 거냐."

"그게, 저어."

만적은 자초지종을 설명했다. 다 듣고 난 주인이 한숨을 내쉬더니 한숨에 정리했다.

"그러니까 노파가 물동이를 이고 가는 걸 보고 종들이 비웃었고 그걸 네가 참견하여 이 사달이 벌어졌단 말이지. 흠, 태도는 가상하나 남의 집에 와서 내 종들을 욕보이다니 경을 칠 일이로다. 내 특별히 별감 얼굴을 봐서 참기는 하겠다마는 이 일은 네 주인에게 고해야겠다."

"어르신, 잘못했습니다. 용서해 주십시오."

"별감이 무섭기는 무서운가 보구먼."

주인이 의미심장한 웃음을 짓고는 사랑채로 가버렸다. 미조이가 우물물을 길어 대야에 담아왔다. 만적은 대충 세수를 하고 문간방 문지방에 주저앉았다. 부엌 대문 앞에서 노파가 다시 물동이를 머리에 이고 우물터로 왔다. 만적은 노파에게 다가갔다. 노파는 히죽히죽 웃으며 만적을 힐끔 쳐다보더니 먼 허공으로 시선을 옮겨갔다. 노파의 눈은 공허했다. 그 눈에는 생의 의지나 생동감 같은 게 없었다. 텅 빈 공허가 노파의 눈동자에 담겨 있었다.

"어디서 오셨습니까."

노파가 힐긋 쳐다보더니 밧줄을 잡아당겨 물을 퍼 올리려 안간힘을 썼다. 별감댁에서 사내종들이 하던 일을 이 댁에서는 노파가 하는 데 힘이 달려 물을 담다가 절반은 쏟아졌다. 만적은 미조이를 보며 도와주라는 눈짓을 했다. 미조이는 짐짓 모른 체 하다가 노파에게 다가가 밧줄에 달린 그릇을 달라고 했다. 노파는 성난 얼굴로 자기 것을 빼앗기지 않으려 했다.

"저리 가, 저리 가."

노파가 헛손질을 하며 미조이를 노려보았다.

"봤지. 저 노파는 자기 소유를 빼앗기지 않으려 기를 쓰는 모양새야. 아무도 나서서 거들어주지 않아."

그제야 만적은 분위기를 파악하고 노비들에게 미안한 마음이 생겼다. 만적은 노파에게 말을 걸었다.

"할머니, 힘들지 않으세요? 젊은 사람들에게 맡기세요."

"저리 가, 저리 가."

노파가 다시 손을 허공에 대고 흔들다가 만적과 눈이 마주쳤다. 노파가 별안간 밧줄을 팽개치고 만적의 팔을 붙잡았다.

"뉘기여? 금동이여? 금동아, 금동아."

노파가 돌연 금동이를 부르며 소리쳤다. 아무도 노파의 행동을 저지하거나 관심을 갖지 않고 각자 자기 할 일을 하러 갔다. 마당에는 이제 노파와 만적이 남았다.

"할머니, 어느 절에서 오셨어요."

"응, 무슨 절? 몰라."

"아드님 이름이 만적이에요?"

"누구라고? 우리 금동이?"

노파는 엉뚱한 소리를 늘어놓았다. 만적은 노파의 손을 놓고 한숨을 쉬었다. 미조이 한 마디에 너무 큰 기대를 한 것 같았다. 만적이 지게를 짊어지고 대문을 나서자 육중한 나무 대문이 닫혔다. 노파가 담장 밖을 바라보며 다시 적아, 만적아, 소리쳤다. 마당에는 아무도 없었다. 노파의 목소리만이 메아리를 일으키며 허공을 떠돌았다.

만적은 터덜거리며 돌아왔으나 최충헌이 마당 한가운데에서 기다리고 있었다.

"어미를 찾아갔더냐?"

만적은 놀라서 얼굴이 하얗게 질렸다. 누군가 고자질을 한 모양이었다.

"요새 네 놈이 간덩이가 부었나 보구나. 상전에게 허락도 안 받고 어디 남의 집을 들락거리며 웃음거리가 되느냐. 내가 너를 어찌하면 좋을까."

"용서해 주십시오."

만적은 고개를 숙였다. 최충헌이 한참 생각에 잠겨 있다가 입을 열었다.

"아무래도 네 놈이 이 집에 불만이 많은 모양이구나. 내 그간 너의 처지를 생각해서 모른 척하려다가 도저히 그냥 넘길 수가 없어 다른 집으로 보내려 한다. 이미 송아지 한 마리가 당도해 있구나."

"저, 저를 파셨다고요? 아니 되옵니다. 살려주세요. 저를 이 집에서 내쫓지 말아주세요!"

만적은 놀라서 바닥에 무릎을 꿇어 머리를 조아렸다.

"두 번 다시 오늘 같은 일이 없을 것이옵니다. 저를 팔지 말아 주십시오. 어헝헝."

만적이 큰 소리로 울었다. 어린 종 은동이 옆에서 같이 울었다.

"이제 네 놈 처지를 알겠느냐. 네 놈의 목숨이 송아지 한 마리 값이다. 주인이 팔고 싶을 때 팔고 사고 싶을 때 사는 종이다. 그러니 함부로 나돌아다니거나 함부로 행동하지 말아라."

"예에 어헝헝, 어헝헝."

만적은 울었다.

"송아지는 원래 주인에게 되돌려 주어라."

최충헌이 뒷짐을 진채 천천히 발걸음을 옮기며 다른 노비에게 명령을 했다. 만적은 비록 종살이라 하더라도 항 도령과 연아 아씨와 함께 한 추억이 있는 주인댁을 떠나기 싫었다. 새 주인에게 팔려 가서 어떤 고생을 할지 그런 것도 염려되었지만 노비로 살아온 시간의 흔적이 곳곳에 깔려 있는 별감 댁이 만적에게는 유일한 둥지였다. 아픔도 상처도 지나간 것은 추억으로 영혼에 새겨졌다.

최충헌은 만적을 돌려보내고 뜰을 거닐었다. 평소 입이 무겁고 진중한 만적이 실수를 연거푸 하는 것 같아 아들 최우에게 아랫것들을 잘 다스리라고 지시했다. 장가를 보내줘야겠다고 잠시 생각을 하고는 곧 잊어버렸다.

4

만적은 말이 없어졌다. 새벽닭이 울면 일어나 말에게 물을 주고 풀을 베어다 주고는 누룽지를 얻어먹고 산으로 갔다. 묵묵히 나무를 하며 자신의 처지를 되짚어보았다. 서럽고 서러운 노비 신세였다. 나무를 하러 온 노비들이 주인에게 매를 맞은 날은 모두들 말을 안 했다. 멍이 든 얼굴과 팔다리를 옷자락으로 감추려 애를 쓰며 다른 한편으로는 불만을 드러내기도 하였다.

"천인들이 벼슬을 하고 양민이 되어 사는 사람도 있는데 우리 팔자는 언제 펴질까."

"이대로 종으로 살다가 곱게 죽으면 그게 좋은 팔자지."

"누구는 주인을 도와 정변에 참여하여 공을 세워 벼슬을 하는데 나는 언제 벼슬을 해보나."

만적이 혼잣소리로 중얼거렸다. 그러자 여기저기서 노비들이 한 마디씩 보탰다. 만적은 주인을 도와 전쟁터에도 나갔고 내란에도 참여하여 싸웠으나 처지가 바뀌지 않았다. 돌아보면 눈물겨운 세월이었다. 만적은 지난 시간의 아픔이 낚싯줄에 꿰인 물고기의 운명처럼 느껴졌다. 한 두름에 꿰어진 크고 작은 사건들을 되짚어보았다. 희동 영감의 죽음, 멍석말이, 발길질을 당해 갈비뼈가 부러진 일, 배가 고파 찬물을 들이켜며 노동을 하던 일들이 한꺼번에 머릿속을 지나갔다. 가슴속 깊은 곳에서 끓어오르던 분노가 목구멍까지 차올랐다. 만적은 들끓어 오르는 분노를 삭이며 침을 꿀꺽 삼켰다. 아주 오래전부터 마음속에서 소리치던 양심의 소리가 회오리를 일으키며 폭발하려 하고 있었다.

"어차피 인생은 한 번 태어나 한 번 죽는 목숨이여. 구질구질하게 살다 가느니 세상을 향해 소리라도 크게 지르고 죽는 것도 억울하지는 않을 거여."

"거 말 한번 잘했어, 아무리 예뻐도 열흘 붉은 꽃이 없다고 하잖아."

"누가 한 말인지 모르지만 일리가 있어."

"우리 한 번 세상을 뒤집어놓을까. 우리가 각자 상전을 죽이고 권력을 잡아서 떵떵거리며 살아볼까."

"무신 정변을 일으킨 이의민 장군도 천인 출신이여."

"우리가 최충헌과 주인들을 죽이고 노비문서를 불태워 이 땅의 천민을 없애면 우리도 장상이 될 수 있다. 장상이 어디 종자가 따로 있겠는가. 때가 오면 누구나 할 수 있는 것이 아니겠는가. 나와 같이 세상 한 번 엎어보자?"

만적이 주위를 휘둘러보았다. 다들 입을 굳게 다물고 진지한 눈빛을 교환했다. 모두 한마음이 되어 만적이 무슨 말을 하나 쳐다보았다.

"이달 오월 열이렛날 흥국사에서 만나자. 궁궐 노비들과 연줄이 있는 환관들에게도 연락하고 다시 모이자."

"그럽시다."

산에 모인 수백 명의 노비들이 모두 땅바닥에 지팡이를 두드리며 마음을 하나로 모았다. 만적은 다시 모이는 날까지 입단속을 시키고 산을 내려왔다. 자신의 목숨이 송아지 한 마리 값밖에 안 된다는 걸 알게 된 날 만적은 희동 영감을 떠올렸다. 평생 소보다 못한 인간이여, 라고 구시렁대던 희동 영감의 모습이 만적의 오늘과 내일의 모습임을 깨닫는 순간 가슴 속에 웅크려 있던 커다란 바윗덩이가 움찔 움직이는 것 같았다. 사람답게 사는 세상을 만들어보자는 만적의 말은 수많은 노비들의 호응을 얻었다.

만적은 말에게 먹일 풀을 베어 갖다주고 물을 길어다 주고 곡식을 먹이통에 넣어주는 일로 하루를 열었다. 새벽에 일어나 어둠침침한 대문을 나서면 시커먼 산등성이 너머로 붉은 노을이 산허리를 타고 내려왔다. 이슬이 축축한 마당을 지나 대문을 열고 마구간으로 가는 첫 새벽의 공기는 청량한 바람을 몰고 왔지만 가슴 속에는 묵은 찌꺼기같이 어둡고 무거운 생의 잔여물이 켜켜이 쌓여 있었다. 효삼과 연관이 있는 궁궐 환관과 성복과 소삼이 인연이 닿은 관청의 노비들에게도 전갈이 갔다. 그 사이 만적은 나무 하러 가는 일은 자제하고 다른 일을 찾아서 했다. 일은 산더미처럼 쌓여서 숨 쉴 틈이 없었다.

고된 노동이 끝난 밤, 만적은 몸이 피곤했으나 쉽게 잠들 수 없었다. 날이 밝으면 드디어 하늘 아래 자유롭게 숨 쉬는 날이기 때문이었다. 뜬눈으로 밤을 새우고 새벽에 일어난 만적은 평소와 같이 마구간으로 가서 말들에게 물과 곡식을 주고 마른 건초를 여물통에 담아주었다. 부엌 찬모가 챙겨준 조, 귀리, 수수, 콩이 들어간 주먹밥을 부뚜막에 앉아 대충 먹은 만적은 지게를 지고 산으로 갔다. 산길 초입의 잡초들이 이슬을 맞아 축축하게 젖어 있는데 누군가 풀잎을 밟으며 지나간 흔적이 보였다. 산길을 따라 흥국사로 가는 길은 산새 소리로 시끄러웠다. 이슬 젖은 길을 부지런히 걸어 흥국사 뒤뜰에 도착했을 때는 아침 해가 산등성이를 넘어 절 안 깊숙이 들어와 있었다. 미리 와있던 노비들이 웅성거리는 소리가 들렸다.

"여어, 일찍들 왔네."

만적이 손을 들어 흔들자 사동, 미조이, 연복, 성복, 소삼, 효삼이 주저앉아 새순을 뜯어 질겅거리다 말고 일어나 반겼다. 낯이 익은 몇몇의 노비들이 보였다. 어두컴컴하던 흥국사 경내가 밝아졌다. 만적은 주위를 휘둘러보았다. 노비들의 수가 몇백 명밖에 되지 않았다. 몇백 명이 약속했는데 모인 숫자는 기대에 못 미쳤다.

"다들 왜 안 오지."

"조금만 더 기다려보자고."

시간은 흘러 햇볕이 숲을 맴돌다가 흥국사 굴뚝과 돌담을 타고 넘실거렸다. 지게를 지고 절 경내를 어슬렁거리는 노비들을 아무도 눈여겨보지 않았다. 도성의 귀족들과 가족들, 백성들이 들락거리는 큰절이라 사람들이 오고 가며 붐볐다. 노비들은 더 이상 오지 않았다. 모여 있던 노비들이 웅성거렸다. 그들의 눈동자가 흔들렸다. 만적의 가슴속에도 불안의 그림자가 일렁거렸다. 무엇보다도 궁궐에서 환관이 아무도 안 왔다는 사실이 불안을 부추겼다. 관청의 공노비들도 보이지 않았다. 누구보다 열심히 떠들어대고 지지를 약속했던 공노비들이었는데 아무도 보이지 않았다. 웅성거리던 흥국사 뒤뜰이 소란스러워지기 시작했다.

"조용히 하시오. 큰일은 때가 있는 법, 날은 다시 잡으면 되지 않겠습니까."

만적의 목소리에 주위가 조용해졌다. 만적이 품속에서 보자기에 싼 커다란 종이 뭉치를 끄집어냈다. 며칠 밤 등잔불도 없는 어둠 속에서 가위로 잘라 조각을 낸 누런 종이 뭉치였다. 궁궐 환관으로부터 종이를 받아 마구간에 숨겨놨다가 한밤중에 찾아와서 가위로 오려낸 조각들이었다.

"자자, 조용히 하고 이것을 받아 잘 간수하시오. 이것은 우리 편이라는 표식이오."

만적이 내준 종이 조각에는 정(丁)자라고 글자가 씌어 있었다. 노비들이 누런 종잇조각을 받아 품속에 간직했다. 그들의 낯빛은 어둡고 긴장감이 서려 있었다. 만적이 종잇조각을 모두 나누어준 뒤 다시 당부의 말을 했다.

"나흘 뒤 보제사에서 다시 모입시다."

"그럽시다."

"그날 우리가 주인의 목을 베어 저잣거리에 내걸고 행진을 하여 북과 꽹과리를 치며 궁궐로 쳐들어가면 환관과 관노비들이 호응을 하며 환영할 것이오."

만적이 기대에 찬 음성으로 나흘 뒤를 기약했다. 노비들이 각자 나무를 하러 숲으로 들어가거나 주인댁으로 돌아갔다. 만적은 다시 일상으로 돌아왔으나 긴장감에 일이 손에 잡히지 않았다.

흥국사에 모였던 노비 중에 순정이라는 자가 있었다. 율학박사 한충유의 사노비였다. 그는 터무니없이 적게 모인 흥국사에서의 일이 틀어지자 심히 불안했다. 이대로 발각이 날 것만 같은 두려움에 잠이 오지 않았다. 누군가 밀고를 해버리면 개죽음을 면치 못할 터였다. 같은 방에서 잠을 자던 늙은 종이 오줌이 마려워 한밤중에 깨어났다가 뒤척이는 순정을 보고 한 마디 툭 내뱉었다.

"무슨 죄를 지었길래 여태 잠을 안 자누."

"예? 죄는 무슨 죄를 지어유?"

순정이 발끈해서 말대꾸를 하자 늙은 종이 머리통을 가볍게 쥐어박으며 대수롭지 않게 말했다.

"이놈 발끈하는 걸 보니 죄를 짓긴 지었구먼. 어디 실토해 봐."

제 발이 저렸던 순정은 그만 흥국사에서의 일들을 털어놓았다. 등허리에서는 진땀이 흘렀다. 혼인을 하여 가족을 거느린 늙은 종은 일이 혹시 자신에게도 튀어 엉뚱하게 번질까 염려되었다. 역모나 다름없는 큰일이었다. 늙은 종은 문을 열고 나가려다 말고 순정의 어깨를 잡아 흔들었다.

"이놈아, 여태 입을 다물고 있었나. 벌써 주인댁 귀에 들어갔을지도 모르는데 빨리 발고를 해서 생목숨이라도 건져야제."

늙은 종이 순정의 뒷덜미를 잡고 주인댁 사랑채 마당으로 끌고 갔다. 일찍 일어난 한충유의 사랑방 창호에 등잔불 그림자가 희미하게 밝았다.

"대감마님."

"무슨 일이냐."

사랑채 문이 열리고 율학박사 한충유가 밖을 내다보았다.

"순정이 놈이 할 말이 있다고 합니다요."

"새벽바람에 종놈이 무슨 급한 일이길래 이리 소란이냐."

"급해도 아주 급합니다요. 큰일이 났구먼요."

그제야 한충유가 귀를 바깥에 내놓고 이유를 물었다.

"빨리 고하지 않고 뭘 하노."

"죽을죄를 지었습니다요."

순정이 바닥에 털썩 무릎을 꿇고 앉았다. 한충유의 표정에 의혹의 그림자가 얼핏 스쳐 지나갔다.

"무슨 말인지 들어보고 네 죄를 탓할 터이니 말해 보아라."

순정의 손이 덜덜 떨렸다. 떨리는 손으로 품속에서 누런 종잇조각을 꺼냈다. 늙은 종이 종잇조각을 전달받아 섬돌을 딛고 마루 위로 기어 올라가 한충유에게 바쳤다.

"이것이 무엇이냐."

"반란이 옵니다."

"반란이라니, 자세히 말해보거라."

느긋하게 앉아 있던 한충유가 반란 소리에 벌떡 일어나 마루로 나와 섬돌에 내려섰다. 계속되는 정변으로 언제 정권이 바뀔지 알 수 없는 격변의 시대에 살고 있는 그로서는 반란이라는 소리만으로도 간이 오그라들고 심장이 쫄깃거렸다. 순정은 자초지종을 설명했다. 한충유가 방으로 들어가 겉옷을 팔에 꿰어 입으며 순정을 닦달했다.

"잘 말해주었다. 잘했어."

한충유가 말을 타고 득달같이 최충헌 댁으로 내달린 건 날이 부옇게 밝아 올 무렵이었다. 최충헌은 기가 막혔다. 그 시간 만적은 마구간에서 말을 돌보느라 집안에 없었다. 최충헌은 사병들을 시켜 만적을 잡아 오라 일렀다. 그러고는 아들 우를 불러 훈련 중인 사병들을 집결시켰다.

"내 이, 이놈을!"

최충헌의 긴 수염이 부들부들 떨며 두 주먹을 꽉 움켜쥐었다. 동생 최충수의 난이 벌어진 지 얼마 되지 않은 시점이라 혈육 간에 골육상쟁을 겪은 그로서는 아직 마음속의 어둠이 가시지 않은 상태였다. 사병이 마구간으로 달려가 만적을 붙잡아 왔다.

"네 이노옴! 먹여주고 재워주고 거뒀는데 은혜를 원수로 갚아?"

최충헌이 두 손이 묶인 만적을 걷어찼다. 만적이 저만치 나동그라졌다. 뒤늦게 한충유댁 늙은 종과 순정이 헐레벌떡 달려와 별감댁 마당에 무릎을 꿇었다. 정신이 반쯤 나간 만적이 허공을 바라보며 소리쳤다.

"사람답게 살고 싶었을 뿐이오."

"뭐라? 이놈이 아직도 헛소리를 지껄이느냐."

사병의 손에 두들겨 맞고 발길질을 당한 만적은 흙바닥에 쓰러진 채 일어나지 못했다. 최충헌이 순정을 바라보며 물었다.

"노비들이 흥국사에 모여 난을 일으키기로 한 게 사실이냐?"

"사, 사실이옵니다. 살려주십시오."

"사실이면 내 너에게 상을 주겠다. 어찌할 참이었더냐."

"만적이 말하길 각자 노비들이 자기 주인을 먼저 죽이고 궁궐을 접수하여 노비들이 권력을 잡자고 하였습니다."

"이, 이런. 고얀 놈들이 있나."

최충헌이 기가 막힌다는 듯 혀를 찼다.

최충헌은 혀를 차며 한탄했다. 실신한 만적을 사병들이 질질 끌고 가 감옥에 처넣었다. 만적의 온몸이 욱신거리며 쑤셔왔다. 뼈 마디마디가 그 뼈를 감싼 근육이 뒤틀려져서 저절로 신음 소리가 새어 나왔다. 나무 작대기로 얼기설기 엮인 감옥의 칸마다 들어찬 노비들이 내지르는 비명 소리에 만적은 죄의식과 분노로 몸을 떨었다. 급기야 눈물이 흘렀다. 자신으로 인해 고문을 받고 죽을 운명에 처한 노비들을 보자 만적은 몸이 으스러진 고통은 아무것도 아니라 마음의 통증이 더 아프게 다가왔다. 구석 자리에 웅크린 만적은 지나간 시간들을 회상했다. 때로는 어둡고 때로는 밝았던 날들을 떠올렸다. 어린 나이에 종살이를 하며 고달팠던 시간이 있었지만 그에게도 밝고 환한 봄날의 순한 햇볕 같은 시기도 있었다.

유모의 등에 업혀서 칭얼거리던 어린 소녀가 만적을 보고 호기심 어린 눈동자를 빛내며 바라보던 일, 작고 앙증맞은 발에 쏙 들어가던 비단 꽃신, 별채 화단에 핀 꽃을 보고 손뼉을 치며 좋아라 하던 소녀의 영상이 스쳐 지나갔다. 별채 뒤란에 서 있던 느티나무에 그네를 매어주자 환하게 웃던 소녀의 모습에서 만적은 한순간 어쩌면 자신에게 있었을지도 모를 가족을 그려보았다. 둘째 도령 항이 만적과 비슷한 나이라면 여동생 연아는 두세 살 아래였다. 누이동생 같은 연아가 말이라도 붙이면 만적은 그저 좋았다. 만적은 만신창이가 된 몸을 나무 벽에 기대어 허공을 쳐다보았다. 나무 서까래가 구불구불 기어간 천장 사이로 진흙이 나무 막대기를 지탱해 주고 있었다. 지나간 순간순간의 봄볕 같은 날들이 어둠의 나락에서 언뜻 튀어나올 때마다 눈물이 났다. 소나 말처럼 일만 하며 고된 나날을 보냈지만 그 힘든 시간의 틈바구니에도 연둣빛 새순 같은 날이 있었기에 지금까지 목숨을 부지했는지도 몰랐다. 만적은 모든 것을 체념하고 눈을 감았다. 감은 눈 속으로 소년이 짚신을 신고 타박타박 대문 안으로 걸어들어오는 것이 보였다. 말에서 내린 장군이 어린 소년을 문간방 희동 영감에게 데려다주었고 그날부터 희동 영감에게서 종이 해야 할 일과 하지 말아야 할 일 조심해야 할 것들을 배웠다. 특히 상전이 아무리 어린 소녀나 소년이라 할지라도 깍듯이 공경하고 존칭을 써야 함을 희동 영감이 알려주었다. 불만을 가져서도 안 되고 안방마님이나 도령이 부르면 달려가서 눈을 내리깔고 다소곳이 귀담아들어야 한다고 했다. 모든 것은 조심하고 또 조심하며 안되는 것뿐인 노비 삶의 시작이었다.

그 시각 최우가 소집한 사병들이 노비들을 모두 잡아 와서 감옥에 넣었다. 한 명씩 따로 불러 고문을 하는데 공포에 질린 노비는 고신을 하기도 전에 오줌을 지렸다. 최충헌이 어전회의에서 왕에게 고하고 전권을 위임받아 직접 조사에 나섰다. 감옥 마당에 국청이 설치되고 심문이 시작되었다. 고문에 못 이겨 노비들이 실신하거나 죽어 나자빠지며 국청 마당에는 신음 소리와 고통에 찬 울부짖음으로 가득했다. 숨어 있던 노비들이 속속 별감의 사병에 의해 잡혀들어왔다. 대부분 노비들은 살고자 발뺌을 했고 살고자 누군가를 지목했는데 모든 노비들이 만적을 우두머리로 가리켰다.

"만적이 사주했습니다요."

"사동이 시켰습니다요."

"미조이가 꼬드겼사옵니다."

"연복이 집회 장소에 가자고 하였습지요."

"성복이 말해서 따라갔을 뿐입니다."

"소삼이 부추겼습니다."

"효삼이 시켜서 한 일입니다요."

고문에 의해 모든 노비들이 만적을 비롯하여 여섯 사람을 가리켰다. 만적과 이 일을 논의하던 사동, 미조이, 연복, 성복, 소삼, 효삼이 주동자로 몰리자 고문의 양상이 달라지기 시작했다. 다른 노비들을 제쳐두고 주모자로 몰린 일곱 사람에 대해 집중적인 고신이 이루어졌다.

"네 놈이 한 일을 낱낱이 고하라."

"나는 사람답게 살고자 하였소."

"저, 저, 찢어 죽일 놈. 말하는 본새가 심히 불량하도다. 여봐라, 주리를 세게 틀어라."

"아이구구, 나 죽네."

심문받던 효삼이 실신하자 소삼에게 고신이 가해졌다.

"먹여주고 재워주고 보살폈거늘 왜 난을 일으켰느냐."

"우리가 어디 사람이오? 개돼지만도 못한 대접을 받으며 몸이 부서져라 일만 했소."

"너는 원래부터 그렇게 태어났느니라. 운명대로 살면 목숨을 재촉하지는 않았을 터."

"이리 살 바에는 차라리 죽는 게 낫소."

"뭐라. 반성의 기미가 전혀 없구나. 여봐라 이놈의 주둥이를 틀어막아라."

소삼은 광목 뭉치가 입안을 틀어막고 주먹질을 당하는 바람에 신음 소리도 내지 못하고 기절하였다. 그의 숨소리가 약하게 잦아들자 성복에게 고신이 가해졌다. 성복 다음에는 연복이 끌려나오고 그다음에는 미조이가 그다음에는 사동이 차례로 끌려 나왔다. 이들은 먼저 얼굴에 주먹질을 당하고 걷어차인 후에 질문을 받았다. 한결같이 의연한 이들의 모습에 분개한 최충헌이 소리쳤다.

"한 놈도 남기지 말고 죽여라."

노비들이 고문을 당하는 국청 마당에는 관복을 입은 대신들이 죽 서서 지켜보다가 잔혹한 현장에 혀를 차며 도로 가버렸다. 감옥은 비좁았다. 개경 시내 고관들의 집 사내 종들이 모두 잡혀 와서 감옥 안에 갇히는 바람에 감옥은 열기로 숨이 턱턱 막혔다. 편하게 다리를 뻗을 자리가 없어서 무릎을 세운 채 웅크려서 두려움에 말을 잊었다.

이때 한 차례 고문을 당해 몸이 망가진 만적이 끌려 나왔다. 최충헌은 만적을 노려보았다.

"만적, 이놈아. 내 죄를 네가 알렸다."

"어서 빨리 죽이시오."

"오냐, 네 놈이 보는 앞에서 다른 노비들을 죽일 것이다."

최충헌이 명령하자 고신을 당하던 노비들의 목이 순식간에 나뒹굴었다.

만적은 이를 악물고 눈을 부릅뜬 채 그 장면을 지켜보았다. 노비들의 목이 땅에 떨어져 뒹굴고 붉은 피가 허공에 치솟았다가 흙바닥에 흘렀다. 날이 저물자 고문을 받던 노비들은 형틀에 묶인 채 밤이슬을 맞았고 감옥 안에 갇힌 노비들은 웅크려 앉은 채로 밤을 보냈다.

다음날 대궐에서 어전회의가 열렸다.

"폐하, 이번 노비들의 반란은 주모자들만 처벌하고 나머지는 훈방 조치하소서."

"그렇사옵니다. 소신 집에도 말먹이를 줄 놈이나 나무를 할 종이 없어서 집안이 엉망이옵니다."

집집이 끌려온 노비들로 인해 노동력이 부족한 귀족들이 아우성이었다. 지난밤 최충헌을 찾아와 제발 노비들을 돌려보내달라고 애원한 대신들도 있었다. 당장 최충헌 댁의 일손이 부족해지자 훈련을 받던 사병들이 노동력을 제공하기도 하였다. 이로써 잡혀 온 노비 중 오백여 명은 원래의 자리로 돌려보내고 주동자와 그에게 적극 가담한 노비 삼백여 명이 산채로 강에 내던져졌다. 만적은 함께 고생한 동지들이 고문을 당해 만신창이가 된 몸으로 죽어가는 모습을 마지막까지 지켜보아야 했다.

"네 놈이 무슨 짓을 했는지 알겠느냐? 네 놈 때문에 많은 목숨이 죽었다."

최충헌은 심리적 고문을 가하며 만적을 괴롭혔다. 만적은 고통에 몸부림쳤다. 감옥 안에 있던 수백 명의 노비들이 자루 안에 짐처럼 구겨져서 넣어졌다. 만적은 어느 사이 병사들이 자신의 몸을 거칠게 끌고 가서 자루에 집어넣는 것을 실신한 채로 내맡겼다. 비명을 지를 힘도 없었다. 병사들이 수레에 겹겹이 노비들을 싣고 강으로 갔다. 병사 두 명씩 짝을 지어 노비가 든 자루를 강에 던졌다.

먹구름이 몰려오고 바람이 심하게 불었다. 강변의 버드나무가 가지를 길게 늘이며 허공에서 흔들렸다. 태풍이 오고 있었다. 아직 여름 장마가 오지 않았는데 태풍이 몰려온다고 백성들이 두려움에 떨었다. 하늘이 노했다고 믿는 백성들은 집안에 웅크려 나오지 않았다. 병사들이 수레에 가득 실려 포개어진 노비들의 자루를 하나씩 강에 던졌다. 쉴 새 없이 노비들이 강물에 던져졌다. 물거품이 일어나며 회오리를 일으키다가 세찬 물살에 점점이 멀어져갔다. 검푸른 강물이 아직 목숨이 붙어 있는 노비들과 이미 죽은 노비들의 몸을 순식간에 삼켰다. 물결이 출렁이며 흘러갔다. 수백 개의 자루와 사람이 물 위에 떠올랐다가 가라앉았다가 몇 번 반복하다가 잠잠해졌다.

피비린내가 담을 넘어 어두운 길에 흩어졌다. 들짐승이 어슬렁거리며 어두운 길을 헤매어 다녔다. 그 시각 미조이가 살던 집 부엌에서는 노파가 어둠 속을 노려보다가 대문을 열고 거리로 뛰쳐나왔다. 노파는 맨발에 머리를 산발한 채 누구인가의 이름을 불렀다.

금동이라고 했다가 적이라고 했다가 다시 만적이라고 울부짖는 소리가 밤의 어둠 속으로 공허하게 울려 퍼졌다. 노비 순정은 은 팔십 냥을 받고 양민이 되어 자유의 몸이 되었다. 그는 밤을 새워 일족을 이끌고 어디인가로 사라졌다. 순정의 주인인 율학박사 한충유는 최충헌의 신임을 받아 좋은 자리로 옮겨 갔다. 살아남은 노비들은 이후 나무를 하러 갈 때도 혼자 가거나 다른 산을 찾아다녔다.

개경에서 일어난 노비들의 저항은 시간이 흘러 지방에 알려졌다. 이후 지방에서는 틈틈이 관노들이 난을 일으키거나 천민들이 들고 일어나는 일이 생겨났다. 어수선하고 불안정한 나날이 이어지고 있었다.

3. 전설이 된 숨은 용—삼별초의 난

- 엄광용

1

먼 해역으로부터 잔잔하게 넘실대며 밀려드는 파도가 정작 포구의 바위 벼랑을 때릴 때는 파상적으로 강하게 튀는 흰 물보라를 일으켰다. 파도는 갈퀴 같은 손으로 바위를 움켜잡으려다 뒷걸음치며 주르르륵, 바로 앞 자갈밭에 거품을 게워놓고 다시 먼 바다로 밀려 나갔다.

남도 포구가 내려다보이는 석성 위에서 바다 저 멀리 눈길을 던져둔 배중손(裵仲孫)에겐 그저 수평선이 아득하게 멀기만 했다. 거리가 멀어서 그런 게 아니라, 해무가 잔뜩 끼어 수평선이 뭉그러지면서 하늘과 바다의 구분이 없어져 버렸기 때문이다. 아마도 그 끝머리 어디쯤 남해의 섬들이 떠 있을 것이었다.

"제주도라……."

배중손은 혼자서 물먹은 소리를 했다. 수하들은 멀찍이 떨어져 장군을 주시하고 있었다.

애써 배중손이 수하들과 거리를 둔 것은, 홀로 깊은 생각에 골몰하기 위해서였다. 남해의 섬들 사이를 빠져나가 해류를 따라가다 보면 제주도, 즉 옛날 탐라국에 닿는다고 했다. 삼별초 군사 기지를 진도에서 다시 다른 곳으로 옮긴다는 것을 그는 용납하기 어려웠다. 애초 관군에게 쫓겨 강화도에서 군사 기지를 이전할 때, 그는 진도에 뼈를 묻을 각오를 했었다. 그런데 그의 무술 스승이었던 노승 지선(只詵)은 훗날 이런 사태가 올 것을 예지하고 있었던 모양이다.

'남쪽 바다를 건너면 아름다운 섬이 있다. 능히 그곳에 하늘같이 사람을 섬기는 나라를 건설할 만하다.'

배중손이 강화도에서 삼별초(三別抄)를 이끌고 진도로 오기 전에 용장사(龍藏寺) 노승 지선이 입적하면서 남겼다는 말을, 절 아랫마을 나무꾼 노인이 전해주었다. 처음엔 그 말이 무슨 뜻인지 몰랐다. 여몽연합군의 고려 상장군 김방경(金方慶)이 1271년 5월 제2차 삼별초 토벌을 위해 전함 수백 척을 몰고 진도를 공격한다는 첩보를 전해 들었을 때, 문득 노승이 말한 그 남쪽 바다에 있다는 섬이 '제주도'일지도 모른다는 생각을 했다.

"스승님, 이 나라 백성을 두고 대체 어디로 가라고 하시는 겁니까? 고려 백성도 사람입니다. 하늘같이 섬겨야 할 사람이란 말입니다. 남쪽 바다 건너 섬이 제주도인지, 아니면 더 멀리 떨어진 외딴섬인지 모르지만, 저는 이 땅을 두고 떠날 수 없습니다."

배중손의 두 볼로 굵은 눈물이 흘러내렸다.

남도 포구 석성 주변은 구릉과 구릉 사이로 많은 배들을 숨길만한 협곡이 있었다. 포구가 있는 바다에서는 높은 산 능선만 보여 잘 드러나지 않았다. 검은 애마에 올라 천천히 성을 한 바퀴 돌면서 배중손은 유독 숨은 해안에 눈독을 들였다. 수하들이 역시 말을 타고 그 뒤를 따랐다.

며칠 전, 여몽연합군 고려 상장군 김방경의 수하에 심어둔 첩자가 진도에 비밀리에 들어와 전한 바에 의하면, 이번 삼별초 토벌 작전에는 고려 수군들이 대거 참여하여 벽파진으로 파상 공격을 가할 것이라고 했다. 벽파진은 진도의 동쪽 포구인데 해륙으로 통하는 관문이자, 해류가 육지와 섬 사이의 서남 방향으로 열린 좁은 해협을 빠져나가면서 물결이 심하게 요동치는 곳이었다.

한 해 전인 1270년 한창 가을이 깊어져 갈 무렵, 여몽연합군이 제1차로 삼별초 토벌에 나섰을 때만 해도 고구려 상장군 김방경과 몽골군 원수 아해(阿海)는 해전 경험이 별로 없었으므로, 이때 배중손은 전혀 겁을 먹지 않았다. 삼별초 전함은 해상 전투에 강했고, 연합군의 군선은 보병을 그저 실어 나르는 상선과 다를 바가 없었다. 이때 김방경은 휘하의 군사들을 거느리고 선봉에 섰으나 군선이 삼별초의 전함에 좌초되어, 진도 땅을 밟아보지도 못한 채 졸지에 포위되고 말았다. 이때 배중손이 비밀리에 김방경 수하로 심어둔 첩자의 도움으로, 그는 사로잡힐 위기에서 겨우 벗어나 목숨을 구할 수가 있었다.

당시 좌초된 배 위에서 배중손과 김방경은 처음 만났다. 칼싸움에서 김방경은 배중손을 당할 수가 없었다. 배중손의 칼이 공중을 가르는데 쉬익, 소리만 들릴 뿐 도무지 칼날이 보이지 않았다. 당황한 김방경이 몇 번 감으로 칼을 휘둘렀으나 끝내는 상대의 공격을 막다가 저르르, 진저리가 쳐지는 손목의 느낌에 그만 무기를 떨어뜨리고 말았다. 이때 김방경의 뒤에서 물수리처럼 튀어나온 군사가 있었다. 김방경의 직속 수하였다.

"장군! 칼을 거두시오. 전날 장군께서 제 목숨 한 번은 건져주신다고 하지 않으셨습니까? 제 목숨값으로 김방경 상장군을 살려주십시오."

군선 갑판에 털썩 무릎을 꿇고 비는 자를 유심히 바라보던 배중손은 문득 칼을 거두었다.

"네놈은?"

"네, 장군께서 아시다시피 단천(但泉)이옵니다."

"어찌하여 네놈이 김방경의 목숨을 구걸하느냐?"

"전엔 배 장군의 수하였지만, 지금은 엄연히 김 장군의 호위무사이옵니다."

단천은 눈물로 호소하였다.

그러나 배중손은 칼을 놓지 않았다. 순식간에 칼날이 허공을 자르며 단천의 투구 위를 스쳤다. 어찌나 그 힘이 세었던지 순간 목에 두른 투구끈이 툭 끊어지면서 뭔가 머리 같은 것이 떨어져 갑판 위로 데굴데굴 굴렀다. 그것은 사람의 머리가 아니라 끈 떨어진 투구였다.

"네놈이, 네놈이……!"

배중손은 더 이상 말을 잇지 못한 채 이내 돌아서서 자신이 타고 온 군선 갑판으로 건너뛰었다. 그는 휘하 군사들을 이끌고 토벌군의 군선을 뒤로 한 채 삼별초 군사들을 철수시켰다.

그로부터 해가 바뀌어 1271년 5월에 다시 제2차 여몽연합군이 진도의 삼별초를 공격하기 위해 섬이 바라다보이는 육지에서 전열을 가다듬고 있을 때, 그 단천이란 자가 비밀리에 용장산성의 배중손 처소로 스며들었다.

"장군! 저 단천이옵니다."

헤엄을 쳐서 바다를 건너왔으므로 물기가 마르지 않은 옷을 걸친 단천이 배중손 앞에 털썩 무릎을 꿇었다.

"지금 김방경 옆에 있어야 할 네놈이 어찌하여 이 밤중에 나타난 것이냐?"

배중손의 눈썹이 쌍심지처럼 양 이마 위로 쭉 뻗쳐 올라갔다.

"저는 엄연히 배 장군의 수하이지, 김방경의 수하인 적이 없습니다."

엎드린 단천의 얼굴에서 눈물이 흘러 뚝뚝 바닥으로 떨어졌다.

"연전에 네 놈은 김방경의 호위무사라 하더니, 한 입으로 두 말을 하느냐?"

배중손는 양 귓가로 찢어져 올라갈 듯 두 눈을 치떴다.

"김방경 호위무사 때는 장군이 보낸 밀사의 임무를 수행하기 위해서였습니다. 그러므로 엄밀히 말하면 장군의 호위무사지 김방경의 수하는 아니었습니다. 그 점은 장군도 다 아시는 일이 아니옵니까?"

"네놈이 진정으로 하는 말이렷다?"

"네 장군! 그러하옵니다."

"그런데 어찌하여 전날 네놈의 목숨값으로 김방경의 생명을 구했느냐?"

"그건, 전적으로 배 장군을 위한 일이었사옵니다."

단천이 얼굴을 번쩍 들었다.

"뭐라?"

"만약 그때 김방경이 장군의 칼에 죽었다면, 배 장군도 오래도록 생명을 유지하기 어려웠을 것입니다. 제가 오늘 이곳에 온 것은 장군을 지키기 위해서이옵니다. 김방경 상장군이 저를 이곳에 보냈습니다. 여몽연합군이 진도로 상륙하면 삼별초가 초토화될 것이옵니다. 단 한 명도 살아남기 어려울 것이니, 따르는 군사들과 함께 어느 후미진 포구에서 배를 타고 남쪽 어디로든 떠나야 하옵니다. 이것이 전날 배 장군께서 김방경을 살려준 것에 대한 보답이라고 합니다."

그러면서 단천은 김방경이 제1차 삼별초 토벌에서 적군에 사로잡힐 뻔하다 살아난 것을 두고 고려 조정에서 의심하여 감옥에 갇힐 뻔한 곤란을 겪을 적도 있다고 말했다.

"남쪽 어디로든 떠나라? 이건 우리 삼별초를 사뭇 얕잡아보고 하는 수작이 아니더냐?"

"장군! 제 말씀을 들으십시오. 남쪽은 제가 지어낸 말입니다. 제주도든, 그보다 더 먼 남쪽의 유구국이든 떠나야만 장군의 목숨을 살릴 수 있습니다. 이건 제 말이 아니라, 지선 스승님의 당부이십니다."

"뭐? 스승님께서?"

"스승님께선 오늘과 같은 날이 올 것을 미리 내다보고 계셨던 모양입니다. 저를 장군님께 보내시며 신신당부하시기를 '다만, 다만 말이다만, 위급한 때가 오면 반드시 남쪽 바다로 떠나라고 하라. 거기 섬나라로 가서 사람을 하늘같이 여기는 나라를 만들어라.' 이리 말씀하셨습니다."

단천은 노승 지선의 '다만, 다만 말이다만'이라는 말투까지 흉내를 내가며 읊어댔다. 용장사 노승이었던 지선은 어눌한 말버릇으로 '다만'이란 말을 잘 써서 어떤 선승이 다만 '지(只)' 자를 넣어 법호를 지어주었다고 했다. 그는 용장사란 사찰 주지였지만, 그 불력을 거슬러 올라가면 나말여초에 활동한 선승 도선(道詵)의 도참사상(圖讖思想)을 이어받았다고 할 수 있었다. 그래서 선승이 그에게 무도과 불법을 전수하면서 애써 법호에 도선이 쓰던 그 '선(詵)' 자를 넣어 '지선(只詵)'으로 지어주었던 것이다.

한창 젊었던 시절 배중손이 용장사에서 지선에게 무도와 불법을 익힐 때, 단천은 겨우 열세 살의 동승으로 그 절의 불목하니 노릇을 하고 있었다. 매일 나무를 하러 다녔던 단천은 바위 벼랑 밑에 떨어져 다 죽어가는 젊은이를 지게로 업어왔는데, 지선 스님이 끊어져 가는 실오라기 같은 목숨을 살려 놓았다. 그 젊은이가 바로 배중손이었다.

당시 배중손은 어떤 선승의 말을 듣고 도술을 익히기 위하여 스승을 찾아가던 중 길을 잃고 헤매다 벼랑에서 떨어져 기절해 버렸다. 그런데 때마침 단천에게 발견되어 용장사로 와서, 바로 그곳에서 그가 찾던 인물인 지선 스님을 만난 것이었다.

배중손은 단천과의 그러한 인연으로 지선 스님 밑에서 같이 무도를 전수받고 불법을 익혔다. 다 죽어가던 목숨을 살려준 지선 스님도 고맙지만, 처음 그를 발견해 용장사로 데려온 단천에게 늘 빚을 진 것 같아 평소에 버릇처럼 '반드시 네 목숨을 한 번은 건져준다'는 말을 건네곤 했던 것이다.

"제주도든, 유구국이든?"

검은 애마를 달려 용장산성으로 돌아오면서도 배중손은 간밤에 단천이 지껄이던 말을 되씹고 있었다. 그러고 보니 그 말이 용장사 주지 지선이 입적하면서 남겼다고 전한 진도 마을 어느 나무꾼 노인의 전언과 크게 다르지 않았다.

"스승님께선 과연 오늘의 위기를 예측하고 계셨던 것인가? 남쪽 바다로 떠나라?"

용장산성으로 들어설 때까지도 배중손의 마음속에서는 그와 같은 말들이 계속 되풀이되고 있었다.

2

“이제 고려왕 전(倎, 원종)은 우리의 군주가 아니다. 몽골 쿠빌라이(元의 세조)의 개가 되었다. 그 개들은 백성을 저들의 노예로 주고, 저들로 하여금 재물을 빼앗게 하고, 아녀자를 강탈하게 하였다. 모름지기 나라를 다스린다는 것은 백성을 하늘처럼 떠받드는 것이다. 그런데 저들은 늑대를 조상으로 여기는 몽골의 개가 되어, 백성을 사람같이 여기지 않고 적도들과 함께 마구 물어뜯고 있다. 이제 곧 저 개들이 늑대들과 더불어 언제 어느 때 이 섬으로 쳐들어올지 모른다. 우리 삼별초 군사들은 백성을 사랑하고 하늘처럼 여긴다. 백성들과 더불어 격구장으로 모여라.”

1270년(원종 11년) 6월 1일, 마침내 참고 참았던 삼별초 장군 배중손이 본격적으로 원종 정부와 몽골군에 대항하기 위해 일어섰다.

고려는 상장군 · 대장군 · 장군으로 군사의 지휘 체계가 갖추어져 있었다. 상장군은 정자여(鄭子璵), 대장군은 김방경, 그리고 그들 수하에 장군이 여러 명 있었다. 그 중 대표적인 인물이 삼별초를 지휘하는 배중손이었다. 그러므로 군대 서열상 배중손은 세 번째였는데, 상장군과 대장군은 개경에서 왕을 보필하고 있었으므로, 강도(江都)인 강화도에서는 삼별초 장군이 군사들을 지휘하였다.

몽골군에게 쫓겨 고려가 도성을 강화로 옮긴 것은 1232년(고종 19년)이었다. 그때부터 1270년까지 무려 40년 가까이 강화도에서 삼별초가 몽골군을 상대로 강도를 지켰는데, 바로 그 무렵에 고종의 아들 태자 전이 몽골로 달려가 쿠빌라이에게 항복을 청하였다. 그가 몽골로 간 사이 부왕이 승하하였고, 태자는 귀국하자마자 그 뒤를 이어 왕위에 올라 원종(元宗)이 되었다. 원(元)나라 세조 쿠빌라이는 그를 번왕(藩王)으로 삼았는데, 황제 밑에 단계의 지위에 해당하는 ‘제후’라고 할 수 있었다. 그래서 원나라의 원(元) 자를 붙여 ‘원종’이 된 것인데, 그때부터 쿠빌라이는 그를 꼭

두각시처럼 부려 고려 정권을 좌지우지하고 있었다.

원의 압력에 못 이겨 원종은 강화의 수도를 다시 개경으로 옮기는 작업에 착수하였다. 쿠빌라이와 원종이 몽골 땅에서 처음 만난 이후 10년에 걸쳐 개경 환도를 강요했지만, 강화에 주둔한 삼별초의 강력한 반대로 실효를 거두지 못한 채 지지부진한 세월을 보냈다. 그 사이 김준(金俊)과 임연(林衍)의 두 차례에 걸친 반란을 수습하느라 여력이 없었던 것이다.

그러다가 1269년(원종 10년)에 고려 정부는 이른바 '출륙환도(出陸還都)'라고 해서 본격적으로 개경 천도를 단행하기로 했다. 이때 문신들은 원종의 뜻에 따르기로 했지만, 무신들은 거의가 강력하게 반대를 하는 입장이었다. 그러나 원종은 아예 환도 날짜를 5월 23일로 정해놓고 그를 따르는 군사들과 함께 개경의 권좌에 앉아, 삼별초를 그곳으로 불러들이기로 했다.

원종은 5월 25일 상장군 정자여를 강화도로 보내 삼별초를 설득하려고 노력했으나 2일 만에 빈손으로 돌아갔다. 다시 29일 장군 김지저(金之氐)를 강화로 보내 아예 이번에는 삼별초를 강제로 해산시키려고 했다. 그래도 말을 듣지 않고 저항하자, 그는 삼별초의 명적(名籍)을 탈취해 가지고 돌아갔다.

배중손은 김지저가 갖고 돌아간 삼별초 명적이 몽골군에게 알려지면, 모두가 역적으로 몰려 개죽음을 당하고 말 것이라고 판단했다. 그는 가슴 끓어오르는 분노를 참을 길이 없어. 삼별초 군사들을 격구장으로 모이게 한 것이었다.

강화도의 격구장은 삼별초 군사들이 훈련을 겸해 격구 경기를 즐기는 강도의 종합운동장 같은 곳이었다. 배중손의 일성에 삼별초 군사들뿐만 아니라 강화도 백성들도 구름떼처럼 몰려들었다.

격구장은 곧 사람의 머리로 가득 찼다. 높은 단상에서 바라보면 몸뚱어리보다는 검은 머리밖에 보이지 않았다. 그만큼 빽빽한 숲처럼 군중들이 밀집 형태로 몰려들어 높은 단상에 오른 삼별초 장군 배중손을 바라보았다. 그의 양쪽 옆에는 노영희(盧永禧)와 김통정(金通精)이 햇빛에 번쩍이는 창을 들고 서 있었다. 그들 세 사람은 삼별초를 이끄는 장수들이었다.

"우리 삼별초 군사들은 푸른 늑대를 조상으로 둔 오랑캐 족속 몽골군과 당당히 맞서 싸울 것이다. 하늘이 내려준 군주는 백성을 하늘처럼 떠받들어야 한다. 한데 쿠빌라이에게 굴복한 전은 고려 백성들을 노비처럼 학대했다. 또한 쿠빌라이의 개가 되어 몽골군 대장으로 원정군을 이끌고 온 홍다구(洪茶丘)는 백성의 재물을 약탈해 몽골군에게 주고, 아녀자를 희롱케 하였으며, 논밭을 빼앗아 자기 재산을 불렸다고 한다. 이제부턴 강화도 백성들의 안위를 우리 삼별초가 책임진다. 지금 이 시각 이후 강화도를 떠나 원수들이 사는 개경으로 가고자 하는 자들은 철저히 막아야 한다. 자, 이제 우리 삼별초 군사들뿐만 아니라 여기 모인 강화도 백성들에게도 무기를 지급하겠다. 금강고(金剛庫)로 달려가자."

배중손의 격앙된 목소리가 푸른 하늘을 찔렀다. 그가 말한 '금강고'는 왕명 없이는 절대 열지 못하게 되어 있는 정부의 무기고였다.

졸지에 강화도 백성들은 두 갈래로 흩어졌다. 삼별초 군사들을 따라 금강고로 달려가는 무리들과 급히 가져갈 수 있는 금덩어리와 이불과 옷 보따리만 챙겨 동쪽 포구로 달려가 배를 잡아타고 개경으로 가려는 사람들이었다. 주로 무기고로 달려간 무리들은 원래 강화도 백성들이었고, 포구로 달려가 배를 타려는 사람들은 오래전 몽골군을 피해 개경에서 강도로 피난을 나왔던 고려 왕족이나 대신들의 일가붙이들이었다. 그러한 사람들 중에선 이미 며칠 전부터 개경으로 떠난 가족들이 많았는데, 갑자기 재산을 정리하기 힘든 자들만 아직 강화도에 남아 있다가 급기야는 삼별초 군사들에게 잡힐까 봐 두려워 동쪽 포구로 달려갔던 것이다.

삼별초 군사들도 두 갈래로 갈라졌다. 개성에 가족을 둔 군사들은 출륙환도 일파가 되었고, 강화도 출신이거나 주로 노비 출신으로 개경에 일가

붙이가 없는 군사들은 원종 정부의 명령을 거부하고 배중손을 따르겠다고 나섰다.

하루 사이에 강화도를 빠져나가려는 자들과 그들을 저지하려는 삼별초 군사들 간에 일대 격투가 벌어졌다. 쫓기는 자와 쫓는 자, 숨으려는 자와 찾아내려는 자, 피 흘리는 자와 창칼을 휘두르는 자, 연일 아비규환의 사태가 포구 근처에서 벌어졌다.

고려 왕족 중 승화후(承化侯) 온(溫)은 미처 강화도를 탈출하지 못한 채 저택에 남아 있었다. 삼별초 군사들이 철저히 그의 저택을 감시했으므로, 빠져나갈 구멍이 없었던 것이다. 배중손이 사전에 직할 부대 군사들에게 특별 지시를 내려놓았기 때문이다.

어느 정도 강화도를 빠져나가려는 백성들의 소요가 진정되었을 때, 배중손은 승화후를 찾아갔다. 온은 고종의 뒤를 이어 고려의 왕이 된 원종과 6촌 간이 되는 인물이었다.

"이제부터 새로운 고려의 왕이 되어 주시오."

배중손은 왕족에 대한 예를 다하여 온에게 말했다. 그러나 허리에 장도까지 차고 나타난 그의 눈빛은 서늘하기 이를 데 없었다. 승화후 온은 그 허리에서 덜렁대는 칼만 보고도 가슴이 철렁했다. 강화도를 탈출하려다 붙잡혀 목이 달아났다는 왕족들 이야기들 소문으로 들어 잘 알고 있었던 것이다.

"구도(舊都, 개성)에 고려왕이 있지 않소? 어찌 한 나라에 군주가 둘씩 있을 수 있겠소?"

온의 소매 끝이 덜덜 떨렸다.

"그자는 몽골의 개지 더 이상 고려왕이 아니오. 쿠빌라이가 번왕으로 삼지 않았소이까? 승화후께선 새로운 고려의 왕이 될 자격이 충분하오. 다른 왕족들은 개경으로 도망치려다 강화도 포구에서 붙잡혀 척살당했소. 그러나 승화후께선 그들과 같이 행동하지 않고 강도를 지켰소. 그것 하나만으로도 고려 왕족으로서 새로운 왕이 될 자격이 충분하오."

배중손은 몸으로 예를 갖추고 있으면서도, 정작 하고 있는 말은 거의 강압에 가까웠다.

"그, 그렇다면 배 장군이 나를 끝까지 지켜줄 수 있겠소? 이 자리에서 나와 약속을 해주시겠소?"

"폐하! 성은이 망극하오이다. 신은 이 목숨을 다 바쳐 대왕 폐하 곁을 지킬 것이옵니다."

배중손은 승화후의 말을 허락으로 받아들여, 무릎을 꿇고 그에게 정중하게 고려의 왕으로 대하는 예를 올렸다. 그런 연후 더 이상 다른 말을 하지 못하도록 뒤로 돌아 저택을 빠져나왔다. 그는 저택을 지키는 졸개들에게 더욱 감시를 철저하게 하도록 지시하고 나서, 혹시 모를 외부의 침입자가 있을지 모르니 경계를 게을리하지 말라는 특명을 내렸다.

바로 그날 자정 무렵, 배중손의 처소로 호위무사 단천이 찾아왔다.

"네가 이 밤중에 웬일이냐?"

장차 개경의 여몽연합군이 강화도로 쳐들어올 것을 걱정하고 있던 배중손이 단천을 쳐다보았다.

"오늘 하루 종일 고민하던 끝에 장군님을 찾아뵙게 되었습니다."

"고민이라? 관군이 쳐들어올 것을 걱정하고 있었느냐?"

배중손은 호위무사인 단천 역시 자신과 같은 고민을 하고 있는 모양이라고 생각하고 대견하게 여기는 눈길을 던졌다.

"그것이 아니옵고. 제가 아예 개경으로 가서 관군에 합류하는 것이 어떨까, 해서 말이옵니다."

"관군에 합류해?"

배중손은 전혀 의외의 말에 눈을 크게 뜨고 단천을 바라보았다.

"병법에 적을 알고 나를 알아야 반드시 이길 수 있다 하질 않사옵니까? 관군은 몽골군과 연합해 곧 이곳 강화도로 삼별초 토벌에 나설 것입니다.

지금은 한시가 급합니다. 조금이라도 시간을 벌기 위해선 제가 가서 어찌 됐든 연합군 출동을 미룰 방안을 강구해야 합니다. 지선 스님께서는, 진도의 용장산이 그 이름 그대로 과연 용이 숨어 있을 만한 곳이라 했습니다. 장군께서 새로 왕으로 모신 승화후야 말로 용이 아닙니까? 토벌군이 오기 전에 한 시각이라도 빨리 삼별초를 이끌고 진도로 가십시오."

단천의 말이 해괴하면서 의미심장했다. 그가 진정으로 말하는 것은 병법 얘기가 아니라 스스로 적군에 들어가 첩자가 되겠다는 고백이었기 때문이다. 더구나 스승 지선 스님의 예지 능력을 거론하면서, 삼별초의 기지를 진도로 옮기라는 말에도 많은 의미가 내포되어 있었다.

"네 말이 허무맹랑하지만, 제법 그럴듯하구나. 그러나 너는 안 된다. 내 곁을 지켜야 할 호위무사가 아니더냐? 다른 마땅한 자가 있다면 추천해 보거라."

배중손은 단천과 같은 스승 밑에서 무도를 익혔고, 명색이 호위무사지만 깊은 마음속에서는 피를 나눈 형제로 생각하고 있었다. 오래전부터 두 사람은 이심전심으로 그런 마음을 서로가 나누고 있었다. 그러니 관군에게 첩자로 보낸다는 것은 말이 안 되는 이야기였다.

"반드시 제가 가야 합니다. 허락해 주십시오. 스승께서 저를 이곳에 보낼 때 목숨을 걸고 장군을 지켜야 한다는 당부를 하셨습니다. 아니 그건 당부가 아니라 명령이었습니다. 저는 지금도 그렇게 여기고 있습니다."

"스승님께서?"

배중손은 스승 지선 스님이 단천을 자신에게 보낸 후 얼마 지나지 않아 입적했다는 소식을 들었다. 그 후로 전해지는 소식에 의하면 지주인 지선이 입적한 뒤 용장사는 폐사되어 잡초에 묻혀버렸다고 했다.

문득 배중손은 스승 지선 스님을 떠올리지 않을 수 없었다. 어쩌면 그가 스승을 만난 것은 불가사의한 비밀의 끈으로 연결된 숙명과도 같은 것이었는지도 모른다.

배중손은 자신의 태생조차 잘 알지도 못하면서 어린 시절을 보냈다. 그의 아버지는 노비였다고 들었다. 남들이 수군거리는 소리로 듣기에는 오래전 그의 선대 조상 중 고려 조정에 반역죄를 저지르는 바람에 그 처자들이 노비로 팔려나가는 신세가 되고 말았다는 것이다.

어느 대갓집 노비로 천덕꾸러기처럼 지내던 배중손이 열 살 전후가 되었을 때의 일이었다. 탁발 다니던 어느 스님이 그의 얼굴을 유심히 살펴보더니, 그 범상치 않은 관상을 보고 크게 놀란 표정을 지었다. 스님은 다짜고짜 대갓집 주인 영감을 찾아가 무슨 말인가 깊은 뜻을 전한 뒤, 마침내 허락을 얻어 그를 깊은 산속의 절로 데리고 들어갔다. 그때부터 그는 스님에게서 한문을 배우고, 불경을 익히고, 더불어 무술을 연마할 수 있었다.

그렇게 절에서 자라난 배중손이 스무 살 가까이 되자, 스님은 더 이상 자신이 가르칠 수준을 넘어섰다며 무술과 도력이 뛰어난 '다만'이란 스님을 찾아가라고 했다. 지금 어디에서 도를 닦고 있는지 모르지만 여기저기 수소문해서라도 반드시 찾아가 스승으로 모시라는 당부였다.

스무 살 초반부터 배중손은 대여섯 해 동안 전국 명산을 찾아 돌아다니며 홀로 무도를 닦았고, 숱하게 절과 암자를 떠돌며 다만 스님을 찾았다. 다만 스님의 실제 법명은 무엇인지 모르고, 말할 때마다 '다만'이란 소리를 버릇처럼 붙인다고 해서 세간에 그런 별호가 붙었다고 들었다. 그렇게 묻고 물으며 헤매던 끝에 내륙을 다 돌고 바다 건너 진도까지 건너간 것인데, 섬이라 그리 높지 않은 용장산에서 호환을 만났다. 용장산, 그 이름대로라면 용이 숨어 있는 곳일 터였다. 산 이름이 범상치 않았으나, 계곡이 깊었고 바위 절벽이 험난해 어떤 노승이 주지로 있다는 용장사를 찾기 위해 한참 길을 헤맸다. 그러다가 휘휘휙, 하는 바람 이는 소리와 함께 어흥, 하는 호랑이 울음소리에 놀라 그는 절벽으로 구르고 말았다. 직접 눈으로 호랑이는 보지도 못했는데, 그가 절벽 아래로 떨어져 기절했다 깨어났을 때 웬 동자승의 맑은 눈동자와 마주쳤다.

바로 그 동자승이 배중손을 발견해 목숨을 건질 수 있었다. 동자승의 지게에 얹혀 용장사로 왔을 때, 지주인 지선 스님이 한마디 했다.

"다만, 다만 말이야. 얼마 전 낮부터 호랑이 울음소리가 진동하더니, 호환을 당했던 모양이로군. 그만하길 다행으로 알게나. 다만 절벽으로 떨어져 다리를 다쳤기 망정이지, 그렇지 아니했으면 호랑이 밥이 되고 말았겠지."

지선 스님은 배중손의 다친 다리에 부목을 대어 천으로 둘둘 감으면서 혼잣소리처럼 지껄였다. 그 소리를 듣고 배중손이 번쩍 정신이 들어 눈을 뜨고 상대를 바라보았다.

"혹시 다, 다만 스님이 맞습니까?"

배중손은 자신의 다친 다리를 걱정하기에 앞서 눈앞의 스님이 자신이 찾던 바로 그 '다만 스님'이 틀림없는 것 같아 기쁨에 들떠 소리쳤다.

"난 '다만'이 아니라 '지선'일세. 흐허헛! 다만, 다만은 다만이지만 말이야. 법명에 다만 '지(只)' 자가 들어가거든."

"그럼 제가 바로 찾아온 것 같군요. 제게 무술을 지도하던 어떤 스님이 자신은 더 이상 가르칠 것이 없으니, 더 깊이 무도를 닦으려면 다만 스님을 찾아가라고 해서 전국을 헤매다가 바다 건너 이곳 진도까지 왔습니다. 그런데 제가 절벽에서 굴러떨어질 때 호랑이 소리를 듣긴 들은 것 같은데, 눈으로 보진 못했습니다. 휘휘힉, 하는 바람 소리에 몸이 놀라 뒤로 넘어졌을 뿐입니다. 하지만 이런 섬에도 정말 호랑이가 있습니까? 호랑이는 산이 높고 계곡이 깊은 곳에만 사는 줄 알았는데."

배중손이 눈을 휘둥그레 뜨자, 지선 스님이 허허거리고 호탕하게 웃었다.

"다, 다만 말이야. 호랑이뿐인가 용도 있는데……."

"그, 그런데 스님께선 왜 '다만'이란 말을 자주 쓰십니까?"

배중손은 문득 오래전부터 궁금해하던 것을 묻지 않을 수 없었다.

"다만 그렇다는 말이지. 다만, 다만 말이야. 이 좁은 진도 땅에 호랑이가 있겠어, 용이 있겠어? 그런데 호랑이도 있다면 있고, 용도 있다면 있는 것이야. 왜 이 산의 이름이 용장산이겠나, 왜 이 절이 용장사겠나? 다만 그렇다는 것이야. 알겠는가?"

이와 같은 지선 스님의 말만 듣고는 진도에 정말 호랑이나 용이 숨어 있는지 도무지 알 수 없는 노릇이었다.

그래서 배중손은 어느 날 동자승에게 물었다.

"얘, 너 정말 이 산에 호랑이가 있다고 믿느냐?"

그러자 동자승이 말없이 턱으로 지선 스님을 가리켰다.

"그러면, 이 절에 용이 숨어 있다는 것도 사실이냐?"

이번에도 동자승은 입술을 비틀고 묘하게 웃으며 지선 스님에게로 눈짓을 보냈다.

배중손은 동자승의 해괴한 턱짓과 눈짓이 요령부득할 수밖에 없었다. 그런 것들은 모두 지선 스님에게 물어보라는 얘긴지, 아니면 그 당사자가 호랑이고 용이라는 것인지 도무지 모를 일이었다.

용장사에서 지선 스님에게 무도를 익히고 불법을 배우면서 배중손은 어쩌다 가끔 절 아랫마을에 내려가 볼 기회가 있었는데, 집집마다 한두 마리씩은 꼭 개를 길렀다. 사람들에게 물어보니, 간혹 마을까지 호랑이가 내려와 송아지도 물어가고 사람도 해코지할 때가 있어서 집집마다 개를 길러 요란하게 짖도록 한다고 했다. 한 마리가 아니라 마을의 개들이 한꺼번에 요란하게 짖으면 호랑이가 내려오다 놀라 산으로 되돌아간다는 것이었다. 호랑이가 개들을 무서워해서 그런 것이라기보다 떼로 덤비면 이로울 것이 없다고 판단해 그런 모양이라고 했다. 그래서인지 일반적으로 개들은 무서운 짐승을 만나면 꼬리부터 내리는 법인데, 호랑이를 만나도 진도의 개들은 바짝 꼬리를 치켜들고 컹컹 짖어대기를 멈추지 않는다고 사람들은 입을 모았다. 정말 집집마다 있는 개들은 꼬리가 한결같은 등 뒤로 빳빳하게 올라가 있었다.

어찌 되었든 배중손은 지선 스님을 만나 무술, 아니 무도를 익히게 된 것을 천행으로 생각했다. 진정한 무(武)의 세계에선 무술(巫術)을 가장 낮은 단계로, 무예(武藝)를 그 중간쯤 수준으로, 그리고 무도(武道)를 가장 높은 경지로 여기고 있었다. 그가 열 살 전후로 해서부터 어떤 노승에게 익힌 무술은 스무 살쯤 되어서 무예의 단계까지 이르렀으나, 무도를 익히려면 더 높은 경지에 오른 스승을 찾아가야 한다고 했다. 그 무도의 경지에 오른 스승이 바로 지선 스님이었다.

그래서 배중손은 진도에 호랑이가 있든 없든, 아니면 동자승이 넌지시 지선 스님을 호랑이나 용처럼 여기든 말든, 그는 무도를 배우기 위해 스승을 깍듯이 모시며 전심전력을 다하였다. 진도에 들어와서 직접 눈으로 보지도 못한 호환을 당하고 나서, 그는 호랑이 그림자 한 번 본 적이 없었다. 어쩌면 도술을 부리는 스승 지선 스님이 진도 사람들에게 긴장감을 갖고 살게 하려고 호랑이로 변신해 마을에 나타나곤 했는지도 모른다는 생각까지 하였다. 용장산이나 용장사가 그냥 나온 이름이 아니고, 용의 전설을 담고 있다고 진도 사람들은 믿었다. 어쩌면 도력이 깊은 지선 스님의 법문을 들은 불교도들이 그런 전설을 퍼뜨렸는지도 모른다.

지선 스님에게 무도를 배우는 제자는 단지 배중손과 동자승 두 사람뿐이었다. 그 동자승이 바로 단천이었다. 두 사람이 같은 스승 밑에서 무도를 배웠으므로 엄밀히 말하면 사형사제지간이었다. 그러나 단천은 단 한 번도 배중손을 '사형'이라고 부른 적이 없었다. 나이 차가 많이 나는 관계로, 매사 배중손 대하기를 스승처럼 어려워했다.

지선 스님과 단천은 머리를 삭발했으나, 배중손은 긴 머리를 천으로 질끈 묶고 있었다. 단천은 지선 스님이 그를 동자승으로 들일 때 지어준 법명이었다. 다만 '단(但)', 샘 '천(泉)'으로 그 뜻이 실로 그 스승에 그 제자다운 데가 있었다. 법명의 머리글자가 발음은 다르지만 '다만'이란 뜻이 들어간 글자를 같이 쓰고 있었기 때문이다. 배중손도 지선 스님에게 무도를 배우면서 삭발을 해 스님이 되고 싶었으나, 스승이 그것을 받아주지 않았다. 그는 관상으로 볼 때 스님보다는 나라를 위기에서 구하는 장군이 되어야 한다고 했다.

"너는 어차피 세상에 나갈 사람이다. 따로 법명이 필요 없다는 얘기다. 다만, 다만 말이다. 법명을 얻게 되면, 그것이 오히려 네가 장차 가고자 하는 길에 걸림돌이 될 것이기 때문이다."

이 같은 스승의 말에 배중손은 스님이 되는 것을 포기했지만, 그래도 은근히 머리를 반들반들하게 민 단천을 부럽기도 했다.

어느덧 배중손이 진도에 들어온 지도 10여 년의 세월이 흘렀다. 그의 나이 이미 서른 중반을 훌쩍 넘기고 있었다.

"공자(孔子)는 나이 40이면 불혹(不惑)이라 했다. 너도 이제 남의 말에 미혹되지 않을 나이가 돼가는구나. 다만 말이다. 내가 너를 너무 오래 붙잡아둔 것 같다. 이제 세상에 나가 네가 익힌 무도를 펼칠 때가 됐다. 이 섬에 있어도 세상 들려오는 이야기는 다 내 귀에 걸려든다. 세상이 참으로 험악하구나. 북방의 푸른 늑대들이 내려와 고려 백성들을 괴롭힌 지가 벌써 30년 가까이 된다. 다만, 우리 고려가 늑대들의 침공을 피해 도성을 강도(江都, 강화도)로 옮기고 최씨 정권의 삼별초가 부단하게 대몽항쟁을 하고 있다. 그러나 언제 강도까지 도탄의 경지에 이를지 모를 일, 네가 그곳에 가서 나라의 환난을 막는 데 작은 힘이라도 보태도록 하거라. 다만, 다만 말이다. 진정한 무도(武道)는 최씨 정권처럼 칼로 권력을 휘두르는 것이 아니라 하늘처럼 백성을 위하는 데 있느니라. 유가(儒家)에선 하늘이 곧 백성이라고 했다. 그리고 다만, 다만 말이다. 맹자(孟子)는 그러한 유가 사상에서 한 걸음 더 나가, '민위귀(民爲貴), 사직차지(社稷次之), 군위경(君爲輕)'이라고 했다, 즉, '백성을 하늘로 여기지 않는 군왕은 끌어내려도 무방하다'라는 뜻이다. 다만, 작금의 고려 왕조는 백성을 하늘로 받드는 것이 아니라 땅에 놓고 무력으로 마구 짓밟는 형국이다. 거기에 몽골의 힘을 믿고 날뛰는 이리떼 같은 친몽파들은 나라 백성의 피를 빨아 자기 배를 채우기에 급급하다. 다만, 말이다만……. 지금이야말로 강도로 가서 네 무도를 펼칠 바로 그때가 아닌가 싶다."

지선 스님은 이미 불도를 닦는 승려라기보다, 도선의 맥을 잇는 도인이기보다, 유가까지 다 포함한 유불선(儒佛仙)에 모두 도통한 무불통지의 경지에 올라가 있었다.

배중손은 스승의 말은 곧 하늘이 내리는 명령이라고 알아듣고, 서둘러 진도를 떠나 강화도로 갔다. 진도에서 강화도까지는 육로보다 뱃길이 훨씬 편하고 빨랐다. 그러나 바로 직항하는 배는 없었고, 해안선을 따라 섬이나 육지의 선착장에 내려 구걸해 얻어먹기도 하고 때로는 여러 날 일을 해주고 노비를 마련해 또 배를 타고 강화도를 향해 떠나곤 했다.

그렇게 한 달여를 걸려 강화도에 도착한 배중손은 그 길로 삼별초 부대에 들어갔다. 원래 삼별초는 무신정권으로 처음 권세를 누리던 최충헌(崔忠獻)의 아들 최우(崔瑀)가, 고려 도성 개경에서 치안을 위해 조직한 군대인 야별초(夜別抄)에 그 기원을 두고 있었다. 주로 밤에 순찰을 돌면서 개경 도성을 지키는 군대라 '야별초'라 하였는데, 그 세력이 점차 커지면서 좌별초(左別抄)와 우별초(右別抄)로 나누어졌다. 몽골군이 쳐들어왔을 때 이들 부대는 큰 활약을 하였다. 몽골의 거듭된 침략으로 고려의 정규 군대가 거의 궤멸이 된 상황에서 최씨 정권에서 사병처럼 길러낸 이들이 최후의 보루가 되어 싸웠다. 몽골군에게 쫓겨 임시로 도성을 강화도로 옮기고 나서도 대몽항쟁의 앞장을 선 부대가 바로 삼별초였다. 고려군 중 몽골에 포로가 되어 붙잡혀 갔다가 탈출한 군사들이 강화도로 와서 최씨 정권 부대에 합류했는데, 이들을 따로 신의군(神義軍)이라고 명명했다. 그래서 기존의 좌별초와 우별초에 신의군까지 합해 '삼별초'라 부르게 되었다. 신의

군은 특히 몽골군에 대한 적개심이 남달라 민족의식이 강했으며, 좌별초와 우별초와 달리 노비들까지 거두어들여 매우 전투력이 뛰어났다. 바로 신의군을 이끈 장수가 노비 출신의 김준이었다. 배중손도 진도에서 강화도로 와서 삼별초 군대에 들어갔을 때, 바로 김준이 지휘하는 신의군에 소속되었다. 그 역시 애써 겉으로 드러내지는 않았지만, 노비 출신이었으므로 자원하여 신의군이 되었던 것이다.

배중손이 삼별초 소속의 신의군에 들어간 것은 최충헌에서 시작된 무신정권이 제4대 집권자 최의(崔竩)로 이어져 무소불위의 권력을 잡고 있을 때였다. 원래 최의는 부친 최항(崔沆)의 서자였다. 최항이 매형 송서(宋壻)의 여종과 정분이 나서 얻는 자식인데, 그 아들에게 시문과 서법을 가르치고 정치의 도를 익히게 하여 제4대 집권자로 만들었다. 1255년에 최의는 진중내급사(殿中內給事)가 되어 고종으로부터 붉은 가죽 띠를 하사받으면서 정치의 실세로 등장했다. 자신이 여종의 소생 출신이라 그런지, 최의는 노비 출신들을 많이 신의군 소속으로 들어오도록 했다. 그중에서도 특히 노비 출신 장수인 김준을 등용시켜 최측근에서 자신을 보좌케 하였다.

원래 반란은 최측근에 의해 저질러지는 법이었다. 최의는 김준을 신뢰하고 있었으므로, 그가 자신을 배반하리라고는 꿈에도 생각하지 못했다. 김준을 최의에게 천거한 사람은 대장군 송길유(宋吉儒)였다. 졸병 출신으로 최항에게 아첨하여 야별초 유지가 되고 마침내 대장군에까지 오른 송길유는, 몽골군이 쳐들어왔을 때 백성들을 섬으로 피신시키는 임무를 맡았다. 이때 물욕이 심했던 송길유는 고향과 집을 두고 떠날 수 없다고 저항하는 백성들의 재물을 빼앗아 챙기고 집까지 불을 지르는 악행을 저질렀다. 나중에 그 사실이 안찰사 송언상(宋彦祥)에게 적발되자, 최의는 송길유를 추자도로 귀양보냈다. 이때 그에 대한 반기를 들고 나온 장수가 바로 신의군의 김준이었는데, 그는 야별초까지 동원하여 깊은 밤중에 최의가

기거하는 저택을 기습하였다. 잠을 자다 말고 급하게 일어나 도망치려 했으나, 최의는 몸이 비대해 담을 타 넘을 수 없었다. 다시 집안으로 뛰어들어 다락방에 숨어 있다가 결국은 붙잡혀 김준 세력에게 척살당했다. 이로써 최충헌부터 최우 · 최항 · 최의 4대에 이르는 최씨 무신정권은 62년 만에 막을 내렸다. 이것이 곧 '무오정변(戊午政變)'이었다.

신의군 소속의 일개 졸개였던 배중손이 두각을 나타낸 것은 바로 무오정변에서 큰 공을 세운 덕분이었다. 김준은 아주 가까이에서 배중손의 뛰어난 무술 실력을 목격하였다. 최의 수하의 저항이 심해 며칠간 같은 삼별초끼리 피 튀기는 혈전이 벌어졌다.

이때 배중손이 담을 타고 넘는데 그 날래기가 비호와 같았고, 칼싸움에서는 물 위에 낮게 배를 깔고 날아다니는 물총새처럼 빨랐다. 공기 중에서 번뜩 칼날이 지나가면 소리도 들리지 않고 햇빛이 하얗게 튀었는데, 그때마다 비명을 지르며 쓰러지는 적들의 수를 헤아리기 어려웠다. 그는 마치 빗자루로 마당을 쓸 듯 덤비는 적들을 가랑잎처럼 흩날려 버렸다.

무오정변이 끝난 후 삼별초의 실세로 떠오른 김준은 전격적으로 배중손을 자신의 호위무사로 삼았다. 일개 군졸에서 삼별초를 호령하는 대장의 최측근이 된 것이었다. 어쩌면 노비 출신의 김준이 대장군 송길유의 천거로 최의에게 발탁된 것과 비슷한 과정이라고 할 수 있었다.

김준의 무신정권은 그리 오래 가지 못했다. 그가 이끄는 삼별초는 몽골을 두고 원종과의 갈등이 심했기 때문이다. 1268년(원종 9년) 김준은 몽골 사신을 죽이고 고려왕까지 폐위시키고자 하였다. 그러자 원종은 무오정변 때 김준을 도와 최의를 처단한 임연(林衍)에게 비밀리에 명을 내렸다. 즉, 김준을 죽이라고 해서 임연은 자신의 출세를 위해 원종의 명을 그대로 시행하였다. 그러나 새로 정권을 장악한 임연 역시 원종과 그다지 좋은 사이가 아니었다. 임연은 원종을 폐위시킨 뒤 왕제 안경공(安慶公) 왕창(王淐)을 새로운 왕으로 옹립하였다. 이때 마침 태자 왕심(王諶, 충렬

왕)은 몽골에 가 있었는데, 부왕이 폐위되었다는 소식을 접하고 몽골군과 함께 입국하여 일거에 임연 일파를 제거하였다. 이처럼 최의는 김준에게 죽고, 김준은 다시 임연에게 죽는 일련의 사변을 거치면서 배중손은 드디어 삼별초를 총괄하는 장군의 지위에까지 올라갔다.

폐위되었다가 태자 덕분에 왕위를 되찾은 원종은 몽골이 세운 원(元)나라 쿠빌라이에게 입조하고, 출륙환도를 추진하기 위해 원군을 보내줄 것을 요청하였다. 이때 삼별초의 장군 배중손은 자신의 휘하 장수인 야별초 지유 노영희와 함께 개경으로 돌아가는 것을 거부하고 강화도에서 대몽항쟁에 나섰다.

그러나 오래전 몽골군에게 쫓겨 고려 왕실이 개성에서 강화도로 옮겨올 때 따라왔던 백성들이 출륙환도를 택하고, 거기에 맞서 배중손의 삼별초 군사들이 배를 타는 그들을 적극 막는 일련의 사태가 벌어졌다. 새로운 왕까지 세워놓은 마당인데 배중손의 최측근인 호위무사 단천이 개성으로 가겠다고 하니, 실로 난감하지 않을 수 없었다.

"정녕, 네가 개성으로 가야만 하겠느냐?"

배중손은 단천의 얼굴을 뚫어질 듯 바라보았다.

"지금이 아니면 다시 기회가 오지 않을 것입니다. 아직도 바다를 건너 개성으로 가려는 백성들이 호시탐탐 기회만 노리고 있습니다. 동쪽 포구 가까이에 있는 숲속엔 그런 자들이 많습니다. 고려 왕족들 중에서도 더러는 배를 타지 못하고 숨어 있는 것으로 알고 있습니다. 이 기회에 그들과 함께 배를 타고 육지로 나가면 누구도 의심하지 않을 것입니다."

단천의 목소리엔 결기가 서려 있었다.

"삼별초 군사들 중 이미 바다를 건너 개경의 군사들과 합류한 자들이 많을 것이다. 그들이 네 얼굴을 알게 되면 가만두겠느냐?"

"장군께서도 삼별초 장군들의 반란을 익히 보지 않았습니까? 최의를 배반한 김준이 그렇고, 김준을 배반한 임연이 또한 그러합니다. 저는 장군을 배반하고 출륙환도를 하는 겁니다. 저들이 쌍수를 들어 환영하겠지요."

"그런 말까지 하는 걸 보면 너의 진심을 알겠다. 우리는 한 스승 밑에서 무도를 익힌 동문이자, 불도를 닦은 도반이 아니더냐? 사형사제지간은 피를 나눈 형제와 다름없다. 그런데 어떻게 너를 적지로 보낼 수 있겠느냐?"

"스승 지선 스님께선 늘 '사즉생(死則生), 생즉사(生則死)'라는 말을 강조하셨습니다. 죽으려고 가는 길이 바로 사는 길입니다."

그런 말까지 하는 것을 보면, 단천은 이미 죽을 각오를 하고 있었다. 배중손은 더 이상 그의 결심을 꺾을 수가 없다고 생각했다.

"목숨은 귀중한 것이다. 어떤 위기가 닥쳐와도 부디 네 목숨을 보전하거라. 지금 개경은 몽골군의 세상이 되어 있다. 듣자 하니 얼마 전 상장군이 된 김방경은 고려군의 믿을만한 장수라 한다. 전날 그가 몽골군과 함께 서경(西京, 평양)까지 왔을 때, 몽골군 장수가 이 기회에 개경을 쳐서 아예 몽골 정부를 세우려는 계략을 미리 알았다고 하더군. 그래서 꾀를 내어 몽골군 본대를 대동강 북쪽에 묶어두고 일부 병력만 동원해 개경까지 가서 반적 임연 일파를 척결하였다고 하더라. 그러고 나서 다시 기존의 왕을 복위시키고 고려 군사들을 재정비한 후에 대동강 북쪽에 주둔한 몽골군 본대를 불러들여, 그나마 고려 조정의 명맥을 유지할 수 있게 되었다고 들었다. 지금 고려 조정에서 믿을 것은 상장군 김방경밖에 없다. 내가 김방경 장군에게 밀서를 써줄 것인즉, 네가 그것을 전달할 수 있겠느냐? 이는 목숨을 건 일이다. 만약 김방경이 너를 의심해 처단한다면 그것을 네 운명으로 받아들여야 한다는 말이다."

배중손은 목숨까지 내놓은 단천의 결심을 알게 되자, 강화도의 삼별초가 개경을 공략해 몽골군을 몰아낼 수 있는 길은 오직 그곳에 있는 고려군과 밀약해 양동작전을 펼치는 방법밖에 없다고 생각했다. 김방경은 얼마 전까지 상장군이었던 정자여가 강화도로 와서 삼별초를 설득해 개경으로 오도록 하는 데 실패한 직후 그 자리를 이어받았다고 했다.

"이미 죽음을 각오한 입장인데 무엇을 두려워하겠습니까? 밀서만 써주십시오. 반드시 김방경 상장군에게 전하도록 하겠습니다."

단천은 배중손이 말하는 밀서의 내용이 무엇인지 묻지도 않았다. 오래도록 진도 용장사에서 지선 스님에게 가르침을 받은 도반이므로, 눈빛만 보아도 그 마음을 능히 헤아릴 수 있었다. 또 굳이 '밀서'라고 하는데, 그 내용을 알 필요조차 없었다.

"그래, 내일 새벽에 떠나도록 하거라."

배중손은 밀서를 작성하여, 날이 새는 대로 단천에게 주어 강화도를 떠나 개경으로 잠입하도록 했다.

개경에서는 상장군 김방경이 몽골군과 함께 연합군을 형성하여 강화도에서 반란을 일으킨 삼별초를 소탕하기 위해 한창 준비 중에 있었다. 김방경은 부친 김효인(金孝印)이 병부상서를 지낸 덕에 16세 때 음서(蔭敍)로 처음 관직에 진출한 인물이었다. 그는 고려 조정이 강화에서 개성으로 도성을 옮기려고 할 무렵, 태자 왕심을 따라 몽골에 사신으로 간 적이 있었다. 이때 마침 최씨 무신정권을 무너뜨리고 권력을 차지한 김준을 제거한 임연이 조정을 마음대로 휘두르기 위해 원종을 폐위시키고 왕제 왕창을 군주로 옹립하는 사태가 벌어졌다. 이 사태를 해결하기 위해 태자와 김방경은 몽골군을 대동하고 입국하여 반역도들을 물리쳤다. 이로써 다시 왕권을 회복한 원종은 정자여 대신 김방경을 상장군으로 삼아 고려군을 총지휘하도록 했다.

김방경은 강화도에 남아 있던 삼별초가 고려 조정을 배신하고 반란을 일으키자, 몽골군과 연합군을 형성해 군선을 모으고 해상 전투에 강한 군사들을 징집하는 데 총력을 기울였다. 이때 당연히 삼별초에서 탈출해 개성으로 온 군사들이 대거 관군에 참여하였다. 그들은 강화도에서 삼별초를 탈출해 배를 타고 육지로 떠날 때 반란에 가담한 배중손의 군사들에게 쫓겨 거의 죽다 살아난 자들이므로, 보복심리가 크게 작용하여 관군 가담에 더욱 적극적이었다. 그런 틈을 노려 그들의 뒤를 이어 개경으로 들어온 배중손의 호위무사 단천도 큰 의심 받지 않고 상장군 김방경의 직할 부대에 들어갈 수 있었다.

단천은 기회를 보아 김방경에게 접근하여 용케도 독대할 기회를 얻었다. 그는 자신이 배중손의 호위무사로 밀서를 가지고 왔다고 솔직하게 고백했다.

김방경은 단천이 밀서를 꺼내기 위해 품으로 손을 가져갈 때도 놀라지 않았다. 만약 상대의 품에서 밀서가 아닌 단도가 나올지도 모른다고 의심할 수도 있는데, 그는 태연한 눈길로 그 행동을 가만히 주시하고 있었다.

단천이 전하는 밀서를 받아 읽는 김방경의 태도 역시 변함이 없었다. 그 얼굴에 드러난 표정만으로는 어떤 변화를 느끼기 힘들었다.

"배중손의 뜻을 모르는 바 아니다. 네가 이미 이곳에 나타나 내게 이 밀서를 전할 때에는 목숨을 걸고 온 것이 아니겠느냐?"

김방경이 단천을 직시했다. 종시 부드러웠던 그 눈길에서 갑자기 불길이 이는 듯했다.

"네, 장군! 뜻대로 하십시오. 죽을 각오가 돼 있습니다."

단천은 겁먹지 않았다. 그 역시 화살촉 같은 눈길로 김방경을 뚫어져라 쳐다보았다.

"너도 이 밀서의 내용을 아느냐?"

"모르옵니다."

단천은 솔직했다.

"허면, 이 밀서를 내게 전하고 다시 강화도로 돌아갈 생각이었느냐?"

"아닙니다. 저는 이곳에서 죽거나, 장군과 생사를 같이할 각오로 온 것입니다."

"뭐? 나와 생사를 같이하겠다? 나에게 네 목숨을 맡기겠다는 말로 들리는구나."

"그렇사옵니다. 전날엔 배중손 장군의 호위무사로 목숨을 맡겨 이곳에 죽으러 온 것입니다. 제 소원이니, 죽여 주십시오."

단천은 이미 각오하고 있던 바였다.

"네 말이 참으로 요상하지 않느냐? 밀사란 이쪽의 의견이 반영된 밀서를 갖고 돌아가야 마땅하다. 그런데 배중손은 내가 전할 밀서를 기다리지 않는 모양이로구나."

김방경이 묘한 웃음을 지었다.

"네, 그러하옵니다. 따로 장군의 답서를 가지고 오라는 말씀은 없었습니다. 가서 죽으라고 하셨을 뿐이옵니다."

"흐음, 배중손은 내가 너를 죽이든 살리든 그걸 이 밀서의 답으로 간주할 생각이로구나."

이때 김방경의 생각은 실로 오묘하게 돌아가고 있었다. 단천의 태도를 보아하니, 이상하게도 그에게 믿음이 갔다. 그를 결코 죽이고 싶지 않았다. 배중손의 밀서 내용을 곧이곧대로 받아들이기는 어려웠다. 그러나 만약 여몽연합군에 의해 강화도의 삼별초가 괴멸되고 만다면, 몽골군은 본격적으로 마각을 드러내 개경의 고려군을 제압하려고 들 것이었다. 어쩌면 강화도 삼별초의 반란이 오히려 고려 조정의 입장으로 볼 때 몽골과의 사이에서 완충 역할을 해줄 수도 있다고 그는 보았다.

"장군, 이제 제 목숨은 장군의 것이옵니다. 마음대로 처분해도 달게 받겠습니다."

단천의 말에서는 진정성이 느껴졌다. 그 말을 듣고 나자 김방경은 은근히 배중손이 부러워졌다.

"흐음, 내가 너를 호위무사로 거둔다면 배중손에게 충성하듯 그렇게 할 수 있겠느냐?"

문득 김방경의 입에서 떨어진 말이 그러했다. 방금까지만 해도 단천을 죽여야 한다고 생각하고 있었기 때문에 그 역시 스스로 놀라는 중이었다.

"배중손 장군이 저를 상장군께 보낸 것은 목숨을 버리라는 것에 다름이 아니옵니다. 그러하므로 저는 강화도를 벗어나면서 이미 죽은 목숨이었습니다. 그러하온데 상장군께서 제 목숨을 살려 주신다면 새로 태어난 것이나 마찬가지이니, 그 은혜에 보답하는 길은 오직 죽기로 충성을 맹세하는 일뿐 아니겠사옵니까?"

단천이 벌떡 일어나더니 다시 무릎을 꿇으며 큰절을 올렸다.

"허허헛! 내가 아주 가까이에 적을 두게 되었구나. 적과의 동침이라? 오늘부로 내 호위무사 역할을 하되, 이 일에 대해서는 그 누군가에게도 절대 발설하면 안 되느니라. 알겠느냐?"

김방경은 의외로 성격이 호탕한 인물이었다.

"네, 이미 장군에게 제 목숨을 바쳤습니다. 받아주십시오."

단천이 자신의 목을 길게 늘어뜨렸다.

이로써 단천은 강화도 삼별초와 관군의 이중간첩으로 김방경의 인정을 받은 셈이었다. 물론 비밀을 요하는 일이었지만, 양군의 필요성에 의해 암묵적으로 이해될 수 있는 사안이었다. 이는 양군을 대표하는 장수끼리만 이심전심으로 묵과하고 넘어가는 이유가 있을 때 가능한 일이었다. 이중간첩은 양군에게 필요할 때 적절히 이용하고, 손해가 날 때는 가차 없이 처단하는 것이 그 역할을 용인하는 목적이었다. 그러므로 결과론적으로 이중간첩은 양군에 목숨을 내놓고 할 수밖에 없는, 어쩌면 숙명에 가까운 일이었다.

단천은 양군의 장수 누구의 손에 죽어도 좋다고 생각했다. 그런 결심에까지 이르자 배중손과 김방경 모두에게 충성하고자 하는 마음이 생겼다. 그 역시 몽골군만 아니라면 그런 결심을 하지 않았을 것이다. 그에게 무도와 불법을 가르친 지선 스님은 유불선을 넘나드는 도통한 경지에서 특히 백성을 하늘처럼 받들어야 한다는 맹자의 사상을 강조하였고, 그는 자신이 삼별초와 관군의 이중간첩 노릇을 해서라도 몽골군과 친몽파들을 반도에서 몰아낼 수 있다면 그것이 고려를 위기에서 구하고 백성을 진정으로 위하는 길이라고 판단하였다. 사실상 그러한 판단이 관군의 상장군 김방경에게도 설득력 있게 다가왔던 것이다.

그래서 김방경은 단천을 호위무사로 가까이 두고 은근히 여몽연합군의 삼별초 격퇴 작전이 어떻게 진행되는지 알 수 있도록 하였다. 하긴 늘 가까이에 있기 때문에 애써 알려주지 않아도 단천 스스로 비밀리에 정보를 챙겼다.

김방경은 마음만 먹으면 곧바로 여몽연합군을 강화도로 출동시킬 수 있었다. 그러나 차일피일 미루었다. 그 이유는 강화도는 해저 지형이 험하기 때문에 해전 경험이 풍부한 군사들이 많아야 한다는 것이었는데, 그래서 삼별초 출신 중 도망쳐온 군사들을 더 모집하는 데 심혈을 기울였다. 그렇게 사흘이 흘러갔다.

배중손은 단천을 개경으로 보내 김방경에게 전하게 한 밀서의 힘을 믿었다. 그 밀서의 내용은 은근히 협박을 가하면서, 다른 한편으로는 고려와 몽골의 현실 상황을 제대로 꼬집어 관군을 아군으로 만드는 전략이었다. 고려군은 관군이나 삼별초나 다 나라에 충성하는 마음을 갖고 있었다.

강도에서 개경으로 도성을 옮기기 전에도 배중손은 김방경을 잠깐 만난 기억이 있었다. 그때 김방경은 어차피 원종이 개경으로 돌아가기로 결심한 이상 강도의 군사들도 모두 출륙(出陸)해 섬보다는 육지에서 몽골군과 힘을 겨루어야 하지 않겠느냐고 배중손을 설득했다. 그때 김방경은 분명히 '몽골군과 힘을 겨룬다'는 말을 힘주어 강조했으나, 배중손은 그것은 몽골군에게 한 수 내주는 것에 불과할 뿐 고려군에게 절대로 불리한 입장이라고 말했다. 왜냐하면 원종이 일단 원나라 쿠빌라이에게 굴복해 신하를 자처하는 '번왕'이 되었으므로, 고려 정권은 원나라의 수족 노릇을 할 수밖에 없었다. 몽골에서 출생하여 어린 시절을 보낸 홍다구(洪茶丘)가 고려인 핏줄이면서 몽골군 총관(摠管)으로 개경에 들어와 백성들에게 온갖 행악을 저지르고 있다는 소문을 듣고 나서 배중손은 원종의 개경 정부를 신뢰하지 않았다. 그래서 배중손은 김방경이 같이 삼별초를 이끌고 개경으로 돌아가자고 설득하는 것을 거절한 채, 고려가 대몽항쟁을 하려면 육지와 섬에서 양동작전을 펼칠 필요가 있다고 역설했다.

'과연 김방경을 믿을 수 있을 것인가? 김방경이 이미 몽골 푸른 늑대들의 개가 되어 있을지도 모르는데, 그의 수하로 들어간 단천은 살아남을 수 있을 것인가?'

배중손은 단천을 개경으로 보내고 나서 그날 밤을 거의 뜬 눈으로 새웠다. 새벽녘이 되어서야 그는 일단 자신이 김방경에게 보낸 밀서의 효과를 믿을 수 없다고 판단, 삼별초를 대표하는 장수 노영희와 김통정을 불러 긴급히 논의했다.

"아무래도 여몽연합군이 곧 들이닥칠 것 같소이다. 삼별초 중 우리와 의견을 달리하여 관군을 따라 출륙환도한 병력도 만만치 않으니, 그들이 군선을 이끌고 온다면 정면 대결이 불가피할 것이오. 육지로 간 삼별초도 이미 여몽연합군 소속이 되었을 것이므로, 그들의 명령에 따르지 않을 수 없겠지요. 엊그제 같은 솥밥을 먹던 식구들인데, 적대 적이 되어 창칼을 들이대고 싸울 수는 없는 노릇 아니겠소?"

배중손은 먼저 야별초 지유 노영희를 바라보았다.

"그럼 어쩌자는 것이오?"

노영희는 침착했다. 그로서는 당장 어찌할 방도를 찾지 못하고 있었다.

"강화도는 너무 개성과 가깝습니다. 배로 바다를 건너 예성강을 타고 올라가면 바로 코앞이 개성입니다. 반대로 개성에서 여몽연합군이 역방향으로 강화도를 향해 진군한다면 하룻길도 안 되는 거리입니다. 밤이든 낮이든 마음만 먹으면 언제든지 기습해 우리 삼별초를 공격하기 쉽습니다. 이미 우리는 승화후 온을 왕으로 모셨습니다. 새로운 왕을 안전하게 모실 궁궐이 필요하오. 저 남쪽 진도라는 섬에 가면 용장산이 있는데, 그 이름만 들어도 범상치 않은 곳임에 틀림이 없소. 용장산, 즉 '용이 숨어 있는 곳'입니다. 용장산 기슭에 용장사란 절이 있는데, 내가 일찍이 그곳에서 지선이란 스님에게 무도를 익혔소이다. 지금 용장사 주지였던 지선 스님은 입적하셨고, 폐사찰로 남아 있다 들었습니다. 그곳에 궁궐을 짓고 우리의 새로운 도성을 삼는다면 오랜 시일을 두고 대몽항쟁을 할 수 있을 것입니다. 진도는 들고나는 바닷물이 거칠어 외부에서 접근하기 쉽지 않으므로, 우리 삼별초가 그곳에 새로운 지기를 건설하면 여몽연합군을 방어하기에 최적의 장소라 생각합니다."

배중손이 뜬눈으로 밤을 새우며 고심한 것이 바로 삼별초의 기지를 진도로 옮기는 것이었다.

이때 강화 출신으로 삼별초에 들어와 그 뛰어난 무술 덕분에 장수가 된 김통정이 나섰다.

"배 장군 말씀이 옳습니다만, 나는 이곳 강화가 고향입니다. 고향을 등지고 뱃길로 따지면 꽤 먼 거리에 있는 남쪽 섬으로 떠난다는 것은 꿈에도 생각해 본 적이 없습니다. 목숨을 걸고라도 이곳을 끝까지 사수해야 합니다."

"무작정 목숨을 걸고 싸운다고 이 사태를 해결할 방법은 없습니다. 애초의 삼별초 군세라면 여몽연합군과 능히 겨룰 만합니다. 그러나 관군을 따라 출륙한 삼별초 병력이 있어, 현재 우리 삼별초 군세는 절반 이하로 줄었다고 판단됩니다. 더구나 개성으로 가 관군에 합류한 삼별초가 여몽연합군이 되어 강화도로 쳐들어온다면, 아까 배 장군께서 말씀하신 대로 한 형제나 다름없는 그들과 적과 적이 되어 싸워야 합니다. 저들 중에는 나와 오래도록 야별초에서 동고동락한 동지들이 많습니다. 나중에 어떻게 될지 모르지만 지금 당장은 그런 싸움을 피해야 한다고 판단됩니다. 더구나 배 장군 말씀이 저 남쪽 해안의 진도라는 섬으로 삼별초 기지를 옮기자고 하는데, 일리가 있다고 생각됩니다. 나는 진도에 들어가 보지는 않았지만, 남쪽 내륙에서 어린 시절을 보낸 바 있습니다. 이미 우리 고려 조정은 원나라의 지배를 받으면서 그들을 달래기 위해 황금이며, 수달피며, 말이며, 온갖 공물과 심지어는 인질로 아녀자들까지 바쳤습니다. 남도 지역 백성들의 원성이 이만저만이 아닙니다. 내가 남도에서 개경으로 올라와 야별초에 가담한 것도 백성들의 원망과 한을 어떻게 하면 풀어줄 수가 있을까 고민하던 끝에 결심한 것이었습니다. 우리가 삼별초의 기지를 진도로 옮긴다면, 울분에 찬 남도의 백성들을 달래줄 길이 있을 뿐 아니라, 현지 젊은이들을 군사로 끌어들일 수도 있을 것입니다. 배 장군 말씀대로 진도로 갑시다."

노영희의 이 같은 말에 배중손은 간밤에 고민하느라 저녁에 먹은 밥도 소화가 되지 못해 얹힌 체증이 쑥 빠져 내려가는 기분이었다. 김통정도 아쉽지만 두 사람의 의견에 따를 수밖에 없었다. 무조건 고집스럽게 버틴다고 될 일이 아니라, 두 사람의 말대로 후일을 기약하는 것이 옳다는 데 의견의 일치를 보았던 것이다. 더구나 노영희가 얘기하는 남도 백성들을 삼별초에 적극 호응토록 하는 일도 김통정의 마음을 바꾸도록 하는 데 일조했다.

마침내 1270년(원종 11년) 6월 3일, 배중손의 삼별초는 강화도를 떠나 진도로 향했다. 이때 군선과 상선, 어선을 포함하여 총 선박이 무려 1천여 척에 이르렀다. 군선에 탄 것은 삼별초 병력들이고, 상선과 어선에는 강화도 백성들이 탔다. 하루아침에 고향을 떠나는 강화도 백성들은 급히 재화와 곡물과 이불 보따리만 챙겨 가족들과 함께 배에 싣고 삼별초 군선의 뒤를 따랐다. 이들 중에는 강화도에서 삼별초에 가담한 군사들의 가족들이 많았으며, 몽골군과 친몽파 무리들에게 시달리며 가산을 빼앗기고 온갖 곤욕을 치르느니 차라리 삼별초를 따라나서겠다는 백성들도 적극 합류하였다. 그들은 각기 자신들이 갖고 있는 상선이나 어선에 가족을 싣고 떠났다.

몽골군이 고려를 침략한 후 40년간 임시 도성으로 대몽항쟁의 중심이 되었던 강화도는, 삼별초가 진도로 떠난 다음 날 쳐들어온 여몽연합군에 의해 초토화되고 말았다, 강화도로 상륙한 몽골군은 현지에 남아 있던 백성들을 가차 없이 살상하고, 재물을 마구 노략질했으며, 아녀자를 잡아다 성적 노리개로 삼았다. 여몽연합군의 고려 관군들도 몽골군의 그러한 작태를 감히 말리지 못했다. 남아 있던 백성들은 관군을 원망하며 차라리 전날 삼별초를 따라 진도로 떠날 것을 잘못했다고 후회했지만, 그때는 이미 가산을 탕진하고 살던 집까지 불태워진 뒤였다.

한편, 배중손은 삼별초와 민간인들이 탄 대선단을 이끌고 서해 연안을 경유해 진도로 가는데 시일이 꽤 오래 걸렸다. 갑자기 떠나는 바람에 미처 군사들이 먹을 군량미도 준비하지 못한 채였고, 민간인들 역시 사정은 같았다. 따라서 연해의 섬이나 육지 마을에 들러 당장 먹을 곡물을 사들이기도 하고, 남쪽에서 올라오는 세곡선을 만나면 개성으로 가는 공물들이므로 엄포를 주고 탈취하여 챙기면서 무려 74일이나 걸려 진도에 도착했다. 세곡선을 탈취해 챙긴 곡물들은 진도에서 새로운 궁성을 짓는 데 있어서 군사와 일꾼들의 일용할 양식으로 활용하기 위한 것이었다.

그해 8월 추석 무렵, 진도 벽파진으로 상륙한 삼별초군은 일단 배중손이 이끄는 대로 용장산으로 들어가 기지 건설에 박차를 가했다. 가장 먼저 폐허가 된 용장사 자리에 궁궐을 짓기로 했으며, 다른 한편으로는 군사들이 거처할 기지를 건설하는 데 온 힘을 기울였다. 또한 용장산을 빙 둘러 석성을 쌓아 새로운 도성의 면모를 갖추기로 했다.

다른 한편으로 배중손은 진도 인근의 여러 섬에 군사를 보내 지배력을 확보하는 데 주력하였다. 이들 남도의 섬들도 오래도록 친원파의 원종 정권에 시달려 원한이 깊었으므로, 대몽항쟁을 하는 삼별초 군사들에게 적극적으로 협조를 해주었다. 완도와 거제도는 물론이고, 더 남쪽의 제주도까지 무려 30여 개의 크고 작은 도서가 삼별초의 손을 들어주었다.

배중손은 야별초 지유 노영희를 전라도와 경상도 지방으로 파견해 친몽파 지방관들을 몰아내고 점차 삼별초 세력을 확대해 나가는 전략을 구사하였다. 마산 · 김해 · 동래 · 장흥 · 나주 · 전주 · 밀양 등 내륙 깊숙한 곳까지 삼별초의 영향력이 미쳤다.

이렇게 되자 남쪽 지역의 지방관들은 개경 조정으로 급보를 전하기에 여념이 없었다. 급기야 원종은 그해 9월 김방경을 전라도추토사로 임명해 진도의 삼별초를 공격해 반란의 수장 배중손을 추포해 개경으로 압송하라고 명령했다. 당시 개경 또한 출륙환도로 인하여 제대로 도성 방어 군대조차 갖춰지지 못했으므로, 김방경은 수하의 관군 60여 명과 몽골군 장수 아해(阿海)가 이끄는 불과 1천여 명의 군사만 거느리고 개경을 떠났다. 이것이 제1차 진도의 삼별초 토벌 작전이었다.

그러나 김방경은 수하의 고려 관군이 얼마 안 되는 관계로 군선을 타고 진도의 벽파진으로 진입하려다 배중손의 삼별초 군선에 포위되어 제대로 싸워보지도 못하고 대패했다. 갑판에서 배중손과 단둘이 겨룰 때, 호위무사 단천이 아니었으면 목숨을 부지하기 어려웠을 것이다,

겨우 목숨을 살려 개경으로 회군한 김방경은 몽골군 장수 아해의 고발로 반역죄에 몰릴 위기에 처하기까지 했다. 강화도를 공격할 때 차일피일 시일을 미룬 것이나, 진도 공격에서 삼별초 군선에 포위되었다 살아난 것이 적과의 내통 혐의였다. 그러나 원종은 지난날 원나라에서 몽골군과 함께 고려로 돌아올 때 김방경이 개경을 공격해 세운 공을 익히 알고 있었으므로, 그를 신뢰해 더 이상 따지거나 묻지 않았다.

"다만, 대장군 김방경은 반드시 진도의 삼별초 반도들을 궤멸시켜야 한다. 짐과 약속할 수 있겠는가?"

원종은 어서 빨리 삼별초 반란을 진압해야만 원나라 세조에게도 면목이 설 것이라고 생각했다. 그가 김방경을 혐의에서 풀어준 것은 당시 고려 관군을 이끌 상장군으로 그 이외에 믿을만한 장수가 없었기 때문이다.

"네, 폐하! 반드시 삼별초 역도들을 진압하도록 하겠나이다."

김방경도 이제는 생각이 달라졌다. 자칫하면 자신이 반역에 가담한 역도로 몰려 효수당할 수도 있었다는 걸 뼈저리게 절감했기 때문이다.

3

남도 포구에서 용장산성으로 돌아온 배중손은 마음이 다급했다. 호위무사이자 이중간첩 노릇을 한 단천의 말에 의하면, 내일이라도 당장 여몽연합군이 벽파진으로 들이닥칠 것이었다. 그들은 전함만 400여 척에 토벌군 세력이 1만 명을 넘는 병력이라고 했다.

전라도와 경상도의 남해안 지방에 나가 있는 야별초 지유 노영희의 전령을 통해 전해진 대륙의 소식 또한 심상치 않았다. 여몽연합군들이 내륙의 항구를 모두 틀어막아 남도 지방에서 진도로 들어오는 길목을 폐쇄하고, 삼별초가 진압해 차지한 고을을 차례로 공격해 들어가는 바람에 속수무책으로 진압당하고 있다는 소식이었다. 삼별초는 많지 않은 병력이 각 고을마다 나누어 배치되어 있는 데 반하여, 여몽연합군은 진도 앞바다에 띄운 군선 400여 척의 수군을 제외한 육군 병력이 한꺼번에 떼를 지어 몰려들어 크게 싸워보지도 못하고 성을 내주어야만 했다는 것이다. 이미 여몽연합군은 그렇게 전라도와 경상도 남도 지방의 삼별초를 격퇴시킨 후, 이제 본격적으로 진도를 토벌하기 위한 전략에 돌입하였다는 것을 배중손은 느낌으로 확연하게 깨달았다.

'토벌군에 의해 육지의 삼별초 병력이 뿔뿔이 흩어졌다면, 노영희 장군은 어찌 되었을까?'

배중손은 강화도에서 같이 '출륙환도'를 반대하며 원종 정부에 반기를 들고 나온 노영희가 심히 걱정되었다. 그가 자주 보내던 전령의 내왕도 이미 며칠 전부터 끊어진 상태였다. 만약 육지의 노영희와 연락이 된다면, 흩어진 삼별초 병력을 끌어모아 일단 배를 타고 바다를 건너 제주도로 가라고 전해주고 싶었다.

'그래 스승님이 오늘의 사태를 예견하고 있었다면, 제주도가 대안이 될 수밖에 없겠지.'

마침내 배중손은 수하 장수 김통정을 불렀다.

"김 장군! 내일이면 토벌군이 진도를 공략할 것 같소. 노영희 장군도 남도 지방에서 힘 한번 제대로 쓰지 못하고 당한 것 같은데, 그만큼 이번 여몽연합군 세력은 강합니다. 아마도 내일은 그들과 그야말로 진흙탕 싸움을 벌이게 될 거요. 장군은 내일 기회를 보아 온왕을 모시고 일단 제주도로 건너가도록 하시오. 남쪽의 급갑진에 특별히 군선을 여러 척 숨겨놓았으니, 그걸 타고 곧바로 바다로 나가면 제주도에 닿을 수 있을 것이오."

배중손은 낮에 남도 포구에서 용장산성으로 돌아오면서 수하를 시켜 급갑진의 후미진 해안에 군선 여러 척을 숨겨놓으라고 지시한 바 있었다.

"아니, 배 장군께선 어찌하시려고?"

"나는 진도를 끝까지 사수하면서 토벌군을 따돌린 뒤 온왕과 김 장군이 안전하게 떠나도록 시간을 확보한 다음 군선을 타고 움직일 것이오. 이미 급갑진과 가까운 남도산성 인근 포구에도 군선을 숨겨 놓았소."

배중손은 그러면서 노영희와 그를 따르던 야별초만 진도에 남아 있었어도, 여몽연합군과 당당하게 맞설 수 있었을 것이라고 아쉬운 표정을 지었다. 그 느낌을 김통정도 같이하고 있었던 모양이다.

"노영희 장군은 어찌 되었을까요?"

"아무래도 전령의 연락이 끊긴 걸 보면 안 좋은 느낌이 듭니다. 만약 살아 있다면 제주도에 새로운 삼별초 기지를 건설한 다음 연락을 취해보도록 하시죠.”

배중손의 이 말은, 어쩌면 김통정에게 부탁을 하고 있는 투로 들렸다.

“배 장군! 어찌 그런 말씀을 하시오? 장군께선 진도를 떠나지 않으시겠다는 말씀 같소이다.”

“말이 그렇다는 것이오. 혹시 내가 제주도까지 가지 못할 경우에는 김 장군께서 그리 해주십사 부탁하는 거외다.”

“그렇게 말씀하시니, 갑자기 어깨에서 힘이 쭉 빠지는 느낌입니다. 우리는 끝까지 싸워 마침내 이 땅에서 몽골 푸른 늑대들을 몰아내야 합니다.”

“김 장군! 고맙소. 나라를 살리고 백성을 위하는 길인데, 우리 함께 힘을 내어 싸웁시다.”

배중손은 김통정의 손을 덥석 잡았다.

다음날, 날이 밝기 무섭게 여몽연합군의 군선들이 진도의 벽파진을 향해 몰려들었다. 고려 상장군 김방경은 몽골 장수 흔도(忻都)와 함께 중앙군을 이끌고 진도 맞은편 해남의 옥동나루에서 벽파진으로 상륙을 시도하고, 홍다구와 고려 왕족인 영녕공(永寧公) 왕준(王綧)의 아들 왕희(王熙)와 왕옹(王雍) 형제 장수는 좌군이 되어 원포리 노루목으로, 그리고 대장군 김석(金錫)과 만호 고을마(高乙磨)는 우군을 이끌고 벽파진 북쪽의 군직구미로 군선을 몰았다. 포구가 점점 가까워지자 토벌군은 군선에서 각기 화포(火砲)와 화창(火槍)을 날려 삼별초의 군진을 무너뜨렸다. 화포에서 날아온 폭탄이 터지고, 화창이 불을 매달고 날아와 곳곳에 꽂혀 불이 붙으면서 삼별초 군사들은 도무지 제 정신을 차릴 수가 없었다.

배중손의 삼별초 주력군은 여몽연합군 중군이 들어오는 벽파진을 방어하고 있었다. 나중에 좌우 양군이 노루목과 군직구미로 갈라져 쳐들어오자, 급히 지원군을 양쪽으로 내보냈으나 이미 토벌군이 상륙한 다음이었다.

홍다구의 좌군은 노루목으로 상륙하자마자 삼별초 방어군이 미처 전열을 가다듬기 전에 기습 작전을 펼쳐 양군은 진흙탕 싸움을 벌였다. 그러한 양상은 여몽연합군의 우군 쪽도 상황은 마찬가지였다. 배중손이 이끄는 삼별초도 토벌군의 중군과 벽파진에서 사생결단을 맞서 싸웠으나 군사 수에서 절대적으로 밀렸다. 결국 삼별초 군사들은 용장산성으로 후퇴하여 방어벽을 쌓았다.

"김 장군! 이젠 어쩔 수가 없소. 내가 용장산성을 방어할 테니 온왕을 모시고 탈출해 곧장 남쪽의 급갑진으로 가시오. 거기서 곧바로 숨겨둔 군선을 타고 바다로 나가야만 토벌군을 따돌릴 수가 있소."

배중손은 김통정에게 명령했다.

"배 장군도 같이 가십시다."

김통정은 배중손이 성벽을 몸으로 사수하다 꼭 죽을 것만 같았다.

"김 장군! 이건 군령이오. 어서 가시오, 시간이 없습니다."

배중손은 무섭게 눈을 부릅떴다.

"네, 알겠습니다. 장군! 우리 반드시 제주도에서 다시 보십시다."

김통정은 곧 배중손 앞에서 사라졌다.

용장산성에는 비밀 통로가 있었다. 김통정은 온왕과 왕자 왕환(王桓) 등 일가들을 호위해 그 문을 통해 성을 빠져나갔다. 그 일행이 남쪽의 급갑진 쪽으로 말을 달리는데, 홍다구와 그의 군사들이 추격해 왔다.

김통정은 급한 나머지 온왕과 왕환 부자를 수하들에게 맡겨 급갑진으로 직행하라 명하고, 자신은 홍다구와 그의 졸개들에 맞서 싸웠다.

"홍다구! 이 몽골의 개가 된 역적놈아! 내 칼을 받아라."

김통정은 맨 앞에서 말을 타고 달려오는 홍다구를 맞아 칼을 휘둘렀다.

"넌 다음에 보자. 너보다 먼저 내 급히 처리할 것이 있다."

홍다구는 김통정의 칼을 피해 옆으로 말고삐를 젖히더니, 온왕 일행을 쫓아 말을 달렸다. 김통정은 아차, 싶었다. 뒤돌아서서 홍다구를 따라잡으려고 해도 앞에서 떼거리로 밀려드는 여몽연합군을 상대하다 보니 그럴 겨를이 도무지 나지 않았다. 그는 순식간에 피칠갑을 한 얼굴이 되어 야차처럼 달려드는 토벌군과 대결하였다. 그의 칼은 공중에서 자유자재로 놀았다. 칼 한 번 휘두르는데 토벌군사 두셋이 비명을 질렀다.

그러는 사이에 홍다구는 금갑진으로 도망치는 온왕의 무리들을 따라잡았다. 결국 온왕과 왕자 왕환은 여몽연합군에게 사로잡히는 몸이 되었다. 두 사람이 두 손을 들고 항복을 했는데도 불구하고 홍다구는 그것을 무시한 채 먼저 왕온의 목을 치기 위해 칼을 높이 치켜들었다.

"장군! 두 손 들고 항복하지 않았소? 일단 포로가 되었으니 개경까지 압송토록 합시다."

이렇게 나온 것은 홍다구와 여몽연합군으로 종군한 고려 왕족 왕희와 왕옹 형제 장수들이었다. 온왕은 그들의 아버지 영녕공의 친형이었다. 그러므로 두 사람에게 온왕은 큰아버지이고, 그 아들 왕환은 사촌 형이었다.

"무슨 소리요? 이들은 원나라를 배신한 반역자들이오."

홍다구는 단칼에 내리쳐 온왕의 목을 잘랐다. 왕환도 그 칼에 여지없이 목숨을 잃었다.

김통정도 여몽연합군 세력과 싸우다 자신이 이끌던 삼별초 군사들이 절대적으로 중과부적이어서, 후퇴를 하게 되었다. 퇴로를 찾다가 그는 먼빛으로 온왕과 그 아들 왕환이 홍다구의 칼에 목이 잘리는 것을 목격했다.

"이제는 급갑진에 숨겨둔 군선을 타고 제주도로 가는 수밖에 없다."

김통정은 자신을 따르는 삼별초 군사들을 이끌고 일단 숲속으로 피신해 숨 고르기를 하다가 여몽연합군의 추격을 따돌린 뒤 급갑진으로 가서 군선을 타고 바다로 나갔다.

한편 배중손은 여몽연합군과 맞서 싸우다가 용장산성을 빼앗기고 용장사 절터에 세운 왕궁까지 불에 타는 것을 보고 탈출을 시도했다. 그는 역시 전날 봐둔 남도 포구로 말을 달렸다. 바로 그 옆에 호위무사 단천이 바짝 붙어서 달렸고, 그 뒤에 삼별초 기마병 10여 기와 보병 100여 군사가 따랐다. 나머지 삼별초 군사들은 대체 싸우다 전사를 했는지 어디로 도망을 쳤는지 도무지 알 길이 없었다. 살길은 남쪽의 포구인 금갑진과 남도 포구뿐이라는 것을 군사들에게 알려주긴 했으나, 오리무중이 된 군사들이 그곳으로 찾아올지는 의문이었다.

용장산성을 장악한 김방경은 배중손의 무리들이 달아나는 것을 보았지만 애써 모른 척했다. 몽골 장수 흔도가 왜 저들을 추격하지 않느냐고 따졌다.

"좌군을 이끄는 홍다구 장군이 남쪽에서 이쪽으로 진격해 올라오고 있습니다. 곧 저들과 맞서 싸우게 되겠지요. 진도 북쪽 부두로 상륙한 대장군 김석의 우군도 남쪽을 향해 진군하고 있으니, 배중손은 우리 몽골연합군을 앞뒤로 맞아 어지러워질 것입니다."

김방경은 애초 작전상 중군이 할 역할이 용장산성 탈취임을 강조하였다. 몽골 장수 흔도는 마땅치 않은 얼굴을 하였으나, 잠시 후 일리가 있다며 김방경의 작전에 긍정하는 듯 고개를 두어 번 끄덕거렸다.

실제로 김방경의 말은 딱 들어맞았다. 배중손은 남도 포구로 말을 달리다 남쪽에서 용장산성을 향해 진군해 오는 홍다구의 좌군들과 마주쳤다. 그를 따르는 군사들의 창에는 온왕과 왕자 왕환의 머리가 꿰어져 있었다.

"반역 괴수 배중손! 이미 네가 세운 왕과 왕자는 저승 귀신이 되었다. 순순히 항복하라."

홍다구는 좌우에 선 졸개들에게 창에 꿴 두 사람의 머리를 흔들어 보이게 하면서 의기양양하여 소리쳤다.

'아아, 하늘이 우리를 도와주지 않는구나.'

배중손은 절망하여 마음속으로 소리쳤다. 그와 함께 그 마음의 저 밑바닥에서 올라오는 울분을 참을 길이 없었다.

"네 이놈! 다구야! 우리 고려를 배반하고 몽골 놈의 개가 되다니. 내 칼이 너를 용서치 않을 것이다."

배중손은 말에 박차를 가하여 홍다구에게 달려들었다.

홍다구는 약았다. 소문으로 배중손의 칼솜씨를 익히 들었으므로, 그의 손에 목이 잘리기는 싫었다.

"네놈이 나만큼 말을 잘 달릴 수 있겠느냐? 나는 젖먹이 어린아이 적부터 말 위에 놀았느니라."

홍다구는 말을 돌려 마구 달아났다. 그는 몽골에서 태어났으므로, 실제로 어린 시절부터 말 등에서 놀아 애마와 한 몸처럼 놀았다.

화가 난 배중손이 따라붙으려고 하자, 홍다구의 수졸들이 그의 앞을 가로막았다. 그는 마구 칼을 휘두르며 걸리적거리는 적들의 몸이고 팔이고 목이고 사정을 두지 않고 찌르고 잘랐지만, 벌떼처럼 덤벼드는 그들을 헤쳐 나가기는 쉽지 않았다.

"민족의 배신자 홍다구는 섰거라!"

배중손은 점점 멀어져 가는 홍다구를 향해 소리쳤다.

"배중손, 이놈아! 네가 나를 잡으면 성을 갈겠다."

홍다구는 앞으로 마구 달리면서도 가끔 뒤를 돌아보며 입을 놀려댔다.

그때 갑자기 배중손의 뒤쪽이 시끄러워졌다. 상장군 김방경의 작전처럼, 북쪽에서 여몽연합군 대장군 김석이 이끄는 우군이 떼를 지어 몰려오고 있었다.

"장군! 큰일입니다. 앞뒤로 적을 맞아서는 낭패를 보기 십상입니다. 일단 이 위기를 피하고 보아야 합니다."

배중손의 바로 뒤쪽에서 따르던 호위무사 단천의 외침이었다.

"너는 먼저 남도 포구로 가서 그 해안 깊숙이 숨겨놓은 군선을 타고 거기서 가까운 급갑진으로 이동하거라. 급갑진 포구에 김통정 장군이 있을 것이다. 거기 있는 삼별초 군사들과 합세하여 군선을 이끌고 제주도로 가거라."

"장군은요?"

"온왕과 왕자 왕환이 이미 저세상 사람이니, 나는 죄를 지은 사람이다. 강화도에서 승화후를 왕으로 추대할 때 같이 죽기로 맹세했다. 그러니 내 어찌 살기를 바라겠느냐?"

"장군! 저는 장군의 호위무사입니다. 같이 싸우다 죽겠습니다."

배중손과 단천은 말을 타고 남도 포구로 달리며 서로 주고받는 말이 그러했다.

마침내 삼별초 군사들은 여몽연합군 좌군과 우군에게 쫓겨 남도 포구 벼랑까지 왔다. 이때 배중손은 갑자기 말을 돌려 적군과 맞섰다.

"장군! 어찌하시려고?"

단천이 말 위에서 고개를 돌리며 소리쳤다.

"너는 빨리 따르는 삼별초 군사들과 함께 포구 해안 깊숙이 숨겨둔 군선을 찾아 떠나라. 이건 명령이다. 당장 시행치 않으면 너는 내 손에 죽을 것이다."

배중손은 이미 작정한 바라 얼굴이 야차처럼 변해 있었다. 그 얼굴만 보고도 그가 얼마나 화를 내고 있는지 단천은 잘 알았다. 당장이라도 칼을 휘둘러 자신의 목을 베어버리고 적군을 향해 달려갈 기세였다.

"장군! 부디 살아계셔야 합니다."

단천은 마구 쏟아지는 눈물을 손등으로 훔치며 말을 돌려 남도 포구 위에 쌓은 산성 밖으로 해변 길을 달렸다. 아슬아슬하게 해안 절벽으로 떨어지지 않고 말을 달리는 것이 신기할 정도였다.

배중손은 이제 마음이 편안해졌다. 죽음을 작정한 이상 아무리 많은 적들이 몰려와도 두려울 것이 없었다. 그의 수하에 남아 있던 삼별초 군사들까지 단천을 따라가라 명령한 뒤, 그는 해안 절벽을 등 뒤에 둔 채 달려오는 적을 맞았다. 장군 혼자서 말 위에 앉아 칼을 높이 치켜들자, 마주 달려오던 적들은 주춤거리며 멈추어 섰다.

"졸개들은 필요 없다. 고려 장군 김석은 어디 있느냐? 너희 대장도 몽골의 개가 된 홍다구처럼 내가 무서워 도망친 것은 아니냐?"

배중손은 호위무사 단천이 무사하게 군선을 탈 때까지 최대한 시간을 끌어야 한다고 생각했다.

"내가 김석이오. 배 장군께선 순수하게 굴복하고 오라를 받으시오."

대장군 김석이 선뜻 앞으로 나섰다.

"대장군도 잘 아실 것이오. 우리 삼별초는 몽골 오랑캐들에게 절대 항복하지 않소. 용기가 있다면 대장군도 나와 단둘이 맞서 싸우거나, 아니면 군사를 돌려 되돌아 가시오."

배중손이 대장군 김석과 입씨름을 하고 있을 바로 그때였다.

어디선 날아온 화살이 배중손의 이마에 꽂혔다. 뒤미쳐 달려온 홍다구가 날린 화살이었다.

"곧 죽을 놈이 말이 많구나. 누가 저놈의 입을 완전히 틀어막을 자 없는가?"

홍다구가 자신의 졸개들을 향해 외쳤다. 그러자 그의 휘하 군사 하나가 배중손을 향해 달려 나오며 단창을 던졌다. 그 단창은 정확하게 배중손의 갑옷을 뚫고 가슴에 꽂혔다.

사실상 배중손은 해안 절벽을 바로 등 뒤에 두고 있었으므로, 더 이상 피할 재간이 없었다. 그리고 이미 죽음을 작정하였으므로 애써 피하려고 들지도 않았다.

"아, 홍다구! 네놈이 나를? 내 반드시 해룡이 되어 몽골 오랑캐를 이 땅에서 물러가게 할 것이니라."

이렇게 말을 마친 배중손은, 말 위에 몸이 벌렁 뒤로 넘어가면서 깎아지른 절벽 아래로 곤두박질쳤다. 바위 벼랑 아래로 굼실거리며 밀려든 파도가 하얀 거품을 일으켰다. 그의 몸은 다시 주르르르 미끄러져 먼 바다로 나가는 파도에 휩쓸려 보이지 않게 되었다.

4. 과녁 없는 살(蘖)—임꺽정의 난

- 김주성

1

처서가 지나니 새벽바람은 확연히 서늘했다. 그래도 아직 한낮 햇살은 따가울 때라 잠을 설쳐가며 서두른 길이었다.

"어이 가도치!"

들친 거적을 내리며 뒷간에서 막 나오던 쑥대머리 사내가 소리쳤다.

"병달인가. 자리 잡으면 기별함세."

가도치가 토담 너머로 대꾸했다.

병달이 바지춤을 추스르며 동구길에 죽 늘어선 이고 진 일가족을 훑어보며 혀를 찼다.

"쯧쯧, 어차피 떠날 길인데 이리 서둘건 뭔가. 편찮은 노친에 어린것도 여럿인데 날이라도 밝으면 나서잖구."

"갈 길이 머네. 뜨겁기 전에 좀 가 둬야지."

행렬 맨 뒤에 선 가도치가 발길을 멈추었다. 이 백정 촌 제일 안골에 살았으니 여기까지 어느덧 한 오리는 걸었으려나. 앞선 이들도 주춤주춤 걸음을 늦추었다. 맨 앞에 지게 진 차남 꺽정, 그 뒤에 보따리 머리에 인 것 말고도 아이 하나는 업고 하나는 앞세운 그의 처, 지팡이 짚은 허리 꼬부랑 노모 모습네, 그 뒤에 역시 머리에 산더미만 한 보따리를 이고 아이 셋 앞세운 장남 가도치의 처 그리고 멜빵 짐 진 가도치. 일행은 당나무 아래에 짐을 부리고 쉴 자리들을 잡았다.

"기어코 떠나시는 게요?"

새벽 댓바람 첫걸음으로 청량골 옹달샘을 다녀오던 초립 쓴 사내가 일행 옆에 물지게를 벗어 세우고 이마의 땀을 훔쳤다. 그루터기에 걸터앉아이라도 잡는지 코흘리개의 쑥대강이를 헤적이던 모슬네가 무심히 대꾸했다.

"뭐, 애들 따라가는 게지요."

"허긴, 이 팍팍한 가막골보단 낫지 않겠어요?"

"애들은 바람이 큰가 보오."

주름진 입가에 미소는 띠었으나 자식들을 둘러보는 그녀의 표정은 쓸쓸했다. 가도치가 초립 쓴 사내를 올려다보며 말했다.

"백정 주제에 바람이 뭐가 있겠소. 그저 배나 곯지 않으면 다행이지요."

"그러게나 말일세. 배곯지 않는 것만도 얼마나 큰 복인가."

당나무 둥치에 기대앉아 어린애에게 젖 물린 아내를 건너다보며 꺽정이 입을 열었다.

"배나 곯지 않겠다고 나선 길이 아닙니다. 나라님께서 우리에게도 농사지으며 붙박여 살 땅을 준다지 않습니까. 그러니……."

꺽정의 말끝을 가도치가 가로챘다.

"그건 가봐야 알 일이라고 내가 몇 번을 말했느냐!"

꺽정도 지지 않았다.

"그렇게 자리 잡은 고리쟁이를 보고 왔다고 하지 않았어요 참."

초립 쓴 사내가 거들었다.

"소문은 나도 들었네. 나라님께서 백성들에게 허튼 말을 하겠나."

"아, 그렇다면 이 고을 저 고을 백정들 죄다 황해도로 몰려가지 왜 아무 기척이 없어요?"

가도치가 퉁명스레 뱉었다.

"소문이 덜 난 게지. 두고 보면 알 일 아닌가."

"살림살이 결딴내고 나선 마당에 웬 다툼이냐 또. 우리 신세에 어디 간들 더 나빠질 게 뭐겠느냐."

모슬네가 두 아들을 번갈아 보며 언성을 높였다.

"누가 결딴을 내요. 어머이가 저놈의 헛꿈에 솔깃해서 몸살을 앓는데 낸들 어쩌겠소."

"이눔아, 여기서는 이제 고리도 못 짜고 굶어 죽게 생겼는데 이 어린것들을 보면 몸살이 대수더냐."

"어허이, 잘되러 가는 길에 왜들 이러시나. 아무쪼록 좋은 일만 생기길 빌겠네."

초립 쓴 사내가 '끄응' 다시 물지게를 지고 일어났다. 가도치는 더 대거리하지 않았다. 하긴, 이 길이 마뜩잖기는 해도 다른 방도가 있는 것도 아니었다.

여기저기서 개들이 짖기 시작했다. 당나무 아래로 하나둘 사람이 모여들었다. 개 짖는 소리 따라 까치들이 깨닥깨닥 장단을 맞추었다. 참새떼가 이집 저집 처마 끝을 휘저으며 때아닌 북새에 가세했다. 마당에 나온 사람들 몇은 사립문 머리에서, 몇몇은 돌담 옆에 까치발을 뜨고 당나무 쪽을 바라봤다.

"이게 뭔가?"

가도치가 자신의 멜빵 짐 위에 짚으로 싼 꺼먼 덩어리 하나를 툭 내려놓는 칼잽이 몽득이에게 물었다.

"삼 년 묵힌 도야지 뒷다릴세."

"지체 높은 양반댁에나 들일 물건을 왜 가져왔어. 짐 되게시리."

"자네 술안주 하라는 게 아닐세. 노친네와 애들 몸 보하는데 이만한 게 없지."

"아니네. 우리가 뭘 했다고 이 귀한 걸 받을까."

모슬네가 몽득이를 향해 손사래를 쳤다.

"그간 제 발골간에 광주리며, 댓자리 대신 게 얼만데요."

"장에 못 낼 못난이들이었잖나."

"괴기, 내장 담고 털, 가죽 널어 말리는데 잘난이 못난이가 따로 있답니까."

"고마우이."

가도치가 몽득이의 어깨를 끌어안았다.

"아궁이 위에 걸어두면 한철은 갈 걸세. 소금 빼려면 한나절은 물에 담궈 두구."

몽득이 말고도 갖바치 손치레는 손이 두 곱이나 더 가는 삼 미투리 열 켤레를, 유기쟁이 도람이 마누라 꼼례와 심마니 억처기 마누라 신시리는 쌀겨 몇 홉 담은 오망자루와 말린 칡 떡 여남은 조각을 여인네 보따리 틈새에 찔러넣었다. 다들 끼니 잇기도 어려운 형편에 눈물겨운 정이 아닐 수 없었다.

아침 햇살 자욱이 퍼지는 오솔길 사이로 꺽정의 가족은 이렇게 가막골을 등졌다.

때는 조선 명종대(1545~1567). 중종의 뒤를 이어 보위에 오른(1544) 인종은 효성이 지극했다. 즉위 전부터 부왕의 병시중으로 식음을 전폐하다시피 해 몸을 상하다가 승하 후에는 상심까지 깊어져 보위에 오른 지 여덟 달 만에 부왕의 뒤를 따르고 말았다. 그 뒤를 이은(1545) 이가 명종인데 이마에 보송보송 아직 솜털도 다 벗지 못한 열한 살 어린애였다. 당시 조정은 전 대부터 싹을 키운 대윤(인종의 외삼촌 윤임 파벌), 소윤(명종의 외삼촌 윤원형 파벌) 세력들이 서로 부딪치며 국정을 농단하고 있었다.

사정이 이러했으니 어린 왕 명종의 어머니 문정왕후의 수렴청정은 당연하다 할 수순이었다. 왕실의 안위를 도모하고자 대윤 세력을 척결하고(을사사화) 소윤을 키우며 시작된 수렴청정은 명종이 친정을 펴기(1553) 전까지 8년 동안 이어졌다.

이렇게 안으로 외척 세력들이 발호하면서 왕의 실권은 무력해지고 조정의 지방 지배력이 느슨해지자 탐관오리들의 전횡과 백성에 대한 수탈은 극에 달하였다. 이 와중에 왜구의 준동마저 거세져 전라도 영암, 장흥, 진도 등 삼포를 유린하는 을묘왜변(1555)까지 발생했다. 엎친 데 덮친 격으로 잦은 홍수와 가뭄은 농업에 기반한 민생을 파탄지경으로 몰아갔다. 곳곳에서 발기한 도적 떼가 또다시 민생을 위협하고 막다른 길에 몰린 백성들은 흩어져 유리걸식하거나 도적의 무리에 합류하는 참담한 상황이 벌어지고 있었다.

2

꺽정의 아버지 돌개가 올망졸망 식솔을 거느리고 버드나무가 지천이라는 이곳 양주고을 불곡산 골짜기 가막골 백정 촌으로 들어온 것은 15년 전이었다. 사람들은 그를 고리백정이라고 했다. 산에서는 가늘고 잘 곧은 싸릿대와 조릿대를, 냇가에서는 휘늘어진 버들가지, 들에서는 갈대, 부들을 철 따라 자르고, 꺾고, 베어다가 세상 살림에 요긴한 물건들을 만들었다.

그가 그의 아내 모슬네와 함께 장성한 아들딸들의 손을 보태 짜고 엮어 내는 크고 작은 고리며, 발, 자리들은 산 아래 양민 촌에서뿐 아니라 인근의 양주, 소흘, 장흥, 좀 멀게는 파주 장에서 상품(上品)으로 팔렸다. 백정이라 조세와 부역은 면했다 해도 철 따라 관에서 요구하는 공물도 늘 넘치게 바쳤다. 너그럽고 솜씨 좋고 부지런한 그를 백정 촌사람들은 다 좋아했다. 이사 온 지 10여 년 만에 어려운 시절이면 이웃과 곡식 말 정도 나눌 만큼 꽤 살만한 살림을 꾸렸다.

그런 어느 때부턴가, 새 목사(牧使) 부임 후 관의 조세가 해마다 늘어나면서 백성들의 살림은 나날이 쪼그라들었다. 전답 가진 양민들에게서만 거두던 세금이 산골짝 백정 촌까지 확대됐다. 공물이 점점 늘더니 나중에는 장에 낼 물건의 절반을 요구했다. 헐값이긴 해도 값을 쳐주던 관행마저 슬그머니 사라졌다. 세무를 담당한 향리들의 착취가 잦아졌다. 향리들은 거둬들인 물건의 상당수를 장마당에 빼돌려 제 배를 불렸다. 양민들이라 해서 나을 게 없었다. 오죽했으면 가렴주구에 견디지 못한 일부 양민이 자청해 백정 촌으로 들어오기까지 했겠는가.

보릿고개가 따로 없어 못 살겠다는 원성이 온 고을을 울리던 지난여름, 양주 관아에 세곡과 공물을 대는 아전 박 참봉(한때 참봉 벼슬을 지냈다 하여 거들먹거리는 그를 사람들은 이렇게 대접해 불렀다)이 노비 다섯에 딸랑딸랑 나귀까지 거느리고 가막골로 들이닥쳤다. 저자에서 물건을 잘 팔아 살만하다는 꺽정의 집이 첫 표적이었다.

"너희 천것들 포실하게 살도록 지켜주는 나라에 바치는 공물이 그리도 아깝더냐. 감춰둔 물건 죄다 끌어내라."

노비 무리가 광이며 공방, 뒤뜰 할 것 없이 집안을 샅샅이 뒤져 손발이 닳도록 공들인 물건들을 훑어내 마당에 쌓았다.

"오호라. 필시 이 물건들은 나라의 산천에 자란 초목을 거저 베어다가 만든 것일진대 어찌 네놈 배만 불리려 하느냐."

"참봉 어르신. 앞서 바친 양이 부족하면 더 가져가시되 반은 남겨 주십시오. 우리 열한 식구 여름나기 양식 바꾸기에도 모자랍니다."

돌개가 이렇게 애걸했다. 가장 뒤에 선 식솔들도 하나같이 머리를 조아렸다.

"아니되겠다. 천것들이라 말귀를 알아듣지 못하는구나. 본보기로 이거 다 몰수해야겠다."

박 참봉이 곰방대 끝으로 쌓인 물건을 가리키자 기다렸다는 듯이 노비들이 달려들었다. 그때 식구들 뒤에서 팔짱을 끼고 지켜보던 꺽정이 박참봉 앞으로 펄쩍 뛰어 나섰다.

"내 조선 팔도 다 돌아봤어도 이렇게 고약한 수탈은 처음보외다."

꺽정은 참봉의 면상을 향해 검지를 뻗으며 소리쳤다. 숯검댕이 같은 양 눈썹꼬리가 위로 치켜지며 부릅뜬 눈알에서 불꽃이 튀었다. 그 서슬에 놀란 참봉이 찔끔, 한 걸음 물러섰다.

"이놈이……."

박 참봉은 노기 띤 얼굴로 두 팔을 치켜들어 부들부들 떨었다. 하지만 내친 김이요 엎질러진 물이었다. 꺽정은 참봉 앞으로 한 걸음 더 다가서며 소리쳤다.

"나라님께서 가난한 백성 겨우 입에 풀칠할 재물까지 이토록 싹쓸이하라 이르셨습니까? 그렇다면 이게 나랍니까?"

"무엇하느냐. 이 잡놈부터 물고를 내지 않고!"

노비들이 꺽정을 에워쌌다. 그러나 그들의 손끝이 닿기도 전에,

"에이, 씨!"

꺽정의 주먹이 먼저 참봉의 턱을 강타했다. 방갓이 핑 날아가고 중늙은이 박 참봉은 입에서 피를 튀기며 땅바닥에 나동그라졌다. 꺽정을 잡겠다고 달려들던 한 자는 헛손질만 한 채 앞으로 퍽 고꾸라졌다. 또 한 자는 허리를 꺾으며 저만치 나가떨어졌다. 꺽정의 재빠른 손발 놀림과 거기서 터지는 억센 힘에 압도되어 나머지는 슬금슬금 뒷걸음질 쳤다.

아, 이 사태를 어이할꼬. 꺽정의 식구들, 노비들 모두 우왕좌왕하는 사이 꺽정은 뒷담을 넘어 사라졌다. 노비들의 부축을 받아 일어선 박 참봉은 손등으로 입가를 쓱 문지른 뒤 두루마기 자락을 툭툭 털고는 돌개의 손에 들린 방갓을 홱 낚아챘다.

"다들 봤으렷다. 이것이 바로 천것들에게 물썽하면 종래 패악질로 갚는다는 증거니라."

"죽을죄를 졌습니다요."

더 무슨 말을 하겠는가. 두렵고 참담한 심정은 돌개만이 아니었다. 모인 식솔 모두 쥐 죽은 듯 박 참봉의 다음 말을 기다렸다. 잠시 뜸을 들이

고 난 참봉이 방갓을 차려 쓰며 말했다.

"죽을죄를 졌다? 그건 바른말이구나. 내 일찍이 온 고을에 자자한 그놈의 불쌍무도한 행실에 대해 들었다만 이리 포악할 줄은 몰랐구나. 허나 벌써 줄행랑을 놓았으니 잡아 물고를 내는 일은 다음으로 치고, 당장 아비된 자에게 이 패악질의 책임을 물어야겠다. 돌개 네놈 생각은 어떠냐?"

"이놈을 대신 죽여주십시오."

"그리하마. 멍석보다 저 삿자리가 낫겠구나."

노비 하나가 마당에 쌓인 물건들 중에서 삿자리 한 장을 끌어내 바닥에 깔았다. 돌개는 입술을 지긋이 깨물었다. 건장한 노비 둘이 돌개의 어깨를 잡고 정강이를 걷어차 삿자리 위에 쓰러뜨렸다. 다른 셋이 달려들어 삿자리로 돌개를 둘둘 말아 발로 차 굴렸다.

"매우 쳐라!"

매타작이 시작되었다. '아이쿠', '에구구 나 죽네', '으악' 하는 비명은 처절했으나 숨죽여 흐느끼기나 할 뿐 아무도 나서지 못했다. 얼마나 지났을까. 더는 비명도 꿈틀거림도 없었다. 그제야 참봉이 말했다.

"그만하면 됐다."

식구들이 돌개에게 달려와 삿자리를 헤쳤다. 돌개는 미동도 하지 않았다. 그의 가슴에 귀를 갖다 댄 모슬네가 며느리들을 보고 말했다.

"어서 물 한 바가지 떠오너라."

죽었는지 살았는지 알 수 없는 가장의 몸뚱이를 부여잡고 얼굴에 물을 품네, 피를 닦네 수습하는 모습을 지켜보던 참봉이 말했다.

"오늘은 여기까지다만 훗날이 있다는 걸 잊지 말거라."

그리고 노비들을 이끌고 휑하니 사립문 밖으로 나갔다. 마당에 끌어내 쌓은 물건에 대해서도 가타부타 말하지 않았다.

만신창이가 된 돌개는 겨우 숨만 깔딱깔딱 쉬다가 보름 만에 그 숨줄을 놓았다. 백정들은 관에 출입조차 못 하니 억울함을 호소할 데가 없었다.

꺽정의 행태로 보아 내심 보복이 두려웠던 것일까. 혹 이 사달이 목사의 귀에까지 들어가 제 구린 뒤가 드러날 것을 계산한 것일까. 우려했던 박 참봉의 다음 발길은 이어지지 않았다.

하지만 양주고을에서 적잖은 권세를 가진 박 참봉이 이대로 덮고 가지는 않을 터, 때를 봐서 기어코 치욕을 갚으려 할 것이었다. 그가 던지고 간 '훗날'의 두려움을 떨치지 못한 채 꺽정 가족은 숨죽여 삼복을 견디었다.

석 달 만에 꺽정이 돌아왔다. 그동안 꺽정은 개성으로 갔다가 배천, 연안을 거쳐 해주에 한동안 머물렀고 내친김에 위로 봉산까지 둘러보았다. 양반을 때려눕히고 달아난 마당이라 자신의 앞날은 둘째 치고 곤경에 빠진 가족을 나 몰라라 할 수 없었다.

"황해도 연안으로 가지요. 거기는 땅이 기름져서 여기보다 살림살이들이 나았고요, 잡목 베내고 풀뿌리만 좀 캐면 논밭으로 바뀔 빈터가 널려 있습니다. 이참에 우리도 땅 주인이 되는 겁니다. 그 전이라도 사방에 끝도 없는 게 갈대밭이요 버드나무 숲이라 살아갈 형편은 여기보다 훨씬 나을 겁니다."

꺽정의 제안은 절망적인 집안 분위기에 한 줄기 희망의 빛이었다.

"나이 서른이 돼서 이제야 철이 든 게냐. 어차피 여기서는 더 못 살 판인데 나름 셈을 차렸구나. 네 형만 좋다면 나도 그리하련다."

모슬네는 찬성이었다. 하지만 가도치는 머리를 가로저었다.

"너 집 나갔다 불쑥 돌아와서 사고나 치곤 한 게 어디 한두 번이냐. 어째 이번에도 믿음이 안 가는구나."

꺽정은 진득하니 아버지 밑에서 고리 짜는 재주를 익힌 형, 누나들과 달리 머리 굵기 무섭게 집을 나가 부랑자로 떠돌기 일쑤였다. 잊을 만하면 돌아와서는 저잣거리 왈패들과 어울려 말썽을 일으켰다. 늦은 나이에 장가를 들어서도 갖바치에게 시집가 한양 시구문 밖으로 떠난 누이 집을 무시로 드나들었다. 그러다가 저처럼 발바닥에 바람 든 매부와 죽이 맞아 2년여 동안 전국을 유랑하다 돌아오더니 한 달 만에 벌인 짓이 박 참봉 폭행이었다.

가도치는 가막골에서 15년 다져온 집안 터전을 하루아침에 무너뜨린 그 일을 생각하면 부아가 치밀었다. 하지만 돌이킬 수 없는 일이었고 다른 방도 또한 없었다. 결국 어머니 뜻이라 어쩔 수 없다며 꺽정의 제안을 따르기로 하였다.

3

꺽정 일가는 양주를 떠난 지 나흘 만에 황해도 연안 고을 어귀의 한 마을에 다다랐다. 날랜 사내 걸음으로 이틀이면 족할 거리였으나 타박타박 노모와 아이들의 걸음에 맞추려니 험한 지름길은 애초에 포기했다.

"아이고 다리야. 아직 멀었느냐?"

"다 왔어요."

일가는 극성스레 짖어대는 개소리와 흘끗거리는 눈길들을 뒤로하고 마을 뒤편 산기슭으로 한참을 더 올라갔다. 거기 잡초 우거진 옴팡한 자리에 반쯤 썩어 주저앉은 억새 지붕 초막 한 채가 그들을 맞았다. 누가 살다가 떠났을까. 기둥도 서까래도 없이 겨우 기어들만한 흙 돌벽은 금방이라도 무너질 것 같았다.

"네가 말한 살만한 곳이 여기란 말이냐?"

가도치가 꺽정의 어깨를 툭 쳤다.

"손 좀 보면 비바람은 막을 겁니다. 내처 새로 지어야지요."

"그래, 맨땅은 아니라 새끼들 뉠 자리는 있구나."

모슬네가 시름없는 목소리로 거들었다.

짐을 풀고 둘러보니 작으나마 한때 마을을 이루었던 듯 비슷한 폐가가 여기저기 눈에 띄었다. 좌우 나지막한 등성이가 바람막이 구실을 했고 가까이 개울물도 졸졸 흐르고 있었다.

꺽정 일가는 급한 대로 초막을 수리한 다음 앞으로 살아갈 계획을 세웠다. 주위 잡풀들을 베어내다 보니 사람들이 오갔던 길이 드러나고 곳곳에 밭을 일궜던 흔적도 보였다. 가도치가 여기저기 돌무더기며 나무뿌리들이 쌓인 곳들을 가리켰다.

"개간을 하다 말았구나. 그런데 왜들 떠났더란 말이냐."

"힘이 부쳤겠지요. 잘됐지 뭡니까. 우리가 마저 하면 되지요."

늘 세상을 삐딱하게만 봐오던 꺽정이 이리 순하게 바뀐 모습을 보니 가도치도 차츰 희망이 생겼다. 온통 황무지가 아닌 게 얼마나 다행인가. 두 형제는 산등성이에 올라 아래를 바라보았다. 굽이치는 구릉 골골마다 오종종 병아리 떼 같은 마을들이 엎드려 있었고 이어진 드넓은 평야 너머로 푸른 바다가 아득히 펼쳐져 있었다.

그러나 그들이 품었던 이곳 까치골에서의 희망은 오래가지 않았다. 꺽정 형제는 초가을 따가운 햇볕 속에서 근 한 달간 흙 이기고 돌 모아 새집을 지은 뒤 개간에 필요한 연장을 구하러 읍내 장터 대장간에 들렀다.

"거 까치골 말이요? 한 열 집 됐나. 지난봄에 죄다 쫓겨났어요. 한양 윤 대감 후손들이 개간한다며 나라에서 불하받은 땅이라네요."

"그게 무슨 말인가요? 나라님이 조선 백성이면 누구나 개간만 하면 농사짓고 살게 해준다 했는데 그 땅을 대감 후손들이 몽땅 차지하다니요?"

"그러게 말이요. 그리 알고 이곳 해안 갯벌이나 산기슭에 개간하러 온 사람이 꽤 많았지요. 헌데 갑자기 지체 높은 양반들이 여기는 내 땅, 저기는 네 땅 하면서 금을 죽죽 긋고는 죽도록 일군 땅 다 빼앗고 쫓아내는데 힘없는 민초들이 무슨 수로 당하겠어요."

이게 무슨 날벼락인가. 인구가 늘어나면서 나라에서는 새로운 경작지 확보가 절실했다. 이에 조정은 장기적으로 경작지 확보와 세수 확대를 함께 이룰 수 있는 황무지 개간을 적극 권장했다. 전국에 널린 빈 땅, 특히 해안 갯벌이나 야산 구릉을 개간하면 신분을 가리지 않고 소유권을 주겠다고 했다. 그러나 전 백성을 대상으로 한 이 정책은 곧 세도가들의 먹잇감으로 전락했다. 큰 규모로 많은 물자를 투여해야 개간 효율을 높일 수 있다는 명분을 내세우며 외척 세력과 그에 줄을 댄 지역 토호들이 뛰어든 것이었다.

힘없이 돌아온 꺽정 형제는 쫓겨날 구실만 만들게 될 개간은 중단하고 다시 고리며 자리나 짜야겠다고 마음을 달랬다.

"솔잎만 먹어온 송충이가 뽕잎을 먹으려니 탈 나지 않겠느냐. 하던 대로 솔잎을 먹으면 되니 너무 실망하지 마라."

모슬네는 이렇게 상심한 자식들을 다독였다. 꺽정의 초막 마당에는 양주 가막골에서처럼 싸릿대와 갈대, 버들가지, 왕골 단들이 쌓였다. 그러던 어느 날.

"어이, 거 낫질 좀 멈춰 보게나."

나귀 타고 노복 둘을 거느린 한 초립 쓴 사내가 염소수염을 쓸어내리며 말했다. 꺽정 형제가 끝 모르게 펼쳐진 갈대밭에서 곧 한 짐씩을 채워가던 참이었다.

"뉘 허락을 받았는고?"

"허락이라니요. 여기 널린 게 갈대인데."

꺽정이 들고 있던 낫을 휘 내두르며 대꾸했다. 사내가 정색을 하고 나귀 등에서 뛰어내렸다.

"어디 사는 뉘인고?"

어디 사는 누군가가 중요한 게 아니었다. 이 갈대밭은 윤 대감 피붙이들이 그어놓은 금 안에 있다는 게 중요했다. 사내는 갈대 장정 한 짐 값이 석 전(錢)이라고 했다. 얼른 셈해 이 한 짐을 다듬어 너비 세 척에 길이 다섯 척짜리 삿자리 다섯 장을 엮는다고 했을 때 장에서 잘 받아야 장당

일 전, 도합 오 전에 불과했다. 그런데 갈대 값으로 그 반을 넘게 내라니. 사방에 지천인 갈대마저 이럴진대 왕골과 버들가지는 또 얼마를 부를까.

가도치가 공손하게 말했다.

“자리 엮어 판 돈으로 나중에 치르면 안 되겠습니까?”

사내는 두 형제를 위아래로 훑어보고 나서 뼈 박아 말했다.

“까치골에 무단으로 들어온 뜨내기군. 조만간 들름세.”

가도치는 쪄 놓은 갈대 짐을 지게에 한껏 쟁여졌으나 꺽정은 빈 지게로 돌아왔다. 그날 밤 관솔불 아래 식구들이 모여 앉았다. 가도치가 맞닥뜨린 형편을 띄엄띄엄 설명했다. 한동안 침묵이 흐른 뒤 큰 며느리가 입을 열었다.

“칡뿌리, 도토리까지 빼앗진 않겠지요.”

아랫목에 누워 팔베개한 손주를 토닥이던 모슬네가 휘이 한숨을 내쉬고 나서 말했다.

“승냥이 피하려다 범굴로 들어온 격이구나. 나는 이제 손끝이 풀리고 눈도 흐려서…….”

“누가 어머이더러 고리 짜라 했어요!”

가도치가 언성을 높였다. 꺽정이 타령조로 읊조렸다.

“나라가 백성들 길바닥에 내몰아 굶어 죽으라 하네. 고관대작들이 다투어 너도나도 도적이나 되라 하네.”

“허튼소리 집어쳐라. 여기만 오지 않았어도…….”

꺽정이 손으로 방바닥을 ‘탁’ 내리쳤다.

“불의 앞에 입 닫고 있는 자는 불의를 인정하는 거지요.”

“그래서 뭘 어쩌겠다는 게냐?”

“껄껄껄…… 그저 그렇다는 겁니다.”

이튿날 아침, 꺽정은 일어나지 않았다. 아니 그가 누웠던 맨 윗목 자리에 머리때 묻은 목침만 덩그러니 놓여 있었다.

꺽정이 사라지고 난 후 실의에 빠진 모슬네는 늦가을 찬바람을 이기지 못하고 세상을 떠났다. 저잣거리에서 묻어왔는가 이름을 알 수 없는 돌림병이 아이 둘까지 잇따라 저세상으로 데려갔다. 먹을 입이 그만큼 줄어 다행이라 해야 할까. 남은 식구들은 도토리 가루나 좁쌀 몇 줌 넣어 끓인 시래기죽으로 버티며 겨울만 나고 다시 가막골로 돌아가자고 입을 모았다.

그러던 어느 날, 햅쌀 톨같이 새하얀 싸락눈이 싸락싸락 내리던 새벽. 밖에서 '쿵'하는 소리에 놀라 가도치가 뛰쳐나가 보니 마당에 한섬 짜리 쌀가마니 하나가 뎅그러니 누워있었다. 누군가? 급히 둘러보았으나 새벽 어둠 속이라 종적을 알 수 없었다. 가도치는 혼잣소리로 중얼거렸다.

"이놈이 기어코 도적이 되었구나."

4

꺽정은 도적이 되기로 마음먹자 소피 마려울 때 뒷간 찾기보다 쉬웠다. 꺽정은 그리 큰 키는 아니었으나 딱 바라진 가슴팍에 다부진 체격이 한눈에 실해 보였다. 짙은 텁수염과 구레나룻이 강한 첫인상을 지었으며 꼬리가 위로 치킨 두 눈썹 아래서 타는 듯 빛나는 눈빛은 감히 맞바라보기 어려운 위세를 풍겼다. 씨름, 달음박질, 돌팔매질, 맷돌 들기…… 사지를 써서 하는 내기는 무엇이든 당할 자가 없었다. 상대를 거침없이 차고 내지를 때의 날램은 가히 표범을 방불했다. 그럼에도 입은 무거워서 남들 얘기 다 듣고 나서야 한두 마디 툭 뱉었는데 그 절제된 품새와 말발에는 누구도 귀 기울이지 않을 수 없었다.

장마당, 객주, 주막 여기저기서 이심전심으로 의기투합한 좀도둑 아홉은 그를 '임장사'라 부르며 만장일치 우두머리로 세웠다. 처음에는 인적 드문 고갯길에 숨어서 행인들을 털었으나 차차 대범해져 장물을 처분하던 저잣거리의 상점 창고나 민가의 담 높은 양반집 곡간을 노렸다. 다들 오십보백보의 눈물겨운 집안 형편이 있던 터라 거둔 물건으로 우선 가족을 도왔다.

아홉이던 무리는 부러 소문내지 않았는데도 자청하는 자들이 넘쳐 곧 서른이 되었다. '일 년 내내 뼛골 빠지게 고생해 봐야 세금 바치고 나면 입에 풀칠도 어려운 게 농사요, 가뭄과 홍수라도 닥치면 굶어 죽는 수밖에 없는데 그 짓을 왜 하나.' 이런 농군이 대부분이었고 칼잡이 백정, 무당, 군역에서 이탈한 자, 떠돌이 중, 심지어 한 때 '에헴' 하던 양반의 후손도 있었다. 이때부터 열 명 묶음으로 무리를 나누고 각 무리마다 '홍장사', '이장사' 하는 새 우두머리들을 세웠다. 장사들은 꺽정을 전 무리의 대장인 '두령'으로 받들었다.

그해(명종 12년, 1557) 겨울, 파주 부근에 일시 자리를 잡은 꺽정은 날을 잡아 무리를 이끌고 양주 고을로 향했다. 자정이 넘어 칠흑 같은 어둠 속에서도 꺽정 무리는 익은 걸음으로 박 참봉 집 담장을 에워쌌다. 꺽정과 날랜 심복 다섯이 담장을 뛰어넘어 안채로 들이닥쳤다. 박 참봉이 상투 머리채를 잡힌 채 대청 아래로 끌려 나와 무릎이 꿇렸다.

"아이고, 곳간은 저쪽이니 몸은 상하지 말아 주십쇼."

도적의 무리임을 알아차린 박 참봉이 곳간 쪽으로 팔을 뻗으며 애원했다. 꺽정이 물었다.

"지난가을 네가 지은 죄를 잊지 않고 있느냐?"

"무슨 말인지……."

"보아라. 가막골 고리백정 돌개를 아느냐?"

꺽정이 들고 있던 횃불을 박 참봉 코앞으로 내밀었다. 아, 순간 박 참봉은 고개를 푹 꺾었다.

"그건 실수였네. 차마 죽일 마음으로 그랬겠나."

"네놈은 열한 식구 입에 풀칠할 양식까지 뺏으면서도 본보기라고 지껄이더구나."

“곳간뿐 아니라 가진 금붙이와 엽전 모두 내놓겠네.”

“굳이 네 손까지 필요하겠느냐. 헌데 우리 아버지 목숨값은 무엇으로 치르려 하느냐?”

“잘못했네. 살려만 준다면 무엇이든 하겠네.”

“치사한 놈, 제 목숨은 귀한가 보구나. 우리 아버지는 자식을 지키려고 자신을 죽여달라고 했었다. 이제 그 자식이 아버지의 목숨값을 받고자 한다.”

순식간에 곳간의 곡식들이 대문 밖에 내어 쌓였다. 안채 깊숙이 감췄던 패물과 엽전 꾸리들도 남김없이 털렸다. 박 참봉의 가솔들은 찍소리도 못하고 두릅으로 엮여 빈 곳간에 갇혔다. 무리에 순순히 따르는 노복들은 손대지 않았다.

“이놈을 탐학의 본보기로 저 감나무 가지에 높이 매달아라.”

일차 몽둥이찜질로 정신을 잃은 박 참봉의 몸뚱이는 올가미에 목이 걸려 울안 감나무 제일 높은 가지에 매달렸다. 날이 새면 담장 밖에서도 잘 보일 터였다.

꺽정 무리는 곳간에서 꺼낸 곡식의 반을 민가의 삽짝 안에 날라다 던졌다. 그리고 반은 소 세 마리에 길마 지워 가막골로 향했다. 가막골 당나무 아래 짐을 푼 꺽정은 곡식 가마니마다 ‘몽득이’, ‘손치레’, ‘도람이’, ‘억처기’……라고 쓴 띠들을 걸었다.

무리의 일원들이 품고 있는 이와 비슷한 사연들이 한동안 각자의 연고지에서 비슷한 한풀이 마당을 벌였다. 그 모습은 참혹했으나 곡식 말이나 나누게 된 평민들은 목소리를 낮춰 ‘저 아전 놈 천벌을 받은 게지’, ‘우두머리가 임꺽정이라 했나. 예사 도적이 아니라 의적이구만’, ‘도적이 도적을 턴 셈인가’ 이렇게 속삭였다. 당한 자들은 이를 갈면서도 ‘이게 끝이 아닌 듯해 무섭네’라며 후환을 두려워했고 ‘관에서는 이런 도적 떼 하나 잡지 못하고 뭘 하는가’라고 한탄했다.

해가 바뀌자(명종 13년, 1558) 임꺽정 무리는 더 빠른 걸음으로 불어났다. 이름 없는 도적이 열 또는 스물의 무리를 이끌고 합류하기를 간청했다. 서른이 곧 쉰이 되고 백을 넘으면서는 수를 셀 수 없게 되었다. 모여드는 지원자는 체력과 꾀, 지력을 시험해 가리고 나머지는 돌려보냈다.

이 무렵 꺽정은 황해도 구월산 청석골에 산채를 세우고 중심 근거지로 삼았다. 산채에는 무리의 가족까지 속속 합류하여 작은 고을을 방불했다. 끝까지 고리쟁이를 고집했던 가도치도 이 산채로 들어와 꺽정을 도왔다.

구월산은 남으로 해주와 가까웠다. 해주는 고려시대부터 수도 개성으로 직통하는 대중국 교역의 관문이어서 사시사철 수많은 사신과 물자가 오갔다. 조선에 들어와서도 해주에서 개성을 거쳐 한양에 이르는 길은 중요한 국가 공로였다. 뿐만 아니라 이 길 주위에 드넓게 펼쳐진 연백 · 재령 평야는 쌀을 비롯한 오곡백과와 면화의 창고였고 연안의 갯벌과 포구들은 소금과 각종 수산물의 집산지였다. 이런 황금밭의 배후에 자리 잡은 꺽정은 해주에서 한양에 이르는 길목들을 장악하며 세를 불려 나갔다.

도적질뿐 아니라 관군의 토벌에 맞서기 위한 병장기 무장과 함께 전술을 익혀야 했다. 훈련은 산을 타고 재빨리 이동, 습격, 탈주하기 위한 유격술 위주여서 혹독하였다. 약탈한 군마로 정예 기마대까지 조직했다. 여러 고을의 향리와 관아의 관리들을 매수해 관의 동태를 미리 살피는 인맥을 만들었으며, 이렇게 얻은 정보가 최단 시간에 전달되도록 각 거점 간 연락망도 갖추었다. 잡혀 옥에 갇힌 무리를 구하기 위해 관아를 습격해 파괴하고 적대적인 관리를 무참히 살해하는가 하면 관사에 불을 지르고도 유유히 도주할 수 있었던 것은 이런 연락망이 있었기에 가능했다. 예사 도적의 무리를 넘어 난(亂)의 도당(徒黨)이 된 것이다.

무리가 칠백인지 천인지 헤아릴 수조차 없게 되자 구월산 근거지만으로는 부족해 해주, 서흥, 봉산의 산악에 별도의 산채를 차려 중간 거점으로 삼았다. 각 산채마다 한둘의 첩까지 두었다. 꺽정은 백 명 단위로 무리를 이끄는 두령들을 세우고 스스로 '대두령'이라 칭했다. 그야말로 반란의 수괴(首魁)라 아니할 수 없었다. 대두령 임꺽정은 수시로 이 산채들을 돌며 약탈 계획을 짜고 무리 관리와 장물 처분을 결정했다. 장물 거래는 주로 개성에서 이루어졌다.

그런데 임꺽정이 제아무리 날래고 기지가 뛰어나다 해도 천의 손과 눈을 갖지 않은 바에야 이 큰 무리를 어찌 '임장사' 시절의 초심처럼 이끌 수 있겠는가. 대두령의 영이 제대로 닿지 못하는 지역의 소두령들은 서로 경쟁하고 다투었으며 더 많은 재물을 취하기 위해 빈부, 귀천을 가리지 않고 약탈하는 사례가 빈번했다. 저항하는 자, 믿음을 배반한 자, 관군들에 대해 참수는 기본이요 사지를 자르고 살을 바르며 내장을 꺼내 흩뜨리는 만행을 서슴지 않았다. 이리되자 관에서뿐 아니라 호의적이었던 민심도 차츰 이반하기 시작했다.

이쯤에서 한 시대의 대도로 등장한 인물이자 이 이야기의 주인공으로서 후세 사람들이 하나같이 그리 부르게 된 '임꺽정'이란 이름에 대해 언급해 보고자 한다.

박동량(1569~1635)의 『기재잡기(寄齋雜記)』, 이긍익(1736~1806)의 『연려실기술(燃藜室記述)』, 이익(1681~1763)의 『성호사설(星湖僿說)』 등 야사를 바탕으로 개인이 저술한 책이나 구전되는 민담설화 외에 '임꺽정'이란 이름이 처음 등장하는 공인된 문헌은 『명종실록』이다. 『명종실록』 제25권(1559년, 명종 14년 3월 27일 기해 2번째 기사)에는 그를 '林巨叱正'(임거질정)이라 적고 있다. 훈민정음 반포 후지만 왕조실록과 같은 중요 기록은 당연히 한문으로 쓰던 때이니 당시 세간에서 불리던 이름을 한역(漢譯)한 것으로 보아야 한다. 오늘날의 논자들은 이 한역된 이름 '林巨叱正'의 '叱'은 발음부호(사이시옷) 'ㅅ'에 해당해 '임것정' 또는 '임꺼정'으로 읽을 수 있다고 한다. 당시에는 이렇게 불리다가 후대로 내려오면서 자연스럽게 '임꺽정'으로 굳어진 듯하다.

이어서 드는 의문은 그의 성(姓)에 대해서다. 과연 '林巨叱正'의 '林'이 성씨를 뜻하는가? 이 또한 후세 논자들은 위에 소개한 야사집의 내용을 근거로 '성씨가 있는 것으로 보아 선조 중에 임씨(林氏) 성을 가진 사대부가 있었을 것으로 추정된다'면서 '林'이 성씨일 가능성을 강하게 시사한다. 하지만 그의 아버지의 신분이 백정이었다는 세간의 전언 말고는 그의 가계에 대한 기록, 성씨의 근거는 어디서도 찾을 수 없다. 다만 『명종실록』 제27권(1561년, 명종 16년 1월 3일 갑자 2번째 기사)에서 '가도치(加道致)'라는 인물을 언급하며 임꺽정의 형(兄)이라 적고 있을 뿐이다.

다른 논자들도 임꺽정이 호적뿐 아니라 성을 가질 수 없는 천민 중의 천민인 백정 신분이었던 점을 들어 '林'이 성씨를 뜻하는지는 불확실하다고 밝힌다. 『명종실록』을 기술한 사관들도 헷갈렸던 것일까. '林巨叱正'(임꺽정)에서 '林'을 생략하고 '巨叱正'(꺽정)으로 줄여 부르는 예가 여럿 보인다. 어쨌든 그의 이름 앞에 붙여 쓴 그 '임'은 타인이든 당사자든 어떤 알 수 없는 연유로 처음 그리 쓰게 되면서 굳어진 듯하다.

'꺽정'이라 부르게 된 연유는 부모를 걱정시킨다고 해서 '걱정'이라 불렀던 것이 '꺽정'으로 변했다거나, '거친 놈'이라는 성격을 그렇게 표현했다는 설이 있다. 그의 형 '가도치'라는 이름에는 '가당치도 않은 놈'이라는 뜻이 담겼다고도 한다.

5

형세가 이러할진대 어찌 관에서 손 놓고 있었겠는가. 워낙 도적 떼가 횡행하던 시절이니 처음에는 그중 하나로 파악하고 고을 관아 단위로 대응했다. 그러나 군소 도적 떼를 규합해 규모가 급속히 커지고 그 피해의 심각성과 잔혹성이 드러나자 조정에서 나서지 않을 수 없었다. 임꺽정이라는 우두머리의 존재도 이때부터 널리 알려지게 되었다.

조정에서는 황해도 임꺽정의 근거지 관할 수장을 경험 많은 무관으로 임명하고 임꺽정 무리가 출몰하는 주요 역참의 경계를 강화하였다. 한편으로는 따로 정탐관리를 파견해 임꺽정 무리의 동선 파악에 나섰으나 오히려 무리의 함정에 빠져 죽임을 당하였다. 임꺽정을 잡으려는 계획은 사전에 그 정보가 새어 나가 관군의 작전은 번번이 뒷북만 치고 말았다.

명종 14년(1559) 봄, 개성 근방에 출몰한 임꺽정 일당을 잡기 위해 조정에서는 20여 명의 정예 토벌대를 출동시켰으나 사전에 정보를 입수한 일당은 토벌대장까지 살해하고 유유히 사라졌다. 조정에서는 임금까지 나서 각 지역 수령들에게 도둑의 두목을 잡으라는 엄명을 내렸다. 도둑잡기를 게을리하는 수령은 엄벌에 처하고 공을 세우면 후한 상을 내리겠다며 다그쳤다. 그러나 성과는 무리의 졸개 몇몇을 잡는 데 그쳤다.

임꺽정 무리의 간덩이는 점점 커져 급기야 한양 진출을 꾀하기에 이르렀다. 한양이 어디인가. 왕이 거하는 도성이 있는 곳 아닌가. 거기에 근거지를 마련하려 하다니, 임꺽정의 내친걸음은 이제 지존의 안위를 위협하는 선에 다가가고 있었다.

명종 15년(1560) 여름, 임꺽정은 졸개들과 제 처까지 데리고 장통방(조선 최대의 상업 거점으로 지금의 종로 2가)에 나타났다. 이때 출처가 의심되는 고가의 물건 거래를 수상히 여긴 한 점포 주인이 인근에 진을 치고 있던 토벌대에 발고했다.

창졸간에 관군이 덮쳐오자 망보던 일당이 관군을 향해 화살을 날렸다. 화살 하나가 지휘하는 부장의 어깨에 꽂히며 우왕좌왕하는 사이 임꺽정은 달아나고 그의 처와 졸개 몇 명만이 체포되었다. 이 일로 한양 서·북부, 경기 북부를 담당한 포도대장이 파직되었다. 조정에서는 임꺽정을 잡기 위해 한양 구석구석을 이 잡듯 뒤지고 마을마다 통(統)을 만들어 감시했다.

임꺽정 일당의 장통방 출입을 길잡이 한 이는 서림(徐林)이란 자였다. 이 자는 원래 장통방에서 도성에 필요한 물자 조달을 맡은 관리였다. 이 점포 저 상인으로부터 한 냥 두 냥 뜯던 재미에 족하지 않고 큰 것 한 방을 노리다가 파직되었는데, 그 후에도 장통방 뒷길을 기웃대며 살길을 찾던 중에 임꺽정을 만났다. 임꺽정은 생계가 끊긴 그를 후히 대우해 제 사람으로 만들었다.

서림은 조정의 여러 요직에 인맥을 뻗치고 있었음은 물론 시장 상인들과도 친분이 두터웠다. 넘쳐나는 장물 처분을 위해 본격적인 장통방 출입을 모색하던 임꺽정에게는 이런 서림이 더 없는 귀인이었다. 잇속 차리기에 밝아 시장 돌아가는 형편을 잘 읽었고 성안 요로에 조달하는 재물을 다루면서 익힌 모사꾼의 기질이 농후했다. 임꺽정은 형제의 연을 맺고 그를 책사이자 핵심 참모로 삼았다. 임꺽정은 서림을 통해 유명 장물아비를 포섭하고 또 그를 통해 벼슬아치들에게 뇌물을 바쳤다. 뇌물을 챙기고 흘려준 정보는 임꺽정 체포를 어렵게 했다. 한동안 임꺽정 일당은 장통방 거리를 제집 안마당 드나들 듯했다.

그러나 서림과의 인연과 함께 이룬 도성 진출은 임꺽정의 운명을 가름하는 분기점이 되었다. 꺽정이 옥에 갇힌 처와 졸개들을 구해내고자 부심하던 차에 서림이 나섰다. 그해(1560) 겨울 서림이 변장하고 이름까지 엄가이(嚴加伊)라고 바꾼 뒤 형조의 관리와 내통하기 위해 도성 진입을 시도했다. 그러나 삼엄한 경계를 피하지 못하고 숭례문 밖에서 잡히고 말았다.

모진 취조를 견디며 사흘을 버티던 서림은 마침내 입을 열었다. 임금의 추상같은 명령과 이를 받드는 조정 대신들의 토벌 의지가 어느 때보다 굳건함을 확인하고 판세가 기울었음을 깨달은 것이다. 자신의 짓은 임꺽정의 강압에 의한 것이니 면책하고 편히 살 재산까지 준다는 회유 앞에 무릎을 꿇지 않을 수 없었다.

“임꺽정은 전옥서를 부수고 처를 구하기 위해 일당과 함께 지금 장수원에 모여 기회를 엿보고 있습니다. 또 한패는 평산 남면에서 새로 부임할 봉산 군수 이흠례의 살해를 획책하고 있습니다."

봉산군수 이흠례는 여러 차례 임꺽정 일당을 잡아들인 관리로 임꺽정이 보복의 칼을 갈아온 첫손가락 제거 대상으로, 임꺽정 무리 척결을 위해 특별히 봉산군수로 임명된 것이었다. 서림의 자백에 따라 관군들이 즉시 장수원을 덮쳤으나 이보다 앞서 정보원과 내통한 일당은 종적을 감춘 뒤였다.

해가 바뀌어(명종 16년, 1561) 조정에서는 왕의 최정예 호위무장 장수익을 대장으로 평산부와 봉산군 5개 고을의 군사 500명을 차출해 토벌대를 꾸렸다. 일시에 대규모 군사가 집결하니 각 고을의 곡간은 바닥나고 때아닌 부역과 군량 조달에 시달린 백성들의 원성이 들끓었다. 이 모두가 임꺽정을 잡기 위한 고육지책이었다.

드디어 토벌대가 평산 남면 마산리 임꺽정의 근거지로 쳐들어갔다. 그러나 이 작전은 참담한 실패로 끝나고 말았다. 서림 체포 후 대대적인 토벌 작전을 예상한 임꺽정 일당은 기상천외한 계책으로 토벌대를 농락했다. 토벌대 선봉이 목책으로 길을 막은 일당의 산채 근처 골짜기에 다다르자 활을 쏘며 저항하던 무리가 중과부적이라는 듯 방향을 돌려 계곡 안쪽으로 달아났다. 토벌대는 기습이 주효했다고 판단하고 일당의 뒤를 쫓아 일제히 진격해 들어갔다.

"한 놈도 놓치지 마라. 반드시 우두머리를 체포하라!"

선봉장의 명령이 아니라도 토벌대 병사들은 '이제야말로 임꺽정을 잡고 말겠다'는 결의에 차 있었다. 그러나 이게 웬일인가. 토벌대가 도적단의 산채 부근에 도달하여 포위 작전을 펼치고자 전열을 정비하고 있을 때, 별안간 사방에서 쐐애액 쐐애액 소름 끼치는 괴음이 허공을 찢었다. 선봉의 기병들이 빗발치는 화살을 맞고 이리저리 흩어졌다. 전열은 혼란에 빠졌다. 뒤따르던 병사들이 갈피를 잡지 못하고 픽 픽 쓰러졌다.

"산개하라!"

선봉장이 소리쳤으나 이미 때는 늦어 있었다. 간발의 차이도 없이 들이닥치는 화살의 빗발 속에서 좁은 계곡은 처절한 비명과 함께 아수라장이 되었다. '아, 저놈의 유인책에 걸려들었구나' 도적 떼는 미리 산채를 비우고 골짜기 양 능선에 매복했다가 독 안에 든 쥐 꼴이 된 관군을 공깃돌 다루듯 유린했다.

"후퇴하라!"

창칼 한번 휘둘러보지 못한 병사들은 갈팡질팡 살길을 찾아 헤매었다. 혼비백산하여 후퇴하는 병사들의 옆구리와 뒤통수로 창칼과 도끼날이 춤을 추었다. 이 와중에 선봉장 연천령이 처참하게 도륙당하고 주인 잃은 군마 수십 필을 빼앗겼다. 목숨을 부지하고 진으로 돌아온 병사는 백 명이 채 되지 않았다.

왕과 조정이 자존심을 걸고 펼친 토벌 작전은 이렇게 참패로 끝났다. 그렇다면 이것이 임꺽정의 승리였을까. 그 싸움만 놓고 보면 그러했다. 그러나 선을 넘은 이 최후의 승리 뒤에 기다리는 것은 환한 꽃길이 아니라 나락으로 향한 패주의 길이었다.

임금은 이렇게 천명했다.

"이자들은 단순히 재물을 약탈하는 도적 떼가 아니라 나라의 근간을 흔드는 반역집단이다. 그 수괴 임꺽정을 체포하지 않고서는 국정을 운영할 수 없다."

아울러 임금은 황해도, 평안도, 함경도, 강원도, 경기도에 전담 토벌대를 조직해 반드시 임꺽정을 잡으라고 명했다. 이에 도둑을 잡으려 휘젓고 다니는 군졸들로 이 일대 민심은 흉흉해지고 관군의 물자를 대느라 백성들의 원성 또한 드높았다. 이 와중에 한 고을 수장이 관군을 고문해 임꺽정으로 둔갑시키거나 파견 대장이 임꺽정의 형 가도치를 잡아 임꺽정이라고 보고하는 등 혼란을 가중시켰다. 이때 임꺽정이 아님을 확인한 사람이 서림이었다. 이 외에도 서림은 임꺽정의 예상 동선과 전술 전략을 조언해 관군의 작전에 결정적인 도움이 되었다.

이러는 사이 각처에서 제각각 설치던 크고 작은 무리들이 속속 관군에 의해 소탕되고 일부는 뿔뿔이 흩어지거나 항복하였다. 임꺽정의 무리는 이제 갈 길을 잃고 중심 세력은 급속히 약화되었다. 마지막 몸부림이었을까. 이해 10월 관군에 쫓기던 한 무리가 대낮에 평산의 한 마을에 나타나 민가 수십 채를 불태우고 주민을 살해하였다. 궁지에 몰린 쥐처럼 잔당들이 어디서 또 어떤 짓을 벌일지 알 수 없었다.

이 소식을 접한 조정은 특단의 조처를 강구했다. 개성과 평양 성내를 샅샅이 뒤지고 서울에는 동대문 남대문 등에 수문장의 수를 늘리는 한편 날을 정해 새벽부터 일시에 수색을 벌였다. 또한 무시로 시장 활동을 정지시키거나 관청 업무를 중단시켰다. 이 과정에서 무고한 양민이 붙잡혀 고초를 치르기도 했지만 도적의 발길을 돌리게 하는 효과가 없지 않았다. 또한 조정은 도적 토벌로 어려워진 민생을 어루만지고자 황해도에는 전세(현물 세금)의 전부를, 평안도에는 반을 탕감하였다.

운신의 폭이 점점 줄어든 임꺽정은 심복 5~6명만 데리고 관군을 피해 동가식서가숙하는 신세가 되어 산채 주변을 떠돌았다. 마침내 명종 17년(1562) 정월, 토포사 남치근이 임꺽정이 구월산에 은거하고 있다는 정보를 입수했다. 남치근은 구월산 근처 재령에 진을 치고 작전에 돌입했다. 그는 산 아래 요로들을 군마로 차단하고 계곡과 능선을 이 잡듯 뒤지며 쳐 올라갔다. 바위굴이나 숲에 지쳐 숨어있던 물리들은 저항하다가 창칼에 찔려 죽고 일부는 항복했다.

졸개들의 희생을 방패 삼아 홀로 추격을 따돌린 임꺽정은 서흥으로 달아났다. 그러나 그곳에도 곽순수와 홍언성이 이끄는 관군이 그물망처럼 포진해 있었다. 마을마다 사람의 왕래를 중단시켰고 조금이라도 수상한 자는 즉각 체포되었다. 제아무리 담대하고 날랜 임꺽정이라 해도 더는 버티기 어려웠다. 여러 날의 도주와 은신으로 지칠 대로 지친 몸은 의지를 따르지 못했다.

기진맥진한 그의 뇌리로 지나간 날들이 주마등처럼 스쳐 갔다. '나는 왜 도적이 되었는가. 불의 앞에 입 닫지 않겠다는 호언은 지켰는가. 내가 꿈꿨던 세상은 어디에 있는가.' 어느 것 하나, 지금 고달프고 불안하고 두려운 자신을 스스로 안도케 할 답은 떠오르지 않았다. 그렇다고 후회는 아니었다. 다만 자신은 지금 과녁 없이 시위를 떠난 살(䶰)처럼 어딘가로 나아가고 있음을 느낄 수 있을 뿐이었다. 그리고 그 살이 날도록 하는 힘은 아마도 끌래야 끌 수 없는 분노의 불씨가 아닐까 하고 어렴풋이 깨달을 뿐이었다.

꺽정은 가까스로 한 노파의 집에 숨어들었다. 임종도 지키지 못한 자신의 어머니 같은 노파, 그 노파가 놀라 뛰쳐나가며 소리쳤다.

"도적이다!"

관군들이 몰려오는 소리가 들렸다. 꺽정은 급히 변장하고 뒤란 쪽문으로 빠져나갔다. 달려야 한다. 거기가 어디든.

그리고 거기가 끝이었다. 몇 발인지 모를 화살이 날아와 그의 어깨와 옆구리에 꽂혔다.

3년 동안 조선의 허리 5도와 심장부를 벌집 쑤신 듯 헤집고 다니며 나라를 혼란에 빠뜨렸던 도적 떼의 우두머리 임꺽정은 이렇게 쓰러져 보름 만에 처형되었다.

『조선왕조실록』의 사관(史官)은 도적의 난을 이렇게 평했다.

"백성들이 도적이 되는 것은 백성의 고혈을 짜내 권력자들을 섬겨야 하는 수령들과 청렴하지 못한 재상 때문이다. 굶주림과 추위에 떨며 벼랑 끝에 내몰린 백성들은 하소연할 곳이 없어 부득이 도적인 된 것이다. 이는 조정의 잘못이지 그들의 죄가 아니다."

5. 꺼지지 않는 횃불—홍길동의 난

- 정수남

1

"홍길동이다!"

바깥에서 들리는 왁자한 소리를 듣고 놀라 일어난 함경감사는 얼른 속곳을 찾았다. 경황이 없는 판국인데 벗어놓은 바지는 어디로 갔는지 보이지 않았다. 횃불이 바깥을 훤하게 비추고 있었으나 군졸은커녕 아전의 소리도 들리지 않았다. 저놈이 왜 하필 나를 택했단 말인가. 감사는 난감했다. 그러나 이럴 때는 자신을 보존키 위해 무조건 몸부터 피하는 게 상책이라고 생각했다. 병법에도 있지 않은가. 삼십육계가 최상책이라는…….

겉옷까지 대충 걸친 그는 그때까지도 벌거벗은 채 세상모르고 자는 계집을 발길로 깨웠다. 화들짝 놀라 깨어난 계집은 또 감사가 자기를 한 번 더 안으려는가, 싶어 입을 배죽이 내밀며 두 팔을 벌렸다.

"지금 한가하게 농탕칠 때가 아니니라. 어서, 옷부터 꿰어 입고 뒷문으로 빠져나가거라. 아니면 너나 나나 다 죽는 판이다."

감사는 추상같이 명령했다. 아닌 밤중에 웬 홍두깨냐는 얼굴로 잠시 감사를 올려다보던 계집은 바깥에서 들리는 왁자한 소리와 얼비치는 횃불에 비로소 정신이 번쩍 들었다. 이럴 때가 아니라는 것을 깨달은 계집은 부랴부랴 옷을 찾아 꿰입기 시작했다.

길동은 진성을 찾았다. 창고에서 곡물 나르는 당원들을 독려하던 그는 곧바로 달려왔다.

"부르셨습니까?"

"그래, 일은 잘 진행되고 있소?"

"여부가 있겠습니까?"

진성은 씨익, 웃었다. 길동이 보기에도 일은 일사불란하게 진행되고 있었다. 벌써 여러 차례 같은 거사를 치른 날랜 군사들은 벌써 창고에 가득 쌓였던 곡물을 절반 이상 빼내 나르고 있었다.

길동은 이번에도 똑같은 명령을 내렸다.

"창고의 곡물은 모두 꺼내어 이 고을에 사는 백성들에게 골고루 나누어 주어야 하오. 움막엔 다섯 섬씩, 초가집에는 석 섬씩 아시겠소? 명심하세요, 이것은 모두 감사가 그동안 강제로 뺏은 백성들의 고혈입니다. 그러므로 한 톨도 허투루 해서는 아니 됩니다."

그 말은 진성이 못이 박히도록 들어온 명령이었다. 아니나 다를까. 뒤이어 길동의 입에서는 기와집엔 한 톨도 주어서는 아니 된다는 말이 또 떨어졌다.

진성이 돌아가자 길동은 이번엔 판술을 불렀다. 그에게는 감사가 은밀하게 감추었을 은자와 귀금속 등을 찾아 챙기라고 일렀다. 산적 출신인 그는 명령을 받자마자 곧장 빈청으로 뛰어 들어가 장롱과 문갑을 뒤졌다. 그런 것일수록 은밀한 곳에 감춘다는 것까지 익히 알고 있는 그는 보따리 하나에 숨긴 것을 싸놓고도 또 열 폭 기물 병풍 뒤까지 낱낱이 살폈다.

"인명을 다쳐서는 절대 안 됩니다. 그들도 다 우리와 똑같은 백성이라는 걸 명심하세요."

길동은 감사 따윈 안중에도 없었다. 보지 않아도 그는 벌써 지금쯤 꽁지가 빠져라, 도망길에 올랐을 게 뻔했다.

손이 잰 군사들의 움직임이란 빨랐다. 한 식경밖에 지나지 않았으나 계획했던 거사는 벌써 거의 다 끝나가고 있었다. 그야말로 전광석화였다. 이는 이미 한두 번 행했던 게 아니라는 점도 있었으나 그만큼 목적이 뚜렷한 까닭이기도 했다. 일을 마무리 짓고 돌아온 진성에게 길동은 말에 오르기 전 마지막으로 감영 북문과 남문에 방을 붙이라는 것도 잊지 않았다.

“함경 감영에서 곡물과 무기를 잃고 우리의 행방을 찾지 못하면 그것 때문에 또 감사가 억울한 백성들을 잡아들일 게 뻔하니, 우리가 누구라는 걸 분명히 알려 함부로 백성들을 닦달하지 않도록 하시오.”

“물론이지요. 그래서 벌써 감영 밖에 붙일 방의 초안을 써서 가지고 왔습니다. 걱정하지 마십시오.”

진성은 길동을 올려다보며 머리를 끄덕거렸다. 그쯤은 벌써 예상하고 있던 일이었다. 그게 어디 한두 번 행하는 일인가. 그러자 길동은 비로소 안심했다는 듯 말머리를 돌렸다. 말에 오른 길동의 뒷모습이 시야에서 벗어나자 진성은 부하 몇 명을 대동하고 얼른 북문으로 잰걸음을 놓았다.

따지고 보면 진성도 길동과 마찬가지로 양반집 서자 신분이었다. 철이 들면서부터 서자는 출세할 길이 막혔다는 걸 깨닫게 된 그는 현실에 대한 절망 속에서 분노와 슬픔과 방랑의 나날을 자학하며 보낼 수밖에 없었다. 대장부가 세상에 나와 공맹과 도학을 배웠으면 마땅히 나가서는 장수가 되고, 들어와서는 재상이 되는 것이 도리가 아니겠는가? 옛사람이 이르기를 왕후장상의 씨가 따로 없다고 하였는데, 이것이 어찌 일이란 말인가. 가난하고 천한 사람들도 모두 아버지를 아버지라 부르고 형을 형이라고 부르거늘 나만 그러지 못하니 내 인생이 가련하구나. 이십이 넘은 그는 몇 년 동안 그렇듯 술로 세월을 허송했다. 올가미처럼 자신을 덮어씌운 견고한 시대적 사고와 적자만이 대접받는 제도가 그를 아프게 했다. 그러다가 만난 사람이 길동이었다. 길동은 자신과 같은 처지였으나 달랐다. 자신처럼 주저앉아 막힌 시대를 탓하는 게 아니라 그것을 같은 처지에 있는 사람들에게 알려 극복하고 변화시키고자 하고 있었다. 그가 만든 활빈당은 도적 떼가 아니었다. 그는 입을 열 적마다 그런 봉건사상에 젖어 있는 세상을 함께 혁신하자고 했다. 바꿉시다. 이건 모두의 세상이 아니지요. 그러니까 모두의 세상은 우리가 스스로 만들어야 합니다. 그가 길동과 뜻을 같이하게 된 이유는 거기에 있었다. 그리고 그곳에는 자신처럼 울분에 찬 출신들이 많았다.

-함경감사는 들어라. 창고가 텅 비었다고 억울해하지 마라. 이는 본디 백성의 고혈을 짜 모은 곡물이므로 우리가 다시 주인들에게 돌려주는 것뿐이다. 그렇다고 이를 벌충하고자 앞으로 또 백성들을 괴롭힌다는 소문이 들리면 언제라도 우리가 다시 쳐들어와서 이를 또 비우는 것은 물론이고, 이번엔 너와 네 식솔의 목숨까지도 가져갈 것이니, 명심하거라. 활빈당 홍길동

다음 날, 날이 밝자 감영과 고을 저잣거리는 온통 난리를 겪은 것같이 왁자했다. 곳곳에 나붙은 방을 읽은 백성들은 너나없이 환호성을 질러댔으며, 이를 들은 감사는 분을 참지 못해 펄쩍펄쩍 뛰면서 종일 길동의 무리를 빨리 잡아들이지 않고 무얼 꾸물대느냐고 애먼 아전과 군졸들만 들볶으며 악을 써댔다. 그러나 자취를 감춘 길동의 활빈당 무리는 이미 어디에서도 그 자취를 찾을 수가 없었다.

2

산채로 돌아온 길동은 승리에 취해 왁자한 무리와는 달리 조금 떨어진 곳에 혼자 나앉아 잠시 생각에 잠겨 있었다. 그는 왠지 곳곳의 고을 수령들이 착취한 재물을 탈취하고, 창고를 열어 곤궁한 백성들에게 이를 다시 나누어주는 것만으로는 만족스럽지 않다는 생각이 들었다. 생각할수록 뭔가 모자란 것 같았다. 그게 무엇일까? 그는 머리를 갸우뚱거렸다. 자신이 아무리 그들의 창고를 활짝 열어 곡물을 백성들에게 나누어주고, 착취한 재물을 다시 빼앗고, 정신이 번쩍 들도록 혼찌검을 내준다고 하더라도 그

것은 잠시뿐, 그들의 착취는 앞으로도 끊임없이 이어질 것이고, 그럴 적마다 힘없는 백성들은 또 어쩔 수 없이 계속 내줄 게 분명하지 않은가. 그렇다면 이를 아주 근절시킬 세상을 만들 방법은 없을까. 길동이 원하는 세상은 그런 것이었다. 누구나 다 평등하게 어깨를 활짝 펴고 떳떳하게 살 수 있는 세상…….

그때였다. 판술이 다가와 식사가 마련되었다는 것을 알렸다. 길동은 일어섰다. 그러나 그가 뇌리에서 그 생각을 아주 지운 것은 아니었다. 방법은 반드시 있을 것이다. 다만, 아직 찾지 못하고 있는 것뿐이라고 생각한 그는 걸음을 옮기면서 어금니를 깨물었다.

본래 산채는 탐관오리들의 시달림에 견디지 못한 사람들이 산속으로 하나둘 숨어들어 만든 곳이었다. 그러니까 도적의 소굴이라고 부르기 시작한 것은 그렇게 들어온 그들이 먹고살기 위해 어쩔 수 없이 도적질을 생업으로 삼은 뒤부터였다. 그만큼 먹고사는 문제가 더 시급했기 때문이다. 그와 같은 곳을 활빈당 산채로 바꾼 사람은 길동이었다.

처음엔 길동도 그곳이 도적의 소굴인 줄 몰랐다. 정처 없이 떠돌며 걷다 보니까 그곳에 이르게 되었는데, 그곳은 다른 곳과 달리 길동이 정신을 놓을 정도로 경치가 빼어난 곳이었다. 경치에 정신을 빼앗긴 길동은 점점 깊이 들어갔다. 그러자 갑자기 눈앞에 커다란 바위 절벽이 나타났고, 그 한가운데 바윗돌로 만든 커다란 문이 보였다. 그 문은 웬만한 집 대문 서너 배는 되어 보일 만큼 크고 완강했다. 아니, 이런 곳에 돌문이라니, 길동은 의아해하며 그 문을 밀고 들어섰다. 그러자 놀랍게도 그 안에는 수십 채의 집들이 여기저기 늘어서 있었다. 호기심이 생긴 길동은 집들이 있는 곳으로 발길을 옮겼다. 집들이 있는 중간 너른 뜰에는 사람들이 모여 잔치를 벌이고 있었다. 그런데 이상한 점은 그곳에 모여 잔치를 벌이는 사람들의 차림새가 한눈에도 평범하지 않았으며 그 표정이나 행동거지 또한 무척 험상궂고 거칠다는 것이었다. 길동은 잠시 머리를 갸우뚱거렸다. 생뚱

맞았고 낯설었으나, 그런 모습이 거북살스럽지는 않았다. 그들도 길동과 눈이 마주치자 낯선 듯 잠시 멈칫했다. 그러나 곧 길동의 사람됨이 녹록하지 않다는 것을 예감한 듯 길동을 반겼다. 그날 그 잔치는 마침 그곳의 우두머리를 정하기 위해 벌이는 자리였다. 잠시 후 가장 연장자인 듯한 사람이 앞으로 나서며 말했다.

"그대는 누구인가? 마침 잘 오셨네. 오늘 우리는 여기를 다스릴 우두머리를 뽑으려고 하네. 저 돌을 드는 사람을 우두머리로 정할 작정인데, 아직은 든 사람이 한 명도 없었네. 그러니 그대가 만일 우리들의 우두머리가 되고 싶다면 저 돌을 한 번 들어보게."

그 말을 듣자 길동은 다행스럽다고 생각했다.

"나는 본디 한양 홍 판서의 소실 몸에서 난 길동이라고 하오. 천대받기 싫어 집을 떠나 세상천지를 다니게 되었는데, 우연히 오늘 이곳까지 오게 되었소. 그런데 동무들이 이렇듯 반겨주니 고맙기 그지없소."

자신의 소개를 마친 길동은 이윽고 돌이 있는 곳을 향하여 걸어갔다. 돌은 천 근이 넘어 보였다. 그러나 길동에게는 문제가 되지 않았다.

"이 돌을 들면 되는 것입니까?"

주위를 한차례 둘러본 길동은 양손으로 돌을 잡았다. 그러고는 기합 소리와 함께 그 돌을 번쩍 들고 수십 걸음을 가다가 공중으로 휙, 던져버리고는 손을 툭툭 털었다. 길동의 괴력에 놀란 사람들은 모두 입을 크게 벌린 채 다물 줄을 몰랐다.

"과연 장사요. 우리 수백 명 가운데 아직 이 돌을 든 사람이 없었는데, 오늘에야 하늘이 도우사 장군을 우리에게 보내주셨구려."

그들 가운데 앞줄에 앉아 있던 두어 명이 나와 길동을 가장 높은 자리에 앉히고는 큰절을 올렸다. 그들이 큰절을 올리자 거기 모인 모든 사람이 다 앞으로 나와 큰절 올리기를 주저하지 않았다. 그러니까 그날부터 길동은 그 소굴의 두목이 된 셈이었다.

그러나 본디 뜻이 있어 세상을 떠돌던 길동은 탐관오리들의 눈을 피해 숨은 그들과는 뜻이 달랐다. 그런 까닭에 그는 다음날부터 조직을 새롭게 정비했다. 곧바로 의리와 충성을 맹세하는 그들에게 엄하게 군령을 내렸다. 오합지졸로는 큰일을 도모할 수 없다는 것을 그는 누구보다 잘 알고 있었다. 땀을 흘려 연마하지 않는다면 인정사정없는 조정의 군사들에게 곧장 죽임을 당할 게 뻔했다.

길동은 먼저 몇 명씩 조를 짜고, 조마다 우두머릴 정했다. 그뿐만이 아니었다. 체계적으로 훈련을 시켜 무예를 닦게 하는 것은 물론, 병법과 전술까지도 가르쳤다. 그 결과 몇 달이 지나지 않자 산적과 다름없던 그들은 어디에 내놓아도 뒤지지 않을 군사들로 다시 태어났다. 그래도 길동은 훈련을 늦추지 않았다. 그들이야말로 앞으로 새 세상을 만드는 일에 함께할 것을 기대하는 까닭이었다.

"이제부터 백성의 재물은 추호도 건드리지 말고, 각 고을 수령과 방백들이 백성에게서 착취한 재물을 빼앗아 불쌍한 백성들을 구제할 것입니다. 그러니 만일 이 약속을 배반하고 영을 어기는 자가 있으면 앞으로는 내가 군법으로 엄하게 다스릴 것이오. 아시겠소?"

길동은 이어서 다시 군령을 내렸다.

"우리는 생사고락을 함께하겠다고 맹세한 형제들입니다. 따라서 오늘부터는 우리를 활빈당이라고 부를 것이오."

그날도 식솔들을 이끌고 산채를 찾아온 사람은 서너 명이 넘었다. 모두가 고을 수령들의 시달림에 견디지 못하고 도망쳐온 사람들이었다. 길동은 그들의 면면을 찬찬히 살피고는 식사 자리에 합석하도록 권했다. 음식은 늘 그렇듯 산짐승 고기와 산채 나물 중심이었다. 그러나 길동은 그날 식사를 끝내지 못했다, 정탐을 나갔던 박개가 헐레벌떡 뛰어 들어온 탓이었다. 무슨 일이냐고, 길동이 묻자 그는 가쁜 숨을 내쉬며 말했다.

"합천 해인사 중들의 횡포가 극심한 모양입니다. 불공드리러 오는 사람들의 재물 탈취는 물론이며, 부끄러운 줄도 모르고 아녀자들까지 마구 겁탈한다는 소문입니다. 그곳 백성들의 원성이 지금 하늘을 찌를 듯하답니다. 장군님이 한 번 내려가 살펴보시고, 단단히 혼내주시고, 그 재물을 빼앗아 백성들에게 나누어 주는 건 어떠하실지……."

그 말을 들은 길동은 웃으며 머리를 끄덕거렸다. 도를 깨우치고 이를 우매한 백성들에게 가르쳐야 할 산사의 중들조차 그렇듯 타락했는가. 그게 어디 말이나 되는 소리인가. 길동은 숟가락을 내려놓고 벌떡 일어섰다. 이참에 내려가서 단단히 혼을 내어주리라, 다짐했다. 그러나 절간이라면 조정과 내통하고 있을 터이므로 분을 참지 못하고 그냥 달려가 힘 자랑할 수는 없었다. 그럴수록 지략이 필요했다. 채비를 갖춘 길동은 곧 명령을 내렸다.

"이번 일은 함부로 나대다가는 실패할 수도 있는 일이오. 그러니까 내가 먼저 그 절에 가서 동정을 살피고 올 때까지 경거망동하지 말고 기다리도록 하시오. 아시겠소?"

그러나 길동의 마음은 편안하지 않았다. 그 같은 한시적 방법보다 더 나은 방법, 즉 그 같은 짓거리에 눌려 지내는 힘없는 백성들의 웃음을 영구히 살릴 수 있는 근본적인 방법을 찾는 게 우선되어야 하는데, 하는 생각 때문이었다.

푸른 도포에 검은 혁대를 찬 길동은 이번에도 판술을 불러서 나귀 고삐를 잡게 하였다. 그렇게 행색을 꾸리고 나니까 길동의 차림새가 영락없는 재상집 자제 같았다. 해인사에 도착한 길동은 먼저 주지부터 찾았다.

"나는 한양 홍 판서 댁 아들이오. 이 절에서 조용히 글공부나 좀 할까 해서 왔는데, 괜찮겠소? 며칠 안에 백미 스무 섬을 보낼 터이니 우선 그것으로 시주하기 위해 오는 사람들에게 음식이나 정갈히 차려 함께 드시오."

말을 마친 길동은 그의 안내를 받아 절간을 한번 두루 살피고는 일단

절을 벗어났다. 정승의 아들이 온다는 말을 듣자 절간의 중들은 모두 기뻐했다. 산채로 돌아온 길동은 약속대로 백미 스무 섬을 해인사에 보내고는 조장들을 불러 앉혔다. 그러고는 눈에 익힌 절간의 곳간과 대웅전, 승방 등을 상세히 설명하며 작전과 군령을 내렸다.

"그러나 누구든 목숨을 다치게 해서는 아니 됩니다."

마침내 그날, 날이 밝자 길을 떠난 길동은 진성과 판술 등, 종자로 변장시킨 수십 명을 대동하고 해인사에 도착했다. 나머지 군사들은 모두 산속에 매복하도록 일렀다. 그가 모습을 드러내자 해인사 중들은 모두 나와 반겼다. 그들은 스무 섬만이 아니라 앞으로 잘하면 몇백 섬도 넘게 시주받을 수 있을 거라는 속셈이었다.

"내가 보낸 쌀이 부족하지는 않았소?"

"아닙니다. 너무 황송하고 고맙습니다."

상좌에 앉은 길동은 모든 중을 불러 상을 내리고 술을 마시도록 권했다. 뜻하지 않은 상과 술을 받은 중들은 감격스러운 얼굴빛이었다.

주지와 함께 식사하는 중간에 길동은 몰래 입에 돌을 넣었다. 그러고는 힘껏 씹었다. 따악, 하는 소리가 경내를 크게 울렸다. 그 소리가 너무 컸던 탓일까. 그 소리를 들은 중들은 모두 얼굴빛이 하얗게 변했다. 주지 역시 사색이 되어 어쩔 줄 몰라 했다. 이게 무슨 변고인가. 한양 대갓집 자제분의 밥에서 돌이 나오다니……. 입안에서 돌을 뱉어낸 길동은 주저하지 않았다. 흥분한 듯 일부러 크게 화를 내며 꾸짖었다. 그러나 그게 길동의 전략이라는 것을 아는 사람은 아무도 없었다. 길동은 벌떡 일어나 종자들에게 호통을 쳤다.

"내가 우리나라에서 최상품 쌀을 이 절에 보냈거늘, 너희가 어찌하여 밥을 이렇듯 정갈하게 짓지 못했느냐. 이것은 나를 업신여기고 깔보기 위한 짓거리가 분명하니, 도저히 그냥 넘어갈 수가 없다. 여봐라, 지금 당장 이 중놈들을 꼼짝 못하게 꽁꽁 묶어라."

종자로 변장한 군사들은 길동의 명령이 떨어지기가 바쁘게 단숨에 달려 나와 모든 중을 한 줄로 묶어 꿇어앉혔다. 진성과 판술이 선봉에 선 것은 물론이었다. 절간의 중들이 모두 묶인 것을 확인한 길동은 이윽고 손짓으로 명령을 내렸다. 그러자 산속에 매복했던 군사들이 일제히 달려들어 절 안의 재물을 모두 자기 것 가져가듯 재게 나르기 시작했다. 중들은 그제야 속았다는 것을 깨달았다. 그러나 눈을 뜬 그들은 그것을 빤히 보면서도 사지가 묶여있어 소리만 지를 뿐 막을 방법이 없었다.

"아니, 저놈들이 모두 도적놈들이었구나."

길동은 소리소리 지르는 중들을 향해 큰소리로 한마디 했다.

"나는 활빈당의 홍길동이다. 이것은 너희가 백성들을 현혹하여 강제로 빼앗은 재물이니 우리가 다시 백성들에게 돌려주기 위해 가져가는 것이다. 그러니 노여워하지 말라. 그리고 이런 짓거리를 다시는 하지 않도록 해라. 만약 이를 어길 시에는 내가 다시 찾아와 이번엔 너희 목숨까지 가져갈 것이니라."

조정은 날마다 홍길동에게 피해당한 감영이 올려보낸 장계로 시끄러웠다. 꼭 잡아들여야 한다는 데에는 이견이 없었으나 누가 어떻게 잡아 올 것인가 하는 데에는 서로 의견이 분분하였다. 그도 그럴 것이 신출귀몰한 홍길동이 어느 곳에 출몰할지 예상할 수 없었고, 또 그 소굴이 어디에 있는지조차 파악하지 못한 까닭이었다. 그런 속에서도 날이 밝으면 곳곳에서 올라오는 장계가 밀려들어 문무백관들은 골치가 아팠다.

-홍길동이라는 큰 도적이 각 읍에서 소란을 일으키고 있습니다. 어느 날은 남쪽 현에서 곡물과 군기를 훔치고, 또 어떤 날은 서쪽 고을의 창고 곡식을 탈취하였으나 이 도적의 자취를 잡지 못하니, 황공한 사연을 우러러 고합니다.

임금도 이 장계를 보고는 크게 걱정하며 노했다. 각 도에서 올라온 날짜를 자세히 살핀 임금은 이윽고 여러 고을에 어사를 파견하여 민심을 수습하고 이 도적을 잡으라고 엄명했다.

"누구든지 이 도적을 잡으면 천금의 큰 상을 내리겠노라."

3

산채도 술렁거리기는 조정과 마찬가지였다. 언제 관군이 쳐들어올지 모르는 까닭에 초긴장 상태에 빠져 있었다. 곳곳에 세워둔 망루에도 보초를 평소보다 두 배 추가시켰다. 그래도 맘이 놓이지 않은 그들은 모두 길동의 얼굴만 쳐다보며 전전긍긍하고 있었다. 하지만 길동은 며칠 동안 처소에서 두문불출한 채 말이 없었다.

그런 어느 날 아침이었다. 이윽고 길동은 각 조의 장수들을 본채로 불러 모았다. 그러고는 며칠 동안 고심 끝에 마련한 대책을 하달하기 시작하였다.

"이제부터 내가 하는 소리를 잘 듣고, 그대로 행하도록 하시오. 한 치의 오차가 있어도 참혹한 결과가 나올 수 있으니 명심하시기 바라오."

길동은 수긋하게 머리를 숙이고 있는 그들을 한 차례 둘러보고 난 뒤 다시 말을 이었다.

"지금쯤 우리를 잡기 위해 조정에서는 혈안이 되어 있을 것이오. 그렇다고 숨는 것은 적절한 방법이 되지 못할 것이오. 그래서 나는 그와 같은 소극적인 방법이 아니라 적극적인 방법을 택하여 그들과 싸우기로 하였소."

뒤이어 길동은 자신이 세운 방법을 차근차근 설명하기 시작했다. 즉, 팔도에 홍길동으로 변장시킨 장수들을 한 사람씩 내보내어 한날한시에 창고를 턴다면 저들은 혼란에 빠질 것이라는, 기상천외한 방법이었다. 이는 물론 각 조의 장수들이 지금껏 함께한 군사들을 대동하고 나설 경우, 실패하지 않을 것이라는 확신에서 나온 방법이었다. 그만큼 길동은 그들을 믿었다. 지금까지 그와 같은 거사를 얼마나 많이 행했는가. 따지고 보면 그들이야말로 자신을 따라다니면서 산전수전을 다 겪은, 일당백의 날래고 용맹스러운 군사들이었다. 설명을 마친 길동은 그러나 반드시 일을 끝낸 후에는 저잣거리와 성문에 써준 방을 붙이는 걸 잊지 말라는 것과 백성들에게 절대로 피해가 가지 않도록 조심하라는 것을 덧붙였다. 또 하나, 길동이 힘주어 일러준 것은 혹시라도 실패할 때를 대비한 대책이었다.

"실패를 두려워해서는 아니 되오. 성공했다고 상금이 기다리고 있는 게 아니라는 걸 명심하시오. 생명은 소중한 것이니, 그럴 땐 무조건 몸부터 피하세요. 그러기 위해서는 거사하기 전 반드시 피할 길을 먼저 찾아 놓도록 하세요. 이는 병법에도 기록되어있는 것입니다. 또한 이번 거사는 저들을 혼란스럽게 하기 위한 게 우선적인 목적이니까, 나중을 기약해도 됩니다. 아시겠소?"

말을 마친 길동은 다음 날 아침 그들을 내려보내기로 작정하고, 그날 밤은 성대하게 잔치를 베풀어 그들을 격려했다. 돌아보면 길동이 산채에 들어온 이후 이 같은 잔치를 베푼 적은 없었다. 그만큼 길동은 기강과 절약을 산채의 으뜸 덕목으로 여기고 있던 것이다.

며칠이 지났다.

의견만 분분할 뿐 결정을 내리지 못하고 있던 조정은 갑자기 혼란에 빠졌다.

임금 앞에 불려 나간 삼정승은 허리를 굽힌 채 몸 둘 바를 몰랐다. 그도 그럴 것이 홍길동이 전국 곳곳에서 동시다발적으로 고을의 수령의 죄를 묻고 쫓아내거나, 현의 창고를 열어 쌓아두었던 곡물로 가난한 백성을 구제하고, 또 감옥을 열어 죄 없는 백성을 모두 내보냈다는 장계가 날마다 산더미처럼 올라오는 탓이었다.

크게 노한 임금이 목청을 높였다.

“도대체 이게 될 법이나 한 소리요? 한날한시에 팔도 여러 고을에 홍길동이란 도적이 동시에 나타나 약탈을 감행하다니, 그렇다면 그 도적이 신출귀몰할 도술이라도 부리는 작자란 말이오? 도대체 경들은 사태가 이 지경이 되도록 무엇을 하고 있었소?”

“황공합니다. 글쎄, 그것이…….”

좌의정이 머리를 조아렸다. 그러나 그도 이게 무슨 변고인지 도무지 알 수가 없기는 영의정 우의정과 마찬가지였다. 우선은 임금의 격노부터 가라앉히는 게 급선무라고 생각한 영의정이 이번엔 허리를 더욱 깊숙이 굽히고 나섰다.

“전하, 아뢰옵기 황공하오나 며칠 말미를 주시면 저희가 반드시 그놈을 잡아들이도록 하겠습니다.”

“지금까지도 잡지 못해 이 지경에 이르렀는데, 그 말을 나에게 믿으라는 것이오?”

“믿어주시옵소서, 전하. 이번엔 틀림없이 신들이 잡아들일 것입니다.”

“정말 잡아 올 수 있겠소?”

“예이, 전하.”

삼정승은 다시 한번 머리를 조아렸다. 결국 임금은 그들에게 약조를 다짐받은 후 그만 물러가라고 손짓했다.

어전을 물러났으나 정승들은 마음이 편하지 않았다. 잠시 말미는 얻었으나 앞으로가 큰일이었다. 그때였다. 한숨을 쉬고 있는 그들 앞에 우포도대장 이 흡이 군장 차림으로 모습을 드러냈다. 계단 아래 머리를 숙인 그는 우렁찬 목소리로 말했다.

“대감, 신이 비록 재주는 없사오나 한 무리의 병사만 주시면 홍길동이라는 큰 도적을 반드시 잡아 전하의 근심을 덜어드리겠사오니, 허락하여 주십시오.”

정승들은 그 소리를 듣자 귀가 번쩍 띄었다. 그가 마치 하늘에서 내려온 응원군 같았다. 정승들은 곧 그를 데리고 다시 어전으로 올라가 임금께 아뢰었다. 임금은 마다할 리가 없었다. 그렇구나. 이 나라에 이런 장수도 있었구나. 늠름한 그의 모습을 보며 한동안 칭찬을 늘어놓은 임금은 곧 일천 명의 군사를 주어 즉시 출발하도록 윤허하였다.

그런데 박개는 왜 여태 소식이 없는 걸까. 아직도 찾지 못한 것일까. 길동은 며칠 전 은밀히 임무를 주어 보낸 박개를 초조하게 기다렸다. 박개는 본래 보부상 출신으로 봇짐 하나 짊어지고 팔도강산을 제집 드나들 듯 하던 자였기 때문에 곳곳에 아는 사람도, 아는 곳도 많았다. 그런 까닭에 길동이 의도하는 곳을 소상히 알아 오기 위해서는 제격인 셈이었다, 장수들의 거사 성공 소식을 들으면서도 길동의 마음은 편안하지 않았다. 백성을 위한다는 명분은 있었으나 어찌 보면 이 같은 일은 나라에 대한 반역이나 다름없었다. 그것은 길동이 원하는 세상이 아니었다. 출생성분과 관계없이 모두가 사람다운 삶을 살아가는 세상. 양반과 상놈이 서로 어깨동무하고 사는 세상. 적자와 서자가 서로 벼슬길에 나서기 위해 경쟁하는 세상. 길동이 원하는 세상은 그런 곳이었으나 나라를 뒤엎자는 건 아니었었다. 중국 진나라 시대 진승이란 농부는 법가사상이란 걸 내세워 백성들을 개돼지 취급하며 폭정을 펼치던 황궁에 최초로 반기를 들어 농민 운동을 일으켜 결국은 그 정권의 붕괴까지 가져오게 하지 않았는가. 물론 그 운동은 반년 만에 실패로 돌아가고 말았지만, 그것은 목적과 명분이 다르기 때문이었다. 박개를 기다리며 하늘을 올려다보던 그는 곰곰이 따져보았다. 하늘엔 하얀 구름이 어딘가로 평화롭게 흘러가고 있었다.

길동이 탐관오리들을 혼내주고, 그들의 재물을 빼앗아 다시 나눠줄 때마다 백성들은 모두 환호성을 지르곤 했다. 남녀노소 할 것 없이 모두가 다 속이 후련하다는 얼굴빛이었다. 그것은 물론 굳게 닫혔던 관아의 창고에서 빼앗겼던 재물을 돌려받았다는 것이 첫째겠지만, 자신을 대신해서 핍박하던 탐관오리들을 혼내주는 게 시원하기 때문일 터이었다. 그들이 길동을 장군이라고 부르는 이유도 거기에서 비롯되었다고 볼 수 있었다. 그러나 그것은 잠시뿐, 길동을 비롯한 활빈당이 한차례 지나가고 나면 고을은 여전히 탐관오리들의 세상으로 어느새 되돌아가 그들이 판치는 세상이 되어 있었고, 잠깐 자유의 큰 숨을 내쉬던 백성들 역시 그들에게 다시 속박당한 채 비참한 삶을 살게 마련이었다. 길동은 그런 것을 목격할 때마다 오랫동안 세습되어 내려온 제도와 관습을 깨고 변화시킨다는 게 얼마나 힘든 것인가를 새삼 절감했다. 그렇다면 저들을 굴레에서 영원히 벗어나게 할 다른 방법은 없을까. 그렇게 하기 위해서라도 길동은 자신이 펼치고 있는 이 일이 진승처럼 실패로 끝나서는 결코 아니 된다고 생각했다.

또 얼마 전에는 서자들이 중심이 되어 '무륜당'이라는 이름의 당을 지어 혁명을 획책했으나 실패한 일도 있었다. 비록 실패로 돌아가긴 했으나 그들 역시 고통과 설움을 딛고 뭔가 다른 세상을 꿈꾸었던 것으로 길동에게는 본보기가 된 셈이었다.

길동은 소문을 듣고 전국 각지에서 몰려드는 사람들로는 만족할 수가 없었다. 물론, 모두가 아픈 사연을 가지고 찾아온 사람들이기는 하지만 그 숫자가 마음에 차지 않았다. 세상에는 그보다 몇백 곱절 더 많은 사람이 그와 같은 관습과 제도에 얽매여 고통 속에 신음하고 있지 않은가.

그때였다. 관군의 동향을 입수하기 위해 고을로 내려갔던 진성과 판술이 돌아왔다는 전갈을 받았다. 판술은 본래 양반집 상머슴이었는데, 자신과 사랑하던 여종이 어느 날 밤 주인 영감에게 불려 가 겁탈당하는 것을 목격하고는 그 집에 불을 지르고 도망 나와 산적 생활을 전전한 자였다. 뛰어 들어온 두 사람은 그때까지도 숨이 가쁜 듯 헐레벌떡거렸다.

"관군이 오는 건 사실인 듯합니다. 한양에서는 벌써 출발했다고 합니다."

"몇 명이나 된다고 하든가요?"

"천 명 정도는 족히 넘는다고 합니다."

"대장은요?"

"우포도대장 이 흡이라고 합니다."

이 흡이라……. 어떻게 생긴 인물일까. 길동은 잠시 생각에 잠겼다.

"아직 우리 산채가 어디 있는 줄은 모를 겁니다."

"그야 그럴 테지요."

"그러니까 준비를 더욱 소홀히 하면 아니 됩니다. 지금까지는 우리가 나가서 탐관오리들을 혼내 주었지만, 이번엔 들어오는 걸 막아야 하니까요."

길동은 머릿속으로 계산해 보았다. 저들은 산채를 알지 못할 것이었다. 소문으로만 듣고 떠났을 터이었다. 그러나 곧 알게 될 것은 불을 보듯 뻔했다. 그렇다면 열흘 안에는 당도할 게 분명했다. 그렇다면 손을 놓고 있을 때가 아니었다. 서둘러 저들과 맞설 방도를 세워야 했다.

기다리던 박개가 돌아온 것은 그로부터 이틀이 더 지난 뒤였다.

"말씀하신 곳을 알아보았는데요."

길동은 자신을 올려다보는 그의 얼굴에서 그가 뭔가 반가운 소식을 가지고 왔다는 걸 금방 감지할 수 있었다.

"그래요? 적당한 곳이 있던가요?"

"있기는 합니다만……."

"그런데요?"

길동이 턱짓으로 묻자 박개는 주춤거리지 않고 말을 이었다.

"육지와 조금 멀리 떨어져 있는 섬인데, 그곳엔 이미 사람들이 살고 있습디다요."

"어떤 사람들이요? 그렇다면 나라가 세워져 있단 말인가요?"

"그렇더라니까요."

박개는 그게 마뜩하지 않다는 듯 고개를 외로 틀고 헛기침을 몇 번 뱉어냈다. 그러나 길동은 그렇게 생각하지 않았다. 그곳이 적당하다면 방법을 찾으면 되지 않겠는가. 지금까지도 그렇게 해오지 않았는가. 자세를 고쳐잡은 길동이 다시 물었다.

"그곳에 가보기는 했소?"

"그럼요. 여부가 있겠습니까요. 그래서 사흘 더 늦었습니다."

"그렇다면 본대로 설명해 보시오."

길동은 그를 데리고 조용한 곳으로 갔다. 아무래도 산채 사람들이 많이 왕래하는 곳에서는 이야기를 주고받기가 거북했다.

박개가 다시 입을 열었다.

"장군님이 말씀하신 대로 자세히 살피고 왔습죠. 산자락을 끼고 길게 이어진 섬은 제법 넓고, 또 농사도 지을 수 있을 만큼 땅도 비옥하더라고요."

"그런데요?"

"거기를 우리의 산채로 삼으려면 아무래도 전쟁은 해야 할 것 같았어요. 물론 거기 왕의 폭정이 좀 있다고는 하나 그건 어디나 있는 것이고, 자기들끼리 잘살고 있는데 우리가 달란다고 나라를 호락호락 내어주겠어요?"

길동은 머리를 끄덕거렸다. 그러나 길동은 그렇게 생각하지 않았다. 길동이 꿈꾸고 있는 나라는 그들과도 격의 없이 오순도순 살아가는 곳이었다. 지금의 제도와 관습과 법도가 없는, 누구나 들어올 수 있고, 들어온 사람은 또 누구나 계급 없이 함께 어울려 살아갈 수 있는 곳. 길동은 그런 곳을 원했다. 또 하나, 길동이 산채를 옮기고자 하는 이유는 식구가 날마다 늘어나면서 생활하기에 불편해졌다는 점이었다. 드나드는 출입구도 좁을뿐더러 불어난 식구들의 식생활 문제도 해결하기 빠듯한 형편이었다.

그동안은 그런대로 깊은 산에서 캐온 약초나 산짐승 가죽 등을 저잣거리에 나가 팔아 곡물과 바꿔오는 것으로 충당하였으나 이제는 그것도 한계점에 달해 있었다. 물론 신갈을 지나가는 양반이나 벼슬아치들의 물품을 탈취하거나 조정으로 올라가는 진상품을 털면 간단히 해결될 일이었으나 그것은 애당초 산채의 존재 이유가 아닌 탓에 생각할 엄두조차 내지 않았다. 따라서 그 많은 식구가 먹고살기 위해서는 부득이 자급자족해야 하는데 눈을 들어 찾아보아도 산채 부근엔 겨우 약초 따위가 자랄 가파른 바위투성이들이 대부분이었다.

"산채 식구들이 모두 다 들어가도 넉넉할 만큼 땅은 넓던가요?"

"그럼요. 우리 산채 삼백여 깨가 한꺼번에 들어가도 충분할 만큼 넓어요."

"그렇습니까?"

길동은 속으로 그럼 되었다 했다. 어쩌면 고심하던 두 가지 모두를 한꺼번에 해결할 수도 있을 것 같았다.

4

하룻밤 골똘히 궁리하던 길동은 이윽고 단안을 내렸다. 아무리 가파른 산세를 이용한다고 하더라도 산채에서 관군을 맞는다면 피아간 인명 피해가 많이 발생할 것은 불을 보듯 뻔했다. 길동은 그걸 원하지 않았다. 누가 이기고 지는 게 문제가 아니었다. 피를 흘려서는 아니 될 일이었다. 그런 까닭에 자신의 안위가 조금 위험할지라도 길동은 혼자 관군의 대장인 이흡을 만나 단판을 내어야겠다고 결심했다.

이윽고 관군이 도착할 즈음 길동은 아무에게도 알리지 않고 혼자 변장한 채 산채를 빠져나왔다. 그리고는 새재 마루턱에 자리한 주막을 찾아 들어갔다.

얼마나 지났을까. 다음 날 아침 일찍 한곳에 모여 산채로 쳐들어가 길동을 잡자는 명령을 하달한 이 흡이 하룻밤 잠자리를 구하기 위해 주막에 모습을 나타냈다. 그러나 그가 이 흡이라는 것을 아는 사람은 아무도 없었다. 한양을 벗어나면서부터 몇 패거리로 나누어 군사들을 모두 평복으로 갈아입혔을 뿐만 아니라 자신 또한 평상복으로 갈아입은 까닭이었다. 말하자면 그도 길동처럼 변장한 것이었다.

그러나 길동은 그가 이 흡이라는 것을 첫눈에 알아보았다. 늠름한 기상과 부리부리한 눈매가 아무리 평상복으로 변장했을지라도 남달랐기 때문이다. 주모가 방을 정해주자 그는 한번 방안을 휘둘러보고는 툇마루에 앉아 무언가 궁리하는 눈빛으로 노을이 비낀 붉은 하늘을 올려다보고 있었다. 길동이 가까이 다가갔으나 그는 기척도 하지 않았다.

"어디로 가시는 길이십니까?"

길동이 먼저 인사하고 말을 건네자 비로소 그도 마지못한 듯 고개를 돌렸다.

"나는 문경까지 가는 길인데 날이 저물어 여기 하룻밤 유숙하려고 왔네."

"아, 그러십니까. 문경이야말로 산 좋고 물 좋은 곳이지요."

길동은 머리를 끄덕거리며 혼잣말처럼 덧붙였다.

"그럼 뭐합니까. 나라가 어수선하고, 민심이 어지러운데……."

길동은 짐짓 한숨을 길게 내쉬었다. 그 말에 이 흡이 놀라는 눈빛으로 물었다.

"아니, 그게 무슨 말인가?"

"온 천지가 임금님의 땅 아닌 곳이 없고, 온 백성이 신하 아닌 자가 없는데, 지금 홍길동이라는 도적이 팔도를 돌아다니면서 장난을 치는 바람에 민심이 흉흉하지 않습니까. 그런데도 이놈 하나를 누가 나서서 잡아 없애지 못하니 어찌 분하고 한스럽지 않겠습니까?"

이 흡이 그 말을 듣고는 머리를 끄덕거렸다. 그러고는 자신도 모르게 신분을 밝혔다.

"사실은 나도 지금 그놈을 잡으러 가는 길일세. 자네는 말하는 것이 충성스럽고, 기골 또한 장대하니 나와 함께 그 도적을 잡으러 가는 게 어떻겠는가?"

그 말을 듣자 길동은 속으로 쾌재를 불렀다. 자신이 펼쳐놓은 그물에 그가 한 발짝 들어왔다는 느낌이 들었다. 그러나 길동은 내색하지 않은 채 계획한 다음 단계로 하나의 제안을 또 넌지시 던졌다.

"그거 아주 잘 되었네요. 벌써 제가 잡으려고 했으나 용맹스럽고 힘 있는 사람을 얻지 못해 망설였는데, 이제 소원 성취를 할 수 있게 되었나 봅니다. 하지만 아직 어르신의 재주를 알지 못하니, 어떻게 믿고 따르겠습니까? 정, 그러시다면 어디 조용한 곳에 가 잠시 저에게 재주를 보여주심이 어떨까요? 그러면 저도 부족하오나 재주를 보여드리도록 하겠습니다."

이 흡은 잠시도 주저하지 않았다. 그만큼 그 부분에서는 나름대로 자신이 있었기 때문이다. 벌떡 일어난 그가 그까짓 것쯤 하는 투로 한마디 던졌다.

"그거야 어렵지 않지."

"그렇다면 저를 따라오십시오."

길동은 앞장서서 주막을 빠져나왔다. 이 흡은 헛기침을 터트리며 그 뒤를 따라나섰다. 길동은 깊은 산속으로 그를 유인했다. 산 중턱에 이르자 길동이 천 길 벼랑 앞에 놓여 있는 바위 위에 앉았다. 그리고는 이 흡을 돌아보며 말했다.

"힘을 다하여 저를 차서 저 아래로 떨어트리십시오."

이 흡은 잠시 주저하지 않을 수가 없었다. 내가 누구인가. 한양에서도 힘으로는 아무도 당할 자 없다는 우포도대장인데, 저 작자가 아무리 용맹스럽다고 한들 한번 차면 어찌 떨어지지 않고 배기겠는가. 아까운 사람

하나 죽일 수도 있는 일이었다. 그러나 뒤로 물러설 수 없는 내친걸음이었다. 공중으로 뛰어오른 그는 젖 먹던 힘까지 다하여 두 발로 힘껏 길동의 등짝을 찼다. 하지만 이게 무슨 일인가. 꿈쩍도 하지 않은 길동이 오히려 돌아앉으며 웃는 게 아닌가. 이 흡은 깜짝 놀랐다. 저 사람도 보통이 넘는군. 이 흡이 혀를 차며 말했다.

"장사로다! 이만하면 홍길동을 잡는 건 걱정하지 않아도 될 것 같구먼."

그러나 길동은 아무렇지 않다는 듯이 대꾸했다.

"과찬의 말씀입니다. 그렇다면 장군께서는 여기에서 잠깐만 기다리세요. 그 큰 도적이 마침 지금 이 산중에 있다고 하니, 내가 먼저 들어가 살펴보고 오겠소."

이 흡은 머리를 끄덕거렸다. 그쯤이야 기다리지 못하겠는가. 홍길동을 잡을 수만 있다면……. 이 흡은 오히려 기회가 쉽게 찾아왔다고 생각했다.

그러나 그것 또한 길동의 계획이었다. 이 흡이 그곳에 앉아 잠시 기다리고 있을 때였다. 두건을 쓴 두억시니 같은 거인 수십 명이 갑자기 나타나 자신을 에워싸고 외치는 게 아닌가.

"네 이놈 듣거라. 네가 우포도대장 이 흡이냐? 우리는 염라대왕 명을 받아 너를 잡으러 온 저승사자니라."

졸지에 습격을 당한 이 흡은 힘을 쓸 시간조차 없었다. 무지막지한 그들은 막무가내로 그를 쇠사슬로 꽁꽁 묶어버렸다. 그리고는 어딘가로 그를 끌고 갔다. 그들에 의해 그가 끌려간 곳은 어느 동헌 같은 곳이었다. 그들은 그를 뜰 아래 꿇어앉혔다. 숨 고를 사이도 없었다. 뇌성 같은 소리가 그의 고막을 때렸다.

"네가 감히 활빈당 장군 홍길동을 우습게 보고, 스스로 잡겠다고 나선 이 흡이냐? 그 장군은 하늘의 명을 받아 팔도를 다니면서 탐관오리와 비리로 이로움을 취하는 양반놈들의 재물을 빼앗아 불쌍한 백성을 도왔다. 너희 놈들이 나라를 속이고 임금에게 거짓으로 고하여 옳은 사람을 해하고자 하니, 너같이 간사한 무리를 잡아다가 다른 사람들에게 경계를 세우고자 하니 저승에 가더라도 원망하지 말라. 모두 뭣들 하느냐. 당장 저 작자를 저승에 보내어 다시는 세상 밖으로 나오지 못하게 하라."

그가 명령하자 자신을 잡아 온 두건 쓴 두억시니 같은 자들이 다시 우르르 달려들었다. 이 흡은 눈앞이 아찔했다. 이제 꼼짝없이 죽는구나. 오금이 저렸다. 그는 얼른 머리를 땅에 대고 잘못을 빌었다.

"맞습니다. 홍 장군이 각 도를 돌아다니며 소란을 일으켜 민심을 어수선케 하므로 임금께서 크게 노하셨습니다. 이에 신하가 된 도리로 그냥 앉아 있을 수가 없어 명령을 받들고 나왔사오니 불쌍히 여기시고 목숨만은 살려주십시오."

이 흡은 계속 머리를 조아렸다.

그 모양을 보며 빙긋이 웃던 길동은 그를 풀어주라고 다시 명령을 내렸다. 그리고는 그를 자신이 앉은 전상으로 올라오라 권했다. 전상엔 술상이 차려 있었다. 이 흡은 어안이 벙벙했다. 조금 전까지만 해도 자신의 목숨줄이 당장 끊길 것처럼 위태롭지 않았는가. 그런데 갑자기 술상이라니……. 그러나 길동은 앉지도 못한 채 머리를 숙이고 있는 그를 맞은편 자리에 정중히 모셨다.

"머리를 들어보시오. 내가 누군지 아시겠소? 내가 주막에서 만났던 홍길동이라는 사람이오, 그대가 잡겠다고 하는. 그대의 용기만큼은 가상하오. 하지만 그대는 나를 잡지 못할 것이오. 보셨잖소? 바위에서. 그대를 여기까지 데리고 온 것은 우리의 위엄을 보여주기 위해서요. 이는 앞으로도 그대와 같이 분수 넘친 짓을 하는 사람들이 있으면 말리라고 하기 위해서입니다."

길동은 엉거주춤하는 이 흡에게 술을 권하며 말을 이었다.

"백성이 있어야 임금도 존재하는 것이요. 백성이 없는데, 임금 혼자 무엇을 하겠소이까? 소수의 양반 또한 마찬가지요. 그러므로 백성이 편안하게, 불평과 불만 없이 살아가는 세상을 만드는 게 그들이 해야 할 몫 아니겠소? 그런데 지금 어떻습니까? 자신들이 만든 신분제도와 법가, 관습을 내세워 백성들을 더욱 핍박하고 있지 않습니까? 일테면 적자와 서자 같은 것도 거기에 속하는 것이지요."

그때였다. 산채의 군사들이 또 두어 명을 잡아 와 뜰 아래 무릎을 꿇렸다. 길동이 보아하니 그들 역시 이 흡이 한양에서부터 데리고 내려온 관군이었다.

"너희 모두 당장 베어야 마땅하지만, 너희 대장 이 흡을 살려 보내기로 했으므로 너희 또한 살려주겠다. 돌아가 다시는 홍길동 잡는 일에 앞장서지 말라. 알겠느냐."

길동은 곧 그들을 풀어주고 술까지 내렸다. 그러고는 자신의 출생과 여기까지 흘러들어 오게 된 경위, 또 사리사욕을 위해 벼슬아치들의 재물을 탐낸 적이 없으며 앞으로도 그런 일은 없을 거라는 것을 소상히 알렸다.

"그러니 전하께도 이 사실을 그대로 알려 주기 바라오."

그 말을 들은 이 흡은 홍길동이 과연 예사 사람이 아니라는 것을 통감했다. 어느 누가 자신을 잡으러 온 사람을 이처럼 대접할 수 있겠는가. 이 흡은 홍길동이 권하는 대로 술잔을 비웠다. 몇 잔이나 마셨을까. 잠깐 졸았다고 생각했을 뿐인데, 문득 깨어나니까 자신이 가죽 부대에 들어가 있는 것을 깨닫고는 놀라지 않을 수가 없었다. 그는 죽을힘을 다해 거기에서 벗어났다. 그런데 이건 또 어쩐 일일까. 그의 앞 나무에 또 다른 가죽 부대 두 개가 더 매달려있는 게 아닌가. 거기에는 어젯밤 잡혀 왔던 군사들이 들어가 있었다. 이 흡은 어이가 없었다.

"나는 어제 어떤 젊은이에게 속아 이런 곤경에 빠졌는데, 너희는 어떻게 되어 여기까지 온 것이냐?"

"소인들은 주막에서 잠시 잠을 자고 있었는데, 일이 이렇게 되었습니다. 어찌하여 여기에 이르게 되었는지는 모르겠습니다."

군사들은 서로 얼굴을 쳐다보며 어처구니가 없다는 듯 웃었다. 그 모양을 보던 이 흡도 그만 웃을 수밖에 없었다. 사방을 살펴보니 그곳은 새재에서도 한참 떨어진 곳이었다.

이윽고 이 흡이 군사들에게 조용히 일렀다.

"정말 허망한 일이 아닐 수 없구나. 그렇지만 이 일은 누구도 입밖에 발설하지 말도록 하라. 부끄럽기 짝이 없는 일이니까. 알겠느냐."

그는 조용히 군사들을 물리기로 마음먹었다.

5

봄기운이 완연한 어느 날 무기고와 창고에 저장한 군량미를 점검하던 길동은 화살촉에 바를 약이 부족하다는 것을 발견하고는 그것에 필요한 약초를 캐어와 준비해야겠다고 생각했다. 그것을 준비하기에는 봄철이 알맞은 까닭에 경칩이 지나면 늘 부지런히 채비했는데 그해에는 관군의 동태가 수상하여 살피느라고 조금 늦은 셈이었다. 약초는 산채가 있는 곳에서 하룻밤 걸어가야 하는 망당산에 들어가야 늘 질 좋은 것을 캐올 수 있었다.

길동은 진성을 불러 그 사실을 알리고 함께 떠갈 날랜 군사 다섯 명을 뽑아 채비시키라고 명령했다. 진성은 다음 날 아침 일찍 길동 처소 앞에 그들과 함께 대령했다. 이윽고 심마니로 변장한 길동은 그들을 데리고 주변을 살피며 반나절을 걸어 낙천 현이라는 고을에 이르러 잠시 걸음을 멈추었다. 길동의 생각은 그곳에서 잠시 쉬면서 일행들이 요기를 마치면 다시 길을 잡을 요량이었다. 그런데 삼거리에 있는 주막을 향해 가던 길동은 그 고을 분위기가 다른 지방과 다르다는 것을 금방 느꼈다. 추운 겨울을 넘기고 봄이 오면 으레 활기가 넘쳐야 하는 게 당연한데도 불구하고 그 고을은 이상하게도 뭔가 알 수 없는 슬픔이 가득 떠다니는 게 아닌가. 지나는 고을 사람들도 하나같이 어깨가 축 처진 게 도무지 기운이 없어 보였다. 무슨 일일까. 먼저 그것부터 알아봐야겠다고 생각한 길동은 일행들을 데리고 주막으로 들어섰다. 그러나 일곱 명의 손님이 들어섰는데도 주모 역시 반기는 기색이 없었다. 요기할 것을 주문했으나 수심이 가득한 얼굴로 데면데면하게 차려냈다. 주모의 안색을 살피던 길동은 분명 뭔가 사연이 있다는 것을 직감했다.

"이 고을에 무슨 일이 있소?"

길동은 내색하지 않고 지나가는 말투로 물었다.

"왜, 그렇게 보이세요?"

"주모뿐만이 아니라 이곳 백성들 모두가 다 그런 것 같아서요."

그러자 주모가 한숨을 길게 내뱉으며 대꾸했다.

"글쎄, 손님 내 말 좀 들어보우. 세상에 이런 변괴가 또 있겠소?"

주모가 마치 기다리고 있었다는 듯이 알려 준 사연은 대략 이런 것이었다.

본래는 양반의 씨였으나 서자인 탓에 벼슬길에 나서지 못하고 몰락한 백 용이라는 사람이 그 고을에 살고 있는데, 그 집 고명딸의 용모가 어찌나 아름다운지 그 소문이 인근에 자자하다는 것이었다. 더구나 방년 열여덟이었으니 얼마나 아름다웠겠는가. 주모의 말에 의하면 그 아름다움에 날아가던 기러기는 땅에 내려앉을 정도이고, 꽃들도 수줍어 고개를 숙일 정도라고 했다. 그런데 그 소문이 현감의 귀에까지 들어간 모양이었다. 어느 날 불문곡직하고 백 용 영감을 끌어다가 자신이 사위가 될 터이니 그 딸을 자신에게 달라고 생억지를 쓴다는 것이었다. 더구나 모레까지 확답을 주지 않으면 집안을 도륙 내겠다는 엄포 때문에 백 영감은 지금 이러지도 저러지도 못하고 한숨만 내쉬는 실정이라는 것이었다.

"그러니 그 어른이 얼마나 속이 상하겠어요. 가난하지만 정말 마음씨 하나만큼은 곧은 어른이신데, 현감이 위세로 억누르니 어찌하지도 못하고……. 고을 사람들이 지금 모두 슬퍼하고 있는 이유는 바로 그것입지요. 그럴 수가 있습니까? 낙천 현엔 수청들 기생들도 많아서 현감이 한마디 하면 언제든 고분고분 받들어 모시잖아요. 호색도 유분수지, 아무리 반 양반이라고는 해도 엄연히 양가 규수인데, 언감생심 왜 탐내느냐, 하는 것입죠."

주모는 생각할수록 그 규수가 불쌍하다며 혀끝을 찼다.

"여기는 향청도 없습니까?"

"왜 없겠습죠. 그런데 있으면 뭘 합니까. 모두 꿀 먹은 벙어리들 모양으로 찍소리도 못하는데. 현감이 눈 한번 부라리면 그냥 혼비백산 꽁지가 빠지게 도망가기 바쁘니 허울뿐이죠, 뭐."

"그래도 양반이라고 갓 쓰고 다닙니까?"

주모는 길동이 편들어 주자 실쭉 웃었다.

"그 규수가 어디 그뿐인 줄 아십니까. 일찍이 아비 되는 그 어른한테 글과 행실을 배워 이백과 두보의 문장을 읽을 줄 아는 건 물론이고, 사덕(四德) 또한 태사(太姒)를 본받아 예절이 바르다고 소문이 자자해요. 어디 하나 나무랄 데가 없어요."

조용히 요기를 때우던 길동 일행은 그런 몰염치한 인사가 있을까, 분개했다. 하긴, 세상천지에 그런 위인이 한두 명 아닌 줄은 익히 알고 있었지만, 길동은 그냥 놔두어서는 아니 되겠다고 어금니를 깨물었다. 약초는 어느덧 뒷전이 되고만 셈이었다.

"백씨 어른이 좋은 혼처 나오면 혼례를 치를 거라고 했는데……."

주모는 곡물세도 인근의 다른 지역보다 높을 뿐만 아니라 그 외로도 걸핏하면 갖은 명목을 붙여 또 거두어들인다고 전했다. 말끝마다 한숨과 함께 불평을 토해내는 주모의 입을 통해서 길동은 현감의 됨됨이가 그야말로 못된 탐관오리라는 걸 알 수 있었다.

"흉년이 들어도 봐주는 법이 없어요."

그 소리를 곁에서 귀동냥하던 진성이 속삭이듯 길동에게 물었다.

"어떻게 할까요?"

"어떻게 하긴요. 듣지 않았으면 모를까, 들었는데 그냥 넘기면 되겠소? 우리가 할 일이 무엇입니까. 핍박받는 백성들을 구하는 일이 최우선 아닙니까."

길동은 벌써 머릿속으로 어떻게 하면 그를 혼찌검 내줄 수 있을까 궁리하기 시작했다. 아무래도 시간대는 어두워진 다음이 좋을 듯했다. 길동은 먼저 진성을 탐색차 내보내고 주모가 주저리주저리 뱉어내는 현감에 대한 정보를 얻어들으며 해가 떨어지기까지 한쪽 토방을 차지하고 있었다.

해거름이 되자 길동이 지시한 대로 잠시 마실 가듯 나갔던 진성이 돌아왔다. 관아를 한 바퀴 훑어본 그는 길동에게 동헌과 내아, 객사, 창고의 위치 등을 자세히 보고했다. 보고를 들은 길동은 잠시 눈을 감았다.

진성이 말했다.

"윗물이 맑아야 아랫물이 맑다고, 문 지키는 수졸들의 군기도 많이 빠져 있더라고요. 동헌도 아사도 텅 비었어요. 아무래도 현감은 해가 지자마자 일찌감치 계집 끼고 내아에 들어앉은 것 같아요."

"창고하고 객사 상황은요?"

"거기라고 별것 있겠어요? 윗머리가 그 모양인데?"

진성은 가소롭다는 듯 픽 웃었다.

길동은 입술을 깨물었다. 그래도 이런 일은 한 치의 오차도 허용해서는 아니 되었다. 자칫하여 실패라도 하게 되면 오히려 백용 어른에게 혹을 덤터기 씌우는 결과를 초래할 것이기 때문이었다.

잠시 침묵을 지키던 길동은 이윽고 자신이 생각한 작전을 꺼냈다.

"목표는 단 하나, 현감을 꾸짖고 만백성 앞에 망신 주자는 것이니까 혹여라도 애먼 백성들을 다치게 해서는 안 되오. 특히 이번 일은 전광석화처럼 끝내야 하오. 자, 그럼 모두 채비를 갖추고 나갑시다."

길동은 끝으로 군사들에게 특히 낯선 곳인 만큼 몸조심할 것을 당부했다.

관아는 주막에서 조금 떨어진 곳에 있었다. 길동은 탐색한 경험이 있는 진성을 앞장세웠다. 가깝게 다가간 관아는 진성의 말처럼 정말 조용했다. 굳게 닫혀 있는 출입문 안의 앞마당에서도 인기척이란 느껴지지 않았다. 다 어디로 갔는지, 관노들의 발소리도 들리지 않았다. 희미한 불빛만이 동헌을 비추고 있을 따름이었다.

길동의 손짓에 따라 진성을 비롯한 군사들은 금방 담을 훌쩍 뛰어넘었다. 훈련으로 다져진 그들에게 그쯤은 식은 죽 먹기보다 쉬운 일이었다. 생각보다 낙천 현 관아는 넓고 컸다. 그러나 길동은 망설이지 않았다. 동헌 위로 뛰어 올라간 그는 일행들을 데리고 곧장 뒤편에 있는 내아로 소리 없이 쳐들어갔다.

잠시 방안의 동정을 살피던 길동은 칼을 빼 들고 다짜고짜 장지문을 사납게 열었다. 아직 초저녁인데 현감은 벌써 계집 하나를 껴안고 자리에 누워 있었다. 그렇게 보면 진성의 예상은 조금도 빗나가지 않은 셈이었다.

"네, 이놈. 내 칼을 받아라!"

길동이 칼을 들이대자 화들짝 놀란 현감은 벌거벗은 채 머리를 조아리며 오들오들 떨었다. 길동은 자신도 모르게 한숨이 터져 나왔다. 이런 위인이 그동안 이 고을을 다스리고 있었다니……. 그의 목에 칼을 들이댄 길동은 정말 목을 치고 싶다는 충동을 가까스로 참았다.

"이놈, 네 죄를 네가 알렸다!"

길동은 그에게서 잠시도 눈을 떼지 않았다. 여자 역시 벌거벗은 채 떨고 있기는 마찬가지였다. 길동은 눈짓으로 그녀에게 얼른 옷을 걸치라고 일렀다. 그러자 군졸 하나가 횃대에 걸려 있던 옷가지를 던져 주었다. 하지만 길동은 돼지같이 살찐 현감에게만큼은 옷 입힐 생각이 추호도 없었다. 그것은 주막에서부터 그가 머릿속으로 계획한 것이었다.

"이놈, 그동안 백성들의 고혈을 얼마나 많이 짜서 먹었는지 아주 살집이 삼 년 된 돼지처럼 통통히 쪘구나. 네가 오늘은 임자를 제대로 만난 줄 알거라. 내가 누군 줄 아느냐? 내가 이놈아, 홍길동이다!"

현감은 길동이 소문으로만 듣던 홍길동이라는 것을 스스로 밝히자 얼굴이 납빛으로 바뀌었다.

"네가 그러고도 모자라서 백 용 영감의 외동딸까지 탐냈다고?"

"잘못했습니다. 한 번만 살려주시면 다시는, 다시는 그런 짓을 하지 않겠습니다."

"그 말, 정말이냐?"

길동이 강다짐하듯 칼을 치켜들고 묻자 현감은 두 손을 모아 비비며 머리를 주억거렸다.

"여부가 있겠습니까."

"그렇다면 좋다! 그걸 문서로 증명해 봐라!"

현감은 그 말이 떨어지자 옳다구나, 하는 모양이었다. 살아날 길을 비로소 찾은 듯 그는 얼른 병풍 곁에 있는 문갑에서 지필묵을 꺼내 다시는 그런 행위를 하지 않겠다는 것을 증서로 써서 길동에게 바쳤다. 그러나 길동에게는 그것 역시 시작일 뿐이었다.

진성이 이제 어떻게 할까요, 하는 눈빛으로 길동을 쳐다보자 길동은 군사들에게 거침없이 다음 명령을 내렸다.

"이놈의 사지를 꽁꽁 묶고, 입마개를 해서 내일 아침 해가 뜰 때 백성들이 모두 쳐다볼 수 있도록 끌어다가 관아 앞 소나무에 높이 매달아라."

군사 가운데 하나가 벌거벗은 현감을 내려다보며 궁금하다는 듯 물었다.

"이대로, 말씀입니까?"

"그걸 말이라고 하느냐. 벌거벗은 이 모습 이대로 단단히 묶어 매달아야 하느니라. 알몸을 입성으로 가리지 못하도록 하거라."

길동은 주저하지 않았다. 현감은 길동의 그 말이 떨어지자 그게 무슨 뜻인지 금방 눈치챈 듯 눈물을 질금거리며 그것만큼은 면해 달라고 개개 빌었다. 하긴, 그거야말로 양반이라면 죽는 것보다 더한 형벌이 아닌가.

그러나 길동은 거기에서 그치지 않았다.

"너희들은 지금 나가 창고를 열어 곡물을 관아 앞에 모두 내다 놓거라. 날이 밝는 대로 백성들은 누구나 와서 마음껏 가져갈 수 있도록. 사실 그거야말로 애당초 모두 그들의 것이 아니었느냐."

길동은 현감에게 다시 또 그런 짓을 저지른다는 소리가 내 귀에 들리면 그때는 정말 죽을 줄 알라고 일갈한 뒤 군사들에게 그만 떠메고 나가라고 명령했다. 그러고는 진성에게 동헌 기둥에 홍길동이 다녀간다는 방을 붙이라는 것도 잊지 않고 명했다. 또 날랜 군사 하나를 시켜 백 용 어른에게 현감이 써준 증서를 전달하게 했다. 그것으로 주막에서 길동이 계획한 일은 모두 끝난 셈이었다. 그러나 주모가 침이 마르도록 칭찬한 그 규수를 끝내 보지 못한 것은 아쉬움으로 남았다.

현감을 혼내 주었으나 길동은 쉴 틈이 없었다. 숨 한 번 돌릴 사이 없이 그 밤을 새워가며 다시 길을 잡아야 했다. 일행이 모두 지쳤다는 건 알고 있었으나 그렇게 하지 않으면 자칫 꼬리를 잡힐 수 있다고 판단했기 때문이다.

"어디로 갑니까?"

진성이 물었다.

"어딘 어디겠소, 망당산이지. 우리, 약초 캐러 가던 길 아니었소?"

길동은 허허롭게 웃었다.

6

박개가 말한 곳을 함께 몰래 들어가 정찰한 길동은 그곳이야말로 자신이 꿈에 그리던 이상향을 세우기에 적합한 곳이라는 것을 통감했다. 박개가 말한 대로 봉우리가 세 개 솟아 있는 높은 산을 중심으로 길게 펼쳐진 그곳은 많은 인구가 함께 거주하기에도 불편하지 않을 뿐만 아니라 다른 섬과 달리 대부분이 완만한 구릉지였고, 경사가 심한 곳도 가파른 바위로 이루어지지 않았으며, 땅까지 비옥하여 농사짓기에도 적합해 보였다. 실제로 그곳 사람들은 어업과 농업을 병행하고 있었는데 그 가운데 농업에 더 힘을 쏟고 있었다.

"어떻습니까?"

박개가 물었을 때 길동은 자신도 모르게 무릎을 쳤다. 이제는 다만 그곳을 어떻게 이상향으로 건설하느냐가 문제일 따름이었다. 그 나라를 정벌하기 위한 군사력은 충분했다. 양식도 넉넉한 편이었고, 날마다 닦은 무예가 출중한 수천의 군사 또한 어디에 내놓아도 모자랄 데가 없었다. 그러나 길동은 그 나라 군사들과 피 흘리는 것만큼은 될 수 있으면 피하고 싶었다. 목숨이란 피아간 모두 소중한 것 아닌가. 따라서 그것은 전법 가운데에서도 최하위에 속했다. 그렇다면 어떻게 해야 할까. 산채로 돌아온 길동은 며칠 동안 혼자 궁리를 거듭했다. 그러나 그렇게 정복할 방법은 쉽사리 얻을 수가 없었다.

그날도 마찬가지였다. 빈청에서 장수들과의 아침 모임을 마친 길동은 처소에 돌아와 어떻게 하는 게 가장 적합한 방법일까, 고심하고 있었다. 그때였다. 판술이가 헐레벌떡거리면서 뛰어 들어왔다. 길동은 혹시라도 무슨 사단이 생긴 건 아닐까 싶었다.

"백 용이라는 어른이 산채에 들어오셨어요."

판술은 여전히 숨이 가쁜 듯 헐떡거렸다.

"누가 왔다고요?"

길동은 밑도 끝도 없이 자르듯 말하는 그에게 타이르듯 되물었다.

"낙천 현에 살던 백 용 영감이라면 아실 거라고 하던데요?"

낙천 현, 길동은 잠시 생각을 모아 보았다. 그러다가 그는 자신도 모르게 손뼉을 쳤다. 그래, 육 개월 전쯤 그 어른 일로 그곳의 현감을 혼내준 적이 있었지. 길동은 곧이어 그 어른에게 출중한 따님이 있다는 것까지도 떠올렸다.

"그 어른이 그곳에서는 살기가 어려워서 식솔들을 모두 데리고 이곳으로 들어왔다는데요? 진성 장수가 빨리 알려드리라고 해서……."

판술은 멋쩍은 듯 뒷머리를 긁었다.

그렇다면 가만히 앉아서 인사를 받을 수는 없었다. 길동은 벌떡 일어났다.

"그분을 어디로 모셨습니까?"

"모르겠어요. 제가 올 때까지는 빈청에 계셨는데……."

길동은 판술과 함께 곧장 빈청으로 향했다. 그가 왔다면 산채에서 종일 놀기 바쁜 아이들에게 글을 가르칠 훈도를 구하던 자신의 꿈을 이룰 수도 있을 것 같았다. 사실 산채에서 지금 가장 필요한 건 그것이었다. 딸을 그만큼 잘 가르쳤다면 인품은 보지 않아도 능히 짐작할 수 있지 않겠는가. 이곳의 아이들을 모두 그처럼 가르칠 수 있다면, 길동은 자신이 오랫동안 품은 꿈을 이룰 수도 있을 것 같았다.

백 용 영감은 진성과 빈청 앞 느티나무 아래에 앉아 담소를 나누고 있었다. 길동이 나타나자 백 영감은 일어나 공손히 예를 갖췄다. 길동은 반갑게 그의 손을 잡았다.

"잘 오시었습니다."

머리를 숙인 길동은 첫인상에도 그가 예사 사람이 아니라는 걸 금방 느낄 수 있었다. 이런 사람을 등용하지 않고 조정은 도대체 지금 뭐 하는 걸까, 원망스러웠다.

백 용 영감이 먼저 입을 열었다.

"인사가 늦었습니다. 장군님 덕분에 집안을 건사할 수 있게 되어서 감사합니다."

"무슨 말씀을요. 그런 일 하자고 우리 모두 여기 모인 것인데요, 뭐."

"아무튼 거두어주셔서 감사합니다. 그런데 이제부터는 이 늙은이가 할 일 없이 이곳의 소중한 식량까지 축내게 생겼는데 무엇으로 갚아야 할지 모르겠습니다."

백 영감은 거듭 머리를 수그렸다. 그는 이곳으로 들어오게 된 경위가 순전히 따님 때문이라고 말했다. 홍길동으로부터 소나무에 알몸으로 묶여 고을 사람들에게 개망신당한 현감은 결국 얼마 뒤 다른 곳으로 좌천되어 떠났고, 낙천 현에는 새 현감이 부임했는데, 그 역시 자신의 영달을 위해서는 무엇도 할 수 있는 위인으로 전임 현감의 소문을 듣고는 벡 영감이 분명 홍길동과 내통한다고 생각했는지 잠시도 감시의 끈을 놓지 않았다는 것이다. 어디를 가도 일거수일투족을 감시하는 사람이 늘 붙어 다니는 통에 거동하기조차 불편해진 백 용 영감은 결국 집안에 갇힌 신세가 되고 말았다. 나들이는 고사하고 고샅도 마음대로 다닐 수가 없었다고 했다. 그때 나선 게 딸이었다는 것이다. 곁에서 그걸 안타깝게 지켜보다가 이렇게 살 거라면 차라리 가사를 정리하여 홍 장군 계신 곳을 찾아가자고 했다는 것이다.

백 영감은 곧이어 식솔들을 한 사람씩 불러 길동에게 정중히 인사시켰다. 식솔이라고 해봤자 가지고 들어온 괴나리봇짐 몇 개처럼 단출해서 아내와 딸이 전부였다. 길동은 그들을 유심히 살펴보았다. 두 사람 역시 반가교육을 받은 탓인지 인사하는 태도가 예사롭지 않았다. 특히 길동의 눈에 비친 그 딸의 자태란 주모의 말처럼 아름답기 짝이 없었다. 현감이 흑심을 품을 만도 하였다.

"이 아이가 제 여식입니다."

백 영감은 딸을 길동의 앞으로 가까이 불렀다. 이름을 정서라고 밝힌 그녀는 부끄러운 듯 고개를 외로 틀었다. 댕기 속에 감추어진 하얗고 긴 목덜미를 보는 순간, 길동은 왠지 모르게 가슴이 뛰었다. 그런 감정을 느낀 것은 외지에 나온 이래 처음 겪는 일이었다. 길동은 진성에게 그들의 처소를 산채 중앙에 마련해드리라고 명하고 다시 백 영감의 손을 잡았다. 그런 다음 빈청으로 모셨다.

"정말 잘 오시었습니다. 그렇지 않아도 지금 우리 산채에는 어르신 같은 분이 꼭 필요했는데, 이렇듯 뵙는 걸 보니 아마도 하늘이 보내주신 것 같습니다. 앞으로는 훈도로 모실 터이오니 사양하지 마시고 날마다 늘어나는 어린아이들에게 글 좀 깨우쳐 주셨으면 합니다. 글을 깨우쳐야 세상을 바로 볼 것 아니겠습니까. 힘만 가지고 살아간다면 개돼지나 마찬가지지요."

길동은 주저하지 않았다. 백 영감에게 서당 자리를 마련해드릴 터이니 향교처럼 훈도 자리를 맡아 달라고 간청했다. 그러자 흰 수염을 몇 차례 쓸어내리던 백 영감은 잠시 무언가 생각하는 듯하더니 곧 머리를 끄덕거렸다.

"몸이 늙어 맡기신 일을 잘 감당할 수 있을지는 모르겠으나 분부하시니 아무쪼록 열심히 해보도록 하겠습니다."

그렇지 않아도 살려주신 은혜를 어떻게 갚나, 백 영감은 걱정했다고 덧붙였다. 그 소리를 듣자 길동은 뛸 듯이 기뻤다. 하늘이 정말 도왔다는 느낌이 들었다.

저녁 무렵 길동은 여전히 처소에 혼자 앉아 과연 어떤 방법으로 그 섬나라를 정복할까, 생각에 잠겨 있었다. 그것은 다른 사람들과 의논할 수 있는 게 아니어서 어려움이 더했다. 가장 좋은 방법은 그 섬나라의 왕이 스스로 항복하는 것일 터이지만 들은 바에 의하면 그럴 리는 없어 보였다.

지금까지 모든 권력을 다 누려온 그가 무엇 때문에 백기를 들고 항복하겠는가.

밤이 깊어질 때까지도 길동은 처소에서 꼼짝하지 않았다. 진성이 헛기침을 터트리며 들어와 백 영감 축하연에 참석하시지요, 하고 권했으나 길동은 그것도 거절하였다. 그것보다 더 중요한 게 항복 받을 방법이었다. 길동이 그렇게 고심하며 한 식경이나 지났을까. 여태 들어본 적 없는 여자의 낭랑한 목소리가 처소 바깥에서 들려왔다.

"장군님, 계십니까."

누구일까. 길동은 깜짝 놀랐다. 가슴이 뛰었다. 목소리는 아까 잠시 보았던 백 영감의 딸인 듯했다. 길동은 지체하지 않고 일어나 문을 열었다. 짐작한 대로 문 앞에는 그녀가 고개를 다소곳이 숙인 채 서 있었다.

"어쩐 일이십니까?"

길동은 떨리는 목소리로 물었다.

"모시고 오라는 아버님의 분부가 있어서……."

어두웠지만 그녀의 자태는 정말 선녀가 하늘에서 막 하강한 것처럼 곱고 아리따웠다. 몸가짐 또한 사서삼경을 통달한 사람답게 절도가 있었다. 이번엔 길동도 거절할 수가 없었다. 설레는 마음으로 일어난 그는 그녀와 함께 빈청으로 올라갔다. 그러자 취기가 오른 진성이 소리 없이 웃음 지으며 농을 던졌다. 장군님도 약한 데가 있군요. 길동은 그가 한 말이 무슨 뜻인가 잠시 생각하다가 자신도 모르게 그만 얼굴을 붉히고 말았다.

빈청은 백 영감을 중심으로 장수 여럿이 둘러앉아 술잔을 돌리며 그가 살아온 지난날 이야기를 귀담아듣고 있었다. 길동은 그들이 가운데 자리로 모시자 앉으며 자신 때문에 이야기를 중단하지 말라고 일렀다. 물론 거기 모인 사람은 누구나 모두 서럽고 아픈 과거를 안고 있지만 백 영감의 과거는 그 누구보다 더 기구하리라 짐작되는 탓이었다.

한밤이었으나 산채는 대낮처럼 밝았다. 잠자리에 들 시각이 지났으나 횃불이 여기저기에서 활활 타오르고 있었다. 얼마나 지났을까. 자리가 거의 끝나갈 무렵, 무슨 생각에 잠긴 듯하던 진성이 불쑥 한마디를 던졌다.

"그런데, 우리 장군님께서는 언제 혼례를 치르실 건가요?"

그러자 여기저기서 기다렸다는 듯 산채가 더욱 굳건히 서기 위해서는 안주인이 빨리 정해져야 한다고 입들을 모았다. 길동은 쑥스러웠다. 그것보다 더 중차대한 일들이 아직 많이 남아 있다고 손사래를 쳐도 그들은 막무가내였다. 그래도 길동은 그것보다 더 그 중차대한 일이 무엇이라고 묻는데 대답할 수 없는 게 안타까웠다.

그때였다. 윗자리에 앉아 헛기침을 몇 번 터트리던 백 영감이 갑자기 나섰다.

"혼례는 하늘이 정한 것이고, 또 특히 홍 장군의 안주인이 된다는 것은 곧 산채의 안주인이 되는 중차대한 자리이므로 심사숙고하셔야지요."

백 영감은 말을 던지고 길동을 넌지시 바라보았다. 길동은 얼굴이 달아올랐다. 조금 전에 보았던 선녀 같은 처자의 모습이 눈앞에 스쳤다. 나이 이십이 되도록 아직 부부의 정을 모르는 길동은 백 영감의 시선을 피한 채 진성을 돌아보았다. 그러나 조금 전 취했을 때와는 달리 진성은 신중했다.

"맞습니다. 그렇지만 저는 장군님의 반려자를 구태여 멀리 가서 찾을 필요가 없다고 봅니다. 가까운 곳에도 계시지 않습니까."

그는 넌지시 백 영감을 건너다보며, 다시 말을 이었다.

"물론 당사자의 뜻이 어떤지 물어봐야겠지만 말입니다."

그러자 이번엔 잠자코 앉아 술잔을 비우던 판술이 거들고 나섰다.

"아, 뭐 뜸 들일 거 있습니까. 혼례 날짜는 나중 길일을 택하더라도 상대는 아주 이참에 정하시지요. 저는 어르신의 따님이 적격이라고 생각하는데 어떻습니까요? 제가 보기에 그분이야말로 우리 산채 안주인으로서는 조금도 모자람이 없는 분이던데요."

길동은 시선이 모두 자신에게 집중되자 갑자기 부끄러운 마음이 일었다. 그러자 이번엔 양반다리를 틀고 앉아 흰 수염을 훑어내리던 백 영감이 헛기침을 몇 차례 내뱉고 조용히 입을 열었다.

"그런 문제는 걱정할 이유가 없을 것 같습니다. 여기 들어오자고 처음 제안한 것도 그 아이였으니까요. 워낙 속이 깊은 아이여서 단정하기는 어렵지만, 하나를 보면 열을 안다고, 그게 무슨 뜻인 줄은 헤아릴 수 있지 않겠습니까?"

백 영감은 입가에 미소를 머금었다. 백 영감이 말을 끝내자 판술이가 다시 나섰다.

"그렇다면 얘기는 다 끝난 거 아닙니까. 그럼 쇠뿔도 단김에 뽑으라고, 아주 이 자리에서 날짜를 정하시지요?"

"그건 어불성설일세. 날짜만큼은 길일을 골라 택해야지. 바쁠수록 돌아가라는 말도 있지 않은가. 아무리 우리가 이렇게 살아도 혼사 아닌가. 더구나 장군님의 혼사인데 그렇게 마구잡이로 치를 수는 없다고 보네."

진성이 한 마디 던지자 그 말에 대거리하는 사람은 아무도 않았다. 백 영감도 조용히 머리를 끄덕거릴 뿐이었다. 결국 그날은 그것으로 길동의 혼례 문제는 끝나고 말았다. 길동도 다시 그 일을 궁리하기 시작했다. 그러나 길동의 혼례가 그것으로 끝난 건 아니었다.

며칠이 지난 어느 날이었다. 아침 일찍 아이의 기별을 받은 길동은 백 영감과 그의 아내, 그리고 딸이 거처하는 처소로 향했다. 무슨 일일까. 길동은 궁금했다. 길동이 들어서자 백 영감은 마치 기다리고 있었다는 듯 반겼다. 결례를 용서하라고 전제한 백 영감은 흰 수염을 한차례 훑어내리고는 말문을 열었다.

"이 늙은이가 며칠째 생각해 보았습니다. 혼사란 인륜지대사로 하늘이 정해준다고 하였습니다. 사람이 아무리 자신의 짝으로 마땅하게 생각하여도 하늘이 허락하지 않으면 아니 되는 게 혼사입니다. 물론 부모가 정혼

하면 자식들이야 따르는 게 우리나라 예법이기는 하지요. 그러나 그게 어디 그렇습니까. 그래서 오늘 식전에 여식을 불러 의중을 물어보았습니다. 그런데 대꾸를 미루는 품으로 보아 싫다는 건 아닌 듯했습니다. 그래서 이야기인데, 부족하지만 제 여식을 장군님의 반려자로 삼아주시면 어떻겠습니까?"

길동은 잠자코 듣고 있었다. 자신도 모르게 마른침을 삼켰다. 잠시 후 헛기침을 몇 번 뱉어낸 백 영감이 다시 말을 이었다.

"어떤 중차대한 일이 있는 줄은 모르겠으나 이것 역시 중한 일이라는 걸 양지하시고, 그 일을 도모하기 전에 길일을 택해서 혼사부터 치르는 건 어떨지요?"

길동은 왠지 대꾸하기가 거북살스러웠다. 그것이 중요하고 또 싫은 건 아니지만, 그는 그것보다 먼저 자신이 구상하고 있는 새 나라를 세운 뒤에 해도 늦지 않다고 생각했다. 모든 일은 선후가 있는 것이 아니겠는가.

"어르신의 말씀은 잘 알아들었습니다."

길동은 그러나 그런 일은 자신이 결정하는 것보다 진성과 의논하는 게 좋을 듯하다고 미루고는 일어났다. 며칠 전 달빛에 보았던 그 규수의 모습이 눈앞에 다시 어른거렸으나 그는 애써 그것을 지우고 처소로 향했다.

가장 쉬운 방법은 나라를 엎는 일이었다. 그러나 길동은 그런 생각은 꿈에도 하지 않았다. 아무리 목적이 우선이라고는 하지만 그것은 자신이 원하는 게 아닐뿐더러 역적질을 도모하는 것이 되기 때문이었다. 비록 서자로 태어나 온갖 서러움을 받은 건 사실이고, 그래서 그것을 타파하여야겠다고 앞장선 것 또한 사실이지만, 이 땅의 기운을 받고 자란 건 부정할 수 없지 않은가.

어떻게 처리하는 게 최선책일까. 그는 처소로 발걸음을 옮기면서도 머리가 무거웠다. 산 어디선가 뻐꾸기 우는 소리가 들렸다.

7

계획은 며칠 동안 고심 끝에 마침내 세웠다. 그래 그렇게 간단한 것을 왜 여태 모르고 끙끙 앓았을까. 길동은 무릎을 쳤다. 일단 계획을 세우자 그는 조금도 지체하지 않았다. 바로 실천에 옮겼다. 빈틈이란 어디에나 있게 마련이므로 그것부터 주의시킬 필요가 있었다.

아침부터 부름을 받은 장수들은 영문을 알 수 없다는 표정으로 길동을 올려다보았다. 그곳에는 진성과 판술도 끼어 있었다. 그러나 두 사람 역시 모르기는 마찬가지였다. 한 사람도 빠짐없이 모였다는 것을 눈으로 확인한 길동은 조용히 입을 열었다.

"내가 일전에 조금 먼 곳에 있는 한 나라를 다녀온 적이 있었소. 율도국이라는 섬나라인데, 우리 조정은 물론 중국도 섬기지 않는 독립된 나라였소. 그런데 그 나라의 백성들 역시 우리처럼 제도와 관습에 얽매인 채 살고 있었소. 겉으로는 물고기도 잡고 농사도 짓고 그것을 서로 팔고 사면서 행복한 듯 살고 있지만 그 서러움이란 오죽하겠소. 그래서 나는 얽매이고도 얽매인 줄 모르고 사는 그들을 그 굴레에서 해방시킬 작정이오. 내가 오래전부터 꿈꿔온 나라란 바로 그런 곳이었소. 따지고 보면 지금 우리가 이 척박한 산채에서 짐승처럼 살아온 것 역시 우리를 억누르고 있는 그런 제도와 관습의 굴레가 싫었기 때문이 아니겠소?"

길동이 잠시 말문을 닫았다. 그때까지도 장수들은 그가 무슨 말을 하려는가 하는 얼굴빛이었다.

"……그래서 이야기인데, 우리가 어찌 이곳만 지키면서 세월을 보내겠소? 그래서 이제 나는 그 율도국으로 우리의 산채를 옮기기로 마음을 굳혔소. 그래서 여러분과 그 일을 의논하고자 모이라 한 것이오."

장수들은 그제야 비로소 길동이 무슨 말을 하려는지 알아차렸다. 그러나 눈치 빠른 진성은 한 걸음 더 나아가 그렇다면 길동이 벌써 어떤 복안을 세우고 불렀다는 것까지 감지하고 있었다. 아니나 다를까. 길동이 이어서 입을 열자 진성은 그것이 자신의 예상과 다르지 않다는 것을 알고는 머리를 크게 끄덕거렸다.

“서로 죽이고 죽는 싸움은 병법 가운데 최하급이요. 물론 저들이 끝까지 저항한다면 어쩔 수 없는 일이겠으나 나는 되도록 저들을 설득하여 무혈입성하고 싶소.”

거기까지 말하고 길동은 둥글게 앉아 있는 장수들을 한차례 둘러보았다. 그러나 누구 한 사람 쉽게 입을 여는 장수는 없었다. 그때였다. 진성이 앞으로 나섰다.

“그렇다면 먼저 몇 명을 짝지어 보내어 저들에게 장군님이 어떤 분이시란 걸 알리고, 스스로 항복하게 하는 게 최선책일 듯합니다.”

그가 말을 마치자 그제야 여기저기에서 그게 좋겠다는 소리가 터져 나왔다. 길동 역시 고심 끝에 생각해 낸 게 그것이었다. 그렇다면 그 낯선 사지에 누구를 먼저 보낼 것인가가 문제였다. 물론 단 며칠 동안이기는 하지만. 그러나 그것을 결정하는 시간 역시 오래 걸리지는 않았다. 왜냐하면 장수마다 자기가 가겠다고 나섰기 때문이었다.

잠시 뒤 길동은 명령을 내렸다.

“이런 일은 되도록 아무도 모르게 은밀히 진행해야 합니다. 따라서 많은 사람이 가게 되면 오히려 역효과를 낼 수도 있어요. 그래서 이번 일에는 박개와 판술이, 맹춘 장수를 진성 장수가 인솔하여 데리고 가는 게 좋을 듯합니다. 그래도 혹시 모르는 일이니까 나머지 장수들은 휘하 군사들과 함께 별도 명령이 있을 때까지 전투 준비에 더욱 박차를 가해 주시기 바라오.”

장수들이 알겠다는 얼굴로 흩어지자 길동은 지명한 네 명을 처소로 따로 불렀다. 그들은 자못 비장한 얼굴이었다.

“오늘은 푹 쉬고 내일 아침 일찍 떠나시오. 그리고 혹시라도 잘못될 경우는 목숨을 잃을 염려도 있으니, 내가 아무도 모르게 뒤쫓아갈 것이오. 소문은 그곳 저잣거리나 주막 등에서 사람을 만날 적마다 내되, 곧 홍 장군이 몇만 명의 군사들을 이끌고 쳐들어올 거라고 하시오. 그래야 두려움을 느낀 저들이 지체하지 않을 겁니다. 이런 일은 빠를수록 좋습니다. 다들 아셨소?"

"지금까지 한 것처럼 말이지요?"

박개가 곁말을 던졌다.

"그렇지요. 우리 같은 부류의 사람들이 차별받지 않고 사는 나라를 만들고자 온다면 저들도 마음에 갈등이 생길 겁니다. 극소수의 지배층만 빼고는."

네 사람은 고개를 끄덕거렸다.

"그러나 이 일은 아주 은밀히, 조심스럽게 행해야 한다는 점을 명심하시오."

다음날 네 사람을 먼저 내려보낸 길동은 산채의 장수들을 다시 한 자리에 모았다.

"장수들은 들으시오. 나는 저녁에 저들의 뒤를 혼자 따라갈 것이오. 그러니 장수들은 모두 군사들을 변장시켜 이틀 후 아침 일찍 출발하시오. 이 일은 우리의 미래가 달린 것이니만큼 조금도 군령을 어기거나 지체하는 일이 있어서는 아니 될 것이오. 일사불란하게 움직여야 한다는 점을 명심하시오. 아시겠소?"

길동이 엄하게 명령을 내리자 장수들은 모두 긴장하는 눈빛이었다.

산채를 벗어난 네 사람은 둘씩 짝을 지어 목적지를 향해 걸었다.

"나를 따라오세요."

길은 멀고 험했다. 그러나 이미 몇 차례 다녀온 적 있는 박개는 가쁜 숨을 내쉬면서도 걸음을 지체하지 않았다. 덩치가 큰 판술이와 맹춘이가 조금이라도 뒤떨어지거나 지체하면 가차 없이 독려했다. 그만큼 이 일이란 산채 식구들을 위한 일이며, 또 앞으로 식구가 되겠다고 찾아올 사람들을 위한 길이란 걸 누구보다 잘 알고 있는 까닭이었다.

율도국은 걸어서 하루에 도착할 수 있는 곳이 아니었다. 며칠을 걸은 다음 다시 또 배를 타고 하루를 꼬박 가야 하는 먼 섬이었다. 그런 까닭에 자칫 잘못하여 벼슬아치들의 눈에 띄기라도 하는 날에는 때아닌 곤욕을 당할 우려도 있었고, 또 태풍이라도 맞는 날엔 며칠씩 하늘만 올려다보며 지체될 수도 있었다. 그렇게 될 때는 전체 계획에 차질이 생길 수밖에 없어 박개는 더욱 마음을 놓을 수가 없었다.

"아직 멀었나?"

진성이 물었으나 박개는 대꾸를 미룬 채 잰걸음을 놓았다. 네 사람은 그렇게 사흘을 걸은 끝에야 비로소 포구에 닿을 수 있었다. 하지만 포구가 내려다보이는 언덕에 앉아 쉬는 세 사람과 달리 박개는 여전히 바빴다. 그는 곧 평소 안면이 있는 배꾼을 찾아가 은자 몇 개를 건네고는 다음 날 아침 여명이 밝으면 출발하기로 약조를 맺고 돌아왔다. 배꾼은 평소에도 율도국을 드나들어 물길에 밝은 위인이었다. 다행히 바다는 큰바람이 불 징조를 보이지 않았다.

새벽에 출발한 배는 한나절이 지나서야 겨우 섬에 닿았다. 섬에서 내린 박개는 먼저 주위부터 살폈다. 얼마 전 왔을 때와 변한 것은 하나도 없는 것 같았다. 농부들은 밭을 갈고 있었고, 어부들은 배 타고 나가 고기를 잡고 있었으며, 아낙네들은 냇가에 둘러앉아 이야기꽃을 피우며 빨래하고 있었다. 그 광경을 본 진성은 눈을 크게 떴다. 그랬다. 자신 또한 소원하던 곳이 바로 이런 곳 아닌가. 그는 가슴이 두근거렸다.

"어떻습니까?"

박개가 한쪽 어깨를 치켜올리며 자랑하듯 물었다.

"이런 곳인가? 대단하구먼."

먼눈으로 사방을 둘러보던 진성은 탄성을 질렀다. 판술과 맹춘이도 벌린 입을 다물지 못했다. 그러나 박개는 한가롭게 주위를 구경할 수만은 없었다. 길동 장군이 도착하기 전 해야 할 작업이 있는 까닭이었다. 그 역시 피 흘리는 전쟁을 원하지는 않았다. 하긴, 누가 전쟁을 원하겠는가.

주막에 들어선 네 사람은 곧 주모를 불렀다. 그러고는 요기하며 슬그머니 홍 장군 이야기를 풀어놓았다. 이야기를 들은 주모의 눈이 갑자기 휘둥그레졌다. 홍 장군이요? 그녀는 곧 밖으로 뛰쳐나갔다. 그러고는 마주치는 아낙들과 안면 있는 사람들에게 그 이야기를 주저리주저리 퍼트리기 시작했다.

"홍 장군 이야기는 진작부터 들어서 나도 잘 알지."

"그 장군이 백성들의 고혈을 짜는 벼슬아치들을 혼내주고, 그 재물을 빼앗아 다시 백성들에게 나누어 주었다는 이야기는 아주 유명하잖아."

"그럼, 그럼! 그 장군 이야기를 들을 적마다 나는 몇 년 동안 꽉 막혔던 체증이 한꺼번에 다 쑥 내려가는 기분이었다니까."

"그랬어? 나도 그랬어."

"아무튼 우리 대신 그놈들을 그렇게 혼내 주다니, 얼마나 좋아. 그렇다면 이 나라 왕도 곧 혼쭐이 나겠구먼."

소문은 삽시간에 꼬리를 물고 퍼졌다. 한 번 퍼지기 시작한 소문은 조금씩 부풀어 올라 하루가 지나자 온 섬에 떠돌았다. 그리고 결국 그 소문은 율도국 왕의 귀에도 들어가게 되었다. 왕은 곧 신하들을 소집했다.

"홍길동이란 작자가 우리나라를 쳐들어온다는데, 경들도 그 소문을 들었는가?"

"예이, 들었나이다."

신하들의 얼굴은 굳어 있었다. 그들을 내려다보던 왕은 자신도 모르게 낯을 찡그렸다.

"그래, 몇만의 군사를 이끌고 쳐들어온다는데, 이를 어찌해야 하겠소?"

그러나 쉽게 입을 여는 신하는 한 명도 없었다. 왕이 몇 번 더 독촉했으나 대꾸가 없기는 마찬가지였다. 사색이 된 그들을 내려다보던 왕은 자신도 모르게 한숨을 길게 토해냈다.

얼마나 지났을까. 밖에서 군사 한 명이 전통을 들고 급히 뛰어 들어왔다. 그것은 길동이 보낸 격문이었다. 그것을 읽던 왕은 눈을 휘둥그렇게 떴다. 격문은 뜻밖에도 강압적인 것이 아니었다. 쳐들어온다는 적이 예를 갖추고 있었다.

-의병장 홍길동은 삼가 글월을 율도왕께 올려드립니다.

나라는 한 사람이 오래 지키지 못합니다. 은나라의 시조 성탕은 하나라의 걸왕을 치고, 주나라의 시조 무왕은 은나라의 주왕을 쫓아냈으니, 이는 다 백성을 위하여 어지러운 시대를 평정했던 것입니다. 이제 의병 몇만 명을 거느리고 이에 제가 여기에 이르렀으니, 왕은 대세를 살펴보시고 견딜 수 있다면 자웅을 겨루시고, 아니면 일찍 항복하심이 어떠신지요? 백성을 위하여 항복하신다면 왕의 사직만큼은 보장해 드리겠습니다.

왕은 머리가 어지러웠다. 마음 같아서는 당장 나가 대적하고 싶었으나 힘이 없다는 게 절망스러웠다. 얼마 전 세상을 떠난 노 정승의 얼굴이 떠올랐다. 군사력을 길러야 한다고, 강력히 읍소하던 그가 지금 살아 있다면 과연 이 사태를 뭐라고 할까. 왕은 조정의 신하들을 애절한 눈빛으로 다시 내려다보았다. 그러나 머리를 수그린 그들 가운데 입을 여는 사람은 반나절이 지나도록 아무도 없었다. 얼마나 지났을까. 앞줄에 선 신하가 나섰으나 그 역시 하는 소리가 왕의 성에는 차지 않았다. 아직 섬에 오르지는 못했을 터이니 지금이라도 나가 튼튼히 방비하면 되지 않겠느냐고 하는 것은 결국 가래로 바다를 막자는 것이나 다름없지 않은가. 다시 침묵이 무겁게 흘렀다. 그와 비례해서 시간 또한 흘러가고 있었다. 왕은 초조했다. 길동이 보낸 격문을 몇 번이고 다시 읽었다. 정말 항복하면 격문에 적힌 대로 나와 내 가족, 사직의 안위를 보장해 줄까. 그는 자꾸만 마음이 그쪽으로 기우는 자신을 발견했다. 더구나 홍 장군이란 인물이 누구인가. 항전할 경우, 패배할 건 불을 보듯 뻔하지 않은가. 그렇다고 사방이 바다인 섬에서는 어디로 도망갈 수도 없고 숨을 곳도 없었다. 진퇴양난. 왕은 깊게 한숨을 내쉬었다.

"그렇다면 경들은 이 난국을 어떻게 수습하면 좋겠단 말이요?"

왕은 곧 울음이 터질 것 같은 목소리로 다시 물었다. 벌써 똑같은 질문을 몇 차례 던지는 것인지 자신도 알 수 없었다. 그러자 머리를 숙이고 있던 대신들 가운데 비교적 젊은 신하 하나가 침묵을 깨고 머리를 쳐들었다.

"아뢰옵기 황송하오나 방법은 이제 한 가지밖에 없다고 아룁니다."

"그래, 무슨 좋은 방법이 있소?"

왕은 귀가 솔깃했다.

"홍 장군의 저의가 무엇인지, 확실히 알아본 뒤 그의 말이 사실이라면 들어주는 게 어떨지요?"

그의 말이 떨어지자 지금까지 침묵을 일관하던 조정이 갑자기 웅성거리기 시작했다. 그렇다면 항복하자는 소리냐. 우리가 지금까지 어떻게 지켜온 나라인데……. 신음과 한숨 소리가 여기저기서 한꺼번에 터져 나왔다.

그러자 젊은 신하가 다시 말했다.

"저도 이렇게 말하기는 정말 싫습니다. 그러나 지금은 방도가 없지 않습니까. 또 내가 듣기로는 홍 장군이 그렇듯 막 돼먹은 위인은 아니라고 하니 먼저 사신을 보내어 의중을 살펴보자는 것 아닙니까? 우리의 뜻도 소상히 전하고요."

"살아날 방도 말인가?"

"그렇습니다. 전술 가운데 으뜸은 싸워 이기는 것보다 싸우지 않고 이기는 것이라 하였고, 도망갈 길이 없으면 목숨을 부지하기 위해 항복한 후 후일을 도모하는 것도 최하위는 아니라고 하였습니다."

그의 말에 반대하는 신하는 한 명도 없었다. 그렇다면 이미 의견은 한데 모인 것이나 다름없었다. 왕은 용상에 앉아 잠시 눈을 감았다. 앞은 알 수가 없었다. 그러나 그 길만이 살길이라면 갈 수밖에 없지 않은가. 한숨을 몇 차례 토해내던 그는 이윽고 단안을 내렸다.

"그렇다면 누구를 저들에게 보내는 게 좋겠소?"

그러자 늙은 신하가 앞으로 나섰다.

"화해를 제안한 신하가 나서서 먼저 저들의 의중을 살피는 게 마땅한 줄 아뢰오."

왕은 머리를 끄덕거렸다. 딴은 그 말이 맞았다. 눈치 없는 늙은 신하들보다는 약삭빠른 젊은 신하가 제격일 것 같았다.

반면, 무사히 역할을 감당하고 돌아온 네 사람을 만난 길동은 그들을 격려하고 뒤이어 당도한 군사들에게 잠시 휴식을 취하도록 명령했다. 며칠을 숨 가쁘게 달려온 그들에게는 무엇보다 지금 필요한 게 휴식이었다. 그렇다고 길동까지 쉬고 있을 수는 없었다. 그는 그사이에도 율도국 조정의 움직임을 세밀히 살피고 있었다. 다행히 날씨는 언제 출발해도 될 만큼 쾌청했다.

"어떻게 될 것 같습니까?"

길동이 묻자 진성은 곧 왕이 항복할 것이라고 자신 있게 말했다.

"그래도 군사들은 긴장이 풀리지 않도록 주의시켜야 합니다."

"여부가 있겠습니까. 긴장이 풀어지면 군령이 서지 않게 되고, 그리되면 만 명이 넘는 군사라도 한낱 오합지졸에 불과할 터이니까요."

"일단 저들의 동태를 주시하는 동안 군사들의 배를 채워주도록 하세요.

사람들은 누구나 배가 고프면 힘을 쓰지 못하는 법이니…….”

명령받은 진성이 산속에 매복해 있는 군사들에게 돌아가자 길동은 바닷가로 내려왔다. 모처럼 맡아보는 갯내가 싫지 않았다. 잘되어야 할 터인데……. 길동은 하늘을 올려다보았다. 이제 믿을 건 오직 하늘뿐이었다.

길동은 어렸을 적에 하늘을 원망했다. 왜, 자신을 서자로 태어나게 했는가. 왜, 세상은 아버지를 아버지라고 부르지 못하게 만들었는가. 하늘을 올려다볼 적마다 길동은 바꿔 달라고 빌고, 또 빌었다. 하지만 하늘은 그의 말을 들어주지 않았다. 그래서 나중엔 하늘을 원망까지 했다. 하늘은 사람들이 무작정 빈다고 다 들어주지는 않았다. 전심전력을 다하고 난 뒤에야 비로소 그 뜻을 이루어주었다. 그것도 모두 다 들어주는 것은 아니었다. 길동이 그것을 알기까지는 꽤 오랜 시간이 필요했다.

군사들이 휴식을 취한 지 반나절이 지날 무렵이었다. 먼 수평선 너머로 이상한 배 한 척이 떠오는 게 보였다. 먼눈으로도 그 배는 고깃배 같지 않았다. 이 시간에 무슨 배일까. 길동은 잠시 고개를 갸우뚱했다. 곁에서 이를 같이 지켜보던 진성이 말했다.

“화해하기 위해 율도국 왕이 보낸 배가 아닐까요?”

그 말을 듣자 길동은 곁에 있던 사람을 시켜 예를 갖춰 맞을 자리를 준비토록 했다. 어떤 목적을 가지고 오는지는 알 수 없었다. 그러나 아무튼 그를 후히 대접한 뒤 자신이 품은 뜻을 전달하여 돌려보내야겠다는 생각이었다.

진성의 짐작은 틀리지 않았다. 한 시간쯤 뒤 뭍에 오른 그는 자신의 신분을 율도국 왕이 보낸 사신이라고 밝혔다. 길동은 그를 자세히 뜯어보았다. 젊은 그는 당당한 듯 보였으나 조금은 겁먹은 얼굴빛이었다.

“어떻게 오셨소?”

“홍 장군을 만나기 위해 왔소이다.”

그는 머리를 수그리지 않고 꼿꼿한 자세로 말했다.

길동은 가까이 다가가 웃으며 그를 맞았다.

"내가 홍길동이오."

길동이 인사를 건네자 그는 비로소 머리를 깊이 숙여 예를 갖췄다. 길동은 그를 데리고 자리에 올랐다. 그러나 그는 길동이 술잔을 권하자 손사래를 쳤다. 임무를 마치고 빨리 돌아가 기다리고 있을 왕께 자초지종을 아뢰어야 한다는 것이었다.

"그렇습니까. 그럼 찾아온 목적이 무엇인지 먼저 말씀해 보시오."

"외람되지만 먼저 하나 묻겠습니다. 우리가 홍 장군에게 잘못한 게 아무것도 없는데, 왜 우리나라를 쳐들어오려고 하시는지요?"

길동은 어디에서부터 설명해야 그가 알아들을까, 잠시 망설였다.

"우리나라 백성들은 본디 전쟁 따위를 모르고 살아온 착한 사람들입니다. 그런 사람들을 살상하시겠다는 뜻이 어디에 있는지요? 제가 알기로는 홍 장군님이야말로 의협심이 강하고, 불쌍한 백성들을 먼저 위한다고 하던데요."

그러자 곁에 배석했던 진성이 대신 입을 열었다.

"그 말은 맞습니다. 그런데 이 땅에는 아직도 헐벗고 굶주린 백성들, 벼슬아치들에게 핍박받고 열심히 일한 것을 속절없이 빼앗기는 백성들이 많습니다. 장군께서는 그런 백성들이 찾아와 마음껏 살 수 있는 나라를 건설하겠다는 것이 꿈입니다. 그러니까 율도국을 정복하겠다는 게 아니라 그런 사람들과 더불어 살아가자는 거지요. 물론 거기에는 율도국 백성들도 모두 포함됩니다. 그러므로 그 나라의 왕이나 조정 대신들은 목숨을 걱정할 필요가 없습니다. 물론 식솔들도요. 장군께서는 그런 나라를 세우기 위해서라면 그들도 모두 중용하실 겁니다."

진성의 설명이 끝나자 젊은 사신의 눈빛이 갑자기 반짝 빛났다.

"그게 사실입니까? 그걸 우리가 어떻게 믿을 수 있지요?"

"장군께서 약조하셨으니까요."

그래도 젊은 사신은 믿기지 않는다는 듯 머뭇거렸다. 그런 그를 건너다 보던 길동이 곁에 있는 군졸에게 지필묵을 가져오라고 일렀다. 그러고는 곧 몇 자 적어 그에게 건네주며 말했다.

"이건 내가 증표로 주는 서찰이오. 이걸 가지고 왕께 전하시오."

서찰을 받은 사신은 비로소 안심되는 얼굴이었다. 길동은 사흘의 말미를 주었다. 만약 그때까지 항복의 뜻을 나타내지 않으면 그땐 어쩔 수 없이 정말 무력으로 정복하겠다고 선언했다. 젊은 사신은 그러나 그런 걱정은 하지 않아도 될 것 같다면서 자리를 털고 일어섰다. 포구까지 내려가 전송하고 돌아온 길동은 다시 하늘을 올려다보았다. 이제 비로소 제도와 관습에 눌려 살던 그 나라와 이 나라의 백성들이 거기에서 벗어나 함께 크게 웃을 수 있는 날이 가까웠다는 느낌이 들었다.

진성이 웃으며 물었다.

"장군님, 이제야 꿈에 그리던 그 나라가 눈앞으로 다가오는 것 같군요."

"그렇게 보입니까?"

"그렇지 않습니까? 저들이 손들고 나오면 그것으로 끝인데요."

"아닙니다. 문제는 이제부터 시작인 셈이지요. 백성들과 함께 눈높이를 어떻게 맞추어 살아가느냐가 문제니까요."

길동은 하늘에서 잠시도 눈을 떼지 않았다. 수평선 너머 길게 이어진 노을은 어느새 황금빛으로 물들어 있었다.

8

기별은 사흘이 지나지 않아 정확히 건너왔다. 젊은 사신은 사흘 만에 다시 길동을 찾아왔다. 그러나 그는 지난번처럼 단신으로 온 게 아니었다. 이번엔 배 여러 척에 조정 대신들까지 나누어 타고 온 것이었다.

뭍에 내린 그들은 정중하게 길동을 향해 예를 갖췄다. 모두가 머리를 숙인 가운데 대표가 되는 듯한 늙은 대신이 전지를 들고 길동 앞으로 나섰다. 전지는 다름 아닌 항복 문서였다.

"이제 장군님께서는 우리나라에 입성하시어 저희 왕의 절을 받으시고, 왕위에 오르시옵소서."

길동은 그가 전하는 문서를 정중히 받았다. 그들의 모습을 한차례 훑어본 길동은 그 뒤에 따르기 쉬운 흉계나 음모 따위가 없다는 것을 느낄 수 있었다. 조건은 몇 가지 되지 않았다. 일테면 사직과 왕족, 대신들의 가족을 멸하지 않는다는 것과 백성의 목숨과 재물을 해치지 않는다는 것 등이었다. 이게 끝이구나, 길동은 갑자기 가슴이 먹먹했다. 감개무량했다. 따지고 보면 이를 위해서 그가 뛰어다닌 시간이 지금까지 얼마나 많았던가. 그는 다시 하늘을 올려다보았다. 무어라 말할 수 없을 만큼 감사했다. 그는 곧 산채의 모든 식구에게 배에 오르라고 명령했다. 승리에 취해 환호성을 지르는 그들에게 길동은 조용히 하라고 주의 주었다. 그리고는 율도국의 신하들에게도 예를 갖춰 함께 배에 오르자고 권했다. 그들이 한사코 사양했으나 길동은 이제부턴 모두가 한 나라 백성들인데 무에 가릴 게 있느냐고 말했다.

배가 섬에 상륙했다는 소식을 들은 율도국의 왕은 일찌감치 대궐 입구까지 나와서 길동과 그 군사들이 도착하기를 기다리고 있었다. 이윽고 길동 일행의 모습이 멀리 보이자 그는 가슴이 뛰었다. 젊은 장군에게 임금자리를 물려준다는 것에 대해서는 하등 후회가 없었다. 다만 늙은 자신을 그동안 말없이 따라준 신하들이 고마울 따름이었다.

"어서 오르십시오."

그러나 길동은 엎드려 절하려는 왕을 제지했다. 그럴 필요를 느끼지 않았다. 따지고 보면 지금부터는 모두 하나가 되어 새 나라를 건설해야 할 역군들이 아닌가.

백마를 타고 도성에 무혈입성한 길동은 곧 용상에 올라 삼정승을 비롯하여 문무백관들을 임명하고 교지를 내렸다.

"모두 잘 들으시오. 오늘부터 이 나라의 백성은 누구를 막론하고 출신 성분과 관계없이 자유롭게 살아갈 권리를 가질 것이오. 따라서 지금까지 백성들을 억눌렀던 온갖 관습과 제도, 악습은 이 시간부터 모두 철폐될 것이며, 생업에 종사하는 백성은 누구나 다 똑같이 존경받는 나라가 될 것이오. 앞으로는 백성들이 절대로 억울하게 눈물 흘리는 일이 없도록 하겠소. 또한 이 소식을 듣고 먼 곳에서 찾아오는, 사람들에게도 문호를 개방하고 원한다면 똑같은 권리를 누리게 할 것이오. 또한 지금까지 이 나라를 다스려온 왕은 그 식솔들과 함께 이 나라에 지정된 곳을 다스리도록 할 것이오. 나는 이것을 선포하기 위해 오늘 이 자리에 섰소. 그러므로 경들도 이 말을 명심하고, 치정에 한 점 소홀함이 없도록 주의해 주기 바라오."

길동은 곧이어 율도국 왕을 의령군에 봉하고, 율도국 대신들에게도 모두 그에 맞는 자리를 마련해 주었다. 그러자 그 소식을 들은 백성들은 성이 떠나갈 듯 큰 소리로 만세를 불렀다.

"율도국 만세!"

"홍길동 대왕 만세!"

길동은 그 함성을 들으면서 다시 하늘을 올려다보았다. 비로소 오랫동안 꾸어온 꿈이 이루어진 것 같아 하늘에 감사하다는 마음이 들었다.

9

길동이 율도국에 입성은 했으나 산채 식구들이 모두 섬으로 건너오는 데는 그 뒤로도 석 달이라는 시간이 더 지난 다음이었다. 삼정승을 비롯한 조정 문무백관들을 임명하고, 또 낯선 풍속과 백성들의 삶을 돌아보느라 바쁘기도 했으나 그들이 거처할 새집을 건축하기 위해서는 그만한 시간이 필요했기 때문이다.

산채 식구들이 모두 무사히 섬에 도착한 날, 길동은 잔치를 벌였다. 소를 잡고 돼지를 잡았다. 잔치에는 그곳에 거주하던 백성들도 모두 참석하였다. 길동은 그 자리에서 산채 식구들에게 자칫 내세우기 쉬운 승자의 오만함이나 기득권 의식을 버리고, 이제부터는 모두가 새 세상을 건설한다는 각오로 임해주기를 단단히 주의 주었다.

영의정 진성이 조복을 입고 입궐하여 알현을 간청한 것은 그로부터 또 며칠이 지났을 즈음이었다. 오랜만에 그의 얼굴을 보게 된 길동은 오랫동안 보지 못했던 동무를 만난 듯 반가웠다.

“잘 지내셨소?”

“예, 소신은 폐하의 은덕으로 잘 지내고 있습니다. 오늘 폐하의 용안을 뵈니 좋아 보여 기쁘기 한량없습니다.”

진성도 반가웠다. 용상에 앉은 그가 산채에서처럼 여전히 자신을 존대해 주는 게 더욱 고맙고 우러러 보였다. 사실 이제는 활빈당이라는 산채의 대장이 아니라 한 나라를 다스리는 임금이 아닌가. 그렇다면 하대해도 무방할 터인데 그렇게 하지 않는다는 것은 그의 타고난 인격 같아 보이기도 했다.

“그래, 오늘은 어쩐 일로 입궐하시었소?”

길동이 묻자 진성은 얼른 자세를 고쳐 앉았다.

“예에, 긴히 드릴 말씀이 있어서 알현을 청했습니다.”

“그래요? 그럼 말씀해 보시지요.”

길동도 자세를 고쳐 앉았다. 갑자기 그게 무엇일까 궁금했다. 진성이 이렇듯 심각한 얼굴을 하고 입궐하였다면 아무튼 무언가 중요한 일을 의논하고자 한다는 것은 분명해 보였으나 그게 무언지는 짐작이 가지 않았다. 잠시 후 진성이 입을 열었다.

"백 용 훈도 선생 문제입니다."

"왜요, 향교가 맘에 들지 않는다고 하십디까? 더 크게 지어 드릴 걸 그랬나요? 짐은 그래도 명륜당과 서재 동재, 수복사와 외삼문까지 관심을 많이 기울였는데……."

길동은 잠시 어안이 벙벙하였다. 왜냐하면 백륜이라는 현판을 출입문에 높이 매단 향교는 많은 건축물 중에서도 자신이 가장 신경 써서 지은 것이기 때문이었다. 길동은 나라가 잘되고 못 되는 것은 인재를 기르는 데 달렸다고 늘 다짐하고 있었다. 그런 까닭에 나라를 세우면서 가장 먼저 한 게 지금까지 배우지 못한 아이들을 모아 가르치는 일이었다. 그래서 먼저 왕도에 향교를 짓고, 다음으로는 각 현과 고을에는 서당을 세워 아이들에게 훌륭한 스승으로부터 글을 배우게 하는 것은 물론이고, 충과 효 사상을 통해 사람다운 인격을 갖춰가도록 하였다.

진성이 다시 입을 열었다.

"폐하께서는 혹시 얼마 전 산채에서 훈도와 약조하신 것을 기억하시는지요?"

순간 길동은 아차, 싶었다. 그래, 그 일이 있었지. 온전히 승낙한 것은 아니지만 어쨌든 진성 장군에게 모든 걸 맡긴다고 한 것은 반 언질을 주었다고 봐야 하지 않겠는가. 길동은 선선히 머리를 끄덕거렸다. 순간, 눈앞에 그날 밤 달빛이 보았던 그 규수의 모습이 다시 스쳐 지나갔다.

"오늘은 소신이 그 약조를 매듭짓고자 입궐했습니다."

진성의 말투는 진지했다. 그가 다시 말을 이었다.

"대왕님의 은덕에 힘입어 이제 나라의 기틀은 어느 정도 갖추어졌다고 해도 무방할 듯합니다. 그러나 한 가지, 황후의 자리가 아직 비어 있다는 것은 온 나라 백성이 심히 우려하는 것으로 이는 하루속히 배필을 맞이하여야 할 일이라고 봅니다. 그래서 아뢰는 말씀이오니 윤허해 주시기 바랍니다."

진성은 그런 뜻에서라도 산채에서 약조한 것을 서둘러 매듭지어야 한다고 강조했다. 그는 또 자신이 본 바에 의하면 그 규수야말로 황후로 모시기에 부족함이 없다고 덧붙였다. 길동은 잠시 얼굴을 붉혔다. 중이 제 머리를 깎지 못한다고, 그렇지 않아도 그가 나서주기를 은근히 바라고 있던 참이기는 하였으나 정작 그가 그 말을 꺼내자 잠시 당혹스러웠다.

"그럼 어떻게 하는 게 좋겠소?"

"제 생각은 백성들의 이목도 있을 터이니, 왕실의 예를 갖춰 혼례식을 되도록 성대하게 올려 폐하의 위용을 나타냄이 좋을 듯합니다만……."

길동은 잠시 생각에 잠겼다. 진성은 그렇게 주장했으나 그의 생각은 달랐다. 물론 왕의 신분이니까 그렇게 해도 무방했다. 그러나 그는 그렇게 치르고 싶지 않았다. 백성들과 똑같은 절차로 백성들처럼 치르고 싶었다. 그래야 백성들 앞에서 오히려 떳떳할 것 같았다. 그렇게 하지 않으면 지금까지 출생 계급에 따라 살아가는 관습을 타파하기 위해 싸워온 그의 뜻이 한꺼번에 허물어질 수도 있다고 생각했다. 잠시 침묵이 흐른 후 이윽고 길동이 입을 열었다.

"왕실다운 혼례란 게 도대체 어떤 것이오? 짐은 그렇게 생각하지 않소. 성대하고 화려한 것보다는 백성들과 똑같이, 그들처럼 평범한 혼례식을 짐은 치르고 싶소. 그렇다고 가볍게 하거나 가식적으로 하자는 건 아니오. 어찌 인륜지대사를 그렇게 여기겠소. 다만 왕이 되었다고 해서 신분이나 생각이 바뀐 게 아니라는 걸 알아주었으면 하오. 경은 처음 산채에 들어왔을 때를 기억하오? 거기를 우리가 왜 들어왔소? 그리고 지금까지 우리가 무엇을 위해서 싸워왔소? 이제 짐의 뜻을 아시겠소?"

나지막했으나 길동의 어조는 단호했다. 진성은 머리를 숙였다. 왜 모르겠는가. 그는 길동을 올려다보았다. 옥좌에 앉았으나 아직도 그 뜻을 잊어버리지 않고 있는 그가 더욱 존경스러웠다.

"폐하의 생각이 정 그러하시다면 누가 그걸 막겠습니까. 소신도 막을 생각이 없습니다. 그럼 그렇게 하시지요. 다만 혼례는 오늘 윤허하신 것으로 알고 저쪽에 의혼을 알리도록 하겠습니다."

"그렇게 하세요."

"그렇다면 집례는 누가 맡아야 할지, 하명해 주시지요."

"그거야 영의정만큼 식견이 높은 사람이 이 나라에 어디 또 있겠습니까."

길동은 진성이 알겠다고, 하며 선선히 물러나 주기를 바랐다. 그러나 백 영감의 의중도 알 수가 없어 진성에게 오금을 박듯 다시 덧붙였다.

"저쪽에도 내 의견을 그대로 전하여 오해가 없도록 해주시오."

의혼은 이미 약조한 게 있으므로 사실 요식행위에 불과했다. 그러나 길동은 되도록 백 훈도의 집안에 예의를 갖추는 게 도리라고 생각했다.

며칠이 지나지 않아 진성은 백 훈도 역시 길동의 뜻을 선선히 받아들였다는 것을 알려왔다. 길동은 이런 일을 오래 끌고 싶지 않았다. 곧 진성에게 길일을 택해 납채를 전달하라고 명했다. 그러고는 다시 한번 왕실의 혼례 절차를 따르지 않고 백성들과 똑같은 절차를 따라 치를 거라는 걸 주지시켰다.

그날 밤, 길동은 대궐 안을 거닐다가 문득 이렇듯 좋은 날에 아버지와 어머니가 살아 계신다면 얼마나 기뻐하실까, 생각했다. 그렇게 보면 뜻을 펼치기 위해 지금까지 줄타기하듯 외길을 걷는 동안 부모를 떠올려보는 것도 오랜만이었다. 생각이 거기에 미치자 돌아가셨다는 비보를 접하고도 금방 찾아가지 못하고 훗날, 그것도 주위의 이목을 경계하며 찾아간 자신이 불효자라는 자괴감이 들었다. 나라가 조금 더 자리를 잡으면 이곳으로 이장해 모셔야지, 그는 돌아가셨다는 소식을 처음 접했을 때처럼 다시 어금니를 사려 물었다. 그가 보기에는 아직도 나라 안에 할 일이 여기저기 많이 쌓여 있었다. 먼저 백성들의 뇌리에 뿌리 깊이 박혀있는 계급의식부터 변화시키기 위해 계도 해야 하고, 또 사면이 바다이므로 땅에 의지한 농경을 주생활 터전으로 삼을 게 아니라 어업을 발전시켜 백성들의 식탁도 풍성하게 하고, 나아가 이 나라에서만 잡히는 어류를 인근의 나라에 내다 팔고, 그 나라의 특산물을 들여와 좀 더 넉넉하고 풍요로운 생활을 할 수 있도록 해야 하는데, 그러기 위해서는 튼튼한 배를 지금보다 수십 척 더 건조해야 하는 과업도 놓여 있었다.

길동이 나라를 세운 지 일 년이 지나자 율도국이 잘 사는 나라라는 소문이 인근 각처에 퍼져가기 시작했다. 그러자 그동안 제도와 관습에 묶여 온갖 차별과 서러움을 겪고 있던 인근 나라 사람들까지 슬금슬금 식솔들을 이끌고 모여들었다. 길동은 그들에게도 문을 활짝 열어주었다. 이 나라를 찾는 사람들은 누구든지 절대 막지 마시오. 모두 들어오라 하시오. 길동은 특히 그들에게도 똑같은 대우를 해주라고 문무백관들에게 명령했다. 그것은 출신성분 때문에 자기 뜻을 펼치지 못한 사람들의 억울함을 길동이 누구보다 잘 알고 있는 까닭이었다. 율도국에 들어온 그들은 비로소 입을 크게 벌리고 활짝 웃었다. 그러고는 누가 강제로 시킨 게 아닌데도 자신의 힘을 다하여 울력 등, 나라가 필요로 하는 일이라면 몸을 아끼지 않았다.

삼 년이 지나자 기다리고 기다리던 길동의 아들이 태어났다. 아들이 태어났다는 소식을 들은 백성들은 며칠 동안 계속 홍길동, 우리 대왕님 만세를 큰소리로 연호하며 잔치를 열었다.

그 소리는 이윽고 바다를 건너가 그때까지도 반열을 따지며 당파 싸움을 일삼고 있던 조선 조정에까지 들어갔다. 그러나 그 소리를 들으면서도 조선 조정의 문무백관들은 귀를 기울이지 않았다. 모두 멀고 먼 나라 어딘가에서 지어낸 이야기라고 치부하며 오히려 그것이 백성들의 귀에 들어갈까, 전전긍긍하고 있었다.

6. 활빈도의 길—장길산의 난

– 백영

1

온통 붉은 빛줄기.

만폭동 골짜기의 단풍이 불타올랐다.

붉게 물든 나뭇잎들은 바람에 따라 이리저리 흔들리며 온 산을 마치 불길에 휩싸인 듯 장엄하게 만들었다. 그러나 고개를 들어 하늘을 보면 거기는 흰 구름이 천천히 흘러가며 자꾸 모양이 변해가는, 딴 세상이었다. 극과 극, 두 개의 세상이 펼쳐지고 있었다. 만폭동 골짜기에 서서 그것을 바라보는 길산의 마음도 그랬다. 두 눈은 골짜기 풍경을 담고 있지만 머릿속은 어젯밤 꿈에 머물러 있었다.

구월산을 떠나오던 날처럼 꿈속 하늘은 흐렸다. 저 멀리 보이는 산등성이의 윤곽이 검은 먹으로 그려놓은 듯했다. 단검을 허리에 차고 초립을 쓰고 도포를 입고 보따리를 메고서 걸어가는 길에 검은 새떼가 날고 있었다. 낮은 구릉 사이에 끼어 있는 비좁고 기다란 골짜기로 접어들었을 때다. 골짜기 안쪽에 가득 쌓인 검은 돌들이 눈에 들어왔다. 길산은 길에서 죽음을 맞이하는 무명 광대의 죽음을 떠올렸다. 광대는 길에서 죽는다. 길에다 시신을 얕게 파묻고 잔돌멩이를 그러모아 덮어놓는다. 나그네들은 지나가다 슬픈 주검을 묻은 무덤을 알아보고 가엾은 넋을 위로할 겸 저마다 돌멩이를 던져 주고 시간이 흐르면 자연스럽게 돌무더기의 탑이 생겨나는 것이다. 길산이 돌 하나를 얹어주려고 다가갔으나, 그것은 돌무덤이 아니라 굶어 죽은 시체들이었다. 골짜기 여기저기 버려진 백성들의 시신 위로 까마귀들이 가악가악 울어댔다. 새떼 소리 뒤로 또 다른 소리가 들려왔다. 그것은 울음소리였다.

굶어 부황든 사람들이 길에 서로를 베고 죽어 있었다. 어미는 이미 죽었는데 젖먹이가 그 옆에서 기면서 어머니의 젖을 빨다가 젖이 마르자 앙앙 서럽게 울고 있었다. 우는 아기는 길산의 가슴 속에서 젖먹이 어린 길산을 끌어내었다. 길산도 길에서 죽어가는 어미에게서 태어났다. 지나던 광대가 가여운 여인의 젖먹이를 거두었다. 그 뒤로 그는 광대의 품에서 자랐다. 아이가 울 때 길산의 마음이 미어졌다. 흉년이 돌아올 때마다 아이들과 노인들은 이곳저곳에 내버려지곤 했다. 여섯, 일곱 살 아이는 버려도 따라오므로 나무에 붙들어 매고 떠나기도 했다. 온 나라에서 사람들이 죽어갔다. 왜란 호란 때보다 더 비참했다. 죽어서 쌓인 시체가 산을 이루었다. 길산은 이름도 얼굴도 없는 백성들의 넋에 둘러싸인 듯한 참혹한 기분과 함께 꿈에서 깨어났다.

시야에 강렬하게 들이치는 붉은 빛줄기가 길산의 눈을 번쩍 뜨게 했다. 산 아래 아비규환 세상이 저 붉은 빛을 통해 소리 없는 비명을 내지르는 것만 같아 길산은 고개를 떨어뜨렸다. 지난밤의 꿈은 마음을 돌덩이처럼 짓눌러 무겁게 했다.

등 뒤에서 소리가 났다. 돌아보니 운부 스님이 내려다보고 있었다. 흰 눈썹 아래의 엄한 눈빛이 광선을 쏘듯 날카로웠다.

'석굴 암자를 내주었거늘, 어찌 여기서 시간을 보내는가?'

무언의 꾸짖음이 들리는 듯했다. 길산은 몸을 일으켜 스승을 향해 허리를 숙이고 합장했다. 길산의 머리카락은 어깨까지 늘어졌고 수염은 자랄 대로 자라서 산속에서 보낸 시간을 가늠케 했다. 눈은 처음 입산할 때보다 한층 더 날카로워졌다.

길산이 구월산 월정사의 승려 풍열이 써 준 편지를 들고 만폭동 골짜기를 반나절이나 헤맨 끝에 운부의 암자를 찾아낸 것은 두 해 전의 일이다.

누덕누덕 기운 가사 장삼을 걸친 운부는 흰머리가 뒤로 늘어졌고, 흰 수염이 가슴까지 내려와 있었다. 토방에 들어앉아 참선 중이다가 눈을 뜨면 모든 것을 꿰뚫는 시선으로 마주 앉은 상대를 바라보았다. 학문, 병법, 무술을 두루 익혔으며, 백성들이 바라는 것이 무엇인지 꿰뚫어 보는 인물이었다. 젊은 승려들이 그를 따랐다.

그때 운부는 승려 아닌 길산을 받아들일 생각이 없었다.

"어찌 여기까지 왔는가?"

운부가 물었을 때, 길산이 고개를 숙이며 대답했다.

"저는 장터를 돌며 재주를 부리는 광대였습니다. 아버지에게 광대 재주뿐 아니라 권술까지 배운 것은, 스님들께서 외적의 침입에 대비하여 무술을 익히는 것과 같은 이치였습니다. 지금까지는 온갖 수모를 당해도 천한 광대의 숙명으로 여기며 살았습니다. 그러다 참을 수 없는 일을 당해 권술을 쓰게 되었고, 옥에 갇혔습니다."

장터에서 재주를 부리던 길산은 양반가의 하인과 시비가 붙었다. 하인이 길산의 얼굴을 내리치자, 순간 몸이 저절로 움직였다. 아버지에게 배운 권술이 나왔다. 하인은 땅바닥에 나뒹굴었다.

"천한 광대 놈이 양반가의 하인을 쳤다!"

그날로 길산은 잡혀갔다.

옥은 어두웠다. 좁은 방에 십여 명이 갇혀 있었다. 쉰내와 땀 냄새, 썩은 냄새가 뒤섞여 숨 쉬기조차 힘들었다.

길산이 구석에 웅크려 앉자, 옆의 사내가 물었다.

"무슨 죄로 들어왔소?"

"양반댁 하인을 쳤습니다."

"하인을? 그럼 곤장 몇 대 맞고 나가겠구려. 나는 세금을 못 냈소. 흉년이 들어 농사를 망쳤는데, 관청에서는 이자까지 받아 가려 하기에 저항하다 잡혀 왔소."

맞은편 구석에서 마른 노인이 기침을 했다. 핏기 없는 얼굴에 눈만 크게 떠 있었다.

"저분은 무슨 일로 들어왔소?"

길산이 물었다.

"저분은 마을 총대였소. 관청에 억울한 일을 호소하러 갔다가, 도리어 관청을 모욕했다 하여 잡혀 왔지. 벌써 보름째요. 곤장을 너무 많이 맞아서……."

사내가 말끝을 흐렸다.

사흘째 되던 날, 길산은 곤장 스무 대를 맞았다. 엉덩이가 찢어질 듯한 고통이었다. 다시 옥에 던져졌을 때 그는 신음하며 엎드렸다.

"괜찮소?"

세금을 못 낸 사내가 물었다. 길산은 신음으로 대답을 대신했다.

"견뎌야 하오. 여기서 죽으면 아무도 기억하지 않소."

사내의 말이었다.

그날 밤, 노인이 죽었다. 길산이 잠에서 깨어났을 때 노인은 이미 싸늘하게 식어 있었다. 새벽에 군졸이 와서, 짐짝을 치우듯 시체를 끌고 나갔다.

"저분 이름이 무엇이었소?"

길산이 물었다.

"모르오. 누가 알겠소? 우리 같은 것들의 이름을 누가 기억하겠소."

세금을 못 낸 사내가 씁쓸히 웃었다.

그날부터 길산은 옥중 사람들의 이야기를 들었다. 한 사람 한 사람의 사연이 모두 비슷했다. 세금과 부역, 이자를 감당하지 못해, 억울한 일을 당해, 도망치다 잡혀 온 사람들.

열흘쯤 지났을 때, 새로 들어온 젊은이가 있었다. 길산보다 어려 보이는 청년이었다. 얼굴엔 멍이 들고 입술은 터져 있었다.

"나는 도망친 종입니다."

청년이 말했다.

"주인이 어미를 팔아넘기려 해서 어미를 데리고 도망쳤습니다. 사흘을 도망치다 잡혔습니다."

"어미는 어찌 되었소?"

길산이 물었다.

"모릅니다."

청년은 더 말하지 않았다. 밤새 훌쩍이는 소리만 들렸다.

스무날째 되던 날, 길산은 풀려났다.

구월산 월정사를 거쳐 금강산 운부를 찾아간 것은, 그날 옥문을 나서며 결심한 바가 있었기 때문이다.

"옥에서 만난 사람들은 저보다 더 힘든 삶을 사는 백성들이었습니다. 그때 깨달았습니다. 무턱대고 관리에게 품었던 원한이 얼마나 어리석었는지를요. 만약 살아 나간다면, 진정으로 강한 사람이 되겠다고, 더 지혜로운 사람이 되겠다고 마음먹었습니다. 주먹과 칼날을 휘두르는 것은 짐승이 이빨과 발톱을 내세우는 것과 다름없을 것입니다. 힘은 지혜만 못한 것이 아니겠습니까? 비록 천한 백성이지만, 앞으로 세상을 살아갈 지혜와 도리를 배우고 싶어 큰스님을 찾아왔습니다."

눈을 감고 길산의 말을 듣던 운부가 천천히 눈을 떴다.

"천한 백성이라 했느냐? 네가 중생이 무엇인지 아는가?"

길산은 말문이 막혔다. 잠시 머뭇거리다 간신히 한마디를 꺼냈다.

"그건, 저와 제 아비, 제 어미 같은 모든 사람들을 말하는 것 아닙니까?"

"중생이 곧 부처이다. 네가 곧 중생이고 천한 백성이 곧 부처다."

나지막한 운부의 목소리였다.

그날부터 길산은 땔나무를 하고, 암자의 돌담을 쌓으며 운부 곁에서 잡일을 했다. 운부는 묵묵히 지켜보다가 세 계절이 지난 뒤, 글을 모르던 길산에게 천자문부터 가르쳤다.

길산은 천자문을 배운 뒤에는 글줄을 읽게 되어 서책을 가까이 둘 수 있게 되었다. 낮에는 무술을 연마했다. 운부가 때때로 내려와 무술과 더불어 병법을 가르쳤다.

2

계절은 가을로 접어들었다. 이 무렵의 금강산은 풍악산이라는 이름으로 불리었다. 일만 이천 봉우리의 높낮이에 따라 나뭇잎의 빛깔은 제각기였으나, 절벽 끝에서 내려다보면 산천이 오로지 붉은 빛 하나로 물들어 있었다.

길산이 계곡을 벗어나 숲이 끊긴 바위와 돌무더기 사이로 봉우리를 오르자, 높이 열 길 남짓한 동굴 하나가 아래를 향해 입을 벌리고 있었다. 절벽 위에는 미륵불상이 선명하게 새겨져 있었다.

굴 안에 들수록 폭은 넓어져서 마당 같은 평평한 터가 나왔다. 더 안쪽 깊은 곳은 커다란 법당으로 꾸며져 있었다. 가부좌를 틀고 명상하는 승려들이 동굴을 가득 메우고 있었는데 얼핏 헤아려도 그 수가 쉰을 훌쩍 넘어 보였다. 승려뿐 아니라 갓을 쓰고 도포를 걸친 선비며 평민도 여럿 모여 있었다. 둘러앉은 사람들이 막 들어선 자신을 일제히 돌아보자 길산의 가슴이 두근거렸다. 모인 승려 중에는 구월산에서 온 풍열도 있었다.

"어서 올라오너라."

풍열이 희미하게 고개를 끄덕였다. 길산은 머리를 숙여 인사했다.

"서로 인사들 하시오. 앞으로 알고 지내야 할 사람들이오."

풍열이 건너편의 승려를 바라보며 말했다.

"나는 양주에서 왔소. 여환이라 합니다."

승려가 자신을 소개했다. 길산은 합장 자세를 취하며 예를 갖췄다.

"저는 운부 스님 밑에서 수련 중인 길산입니다."

"나는 황 아무개라고 하오."

옆에 앉은 외눈박이가 돌아보며 말했다.

"나는 광주에서 온 정 아무개요."

그 옆에서 수염이 잘 자란, 갓을 쓴 선비가 말했다.

둥글게 모인 사람들 한가운데 운부가 앉아 염주를 굴리다 입을 열었다. 그의 목소리가 조용히 동굴 안을 채웠다.

"지금 이 나라의 조정은 안으로는 썩고 밖으로는 무능하다. 양반들은 백성을 짐승 다루듯 함부로 대하고 흉년에 굶어 죽고 버려져도 돌보는 이가 없다. 도는 사라지고 인륜은 무너졌다. 왕이란 백성의 부모이거늘 마땅히 백성을 위해야 한다. 그러나 도리어 백성을 짓누르고 권세를 휘두르니, 강자에게만 편한 세상, 약자에게는 두려운 세상이 되었다. 이는 스스로 멸망의 길을 걷는 것이나 마찬가지다. 삼천리에서 백성들의 울음소리가 들려온다.

그대들은 부처님을 대신하여 중생에게 밥을 주고 옷을 주며 기쁨을 주고, 다친 이를 돌보고 죽은 이를 묻고 달래야 할 사명이 있다. 바른길을 가르치고 길의 돌멩이와 가시덤불을 치워주며, 건너야 할 물이나 험한 골짜기에 다리를 놓고 어두운 곳에는 등불을 켜야 할 보살들이다. 미륵이 밟고 오실 세상을 먼저 깨끗이 닦아두고자 이 법당에 모인 것이다."

운부는 극락을 이 땅에 만들겠다는 미륵의 뜻을 시대의 요청으로 받아들인 인물이었다. 그의 말은 죽비 소리처럼 모인 사람들의 머리 위로 떨어졌다.

민심은 무언가를 기다리고 있었다. 가렴주구에 끊임없이 시달리고 정치에서 소외된 민중이 고난을 견디는 방법은 미래의 구세주를 믿는 것이다. 지속적인 기근과 역병은 말세의 징후였다. 왜란과 호란, 두 차례의 난리 속에서 저마다 고난을 겪었고 또한 종이나 천한 신분에 처해 있던 이들이 산간으로 숨어 흡수되고 청년 승려들 중심으로 미륵신앙이 퍼져나가고 있었다.

어느 날 저녁, 길산이 나무를 하다 골짜기 아랫마을에서 피어오르는 연기를 보았다. 평소와 달랐다. 검은 연기였다. 길산은 나무 짐을 내려놓고 달려 내려갔다.

마을은 아수라장이었다. 관군이 다녀간 뒤였다. 부역을 피해 숨어 있던 장정들을 끌고 가려다 마을 사람들과 몸싸움이 벌어졌고, 관군이 집 두 채를 불태워 버렸다는 것이다.

한 여인이 불탄 집터에 주저앉아 울고 있었다.

"이제 어찌 살란 말이오!"

길산은 여인을 일으켜 세우고 마을 사람들을 도왔다. 암자로 돌아온 것은 한밤중이었다.

운부가 토방에 앉아 있었다.

"어디 갔다 왔는가?"

"마을에 다녀왔습니다. 관군이 집을 불태우고 사람들이 끌려갔습니다."

"그래서?"

"도왔습니다."

운부는 잠시 침묵했다.

"도와서 무엇이 바뀌었는가?"

길산은 대답하지 못했다.

"집은 다시 지을 수 있다. 하지만 근본이 바뀌지 않으면 또 불탈 것이다."

"그럼 어찌해야 합니까?"

"기다려야 한다. 때가 무르익어야 한다."

"그때가 언제입니까?"

길산의 목소리에 분노가 실렸다. 운부의 눈빛이 번쩍였다.

"성급함은 일을 그르친다. 네가 한두 사람을 도운들 무엇이 달라지겠는가. 큰 뜻을 이루려면 작은 일에 흔들려서는 안 된다."

길산은 입술을 깨물었다. 운부의 말이 틀린 것은 아니었다. 하지만 가슴이 답답했다.

며칠 뒤, 길산과 마주했을 때 운부가 불쑥 물었다.

"네가 옥에서 깨달았다는 것이 무엇인가?"

"한 사람의 주먹으로는 세상을 바꿀 수 없다는 것입니다."

"그래서?"

"그래서 지혜를 배우러 여기 왔습니다."

"지혜를 배워 무엇을 하려는가?"

길산은 잠시 망설이다 대답했다.

"백성들을 돕고 싶습니다."

"어떻게?"

"그건 아직 모르겠습니다."

운부는 고개를 끄덕였다.

"네가 아직 모른다는 것을 아는 것, 그것이 첫걸음이다."

운부가 마당 한쪽을 가리켰다. 산나물과 된장이 소반 위에 놓여 있었다.

"길산아, 저것을 보아라. 우리가 오늘 저녁에 먹을 것이다. 많지는 않지만 배를 채울 수 있다. 네가 산에서 캐온 나물이고, 내가 담근 된장이다. 아무도 빼앗지 않았고, 아무도 세금을 거두지 않았다. 이것이 용화세상의 시작이다."

길산이 소반을 바라보았다.

"밥을 먹을 수 있는 것이 용화세상이란 말입니까?"

"용화세상은 거창한 것이 아니다."

운부가 마당을 가로질러 걸었다.

"네가 다녀온 마을에서 사람들이 굶지 않고, 함부로 끌려가지 않고, 문을 잠글 필요 없이 편히 잠들 수 있다면, 그곳이 바로 용화세상이다."

"그렇게 간단한 것입니까?"

"간단하지만 이루기 어렵다. 지금 이 나라에 그런 마을이 몇이나 되겠는가?"

운부가 돌담에 기대섰다.

"길산아, 너는 옥에서 사람들을 보았다고 했지. 그들이 무엇을 원했는가?"

길산은 잠시 생각했다.

"밥을 먹고 싶다고 했습니다. 가족을 만나고 싶다 했습니다. 집으로 돌아가고 싶다 했습니다."

"그것이다. 용화세상은 밥을 먹고, 가족과 함께 있고, 집에서 편히 쉴 수 있는 세상이다."

"하지만 큰스님께서 말씀하시는 미륵의 세상은 더 크고 거룩한 것 아닙니까?"

"크고 작음이 따로 있지 않다. 한 사람이 밥을 먹는 것, 한 가족이 함께 있는 것, 그것이 모이면 온 세상이 되는 것이다."

운부가 하늘을 올려다보았다. 별들이 하나둘 떠오르고 있었다.

"경전에 이르기를, 미륵의 세상에는 도둑이 없다고 했다. 그 뜻이 무엇인지 아느냐?"

"도둑을 모두 잡아서입니까?"

"아니다. 도둑이 될 까닭이 없어서다. 모두가 먹을 것과 입을 것을 가진다면 누가 남의 것을 훔치겠느냐. 도둑은 굶주림이 만든다."

길산은 고개를 끄덕였다.

“또 경전에는 문을 잠글 필요가 없다고 했다. 그것도 마찬가지다. 서로를 믿고 해치지 않는다면 왜 문을 잠그겠는가?”

“하지만 사람의 마음은 어찌 알 수 있습니까?”

“탐욕이 없으면 된다. 탐욕은 어디서 오는가? 부족함에서 온다. 모두가 충분히 가진다면 탐욕이 생길 까닭이 없다.”

운부가 길산을 바라보았다.

“길산아, 내가 그리는 용화세상은 이런 것이다. 아침에 일어나면 이웃이 '잘 주무셨소?' 하고 인사한다. 함께 밭에 나가 일하고, 점심때 나무 그늘 아래서 밥을 나누어 먹는다. 저녁에는 마을 어귀에 모여 아이들 뛰노는 모습을 보며 웃는다. 아프면 서로 돌봐주고, 슬프면 함께 울어준다. 그리고 밤에는 편히 잠든다. 이것이 용화세상이다.”

길산의 눈빛이 흔들렸다.

“그런 세상이 정말 올 수 있을까요?”

“올 수 있다. 아니, 우리가 만들어야 한다.”

운부가 길산의 어깨에 손을 얹었다.

“부처가 하늘에서 내려와 세상을 바꿔주는 것이 아니다. 우리가, 우리 손으로 만드는 것이다. 한 사람 한 사람이 서로를 아끼고 나누며, 억울한 일을 바로잡고, 그렇게 하나씩 만들어가는 것이다.”

길산은 먼 산을 바라보았다. 산 너머 어딘가에 그런 세상이 기다리고 있을 것만 같았다.

“제가 할 수 있는 일이 있습니까?”

“있다. 네가 만나는 한 사람 한 사람에게 밥을 나누어 주고, 억울한 일을 막아주고, 희망을 주는 것. 그것이 용화세상을 만드는 길이다.”

비 오는 날이었다. 길산이 나무를 하러 산에 갔다가 돌아오는데, 골짜기에서 신음 소리가 들렸다. 다가가 보니 한 사내가 쓰러져 있었다. 다리가 부러진 듯했다.

"어찌 된 일이오?"

"나무를 하다 미끄러졌소."

사내의 얼굴이 새하얗게 질려 있었다.

길산은 사내를 업었다. 무거웠다. 암자까지는 한참을 걸어야 했다. 빗속을 걸어 암자에 당도했을 때, 길산은 기진맥진해 있었다.

운부가 나와 사내를 살폈다. 다리뼈를 맞추고 부목을 대어 천으로 감았다. 길산은 옆에서 거들었다. 사내가 잠든 뒤, 운부가 말했다.

"수고했다."

"당연한 일을 했을 뿐입니다."

"당연한가?" 운부가 물었다.

"많은 사람들이 쓰러진 이를 그냥 지나친다. 귀찮아서, 위험해서, 자신과 상관없다고 생각해서다. 그러나 너는 그를 업었다. 왜 그랬는가?"

길산은 잠시 생각했다.

"그냥 내버려둘 수 없었습니다."

"그것이 보살도다."

운부가 말했다.

"보살도가 무엇입니까?"

"지금 네가 한 것이다. 고통받는 이를 내버려두지 않는 것, 그것이 보살도다."

운부가 빗소리를 들으며 말했다.

"옛날 지장보살이라는 분이 계셨다. 그분은 이미 부처가 될 수 있었지만 부처가 되지 않았다."

"왜입니까?"

"지옥에 고통받는 중생들이 있었기 때문이었다. 그분은 지옥문 앞에 서서 말씀하셨다. 지옥이 비기 전에는 나는 부처가 되지 않겠다. 중생들이 모두 구제받기 전까지 나는 여기 있겠다."

길산은 그 모습을 그려보았다. 지옥문 앞에 홀로 서 있는 보살의 모습을.

"그분은 왜 그러셨습니까?"

"사랑 때문이다. 중생을 사랑했기 때문이다. 보살은 혼자 편해지기를 원치 않는다. 모두가 함께 편해지기를 원한다. 한 사람이라도 고통받으면, 보살도 함께 고통받는다."

운부가 길산을 바라보았다.

"길산아, 오늘 네가 그 사내를 업었을 때 힘들었느냐?"

"힘들었습니다."

"그래도 내려놓지 않았지?"

"그럴 수 없었습니다."

"왜 그런가?"

"그를 내려놓으면, 그는 죽을 것이기 때문입니다."

운부가 고개를 끄덕였다.

"그것이다. 보살은 중생을 내려놓을 수 없다. 무거워도, 힘들어도, 함께 가야 한다. 혼자 부처가 되어 극락에 가는 것보다, 중생들과 함께 이 땅을 극락으로 만드는 것, 그것이 보살도다."

밖에서 사내의 신음 소리가 들렸다. 길산이 일어나 물을 떠다 주었다.

며칠 뒤, 길산은 꿈을 꾸었다.

길 위로 한 무리가 되어 움직이는 사람들이 있었다. 희끗한 옷, 누더기 옷자락. 가까워질수록 갓의 테만 남은 모자, 버선목만 남은 발, 학처럼 길게 뻗은 목과 움푹 팬 눈, 앙상한 다리가 또렷이 보였다. 찢긴 옷 틈으로 상처 난 살점도 훤히 드러났다. 그들은 손마다 긴 막대와 낫, 삽, 쇠스랑을 쥐고 무리의 가장자리에서는 횃불이 치켜 들렸다. 이윽고 모두가 입을 벌려 무언가를 외치며 달려드는 순간, 길산은 놀라 깨어났다.

이제 금강산을 떠날 때가 되었음을 길산은 깨달았다. 보살의 길을 실천하려면 사람들 속으로 들어가야 했다.

길을 떠나기 전, 길산은 운부에게 큰절을 올렸다. 운부는 그의 손을 잡고 말했다.

"길산아, 이제 너는 더는 광대도 수행자도 아니다. 힘없는 이들과 함께 사는 보살이다. 어디에 가든 보살의 길을 절대 잊지 말거라. 천한 백성들의 손과 머리가 되고 그들의 무기가 되거라. 사랑을 실천하는 길은 여러 가지다. 가엾은 이를 짓누르는 것들이 부처가 없애고자 하는 것이요, 부처가 원치 않는 세상은 보살의 실천으로 바꾸어야 한다."

귀향길에 오른 길산은 이상하게 또렷했던 꿈을 떠올렸다. 어쩌면 구월산의 사람들이 자신에게 무언의 신호를 보낸 것인지 모른다고 그는 생각했다.

그때는 숙종 계해년, 길산의 나이 스물아홉이었다.

3

황해도는 동으로 함경도와 강원도에 인접해서 마식령산맥의 산세에 닿고, 남은 예성강을 경계로 경기도의 들판과 만나며 북은 대동강을 건너 평안도를 바라보는데 서쪽으로는 바다로 솟아 나가 중국 산동을 마주하고 있다. 들판도 있으나 험한 산에 골짜기가 깊었다. 봉우리가 높고 험하며 골짜기가 깊어서 병마가 접근하기 어려운 곳은 천연 요새지를 이루었다.

요새 같은 자비령과 구월산에 무리들이 모여들었다. 산채가 세워졌다. 그 중심에 장길산이 있었다.

"우리가 활빈도로서 백성과 더불어 썩은 세상을 바로잡아보자는 것이지, 서로 다투어 도적질해 잘살자는 게 아니다. 지금은 봄 궁핍기라 백성들의 참상이 말로 할 수가 없다."

두령 길산의 목소리에 구월산의 활빈도들은 조용히 귀를 기울였다.

"민중을 괴롭히는 것은 가뭄이나 역병이 아니라 썩은 관리들이다. 환곡[1]은 본래 백성을 돕기 위한 제도였다. 그러나 관리들은 부자들과 결탁해 이자를 높여 백성을 빚의 수렁에 빠뜨렸다. 얼마 전 내가 본 일이다. 한 마을에 갔을 때, 한 사내가 마당에 주저앉아 통곡하고 있었다. 무슨 일이냐 물으니 이렇게 말했다."

길산은 잠시 숨을 고르고, 그 사내의 목소리를 흉내 냈다.

"'봄에 쌀 두 섬을 빌렸소. 가을에 갚으려 했는데 이자가 붙어 네 섬을 내라더이다. 네 섬이 어디 있소? 그래서 또 빌렸소. 이듬해 가을, 관리가 와서 여덟 섬을 내라 했소. 여덟 섬이 어디 있소? 결국 밭을 팔았소. 이제 농사지을 땅도 없소.'"

활빈도들 사이에서 한숨 소리가 새어 나왔다.

"그뿐이 아니다."

길산이 말을 이었다.

"또 한 집은 열 살 난 딸아이를 팔아야 했다. 환곡 빚 때문이었다. 어미가 아이 손을 붙잡고 울부짖는데, 관청 하인들이 채찍으로 어미를 때리고 아이를 끌고 갔다."

길산의 목소리가 낮아졌다.

"그 마을 사람들이 내게 물었다. '우리가 무슨 죄를 지었소? 흉년이 든 것이 우리 잘못이오? 갚으려 하는데 갚을 수가 없게 만드는 건 누구요?'"

활빈도들은 숨죽여 들었다.

"그때 한 노인이 이렇게 말했다."

길산이 노인의 목소리를 떠올렸다.

"'젊었을 때는 그러려니 했소. 양반이 원래 그런 거라고, 우리가 천해서

---

1 환곡(還穀): 조선 시대에 관청에서 춘궁기에 백성에게 곡식을 꾸어주고 추수 후에 이자를 붙여 갚게 한 구휼 제도.

그런 거라고 생각했소. 하지만 이제 알겠소. 이건 하늘의 뜻이 아니오. 사람이 사람을 짓밟는 거요. 양반이 아니라 도적놈들이오.'"

"맞소!"

한 활빈도가 외쳤다.

"그 노인 말이 옳소!"

"또 한 젊은이는 내게 물었다."

길산이 말했다.

"두령님, 관청 창고에 쌓인 쌀이 우리 쌀이오, 아니오? 우리가 흘린 땀으로 거둔 쌀 아니오? 그런데 왜 우리는 굶어 죽고 그 쌀은 썩어갑니까? 우리가 그 쌀을 가져가면 도적이오? 제 것을 찾아가는데 그게 도적질이오?"

활빈도들이 웅성거렸다.

"젊은이 말도 옳소!"

"우리가 흘린 땀인데!"

길산이 천천히 말했다.

"이것이 우리가 싸워야 하는 이유다. 환곡이 뭔지, 부역이 뭔지, 제도가 어떻게 돌아가는지 아는 것보다 중요한 건, 저 사람들의 울음소리를 듣는 것이다. 저들이 왜 우리를 부르는지 아는 것이다. 화적당이 따로 있는 것이 아니라 나라에서 정치를 바르게 하지 못하면 백성들이 그리 변해 가는 것이다. 생존의 위협을 받은 무리처럼 힘세고 무서운 것은 세상에 없는 법이다. 명화적으로 알려진 무리들도 그렇게 생겨난 것이다."

길산이 활빈도들을 둘러보았다.

"그래서 우리가 해야 할 일은 분명하다. 관리들에게 경고하고, 부자들의 쌓인 재산을 거두어 창고의 쌀을 백성들에게 돌려주는 것이다. 벌을 주기도 하고 빼앗기도 하며, 가난한 이를 돕되, 때에 따라 방법을 달리한다. 다만 한 가지는 잊지 말아야 한다."

길산의 목소리가 높아졌다.

"재물을 다룸에 있어서 우리가 검소하게 생활할 만큼만 가지고 나머지는 모두 가난한 이를 돕는 데 써야 한다. 우리는 새로운 부자가 되려는 게 아니다. 백성의 군사다."

"옳소!"

"백성의 군사!"

활빈도들이 외쳤다.

계해년 이후 길산은 산채의 기틀을 잡고 본격적인 활빈행을 시작했다. 유민들과 힘을 합쳐 해서의 세곡이 모이는 조읍 포창을 습격한 일도 그러한 활동의 하나였다. 갑자년부터 지속된 가뭄으로 백성들의 참상이 극에 달하였다. 역병과 가축의 전염병이 창궐하기 시작하여 많은 마을이 사라져 버렸다. 피해는 팔도에서 해서가 가장 극심했다. 그 지방의 가장 큰 부자가 사병을 만들어 유민들을 가혹하게 다루고 관과 결탁하여 세곡선을 부려서 막대한 부를 쌓고 있다는 소문을 접한 길산은 그의 재산을 털어서 해서의 남쪽에 모여든 유민들을 살리기로 결의했다. 또한 조읍 포창을 함께 치기로 했다.

조읍 포창은 해서의 세곡이 모이는 곳이다. 그러나 한편으로 백성의 한이 사무친 곳이기도 했다. 포창의 곡식을 흉년의 기민들, 죽어가는 가족들에게 먹이는 일은 하늘이 시키는 일이라고 여겼다. 백성은 곧 하늘이었다. 조세창을 습격하여 흉년에 눈곱만한 구호미나 죽 몇 사발로 구휼하는 시늉이나 내는 국가의 잘못을 깨우쳐주기 위함이었다.

"우리는 구월산에서 일어난 장길산 두령이 이끄는 활빈도요."

모인 사람들이 눈앞에 있는 눈매가 날카로운 젊은 사내를 바라보았다.

"간밤에 밥은 잘 지어 드셨소?"

길산은 유민을 바라보며 입을 떼었다.

"여러분, 이 쌀은 한 톨 한 톨이 우리 백성의 피와 땀이올시다. 이 쌀이 한양에 올라가 가난하고 맑은 관리의 녹이 되기도 하고 군량이 되기도 하겠지만, 거의 반 이상은 부당한 이득이 되어 장사치나 권세가의 배를 불리기 십상이었소. 그들은 떡을 해 먹고 술을 빚어 수백 가호가 목숨을 이을 양식을 순식간에 허비하여 버리고 마는 것이오. 하지만 나라에서는 흉년이나 재난이 닥치면 백성들에게 쌀을 나누어 주어 그들의 생계를 돕는 역할을 하는 것이 의무이니 나라에서 거둬들인 이 쌀이 흉년이나 재난으로 인해 굶주리는 백성들을 구제하기 위해 사용되는 진휼미로 백성에게 돌아가야 마땅할 것이오."

난민들은 구구절절 옳은 말에 저마다 고개를 끄덕였다.

"자, 이것은 우리 쌀입니다. 한 가족이 기근을 면하기에 족할 만큼 나누어서 각자 집으로 돌아가시오. 돌아가서 주린 배를 채운 후 앞으로 살아갈 대책을 세우시오."

사람들은 줄지어 서서 쌀을 받아 갔다. 길산은 백성에게 해를 가하는 토호의 가산은 몰수하고 포창의 쌀은 기민들에게 내어주는 일을 마치고 나서 산채로 돌아갔다.

스스로 의적을 자처하면서 곳간을 털어 유민들에게 양식을 나눠주는 활빈도의 활약은 점점 널리 알려지고 이제 장길산의 이름을 모르는 사람은 없었다.

"도적들이 의적을 자처하며 백성의 마음을 사로잡고 있습니다. 장차 조정에 창끝을 들이댈 무리로 변할지도 모릅니다. 토포군[2]을 즉시 보내야 합니다."

활빈도들의 활동은 조정에 보고되었다.

2 토포군(討捕軍): 조선 후기 지방관아가 도적 · 반역 혐의자 색출과 진압을 위해 임시로 편성한 토벌대. 감영 · 병영 지휘 아래 군관 · 향병 · 역졸 등을 소집해 운용했다.

왕은 편전으로 신하들을 불러 대책을 논했다. 군신의 제안에 따라 토포군을 구월산에 급파했다.

감영의 토포군이 구월산에 들이닥쳤다.

농기구와 병장기를 휘두르며 맞서는 농민들의 한가운데를 향하여 토포군이 말을 달려 나갔다. 칼 맞은 시체가 즐비하였고, 부상당한 자의 신음소리가 골짜기에 메아리쳤다.

길산이 돌아왔을 때 마을은 잿더미가 되어 있었다.

무심한 새떼는 담과 잿더미 사이를 오르내리며 지저귀었다. 그 소리가 서글프게 들렸다. 마을 한가운데서 멈춰 선 길산의 발밑에는 깨진 사금파리가 흩어져 있었다. 나무 기둥에는 아직도 부러진 화살촉이 박혀 있었다.

길산은 무릎을 꿇었다. 뜨거워진 눈시울을 부릅뜨고 허공을 올려다보았다.

등 뒤에서 부하들이 들끓었다.

"해주 감영을 칩시다."

"양민 학살을 저지른 토포장을 찾아내 목을 베야 합니다."

길산은 조용히 타일렀다.

"우리는 위에서 부림당하는 관군을 상대로 싸우지 않는다. 우리가 바라는 것은 백성이 힘을 모아 세우는 나라다."

길산은 때를 기다렸다. 활빈도들은 활동을 계속하면서 민심을 모았다.

세월이 흐르자 활빈도들의 산채는 운봉산 등지에 세 곳으로 늘어났다. 안장과 굴레를 벗긴 말들이 목책 안에서 자유로이 풀을 뜯을 만큼 세력이 커졌다.

4

왕은 장씨 성을 가진 궁녀에게 빠져 있고 조정에 연일 풍파가 일었다.

삼남 지방에는 흉년의 여파로 전염병이 돌았다. 백성들의 삶은 한층 더 궁핍해지고, 민심은 흉흉했다. 미륵도의 교세는 점점 더 커지고 있었다.

"세상은 말세에 이르렀다. 약하고 가난한 백성이 살아남고 탐욕스럽고 인의 없는 권세가와 왕조는 멸망한다. 이제 석가불이 다하고 미륵불이 세상을 다스리게 될 것이다."

이런 예언을 퍼뜨리고 다니는 이는 양주 승려 여환이었다.

원래 풍열 승려의 상좌였던 여환은 해주를 떠나 경기도로 올라간 뒤에 양주 청송서 삼간초가를 짓고 민가 마을에 살았다. 처음에는 아무 데서나 잠자고 이집 저집에서 찬밥과 술을 얻어먹는 걸승이었다. 여환은 장형을 맞게 된 사람 대신에 대신 볼기를 맞아주거나 송사에 휘말린 약한 백성들 편에서 소장을 대필하여 주기도 하였다. 그가 며칠 보이지 않으면 사람들은 모두 식구처럼 걱정을 하게 되고 병이 나서 누우면 다투어 와서 음식을 주곤 했다. 그는 누더기 얇은 옷을 입은 저잣거리 유민을 만나면 자신이 입은 옷을 벗어서 주었다. 무거운 짐을 지고 가면 달려가 도와주어 힘을 덜어주고 행려병에 걸린 이를 보면 간병하여 다 나은 다음에 보내고 시체를 보면 몸소 염하여 짊어지고 가서 묻어주었다. 논두렁이건 장터가 됐건 가리지 않고 오륙 인이 모인 곳을 찾아가 틈틈이 설법하였다.

여환은 움이 있던 자리에 초가집을 짓고 법당을 세웠다. 법당이라고 해야 흙바닥 위에 삿자리를 깔고 돌멩이 두 개를 아이들의 눈사람 모양으로 얹어 놓은 것이 고작이었다. 그곳에 마주 앉아서 낭랑하게 미륵경을 외우고 앉아 있었다. 마음 붙일 데 없는 천인들이 여환의 암자로 찾아오기 시작하고 아픈 사람이 생기거나 집안에 걱정거리가 있으면 여환을 부르니 여환은 양주뿐만 아니라 파주 포천 교하 여평 연천 등지로 돌아다니게 되었다. 그는 특별히 절을 꾸며 사람들을 모으지 않았고 아무 데든 촌의 사랑이든 타작마당이든 법당으로 삼았다. 팔도에 흉년이 들어 길에는 굶어 죽은 자들의 시체가 뒹굴어 다니는 때 여환은 양주의 산미륵으로 민심의 지지를 얻어나갔다.

"올해가 정묘년이고 내년이 무진년이다. 무진년에 양반은 상사람이 되고 천민은 양반이 될 것이다. 일찍이 단군께서 아사달에 무진 입국하셨다. 우리도 명년에 거사를 일으킬 것이다."

여환은 무진년 7월에 큰 장대비가 내려 산이 무너지고 뇌성번개가 쳐서 큰 변이 날 것이라는 계시를 받았다고 주장했다.

"지기가 쇠진하여 산이 무너지고 궁궐은 쓸려 내려갈 터이니 마땅히 진인을 대동하여 입경, 나라를 세워야 할 것이다."

장길산 활빈도가 자비령을 떠나 철원에서 대기하고 금화에서 집결한 승군 오백여 명이 그들과 철원에서 합류하여 남하하기로 했다. 장검과 군복으로 무장한 미륵도들이 은밀하게 입성하여 비가 오기를 기다렸다.

그러나 기다리던 비가 오지 않았다. 하늘은 침묵했다.

거사는 실패였다. 이윽고 관가에서 주모자들을 체포하기 위해 몰려왔다.

여환의 거사가 실패한 이후에는 운부가 움직이기 시작했다.

경신년에 이어 기사년의 환국으로 사대부들은 서로 살육하고 물고 뜯어 위로는 정승에서 아래로는 고을 원에 이르기까지 피투성이가 되어 싸웠다. 그들은 백성들에는 눈 돌릴 틈이 없었다. 서인과 남인으로 갈려서 싸우다가 서인은 다시 노론 소론으로 나뉘더니, 이번에는 경신년에 조정에서 쫓겨났던 남인들이 다시 들어섰다. 운부는 이때가 기회라고 판단했다.

길산의 처소로 운부가 찾아왔다. 벽에 단검과 총포만이 덩그러니 걸려 있는 처소에서 조밥과 산나물이 전부인 점심상을 가운데 놓고 오랜만에 마주했다.

운부가 물었다.

"장 두령의 활빈도는 병력이 얼마나 되는가?"

"묘향 낭림 운봉의 병력과 함경도와 해서의 병력을 합하면 기마병만 천여 명은 될 것입니다. 보병도 천여 명이 넘습니다. 지금 전토와 고향 마을을 잃고 대처나 군읍에 떠도는 유민들이 수만 명이라 이들에게 병장기를 들려주면 모두가 성난 물결처럼 관아로 몰려갈 것입니다."

운부는 웃음을 지었다.

"문제는 한양이다. 도성만 점령하고 진인을 옥좌에 앉히면 변방의 평정은 시일이 걸리더라도 별문제가 없다. 승려들 외에 세간에서도 많은 인사들이 거사계획에 동참하기로 했다. 강계부사와 첨사 형제와, 금화 사는 부자와 함경도 사는 술사와 전 군수 수원의 군기감관 등이 우리와 함께 한다.

나는 묘향산의 도안 해안 스님과 함께 전국에서 가장 강고한 관서 승병을 이끌고 평안도에서 기병할 때, 벽동에 있는 이학선과 그의 식구를 가짜 금부도사 모양을 시켜서 감사와 병사를 잡아다가 중도에서 처단할 생각이다. 먼저 강화도에 상륙하여 강화유수를 목 베고 대첩기를 마니산에 세우면 한양 성내가 반드시 들끓을 것이다. 방을 써서 숭례문과 흥인문에다 걸고, 밤에는 남산에 봉화를 올리면 민심이 흉흉하여 한양의 내로라 하는 양반가와 사대부들이 피난을 하고 조정의 행정은 마비가 될 것이다."

길산이 말했다.

"뜻이 그러하다면 저희 활빈도는 선봉이 되어 근기 일대로 일시에 쏟아져 들어가겠습니다."

길산이 운부에게 물었다.

"한양 성내에서 우리를 도와주는 선비는 누구입니까?"

"이영창이라는 지사가 있다. 그가 한양 내에서 동조자들을 모으고 있었다."

이영창이 거사를 위하여 한양에서 남인들과 접촉을 해왔다는 것이었다.

이영창은 처음에 남인들과 접촉하였으나 갑술환국 이후에는 서인, 서얼, 중인 출신들과도 가깝게 지내며 그들을 혁명군에 가담시키려 애쓰고 있었다.

"그 사람들이 이번 거사에 무슨 도움이 되겠습니까?"

길산의 얼굴에 희미한 그늘이 드리워지는 순간이었다. 그는 어쩐지 그들이 미덥지 않았다.

"우리에겐 조정의 실정과 벼슬아치들의 동향에 대해서 잘 아는 자들이 필요하다. 역성혁명은 승려만으로는 안 되느니라. 진인이 궁궐에 좌정한 뒤에 우리와 손을 맞잡을 조정 대신들의 명부도 만들고 있는 중이다."

"그들이 배신하면 어찌 됩니까?"

"그럴 수도 있다. 하지만 성공하면, 그다음은 우리가 장악할 수 있다."

길산의 눈빛이 어두워졌다.

"저는 글줄이나 아는 자들을 믿지 않습니다."

길산이 말을 이었다.

"그들은 먹을 것이 있고 면전에서 굶주려 죽어가는 혈족을 본 적이 없습니다. 저들이 노리는 것이란 정권을 잡는 것입니다. 그것은 용화세상과는 아무 상관이 없습니다. 운부 큰스님께서 방편을 취하시어 집정의 방도로 세상을 바꾸려 하지만 저는 생각이 다릅니다."

"그렇게 생각하는가? 그것이 어떻게 다른가?"

운부가 물었고 길산이 답하였다.

"재물과 신분의 구별이 없는 대동세상은 가장 천한 것에서 찾지 않으면 안 됩니다. 진인이 대관절 무엇입니까? 진인은 따로 있는 게 아니라 역병에 쓰러져가는 팔도의 백성들이 다시 살아 환호하며 춤추는 세상에서 서로 정을 주고받으며 살아가는 이가 모두 진인인 것이지요. 차라리 왕후장상의 씨를 새로이 만들 바에는 북관의 곳곳마다 널려 있는 무인지경으로 들어가 용화세상을 이루어 살아가는 것이 낫다는 것이 저의 생각입니다."

운부는 염주를 굴리며 생각에 잠겼다가 고개를 들고 말했다.

"그동안 스스로 도를 닦았구나."

길산이 말했다.

"저는 큰스님들 덕분에 글도 깨우치고 미륵신앙도 알 수 있었습니다. 하지만 산에서 경문 읽고 참선만 하다 보면 진짜 백성의 바닥 삶과는 멀어질 수 있습니다. 진정한 활빈이란 사실은 땅을 모두 갈아먹는 이에게 고루 나누어주어야 하는 일이 아니겠습니까. 그 일이 근본입니다. 근본이 서지 않는다면 누가 집권해도 백성의 삶은 진정으로 변하는 것이 없습니다. 저희 활빈도는 백성의 군사입니다. 세상이 어떻게 변하건 참용화세상을 이루는 일을 끊임없이 벌이는 것이 참 활빈도 정신입니다."

길산은 그 말을 한 후 주먹을 불끈 쥐었다. 길산은 토포군이 구월산에 난입했을 때 가족을 모두 잃었다. 그는 더 이상 잃을 것이 없었다.

"너의 뜻과 나의 뜻은 사실 다를 것이 없다. 우리는 목숨이 다할 때까지 한 번으로 안 되면 몇 번이든 이 일을 다시 할 것이다. 세상이 비뚤어지면 바꾸고 고쳐야 하는 것. 그것이 미륵신앙을 섬기는 이들이 취하는 보살행의 길이다."

운부가 말했다. 그 말을 듣고 길산은 자신의 단검을 허리에서 끌러 운부에게 내밀면서 말했다.

"이 칼은 어린 시절부터 지니던 것입니다. 저는 이 칼로 저 자신을 지키고, 양반의 세상을 막고자 했습니다. 이제 이 칼은 활빈도의 징표가 될 것입니다. 저희 활빈도는 이번 일이 어긋나더라도 실패로 여기지는 않을 것입니다."

그러나 숙종 이십삼 년 정월 초열흘에 고변이 먼저 터졌다. 거사는 실패로 돌아갔다. 추국청이 열리고 관련자들이 잡혀갔다. 조정은 발칵 뒤집혔다. 군사를 풀어 가담자를 잡으려 했으나, 승려들은 호적과 군역에서 빠진 이들이 많아 쉽게 잡히지 않았다.

운부의 일이 실패한 뒤에도 길산의 활빈도는 활동을 멈추지 않았다. 양주, 포천, 여주, 안성 등 경기 각지에 장길산의 활빈도는 수시로 나타났다.

장길산의 동향을 보고받은 임금은 탄식하며 지시를 내렸다.

"장길산은 날래고 사나움이 견줄 데가 없다. 여러 고을을 떠돌며 무리가 불어난 지 벌써 십 년이 지났건만 아직도 잡지 못하고 있다. 지난번 양덕에서 군사를 모아 포위해 체포하려 했으나 끝내 놓쳤으니 더욱 통탄스럽다. 각 지역에 단단히 타일러 경계하고 별도로 군사를 모아서 체포하여 뒷날의 근심을 없애는 방도를 의논하여 아뢰도록 하라."

최형기가 길산을 잡겠다고 자원해 여러 고을 군사를 모아 요소를 지키고 밤을 틈타 쳐들어갔다. 그러나 적은 미리 낌새를 알아차리고 욕설만 퍼붓다 모두 도망쳐 자취를 감추었다.

이 좁은 나라 안에서 몸을 숨기고 도적질하는 것이 마치 새장 속의 새와 물동이 안의 물고기와 다름없는데, 온 나라가 온갖 힘을 기울였으나 도적 하나를 끝내 잡지 못하니 어찌 된 일인가? 조정에서는 탄식의 소리가 흘러나왔다.

장길산의 활빈도는 북방산 말을 타고 노란 바탕의 깃발을 표식으로 삼아, 멀리서도 알아볼 수 있었다. 그러나 그들이 나타나면 관군에 알리는 이는 드물었다. 도리어 마을 사람들이 관군의 동향을 알려주곤 했다.

5

길산이 고향 구월산을 찾은 것은 해서(海西)를 영영 떠나기 전 가을이었다. 그에 앞서 서수라와 백두산 근처의 넓은 무인지경을 살펴 두었고, 이제는 갈 곳 없는 피난민들과 함께 그곳으로 가 다시 시작할 뜻을 굳혔다.

꼬부라진 길, 굽이굽이 높고 먼 길, 벌판길과 숲길과 산길, 수천 갈래 비탈길 끝에서 골짜기에 닿자, 오래전 꿈에서 본 낯익은 골짜기가 눈앞에 펼쳐졌다.

낮은 봉분들이 숱했다. 가까이 가 보니 작은 돌멩이들을 탑처럼 쌓아 올린 무덤들이었다. 골짜기 가득, 이름 없는 수천의 넋이 빚어 놓은 천 개의 부처, 천 개의 탑, 돌무덤이 이어졌다.

길산은 돌멩이를 주워 들고 돌탑 위에 덧쌓았다. 마지막 돌을 올려놓고는 '넋풀이' 가락을 천천히 읊조렸다.

"넋이야, 넋이로다……."

길에서 죽어간 백성들의 넋을 기리며 그는 두 손 모아 백팔배를 올렸다.

'서낭님, 보살님, 미륵님. 저들의 혼을 일깨우소서. 백성들의 나라가 오기 전까지 죽지 않도록 지켜 주소서.'

길산은 하늘을 올려다보았다. 점점 눈시울이 뜨거워졌다.

'내게는 오직 하나의 길이 보일 뿐. 그 길을 걷겠다. 흰옷의 백성들, 그들의 함성이 들린다.'

하늘은 처음 길을 나설 때처럼 잔뜩 흐렸으나, 길산의 눈은 구름 너머의 푸른 하늘을 보고 있었다. 그는 다시 길을 떠났다.

계유년에 시작된 흉년이 기묘년까지 이어졌다. 여섯 해 가뭄이 지속되는 동안에 이십오만 삼천여 호가 줄고, 백사십일 만 육천여 명이 사라졌다.

흉년이 거듭될수록 사방에서 '장길산'을 자처하는 이들이 나타났다. 활빈도는 어디선가 나타나 굶주린 이들에게 곡식을 나눠주고는 바람처럼 사라졌다.

'장길산'이라는 이름은 전염병과 굶주림 속에서 싸우며 버텨 낸 온 나라의 백성들이 함께 만든 이름이 되었다. 이제 장길산은 한 사람이 아니었다. 장길산과 활빈도는 수없이 생겨나 있었다. 장길산은 결코 죽지 않았다. 그는 도처에서 살아 있었다.

7. 작변(作變)—이필제의 난

- 김세인

"더는 못 참겠어요."

근수는 그예 이렇게 터트리고 말았다.

"지금까지 한 공부가 아까워서라도 이대로 있을 수는 없습니다."

"공부가 아깝긴 하지. 글로 겨룬다면야, 못해낼 네가 아니다마는……, 벼슬길에 나아간다는 게 어디 공부만으로 될 일이라야 말이지."

"그 원인이 어디에 있다고 생각하십니까? 말씀 좀 해 보세요."

근수는 작은 외숙의 말에 발끈 화가 치밀었다.

"전정, 군정, 환곡은 더욱 문란해지고 세도 가문들의 횡포가 날로 극심해져서 백성의 삶은 갈수록 피폐해지고 있지 않습니까? 그런 실상을 알면서도 어째서 누구도 나서려 하지 않습니까."

큰 외숙이 타이르듯이 말했다.

"계란으로 바위 치기다. 모난 돌이 정 맞는 법이니, 때를 기다리거라."

"기다릴 만큼 기다렸습니다, 두 분께서도 과거에 급제하셨을 땐, 벼슬길에 오르길 바라셨겠지요. 그런데 어떻습니까. 관직도 없이 보낸 세월이 얼마입니까."

큰 외숙이 언짢은 표정을 지었지만, 근수는 말을 멈추지 않았다.

"지금 두 외숙의 모습이 제 미래라 생각하면……."

"말이 좀 지나치구나."

"용서하십시오."

근수는 앉은 자세 그대로 허리를 숙여 사과했다. 그러고 나서 좀 누긴 소리로 다시 말을 이었다.

"관리를 뽑는다지만, 실상은 권력자들끼리 미리 다 정해 놓고 나눠 갖는 것 아니겠습니까."

"그런 것도 있고. 관직은 한정되어 있는데, 과거는 해마다 치르니, 급제자가 늘어가는 것도 큰 문제지."

"그렇다면 시험의 수위를 높여서, 정말 뛰어난 인재만을 뽑아 등용하면 될 일 아닙니까?"

"정사(政事)라는 것은 그렇게 단순한 게 아니란다. 관직을 나눌 때도 명분이 있고, 권력자들 사이에는 암묵적인 약속과 이해관계가 얽혀 있단다."

"이대로는 안 됩니다. 폐단이 너무 많습니다. 《정감록》의 예언이 현실이 되었으면 좋겠습니다."

큰 외숙은 문밖 인기척을 살피더니, 방문을 다시 닫고 목소리를 낮추었다.

"책은 책일 뿐이다. 더구나 그 책은 금서다. 그것을 소지한 것만으로도 너뿐 아니라, 너희 가문이 화를 입을 수 있어."

"저는 외숙께 빌려서 필사했는데요?"

근수는 방한 쪽에 쌓인 책더미 속에서, 책 한 권을 꺼내 들고 읽기 시작했다.

"이씨 왕조는 오백 년을 넘기지 못하리니, 동방에 진인(眞人)이 나와 새 세상을 열 것이다."

이어서 근수가 말했다.

"저는 그 진인이 나타나리라 믿습니다. 진인이 나타나면 새 나라를 건설하는 일에 협조할 생각입니다."

근수는 지금껏 그런 각오나 다짐을 품어본 적은 없었다. 그러나 막상 두 외숙 앞에서 이렇게 선언하고 나니, 그것이야말로 자신이 감당해야 할 일이라는 것을 알아차렸다.

"현실과 이상을 구분하거라."

"형님, 근수는 젊지 않습니까. 우리 세대와는 세상을 바라보는 눈이 다를 수 있습니다."

"어허, 가뜩이나 허파에 바람든 애한테 왜 자네까지 부채질하는가."

"형님, 우리끼리 이러지 말고 허선 선생을 한번 찾아가 봅시다."

허선은 여러 학문에 능통하고, 병을 고치기로는 편작에 견줄 만 인물이며, 정감록의 신봉자라는 소리를 근수도 들은 적이 있었다.

"그분이 이곳으로 이사 온 것이, 여기 풍기가 십 승지 중에 첫손에 꼽히기 때문이라면서요? 그분을 뵙고 싶어요."

"갑시다, 형님."

작은 외숙이 일어서자 큰 외숙도 못 이기는 체하며 따라 일어섰다. 근수는 얼른 밖으로 나가서, 댓돌 위에 놓여있는 두 외숙의 신을 신기 좋도록 가지런히 놓은 다음 두 외숙을 따라 허선의 집으로 갔다.

허선의 집은 풍광이 썩 좋은 산 밑에 자리하고 있었다. 안채와는 별도로 객사 비슷한 집이 따로 있었으며 허선은 그 방에서 근수네 일행을 맞아들였다.

허선은 반백의 머리를 길게 늘어뜨렸고, 얼굴에서는 윤기가 흘렀으며, 온화한 표정을 짓고 있었는데, 어딘지 모르게 도인의 풍모가 느껴졌다.

두 외숙은 큰절을 올렸고, 근수는 묵례로 예를 대신했다.

허선은 근수의 얼굴을 찬찬히 훑더니 조용히 입을 열었다.

"용수를 지녔구려……."

근수의 수염은 곧게 뻗어 내리다가 턱밑에서 양옆으로 퍼졌는데, 그것이 임금님의 수염 같다 하여 '용수(龍鬚)'라고 하는 것이었다.

허선은 엉덩이 걸음으로 당겨 앉더니, 근수의 양 손바닥을 새끼손가락 쪽으로 나란히 맞대며 물었다.

"자, 무엇이 보이는가?"

근수는 고개를 저었다. 그러자 허선이 근수의 양손을 오목하게 모아 쥐며 다시 물었다.

"이제는 좀 보이는가?"

근수보다 먼저 손바닥을 들여다보던 작은 외숙이 눈을 휘둥그레 뜨고 외쳤다.

"왕(王)……!"

근수도 자신의 손바닥을 자세히 들여다보니, 옆으로 누운 '王' 자가 보였다.

"보입니다. '왕' 자가……."

허선이 흡족하다는 듯 고개를 끄덕이며 말했다.

"진인이 나타났구려."

근수는 마치 머리를 한 대 얻어맞은 듯 멍해졌다.

둘째 외숙이 조심스레 물었다.

"혹시, 정감록에 나오는 그 진인을 말씀하시는 겁니까?"

"옛날 원나라에 판도판서라는 야심 많은 관리가 있었지. 어느 날 그는 곤륜산에서 뻗은 산줄기가 조선의 천자봉까지 이어진다는 사실을 알고, 그 자리가 명당임을 직감했네. 때마침 부친이 병으로 세상을 떠났고, 그는 시신을 모시고 천자봉으로 향했지. 명당으로 짐작되는 자리에 도착하니, 그곳엔 깊은 소(沼)가 있었고, 그 안에 돌부처가 누워 있었네. 바로 그 아래가 명당일 터인데, 물길이 막혀 접근할 수 없었지.

그때 한 젊은이가 나타나 물고기를 능숙하게 잡았네. 판도판서는 그 젊은이에게, 자기 아버지를 부처의 오른쪽에 묻어 달라고 부탁했지. 젊은이는 그가 시키는 대로 해주었지. 얼마 후 그 젊은이의 아버지가 죽자, 부처의 왼쪽에 묻어줬지. 세월이 흘러 판도판서는 원나라의 승상이 되었고, 그 젊은이는 훗날 천자가 되었으니, 바로 대명(大明)의 태조 주원장이라네."

이야기를 마친 허선은 근수를 바라보며 물었다.

"자네는 이 이야기를 어떻게 들었는지 말해 보겠나?"

"무덤 자리를 바꾸었다면, 천자와 정승의 운명이 뒤바뀌었을 것입니다.

그리고 만일, 판도판서를 만나지 않았다거나, 부탁을 거절했다면 그 젊은이는 평생 산속에서 물고기나 낚으며 늙었을 것입니다."

"그게 다인가?"

근수가 대답하지 않자, 허선이 말했다.

"주원장이 원래 조선 사람이었다는 것을 알아두시게나."

"그럼, 우리 근수도 장차 그런 인물이 될 수 있다는 말입니까?"

"그건 나도 모를 일이오. 다만, 이 젊은이 몸에 남다른 징후가 있으니, 범상한 인물은 아니올시다. 나는 그리 보고 있소."

"오늘 말씀 고마웠습니다."

큰 외숙이 이렇게 인사를 치르자, 근수도 허리를 굽혀 인사했다.

허선의 집을 나오며 큰 외숙이 말했다.

"'왕', '용수' 그런 말에 현혹되지 말거라. 손을 펴면 글자는 사라지고, 수염을 깎으면 용수도 사라지지 않느냐."

근수는 대답 없이 앞서 걸었다.

고갯마루에 올라서자, 마을이 내려다보였고, 집마다 굴뚝에서 저녁 짓는 연기가 피어오르고 있었다. 집마다 가슴에 쌓였던 근심이 연기가 되어 하늘로 오르는 것 같았다.

근수는 자기 집으로 돌아왔다.

허선에게서 들은 말도 있고 해서 마음이 어수선했다. 책도 눈에 들어오지 않아서 평상에 누워 낮잠을 잤다.

파랑이 남실남실 무늬를 그리며 흘러가는 호수에, 잉어 한 마리가 불쑥 솟아올랐다. 홍백색 잉어였다. 회오리바람이 불고, 눈을 비비고 보니 잉어는 보이지 않고, 성긴 수염의 노인이 미소를 머금은 채 강물 위에 서 있었다.

꿈이었다.

근수는 어릴 적 자주 듣던 이야기가 떠올랐다.

아득한 옛날, 공주 장깃대 나루에 이방이라는 사공의 배에 한 스님이 탔다. 배가 건너편 강가에 닿았지만, 스님은 내리지 않고 처음 자리에 데려다 달라고 했다. 그러기를 세 번이나 거듭하고는 처음 자리에서 내렸다. 사공은, 돌아서서 가는 스님의 등 뒤에 대고 편안히 가시라고 공손히 인사했다.

그러자 스님이 돌아서서 물었다.

"왜 뱃삯을 달라고 하지 않소?"

"뱃삯이 있었다면, 주셨을 테지요."

"적선지가필유여경(積善之家必有餘慶)이라."

스님은 그 말을 남기고는 금세 자취를 감추었다.

사실은, 스님을 태웠을 때, 뱃전 아래로 길을 안내하듯 아름다운 잉어 한 마리가 꼬리를 흔들며 헤엄치고 있었고, 이방이는 그 금붕어를 따라가며 노를 저었다.

이후로 이상하게도 이방이의 배에는 손님이 끊이지 않았으며 후대로 갈수록 손님은 더욱 늘어났다. 그 자손 중에 이치(李齒)가 가업을 물려받았을 무렵에는 장깃대 나루는 물론, 인근의 여러 나루에도 배를 띄우게 되었다.

그러던 어느 날, 하늘이 무너지는 듯 폭우가 쏟아지고 강물이 시뻘건 흙탕물로 뒤덮였을 무렵, 웬 군사들이 개미 떼처럼 몰려들었다.

궁예의 폭정에 맞서 난을 일으킨 왕건이 후백제의 견훤을 치기 위해 금강을 건너려 한 것이었다. 겁을 먹고 우왕좌왕하던 사공들이 이치를 찾아왔다. 이치는 전혀 동요하지 않고 사공들에게 말했다.

"왕건이든 견훤이든, 강을 건너겠다는 이를 무사히 건네주는 것이 사공의 임무 아니겠는가."

왕건의 군사들이 와서 이치를 그들의 진영으로 데려갔다.

왕건은 단도직입적으로 말했다.

"그대가 뱃길도사라 들었네. 오늘 밤 반드시 강을 건너야 하네. 방법을 알려주게."

그러자 이치가 머리를 숙이며 말했다.

"지친 군사들에게 밥부터 먹여야 하지 않겠습니까."

왕건은 고개를 끄덕이고는 군사들에게 밥을 지으라 일렀다.

이치는 사공들에게 배를 마련하게 하여, 왕건의 군사들이 무사히 강을 건너게 하였으며, 견훤을 꺾고, 마침내 삼국을 통일하였다.

국호를 고려라 짓고 태조의 자리에 오른 왕건은 금강을 건너게 해준 이치에게 '도(棹)'라는 이름을 하사하고, 삼중대광태사(三重大匡太師)의 벼슬과 함께 전의(全義)의 이성산을 내려주었다.

이로써, 이도(李棹)는 전의 이씨의 시조가 되었다.

전의 이씨는 후대로 내려오며 전의와 예안으로 파가 갈렸고, 근수는 예안 이씨의 후손이다.

이렇게 더듬어 생각하던 근수는 방금 꾼 꿈속의 잉어가 떠올랐다.

'우리 조상의 원뿌리는 사공이었어. 이건 무시할 수 없는 꿈일지도 몰라.'

근수는 이방이, 이치 할아버지가 살았다던 장깃대 나루에 가보고 싶어져서, 급히 행장을 꾸려 집을 나섰다.

유장하게 흐르는 금강의 푸른 물결 위로, 백로인지 황새인지 모를 흰 새 한 마리가 훨훨 날아가고 있었다. 푸른 물결과 흰 새의 대비는 맑고도 신선했다.

시선을 거두어 주변을 둘러보았지만, 이방이, 이치 할아버지의 흔적은 어디에도 없었고, 1749년(영조 25) 충청 관찰사 이익보의 사적비가 눈에 들어왔다. 공평한 세금, 빈민 구휼, 공정한 옥사 처리, 민역 폐단 개선 등의 선정(善政)내용이 비문에 새겨져 있었다.

곁에 있던 사람이 흘리듯이 근수에게 말해줬다.

"이 사적비는, 이익보를 직접 장깃대 나루에서 태워주던 사공들이 십시일반 돈을 모아 세운 것이랍디다."

'어느 시절, 어느 곳에나 부정부패가 행해지고 다른 한편에서는 선한 뜻을 품은 이들이 있구나. 만물은 그렇게 소생하고, 순환하다가 소멸하는 것이구나.'

이런 생각을 하던 근수의 머릿속에 불현듯 '乙乙弓弓'이 떠올랐다. 여리지만 활처럼 힘찬 기운. 그 기운을 자신도 지니고 싶어졌다. 그러다 문득 자신이 을유생(乙酉生), 곧 '乙乙'을 타고났다는 사실을 떠올렸다. 그리고 '弓弓'이 들어가는 글자를 찾던 끝에, 도울 필(弼)과 구할 제(濟) 자를 골라 새 이름으로 삼기로 했다.

"내 이름은 이제부터 필제다. 나는 나를 돕고, 세상을 구제할 테다!"

이렇게 외친 뒤, 그는 사람들이 북적이는 공주 읍내의 장터로 나아갔다.

"저는 이필제라는 사람이올시다!"

이렇게 포문을 열고 연설을 시작했다.

"정감록에 적혀 있기를, 머지않아 진인이 나타나 전주 이씨의 세상을 끝장낼 것이라 하였습니다. 나, 이필제가 바로 그 진인입니다!"

"미친 눔, 익은 밥 먹구 헛소리하구 자빠졌네나, 그려."

"그러게 말여, 외양은 멀쩡허게 생겨 갖고 인물값두 못하는 구먼, 쯧쯧."

필제는 계속 연설했다.

"무능한데도 권문세가의 자제라는 이유만으로 요직을 독점하고 있습니다, 여러분. 이들 때문에 공부 많이 하고 재주 있는 자들이 선달 신세를 면치 못해서야 되겠습니까!"

필제의 외침에 고개를 끄덕이는 사람이 생겼다.

"조정은 노론과 소론이 권력다툼을 일삼고 삼정은 문란해져, 전정은 가렴주구로 바뀌고, 군정은 호포제로 민생을 짓눌렀으며, 환곡은 탐관오리의 사리사욕을 채우는 창고로 전락했습니다. 백성의 삶은 나락으로 떨어지고 있습니다."

"진인인 중은 몰러두 저니가 허는 말이 틀린 말은 아녀."

"그려. 듣고 보니 죄다 맞는 말만 하는구먼, 그려."

관중이 필제의 연설에 호응하기 시작했다. 필제가 홍경래의 난을 언급하자, 손가락을 입에 넣어 휘파람까지 불며 "옳소!" 하고 호응했다.

해가 저물었고 필제가 어디 가서 잘까 하고 있는데, 어떤 이가 다가와 막걸리나 한잔하자며 말을 걸었다. 조금 전, 휘파람을 불었던 사나이였다. 마다할 이유가 없었으므로 필제는 그가 하자는 대로 했다. 서북지방에서 홍경래의 난에 가담했다가 옥살이를 당했다는 이야기를 풀어놓으며 밥과 술을 사주고, 재워 주겠다며 필제를 자기 집으로 데려갔다. 감옥에서 너무도 혹독하게 당해서, 자기는 관에 잡혀갈 일은 하고 싶지 않다, 그러니 하룻밤 편히 쉬다 가라, 이렇게 선을 그었다.

이튿날도 사람이 많이 모이는 곳에 가서 판을 벌였다. 글줄깨나 읽은 이들이 몰려들었다. 그들은 필제의 말꼬리를 붙잡고 끈질기게 따졌고, 필제는 제 학문이 바닥이 나도록 대꾸하며 맞섰다.

"수염도 요상하고, 생긴 건 꼭 산적 두목 같은데 말은 청산유수일세."

"아녀, 장수감이여. 목소리 좀 봐. 화통을 삶아 먹은 거 맨치루다 우렁차잖은 감."

필제는 주먹을 불끈 쥐고 외쳤다.

"나라 꼴이 이래서야 되겠습니까, 여러분! 조선 왕조, 갈아엎어야 합니다!"

그때 "옳소!" 하고 소리치는 이가 있었다.

"심홍택이다!"

심홍택이 주먹을 높이 들고 외쳤고, 군중들이 따라 연호했다.

"갈아엎자, 조선 왕조!"

"타도하자, 조선 왕조!"

필제도 따라 외쳤다.

연설을 마친 뒤, 필제는 심홍택에게 손을 내밀었다.

"동지를 만나다니 오늘은 운수가 대통한 날입니다. 저는 이필제라는 사람이올시다."

"저는 심홍택이올시다."

심홍택은 필제를 그의 집으로 데려갔다. 먹이고 재우고, 빨래를 해주었고, 갈아입을 옷도 마련해주었으며, 떠나는 길에는 여비까지 주었다.

"천금을 아끼지 않고 도울 터이니, 후일 다시 봅시다."

"고맙소. 여기저기 쥐불을 놓겠소이다."

필제는 한껏 고무되었고 동가식서가숙하며 아군도 만나고 적군도 만나면서 해미, 태안, 보은 등에서 열심히 쥐불을 놓았다.

목천에서 김낙균을 만났는데 두 사람은 처음부터 평생 동지가 될 것을 예감했다. 심홍택을 불러들였고, 심홍택이 필제의 생활비와 조직의 활동비를 전담하면서 조직의 체계가 잡혀갔으며 사람들이 모여들었다. 그중에 양주동이라는 인물이 있었는데 학식이 풍부한 그는 봉기 계획을 세웠고, 심홍택은 충분한 경제적인 지원을 해주었다. 모두가 사기충천해 있었는데 그만 일이 틀어져 버리는 사건이 발생했다. 김낙균의 친척이 밀고하였다. 필제와 김낙균은 일단 도망을 가서 화를 면하긴 했지만, 양주동과 심홍택이 관에 붙들려갔다. 두 사람은 모진 고문을 당한 끝에 옥사했다. 필제는 양팔이 잘리는 듯한 아픔과 상실감으로, 김낙균은 다른 사람도 아닌 자기 측근 때문에 생목숨이 한순간에 비명에 갔다는 죄책감으로 비통에 젖었다.

1869년에 발생한 이 사건을 나라에서는 〈진천작변〉이라고 명명하고, 필제와 김낙균에게 수배령이 떨어졌다. 필제는 수배를 피하려고 임시로 가명을 사용하며 남해로 들어갔다.

남해에서 양영렬이라는 인물을 알게 되었다. 그는 학문적으로 뛰어난 데다 재력 또한 갖추고 있어 지역사회에서 상당한 영향력을 지니고 있었다. 병법과 술수에도 능통하여 '관운장에 비견 된다'는 평가를 듣던 그가 성하춘과 정만식이라는 범상치 않은 인물을 데려왔다.

"저는 고종 2년 무렵부터 이미 변란을 구상해 왔소. 민정의 황급함을 보고 장차 대사를 일으켜 만민을 구제할 뜻으로 제주와 울릉도 등지에 들어가 방략을 경영하려 했던 포부가 있소이다."

이렇게 자기소개를 하는 정만식의 얼굴에는 어딘가 모르게 황기(黃氣)가 어려 있었고, 말투에서는 범접하기 어려운 무게감이 느껴졌다. 필제는 허선이 자신에게 그랬던 것처럼 정만식의 손바닥을 펴보았다. 그의 손금에는 이문(異紋)이 들어 있었다.

"자네야말로 정감록에 적힌 '정진인(鄭眞人)'이로군."

이필제가 이렇게 말하자 모인 사람이 모두 입을 모아 외쳤다.

"죽더라도 함께 죽자!"

양영렬, 성하첨, 정만식은 여전히 굳건한 뜻으로 일을 추진해 나갔다.

격문을 짓고, 거사에 쓸 기에, '천명규선의기(天命奎仙義旗)'라 이름 붙였고, 조선별지도(朝鮮別地圖)도 마련하였으며, 정감록의 정 씨 왕조 예언에 맞추어 정만식을 '선춘군(宣春君)'으로 추대했다.

일이 잘 추진되고 있을 무렵 이번에도 사건이 발생했다.

"수상한 놈들이 절과 장터를 넘나들며 모였다 흩어지기를 반복하고, 불온한 말을 퍼뜨리며 재물을 모으고 사람을 끌어들인다."

그 밀고는 동모자, 라고 믿고 포섭했던 진주의 유학자, 조용주 형제가 올린 것이었다. 조정의 부패를 비판하는 말에는 동조해 놓고는, 막상 그

부패를 바꾸려 하자, 반기를 들고 끝내 밀고까지 한 것이다. 그것이 유학자들이 가진 모순이자 한계라고 필제는 생각했다.

그 일 이후, 필제는 동가식서가숙하며 열심히 뛰었지만, 뚜렷한 성과 없이 지쳐갔다. 왜 실패했는지를 돌이켜보며 그는 몇 가지 문제를 짚었다. 조직이 느슨하고 지역 간 연계가 부족하다는 점이 드러났다. 그 순간, 필제는 동학에 입교했던 기억이 떠올랐다. 진주 사건 때, 후일을 기약하지도 못한 채 헤어졌었다.

1863년 10월, 동학의 창시자 수운 최제우가 끌려가던 날, 이를 지켜보러 모여든 군중은 질서 정연하고 엄숙했다. 그 광경에 감화를 받은 필제는 그들 속으로 들어가 동학과 최제우에 관해 공부했다.

최제우는 재가한 어머니의 아들로 태어났다. 관직 진출에서 배제되는 등 많은 제약을 받던 그는 신분의 벽을 허무는 방법을 모색하느라 수도했다. 그러던 끝에 동학(東學)을 창시했다.

'인내천(人乃天, 사람이 곧 하늘)'과 '사인여천(事人如天, 사람을 섬기기를 하늘처럼)'을 근본 사상으로 삼은 동학은, 민중이 주체가 되는 새 세상의 실현을 지향하였다. 이러한 동학사상은 최제우의 출신지인 경주를 중심으로, 영덕 · 청도 · 울산 등지로 퍼져나갔다.

필제는 그 당시 이런 사상에 공감하여 입교했지만, 이후 이곳저곳 떠돌다 보니 동학을 잊고 지냈었다.

'왜 동학교도들을 만날 생각을 못 했을까?'

하는 생각과 함께 진주에서 헤어진 김낙균은 지금 어디서 무얼 하고 있을까 하는데, 이심전심이었던지, 김낙균이 필제를 찾아왔다. 죽었던 사람이 돌아온 듯 반가워서 반갑게 손을 내밀며 말했다.

"살아있어 줘서 고마우이!"

말없이 고개를 끄덕이는 김낙균의 눈에 눈물이 맺혀있는 것을 보면서 필제는 동학 이야기를 꺼냈다.

"종교 집단이라면 비밀리에 움직이기에 최적이지."

두 사람은 행동하기 전에 먼저 지역을 연구했고 그 결과 '영해'가 물망에 올랐다.

영해는 목은 이색과 나옹화상, 안향, 김종직 등의 고향으로, 예부터 문학과 학문을 숭상해왔다. 조선 후기로 접어들며 서얼의 신분 상승이 가능해지자, 토착 세력인 구향(舊鄕)과 새롭게 부상한 신향(新鄕) 사이에 갈등이 심화하였다. 그때, 최명현이 부사로 부임하여 같은 신향 계열의 인물을 향직에 임명하자, 구향이 강하게 반발하였고 결국, 양편 모두가 처벌을 받았다.

이럴 즈음 동학을 접한 신향들은 새로운 희망을 꿈꾸었다. 신 천주 사상을 복음으로 받아들이며 빠르게 전파되어 갔다. 불안을 느낀 조정은 동학을 사도난정(邪道亂正)으로 몰아붙였고, 마침내 교주 최제우는 혹세무민의 죄목으로 처형된 것이었다.

여기까지 검토한 필제와 김낙균은 거사 지역을 영해로 잡기로 하고, 오래전부터 알고 지내 오던 이수용을 찾아갔다.

이수용은 필제에게 두 가지 정보를 주었다. 먼저, 영해 부사 이정의 부정부패가 극심해서 영해 부민들의 원성을 사고 있는 것, 그리고 박하선이 동학교도라는 이유로 억울한 죽임을 당했고, 그 아들 박사헌이 현 조정과 영해 위정자들에게 상당한 불만을 품고 있다는 것이었다.

필제는 이수용과 함께 우정골 형제봉에 살고 있다는 박사헌을 찾아갔다. 방문객 세 사람을 무람없이 받아들이는 것으로 미뤄, 박사헌이 이수용을 깊이 신뢰하고 있다는 것을 짐작할 수 있었다.

필제는 수운 최제우와 박하선을 깊이 애도한다는 취지로 첫인사를 텄다. 그러자 박사헌은 최시형을 만나보라며 이야기를 풀어놓았다.

수운이 대구에서 재판을 받고 옥에 갇혔을 때, 해월 최시형이 옥리로 변장하고 옥중에 들어가 수운을 만났다. 그 자리에서 수운은 "이게 우리의 마지막이다"라며 '고비원주(高飛遠走)'라 쓴 유시를 해월에게 건넸다. 해월은 동학 탄압을 피해 영양 윗대치로 들어갔고, 그때부터 교인들이 하나둘 윗대치로 모여 교리를 익히며 수운 대사가 도를 받은 4월 5일, 순도한 3월 10일, 태어난 10월 28일을 기념일로 정하고, 해마다 의식을 치르며 그 정신을 이어가고 있다고 했다.

박사헌의 이야기를 통해, 경상도 북부 일원의 동학도 대부분이 여전히 수운 최제우를 추앙하고 있으며, 해월이 그 좌장이라는 점을 알게 된 필제는 기발한 착상이 떠올랐다.

'최제우의 교조신원운동을 하자. 탐관오리인 이정 부사를 처단하자. 그 거사 일을 최제우가 순도한 3월 10일로 하자.

이런 구상을 그 자리에서 발표했다.

"좋소, 기꺼이 동참하겠소. 우리 집이 관의 눈을 피하기에 좋으니, 이곳을 본부로 하고 추진해 봅시다."

필제는 천군만마를 얻은 듯 흡족했으며 일의 반은 성공했다 싶었다. 최시형을 만나고 싶다고 하자, 박사헌은 동학도 중 한 사람인 이인원을 천거해 주어서 그를 해월에게 보냈지만, 해월은 무응답이었다. 필제는 그 후 세 번이나 사람을 보냈고 매번 빈손으로 돌아왔다.

그러다가 1870년 10월부터 이듬해 2월 해월은 필제를 만나러 박사헌의 집으로 왔다.

당시 필제는 47세, 해월은 45세였다.

필제가 먼저 입을 열었다.

"노형께서 오는 것이 어찌 이리 늦습니까. 스승님을 위하는 뜻을 품은지 이미 오래되었고, 그것을 함께 의논하고자 한 것인데 섭섭합니다."

"화내심이 지당하십니다, 노형."

해월은 언짢은 기색 없이 받아넘겼다.

자신은 단군의 영령으로 세상에 다시 나왔으니, 하루에도 아홉 번 변하는 묘술을 지니고 있다. 우선 수운 선생의 치욕을 씻고 그다음 백성들의 고통을 덜어주려 한다. 내가 정작 마음을 두고 있는 것은 중국 대륙에서 새 나라를 세우는 일이다. 내 이름은 이미 세상에 드러나서, 조정에서도 나를 알고 있으니, 육조 관아에서도 내 편에 설 것이다.

필제는 대강 이런 취지로 말했고 해월은 좀 석연찮은 표정으로 고개를 한번 갸우뚱하고 혼잣말처럼 중얼거렸다.

"황당무계한 소리 같기도 하고……."

"폐 일언하고, 스승께서 욕을 보신 날이 3월 초열흘이니, 그날을 거사일로 정합시다. 영해부사 이정을 처단합시다."

"동학 도인과 함께하려는 저의가 무엇이오?"

"수운 선생의 일을 도모하는 일인데, 도인을 취하지 세상의 무리를 취하겠소? 굳이 사근취원(捨近取遠, 가까운 것을 버리고 먼 것을 취하다)할 까닭이 있겠느냔 말이외다!"

필제는 얼굴 생김새나 풍채가 범상치 않은 데다 목소리와 언변은 상대를 압도할 만한 위력이 있었으므로 좌중은 숨죽였고 해월도 의심을 풀고 편안하게 자세를 고쳐 앉았다.

"서두르면 일을 그르칠 수 있으니 좀 더 신중하게 생각합시다."

해월이 누진 목소리로 말했다.

그러자 전동규이 나서서 말을 보탰다.

"저는 이미 이번 거사에 별무사 직책을 명받아서 준비하고 있습니다."

전동규는 집에 대장간을 두고 무기를 직접 제작하여 관아에 공급하는 책임 장교였다. 그런 그가 이렇게 나오자, 좌중이 모두 웅성거리며 거사를 감행하자는 쪽으로 한마디씩 거들었다. 그러자 해월도 고개를 끄덕였다.

그날 모인 사람들은 모두 박사헌 집에 머무르며 거사 일에 착수했다.

총괄 지휘는 필제가 맡았고 내부 규약은 해월이 담당했다.

'돌아오는 3월 10일은 수운 스승님께서 억울하게 죽임을 당한 지 7년째 되는 날입니다. 이날 수운 선생님의 신원 운동을 하기로 합니다. 도인들은 3월 10일에 우정골 병풍바위 밑으로 집합하기 바랍니다.'

해월은 이런 통문을 써서, 수운이 살아있을 때 접주였던 16개 지역에 전달하도록 했다.

필제는 거사에 성공하면 관직을 주겠다는 말로 군량 조달을 기도하는 등 사람을 모으는 데 열심이었다. 정치겸과 동학교도인 강수, 전인철, 그리고 남두병이 맹활약을 벌였다.

무기를 준비는 집 뒤에 대나무 숲이 있는 전동규가 앞장섰다. 친인척을 불러들여서 대나무로 죽창을 만들었고 만드는 족족 병풍바위 밑으로 운반해서 불과 열흘 만에 죽창이 언덕을 이루었다. 그리고 여러 사람이 옷과 신발 등을 제작했다.

거사가 하루 앞으로 다가왔다.

영해, 평해, 울진, 진보, 영양, 안동, 영덕, 청하, 흥해, 연일, 경주, 울산, 장기, 상주, 대구 그리고 경남의 영산과 철원에서 도인들이 속속 모여들었다.

무기를 최종 점검했다.

이백여 개의 죽창과 장검 그리고 화승총 두 자루가 준비되어 있었다. 화승총에는 화약 가루를 총구에 넣은 다음 총알 역할을 할 수 있는 쇠구슬을 넣는다. 방아쇠를 당겨서 장치를 작동시키면 불 심지가 점화구에 닿아 불이 붙으며 화약이 폭발하고 그 압력으로 총알이 발사되는 구조다. 대단한 위력이 있지만, 궂은날에는 화약이나 심지에 습기가 차서 발사할 수 없다는 단점이 있다.

무기 점검을 마친 이필제와 최시형은 고천제를 올리기 위해서 깨끗한 옷으로 갈아입고 형제봉으로 갔다. 강수, 김낙균, 박사헌, 남두병, 전동규

등의 지도자급이 그 뒤를 따랐다. 정상에는 이미 소 한 마리와 제물 등이 진설되어 있었다.

돗자리를 펼쳐 놓자, 해월이 성큼 나서서 신발을 벗고 돗자리에 올랐다. 평소라면 필제가 먼저 제를 지내야 맞다. 동학도의 수가 아무리 많아도 일의 시작과 끝을 알리는 것은 필제의 몫이었다. 즉 필제가 좌장이었던 것이었다. 모두 의아해하며 눈빛을 교환했다. 필제의 눈치를 살피는 축도 있었다. 필제도 속으로는 좀 당황스러웠지만 이내 안색을 수습하고는 진중하게 해월의 하는 양을 지켜보았다.

해월은 아주 작은 소리로 게송을 읊었다. 달빛에 비친 그의 모습은 너무도 처연했으며 목소리에는 울음기마저 배어있었다. 제를 마친 해월이 돌아서 신발을 신을 때, 필제는 보았다. 해월의 눈에 맺힌 이슬을. 마중물이라도 붓듯 필제의 눈에도 눈물이 고였다. 필제는 입을 꾹 다문 채 돗자리로 올라가 절을 했다. 모쪼록 인명 피해 없이 거사가 성공하기를 기원하며 제를 지냈다.

드디어 1871년 음 3월 10일(양 4월 27일) 거사 당일이 되었다.

대략 오백여 명이 모였다. 동학도뿐만 아니라, 젊은 유생과 농민도 많았다. 전날 제를 지내면서 넉넉하게 장만한 음식으로 든든하게 배를 채우고 나서 출발 준비를 했다.

모두 머리쓰개인 검은색 유건을 착용했으며 임무를 부여받은 동학도는 청색 도포를 입었다. 푸른 옷은 동방을 상징하며 의로운 제왕의 정의를 나타낸다.

고위 지휘관은 쇠붙이 조각을 가공해 옷감에 붙여 만든 갑옷을 입고 장검으로 무장했고, 화승총을 소지한 두 사람이 선발대에, 죽창을 든 백여 명이 그 뒤를 따랐고, 나머지 인원이 마지막에 섰다.

병풍바위에서 우정동 삼거리까지 내리막길로 내려와 송천과 창수면을 지나서 영해부에 닿았다. 대열을 정렬했다. 강수가 중군(中軍)을 맡아 선봉에 나섰고, 별무사들이 분대를 거느리고 따랐다. 오전 열 시 반에 영해 관아에 도착했을 때, 사전에 내통한 대로 성문은 열려 있었으며 서문과 남문 앞으로 나누어 포진하자, 낌새를 알아차린 포졸들이 발포했다. 거사팀의 한 명이 그 총에 맞아 죽고 한 명이 부상당했다. 동학도들이 관아에 쳐들어갔다. 무기고를 열어 군기를 나눠 들었으며 동헌에 불을 질렀다. 사람들이 도망쳤고 그 틈에 섞인 이정부사를 붙잡아 동헌의 앞뜰에 꿇어앉혔다.

필제는 관인(官印)과 명부를 빼앗아 강사원에게 넘겨주고 이정부사를 취조하였다.

"너는 나라의 녹을 먹는 신하로서 백성을 학대하고 재물을 탐하였다. 그 원성이 높아 네거리에 방이 나붙었다. 정사를 잘못하여 세상을 어지럽힌 네 죄를 인정하겠는가."

이정이 항복하지 않았고, 김진균이 장검으로 이정을 죽였다.

영해 부사는 죽었지만, 거사가 끝난 것은 아니었다.

영해 부의 주인인 부민들에게 거사의 의도와 부사를 죽인 데 대한 해명을 해야 했다.

'本官(영해 부사)의 탐학이 극심하기에 그 죄를 성토하려 했으나, 뜻대로 되지 않아서 어쩔 수 없이 그를 처단했다. 절대로 부민들을 해치지는 않을 것이니 안심하시라. 그러니 부민 대표들은 관아로 속히 모이기를 바란다.' 이렇게 격문을 내걸고 나서 관아에 있던 공전을 찾아내었다.

날이 밝자, 부민 대표들이 모였고 이들에게 20냥씩 나눠주며 마을의 빈궁 자들에게 나누어 주도록 하라고 일렀다. 이로써 영해 거사는 일단락 지어진 것이었다.

약간은 허탈했다. 그때 문득 해월이 생각났다. 촉각을 곤두세운 채, 가장 측근들과 이견을 조율하고 거사를 진행하느라 해월과는 접촉이 없었던 것이었다. 그러고 보니 형제봉에서 제를 지낸 이후 모습을 보지 못했다. 그가 자리를 떴을 수도 있고 군중 속에 끼어 있을 수도 있었지만, 아무튼 필제가 본 것은 형제봉에서가 마지막이었다.

필제는 조직원들에게 해월 이야기를 하지 않은 채, 다음 거사를 모의했다. 영덕군 관아가 물망에 올랐다. 영해에서 영덕까지는 오십여 리가 되는 먼 거리였으므로 구체적인 준비가 필요했다. 주막에 모여서 모의했다.

"영해 부에 적당(賊黨) 수백 명이 한밤중에 난입하여 관장을 멋대로 죽이고 인부(印符)를 강제로 빼앗는 사건이 발생했다. 영해 부사 이정은 의(義)에 입각하여 그들을 질책하다가 마침내 죽었다. 도신(道臣)과 수신(帥臣)은 병부 내리기를 기다리지 말고 적절히 헤아려 속히 군사들을 풀어 적도(賊徒)를 섬멸하도록 하라."

경상감사가 이러한 방을 붙였고, '주막에서 수상한 자들이 모였다'라는 주민의 신고가 접수되어서 필제 일행은 영해를 빠져나가기에 급급했다. 해월이 은거하고 있는 일월산으로 들어가려고 했으나 관군이 따라붙는 바람에, 주력부대는 뒤쫓는 관군과 유격전을 벌이며 도주했고 나머지는 사방으로 흩어졌다.

소문이 퍼져서 행동에 제약을 받았지만, 필제는 눈치껏거사의 당위성을 알리는 데 힘쓰며 일행은 결속을 다졌다. 돈이 떨어져 식량이 바닥났고 날씨마저 나빠 연일 천둥을 동반한 폭우가 내렸다. 이탈자가 생기기 시작했다. 필제는 남은 교도들과 함께 영양 일월산의 윗대치로 갔다.

영덕 현령이 병력을 이끌고 일월산으로 출동하여 동학교도들을 체포했고 해월과 필제는 도망하여 단양 정기현의 집으로 피신했다.

필제는 정기현 · 김낙균 · 전동철 등과 함께 문경의 요새인 조령관을 습격한다는 계획을 세웠다, 그러나 정보가 유출되어 주동 인물이 체포되었으며 8월 3일, 이필제도 결국 붙잡히고 말았다.

조정은 그를 문초하기 위해 추국청을 설치하고, '모반대역부도죄'라는 중죄를 씌웠다.

이는 당시 가장 무거운 죄목 가운데 하나로, 본인은 물론 삼족을 멸하거나 연좌제로 일가친척까지 처벌당할 수 있는 형벌이었다.

그러나 필제는 "이미 알고도 택한 길이오"라며 담담히 받아들였다.

먼저 떠난 동지들의 얼굴이 주마등처럼 스쳐 갔다.

가족에게 마지막 인사 한마디 남기지 못한 채 형장으로 끌려가면서도, 그는 마음속으로 중얼거렸다.

'그래도 해월, 최시형이 살아 있으니, 다행이야.'

그로부터 20여 년 뒤인 1894년, 〈동학농민운동〉이 발발했다.

이필제는 죽어 흙이 되었지만, 그가 외쳤던 신념의 씨앗은 동학의 맹아(萌芽) 역할을 한 것이었다.

8. 녹두꽃 지던 길—동학농민혁명

- 채희문

1

1894년 12월 2일, 전라도 순창 지역은 어느새 겨울 한복판에 들어서 있었다. 목덜미에 드는 찬바람이 섬뜩했고 낮은 하늘엔 무겁게 가라앉은 잿빛이 점점 짙어지기 시작했다. 간간이 비가 내리기도 해서 흙길은 촉촉이 젖어 들었으나 어느새 조금씩 얼어붙으며 눅진해지고 있었다. 길바닥에는 이리저리 산만하게 찍힌 사람 발자국 주변으로 수레를 끌고 간 짐승들의 발자국이 오히려 줄을 맞춰 이어져 있었는데, 진흙이라서 바닥이 미끈거리는 그 길을 따라 뚜껑도 없고 바람막이도 없는 낡은 무개 가마 한 대가 삐거덕거리며 다가오고 있었다.

하지만 점차 가까워질수록 그 무개 가마에서는 알 수 없는 음험하고 비장한 느낌이 배어 나오기 시작했다. 앞에서 가마를 끄는 사내와 뒤에서 가마를 받치는 사내는 유독 기골이 장대했으나 막상 가마 위에 앉아 있는 사내는 얼굴이 검고 몸집도 왜소했으며 갓도 쓰지 못한 채 맨상투를 드러낸 추레한 모습이었다.

무개 가마 위에 꿇어앉아 있는 그 사내는 탐관오리들의 부패와 외세에 맞서서 농민 봉기를 일으키고 승리를 거듭하며 한때 전주성을 점령했던 장부, 지난봄엔 백산에 모인 농민군으로부터 대장으로 추대된 녹두 장군 전봉준(全琫準)이었다. 그는 정부군을 상대로 수많은 전투를 치르면서 조선 땅으로부터 외세를 몰아내고 썩은 사회를 개혁하기 위해 처절하게 몸부림친 열혈 장수였다. 그러나…….

'아! 이 모습이 녹두 장군이라 불린 자의 모습이던가? 과연 이게 현실이란 말인가?'

가마 위에 무릎을 꿇린 전봉준은 쇠사슬로 친친 묶인 두 손을 내려다보며 입술을 질끈 깨물었다. 얼마 전까지 피 묻은 창을 움켜쥐었던 손. 그러나 기나긴 세월 동안 삽과 곡괭이를 잡았던 흔적으로 굳은살이 두텁게 박인 손. 그 손목에는 여든 근짜리 쇠사슬이 뱀처럼 똬리를 틀고 묶여서 한쪽은 어깨를, 다른 한쪽은 허리를 옥죄고 있었다.

원래 반역죄는 가장 무거운 죄로 간주 되었기에 그 형벌은 극히 잔혹하고 엄중했다. 체포해서 수레에 실어 갈 때부터 머리칼을 풀어헤치고 목에 칼을 씌우는 것이 원칙이었다. 하지만 길가에 늘어서서 구경하는 순창 지역 백성들의 눈을 의식했기 때문일까, 다행히 전봉준은 칼도 쓰지 않고 상투도 풀어헤치지 않은 모습이었다. 짐승 우리처럼 틀을 짜놓은 수레도 아니었고 오히려 조촐하고 소박한 무개 가마에 그를 꿇어앉혔을 뿐이었다. 그러나 길고 무거운 쇠사슬로 오금을 조여 무개 가마 바닥으로까지 꽁꽁 묶어놓은 형상은 비참했다. 바람막이도 없고 뚜껑도 없는 여름 한철용 낡은 평 가마 바닥 위에.

전봉준을 압송하는 무개 가마는 순창 지역 주민들의 근심 어린 시선을 받아 가며 천천히 한양으로 향했다. 가마 앞뒤로는 테두리 작은 갓을 쓰고 무명 도포를 입은 자들이 각각 한 명씩 따라붙어 있었다. 그들은 환도를 차지도 않았고 창을 들지도 않았으니 겉으로 보기엔 어느 시골 관청의 아전쯤이나 됨직해 보였다. 하지만 서너 걸음 뒤쪽으로는 황금색 단추가 줄지어 달린 짙은 군청색 제복에 군모를 쓴 일본 병사가 어깨에 총을 멘 채로 여섯 명이나 가마를 뒤따르고 있었다. 일본 공사 이노우에 카오루의 명을 받은 일본군 체포조들이었다.

이노우에 카오루 공사는 전봉준을 핵심으로 번져나가는 동학농민운동을 조선 내 일본의 권력 확장에 대한 커다란 위협으로 여기고 있었다. 마침 9월에 농민군이 2차 봉기를 하자 그는 농민군을 직접 진압하겠다고 조선 정부에 통고했으며, 조선의 내각을 이끌고 있던 총리대신 김홍집과 협력하여 조선에 일본군을 파병하고 동학농민군 진압을 지원했다. 이노우에와 일본군의 개입은 농민군이 수적 열세에 놓이게 된 결정적인 계기를 제공한 것이었다.

2년 전인 1892년, 전봉준은 동학에 입교한 지 2년 만에 고부(현 정읍시 일부) 접주(接主, 동학 교구의 우두머리)에 임명되었는데 공교롭게도 이 무렵 고부 군수는 지나친 수탈을 감행하여 그 악명을 높이고 있었다. 고부는 드넓은 평야가 펼쳐져 있을뿐더러 네 개의 포구가 있어서 곡식도 풍성히 생산되었고 외부에서 들어오는 곡식의 양도 상당해서 매우 풍요로운 곳이었지만 유독 다른 지방보다 탐관오리의 학정이 극에 달해 있었다. 고부 군수는 저수지 사용료를 거두어가고 농민들에게 거두어들인 대동미를 착복하고 제 부친의 공덕비를 세운답시고 백성들에게 천여 냥에 달하는 돈을 거두어들이기도 했다.

설상가상으로 역시 탐관오리였던 호남 균전사(均田使, 논밭을 측량하고 등급을 결정하는 벼슬아치)도 농토 개간을 핑계로 백성들로부터 세금을 거두었고, 외국 기선을 도입하여 세곡을 운반하던 전운국의 전운어사(轉運御史, 세곡 운반을 주관한 관원) 마저도 농민들에게 선박 수선비나 파손비 명목으로 돈을 갈취했으며 불응하는 백성들을 잔인하게 고문하는 일이 능사였다. 이에 더는 견디지 못한 고부 농민들은 전봉준의 아버지 전창혁을 대표로 삼아 40여 명의 인원을 구성해서 고부 군수에게 항의했으나 강제로 해산당하는 과정에서 전봉준의 부친이 모진 곤장을 맞고 보름이 채 안 되어 장독이 올라 사망했다.

그다음 해에 전봉준은 60여 명의 농민 대표를 이끌고 전주 감영으로까지 찾아갔으나 고부 군수의 학정을 시정해달라는 그의 요구는 무참하게 짓밟혀지고 말았다. 결국 전봉준은 이듬해 1월 동학 조직을 이용하여 모은 천여 명의 농민군을 이끌고 봉기했으며 정부군에 맞서 피를 흘리는 전투를 치르기 시작했다.

일본군이 조선에 파병되자 개화파 정부는 곧바로 농민군 토벌 명령을 내렸으며 영남, 관동, 경기 등 각 지역에서 봉기한 농민군들은 일본군과 합세한 관군에게 여지없이 패할 수밖에 없었다. 결국 1894년 11월, 농민군은 우금치 전투에서 크게 패했으며 전봉준은 불과 몇 명 안 되는 부하들과 함께 순창 지역 중산간 야산 지역으로 피신했다가 굶주림에 지친 부하의 밀고로 관군에 체포되고야 말았다.

오랫동안 숨어 지낸 전봉준의 옷차림은 남루했다. 12월 날씨에는 견디기 어려운 동저고리에 홑바지 바람이었고 걸레나 다름없는 무명 발싸개로 대충 덧대어 감은 짚신 차림이었다. 그러나 전봉준은 음산한 추위에도 아랑곳하지 않고 허리를 꼿꼿이 편 채로 무개 가마 위에 의연히 앉아 있었다.

순창에서 한양으로 가려면 주로 전주를 거쳐야만 했다. 그 호송길은 길고 고단했다. 전라북도 임실로 질러가는 좁은 야산 길을 너머 초가집이 20여 호 남짓한 마을 길로 접어들 무렵 어디선가 탄식과도 같은 목소리, 혹은 호소하는 것으로 여겨지기도 하는 목소리가 들려왔다. 얼굴 검은 사내가 쇠사슬에 묶여 끌려가는 모습이 무서워 보였는지, 동구 밖에서 제기를 차며 놀던 아이 몇 명이 허겁지겁 마을 쪽으로 도망친 직후였다.

“장군. 어째서 이 꼴을 당하셨습니까? 이럴 거면 왜 백성들을 울리셨습니까?”

분명히 전봉준의 뒤쪽에서 들려오는 조심스러운 목소리였다. 하지만 소리는 작아도 분명하게 귓가에 전해져 오는 것으로 보아 바로 한 걸음 뒤에서 가마를 잡고 따라오는 호송원의 목소리일 것이 확실했다.

전봉준은 적잖이 놀랐으나 겉으로는 미동도 하지 않았다. 그저 눈앞 멀리 초라하게 드러나기 시작하는 마을과 허름한 집들을 바라보고 있을 뿐이었다. 겨울이 한창인데도 양지쪽 토담 벽에 불 피울 마른 장작은 고사하고 솔방울조차 재여 있는 집이 없었다. 문짝이 떨어져 나간 헛간으로는 빈 바람만 드나들 뿐이었다. 그는 아무런 대답도 하지 않고 지붕 너머 멀리 엎드려 있는 민둥산을 응시했다. 몰골은 초라하고 몸에서 쉰내는 났어도 민둥산을 바라보는 그의 눈빛에는 굳은 결의와 아쉬운 미련이 담겨있었다.

"앞에서 가마를 이끄는 놈은 제 아들이옵니다. 그리고 저 뒤에 따라오는 일본 군인들은 우리말을 알아듣지도 못할 테지요. 그러니 장군, 걱정하지 말고 대답해 주십시오."

호송원의 목소리는 제법 또렷했다. 어쨌거나 전봉준은 얼굴을 돌려 그를 쳐다볼 생각조차 없었다. 어떻게 생긴 사내인지, 몇 살이나 되었는지, 어디 소속 관원인지, 어느 계급 높은 양반집 하인인지… 그런 것들 모두가 부질없게 여겨질 따름이었다.

"나를 장군이라 부르지 마시오. 나는 어리석은 사람일 뿐이오."

전봉준은 마음이 괴로웠다. 그는 이 나라를 사랑했고 형제들이 죽어가는 걸 볼 수 없었기에 농민 봉기를 결심하고 사회를 개혁하기 위해 분연히 칼을 들고 일어섰노라는 말을 차마 제 입으로 할 수 없었다.

"천 명이 넘게 따르던 농민군은 다 어디로 갔습니까, 장군."

"나는 한낱 약장수였소. 하긴 잠시 훈장 노릇도 하긴 했지만…… 그대에게 장군이라 불릴 위인이 아니라오."

"장군 스스로 그런 말씀을 하시니 눈물이 납니다. 어차피 끌려가는 길, 차라리 쇠 철창을 두른 수레에 실어서 목에 칼을 채워 가두고, 수백 명 군졸이 창을 들고 지키는 그런 어마어마한 호송 행렬이길 바랐습니다. 그런데 이게 뭡니까? 겨우 대여섯 명이 호송하다니요. 이게 모두 장군을 하찮게 보이도록 조정에서 꾸민 짓이란 말이지요. 조정에서 백성들 민심을 자극하지 않으려고 잔꾀를 부린 것이란 말입니다."

뒤따르던 호송원의 목소리가 눈물에 젖어 든다는 사실을 전봉준은 뒤돌아보지 않고도 알 수 있었다. 하지만 전봉준은 여전히 눈을 감고 입을 꾹 다문 채 무개 가마 위에 무릎을 꿇고 앉아 깊은 생각에 잠겨있을 뿐이었다.

틀린 말은 아니었다. 전봉준, 그는 키가 유난히 작아 녹두 장군이라 일컬어졌다. 몰락한 양반 가문 출신에 워낙 가난하여 어려서부터 이리저리 떠돌아다니며 방랑 생활을 해야만 했다. 가족들을 먹여 살리기 위해 약도 팔고 서당 선생을 하면서 지방 농민들의 신임을 얻어나가게 된 것도 그 시절의 일이었다.

"더는 백성들을 굶주리지 않게 하신다면서요?"

호송원은 이젠 절규하듯이 말을 이었다. 하지만 전봉준은 여전히 아무런 대답도 할 수 없었다. 그래, 그건 모두 옳은 말이야. 앞으로 우리는 굶주리지 않을 것이라고 내가 외쳤지. 그 말에 백성들은 환호했어…….

"장군께서 가자는 그 길로 끝까지 가야 한다면서요. 장군이 이끄는 농민군이 점점 더 많은 피를 흘린다는 사실을 자각하셨을 때도 장군께선 그렇게 외치셨다면서요. 장군님, 과연 장군께서 가자던 그 길이 올바른 길이었습니까?"

모르긴 해도 뒤따르던 호송원은 울고 있는 모양이었다. 가끔 목울대가 울컥울컥 잠겨 드는 것으로 보아 억지로 눈물을 참고 있는 것이 분명했다.

전봉준은 이제 더 참을 수 없었다.

"그렇소. 썩은 관리들을 물리친 뒤 창을 움켜쥐고 하늘을 올려다보노라면 창끝에 햇빛이 번득이곤 했소. 그 빛은 우리가 빼앗긴 백성들의 목숨을 대신해서 비추는 하늘의 영광이요. 우리가 흙먼지 속에서 뒹굴며 피 흘리고 싸운 이유는 단 하나, 이 조선 땅에 다시는 굶주리는 백성들이 없도록 하기 위해서였소."

전봉준으로부터 이 말을 들은 호송원은 마음이 아려서 어쩔 줄을 몰랐다. 그는 지금 아마도 자신에게 닥친 운명을 원망하는 중인지도 몰랐다. 어쩌다가 녹두 장군을 잡아 쇠사슬로 엮어서 한양까지 호송하는 임무를 맡게 되었을까. 어떤 운명이기에 긴 한숨과 눈물로 이 길을 걷게 되었을까. 그는 이 직책을 이행하게 되었음을 알고부터 무겁고 괴로운 마음에 깊이 사로잡혀 있었다.

"청산은 나에게 말없이 살라 하고 창공은 나에게 티 없이 살라 하네. 탁류에 물든 몸이 청산을 못 이겨…"

한동안 울먹이며 터벅터벅 가마를 끌던 호송원은 뜬금없이 시조 한 수를 읊기 시작했다. 대략 450여 년 전, 단종에게 사약을 올린 의금부 행정관 왕방연이 지은 회한의 시였다. 조선 6대 임금 단종이 숙부인 세조에 의해 왕위에서 물러나 강원도 오지인 영월 땅으로 유배되었을 때 그를 호송한 관원이 바로 왕방연 아니었던가. 금부도사였던 그가 단종 임금을 영월까지 압송하다가 잠시 멈추어 단종에게 눈물로 지어 바친 시라는 것을 전봉준이 어찌 모르겠는가. 역사적인 비극이기도 하지만 필시 그 순간은 어린 단종에게도 금부도사 왕방연에게도 가슴 아픈 이별의 순간이었을 것이다. 하지만 세조 임금에게 알려지면 목숨도 위태로울 수 있는 내용을 담아 두려워하지 않고 단종을 향해 올렸던 왕방연의 시를 하필이면 자기를 압송하는 자가 읊고 있다니.

전봉준은 그제야 천천히 고개를 돌려 호송원을 돌아보았다. 테가 작은 아전의 갓을 쓰고 있었으나 품이 넓게 벌어진 흰색 도포를 보아하니 기골이 장대한 군인이 확실하다는 느낌이 들었다. 그런데도 왕방연의 시조를 읊조리는 본새로 보아 대과는 너끈히 통과한 인재일 것이라는 생각도 떨칠 수 없었다.

"천만리 머나먼 길에 고운 님 여의옵고, 내 마음 둘 데 없어 냇가에 앉았으니, 저 물도 내 안 같아야 울어 밤길 예놋다."

그 시에서 고운 님이란 곧 단종을 뜻하는 말 아니겠는가. 자신을 비운의 사나이라 여기던 호송원은 마음속으로부터 고운 님이라 여겨온 전봉준을 호송하는 중에 하염없이 회한에 빠져드는 중이었다.

'이 보오, 금부도사. 내가 진정 역적이오? 그렇다면 나를 끌고 가는 그대는 무엇일까?'

'황송하옵니다. 저는 추상같은 어명에 따를 뿐이옵니다.'

'이 보시오, 호송원. 내가 지키고자 한 것이 누구의 나라였소?'

'죄송합니다, 장군. 저는 그저 상부의 명령에…'

어길 수 없는 명령을 떠올리며 감정을 억누르는 중일까? 호송원은 웅얼거리며 연거푸 시조를 읊고 있었다. 목소리를 애써 가다듬었어도 음색은 서글펐다. 시조를 읊는 것인지, 노래하는 것인지, 울고 있는 것인지 알 수 없었다. 양손으로 무개 가마를 들어 올린 상태였으므로 그의 볼에 흘러내린 눈물 자국을 지우지도 못한 채였다. 앞에서 가마를 선도하는 그의 아들도 어깨가 조금씩 들먹이는 것을 보아하니 그도 아버지를 따라 덩달아 울고 있는 모양이었다.

이를테면 그들 부자는 왕방연의 심정으로 녹두 장군이란 대역죄인을 압송하는 중이었다. 450여 년 전, 왕방연이 단종에게 하직 인사를 올리고 청령포 소나무 숲길을 걷던 심정이나 지금 녹두 장군을 결박하고 순창의 진흙탕 길을 걷는 심정이 조금도 다를 바 없음을 그들은 눈물로 피력하는 중이었다. 하지만 결과는 무서웠다. 단종이 영월로 압송된 후에도 복위 운동은 계속되었고 장차 단종이 위협의 중심이 될 것을 두려워한 세조는 결국 유배지 영월에서 어린 단종을 사사(賜死)하고야 말았으니까.

호송원은 자연스럽게 450여 년 전의 청령포 숲길을 마음속에 떠올리는 중이었다. 단종 임금은 제법 정중하게 꾸며진 수레 위에 앉아 갈증을 호소하고 있었다. 하지만 어명을 따르자니 냉수 한 잔을 제대로 올려드릴 수도 없는 처지였다. 무려 백 명이 넘는 무장 군사들이 동행하는 중이었으나 그들도 참담한 심정이었는지 잡담 한 마디, 군기침 한 차례도 하지 않았다. 애초에 단종의 안전을 보장하고 유배 도중에 발생할 수 있는 다양한 반란 상황에 대비하기 위함이란 명목으로 동원된 군사들이었는데 자세히 보면 그들 모두가 흐느끼고 있는 것처럼 여겨지기도 했다.

그날, 금부도사 왕방연은 어린 단종을 보며 조용히 눈물을 흘렸을 것이다. 어린 나이에 왕좌를 빼앗기고 심심산골로 쫓겨나는 단종의 모습은 한 점 등불이 바람에 꺼져가는 모습과 전혀 다르지 않았을 것이다. 그렇다면 과연 지금은 어떤가? 한 시대의 등불이라 여겼던 녹두 장군을 여든 근이나 되는 무거운 쇠사슬로 묶어 한양까지 끌고 가는 지금은.

호송원이 지켜야 할 도리는 상부의 명령에 복종하는 일이었다. 어찌 되었든 명령 앞에서는 무기력해질 수밖에 없었다. 그는 어쩔 수 없이 전봉준을 쇠사슬로 엮어 끌고 가지만, 이왕 그럴 바에야 길목마다 꾸역꾸역 몰려든 백성들의 한숨 소리가 우렛소리만큼 따라주길 바랐다. 녹두 장군은 희망이 없는 백성들에게 잠시나마 빛을 안겨준 장수였고 백성들의 고통을 진심으로 들어준 지도자였다. 하지만 대역 반란자로 낙인찍히고야 말았고 하필이면 자기가 나서서 그를 잡아들여야 했던 상황을 그는 무겁게 인지하고 있었다.

비극이 아닐 수 없었다.

2

전봉준을 체포한 전라도 순창에서 한양까지 가는 길은 멀고도 험했다. 조선에는 우마가 사람보다도 귀했고 짐수레 같은 바퀴 달린 운송 수단이 거의 없었으며 가축조차도 짐을 지고 갈 수 없는 험한 길이 많았기 때문에 죄인을 압송하려면 어깨가 튼실한 상놈이 메고 갈 수밖에 없었다. 그러니 온종일 걸어야 겨우 30리, 애써 걸어야 40리 거리를 이동하기에도 어려웠다. 호송 인원이 죄인을 철저히 감시해야 했기 때문에 더는 빠르게 이동할 수도 없었고 죄인의 신분, 체력, 계절, 지형에 따라 많은 차이가 났다. 물론 겨울철에 눈이라도 수북이 쌓여있다면 이동 속도는 한없이 느려질 수밖에 없었다. 더구나 대역죄인의 경우이거나 혹은 지체 높은 왕가의 인물을 호송하게 될 때는 수행 인원이 수백 명에 달할 수도 있었으므로 숙박이나 식사 시간 등을 고려하면 하루 30리만 이동해도 성공적이라 할 수 있었다.

순창에서 한양으로 가려면 전주를 거쳐야 할 것이다. 한양까지 직선거리로 따져도 500리가 넘었으니 아무리 애를 써도 한양까지 달포는 걸리는 압송 길이었다. 도중에 죄인을 심문하거나 얼어 죽지 않게 밤을 보내기 위해서라도 반드시 어두워지기 전에 감옥이 마련되어 있는 고을까지 도착해야 하는 것도 큰 부담이었다.

형조 관사나 의금부, 포도청에는 그럴싸한 감옥이 설치되어 있었으나 관찰사나 기껏해야 현감, 현령 등이 관리하는 지방 관아에 마땅한 감옥이 마련되어 있을 리는 없었다. 지방 관아에서는 주로 잡범에 해당하는 범죄자를 임시로 가두어 고문하고 심문하기 위해 감옥을 주로 사용하곤 했으므로 환경이 열악하기 그지없었다.

전라도 지방에서 그나마도 감옥이 제대로 설치된 고을은 그다지 많지 않았다. 순창 근방에서는 임실이나 남원 관아 정도를 꼽을 수 있었다. 그나마 더 가까운 곳이 임실 관아였으므로 호송원은 일단 임실 관아에 전봉준을 수감하고 호송 첫날 밤을 보내기로 했다.

호송 행렬이 임실 관아에 도착한 무렵은 해가 저물기 시작하던 유시 초반이었다. 날은 빠른 속도로 어두워지기 시작했고 햇살이 사라지자 찬 바람이 을씨년스럽게 불어오기 시작했다. 평상시라면 하루 일을 마치고 퇴

청해야 마땅할 시간이었으나 오늘은 분위기가 전혀 달랐다. 대역죄인을 잡아들이는 행렬이 하필 임실현으로 들이닥쳤으니 현감의 발등엔 불이 떨어진 격이었다. 이제 막 종6품으로 계급이 올라 임실현의 수장 자리를 꿰찬 현감으로서는 이번 일이 호재일 수도 있었고 악재가 될 수도 있었다. 하지만 그의 생각에 악재일 가능성이 9할, 호재로 끝날 가능성이 1할에 불과했다. 그만큼 조금의 실수도 용납해선 안 될 중차대한 일이 벌어지고 있는 것이었다.

"고생이 많소이다. 저 작자가 그 유명한 녹두 장군이오?"

현감으로서도 이 말 외에는 할 말이 없었다. 얼마 전, 녹두 장군이 지휘하던 농민군 주력부대 4만여 명이 충청도 공주에 집결하여 20일 동안 치열한 전투를 벌였다는 소문은 이미 전라도 지역에도 파다하게 퍼져 있었다. 하지만 이미 공주에 진지를 구축하고 있던 일본군과 정부군의 연합 병력 5천여 명을 당해내지 못하고 우금치에서 결정적 패배를 당했다는 소식도 현감은 잘 알고 있었다.

뜻이야 어땠건 반기를 들고 봉기했다가 패배했으니 우두머리 전봉준은 이미 대역죄인이었다. 결국 농민군은 각지에서 정부군에 패배하고 소규모 부대로 흩어지고야 말았다. 정부군과 일본군은 농민군에 대한 소탕 작전을 벌이기 시작하여 많은 사람을 죽이고 재물을 빼앗았으며 집에 불을 질렀다. 그러니 농민전쟁은 실패했으나 전국 각지로 흩어진 농민군은 이후로 반일 의병 투쟁의 주력이 되어가고 있었다.

관군이 농민군의 적이었으므로 관사는 의병들에게 적의 근거지로 여겨질 수도 있었다. 사방에 농민들뿐이었으니 그중에 누가 정부에 반기를 들고 봉기했던 인물인지 알 수도 없었다. 임실 현감은 이런 점을 의식하고 있었다. 그러나 현감 직책으로서 봉기의 주모자 편에 서는 듯한 태도를 보일 수도 없었다. 그러니 몸 따로 마음 따로. 현감의 태도는 어색하기 이루 말할 수 없었다.

"여봐라, 죄인을 단단히 결박하여 하옥시키고 경비를 철통같이 할 것이며 주위에 횃불을 대낮처럼 밝혀놓도록 해라."

현감은 이렇게 명령했다. 그는 아무런 탈 없이 하룻밤이 지나기를 마음속으로 염원하고 있었다. 그동안 농민군들이 관아를 습격하여 관리들을 족치거나 불 지르곤 했다는 소문은 눈으로 직접 보지 않았어도 오금을 저리기에 충분했기 때문이었다. 이미 항간에는 녹두 장군을 상징하는 노래가 널리 퍼져 있었는데 그 노래를 가만히 듣고 있자면 공연히 슬퍼지기도 했다. 백성의 고난과 저항의 정서가 상징적으로 담겨있기 때문이었을까?

'새야 새야 파랑새야, 녹두밭에 앉지 마라.
녹두꽃이 떨어지면 청포 장수 울고 간다.

이미 조정에서는 이 노래의 의미를 파악하여 매우 위험한 노래로 단정지었으며 이 노래가 어떻게 퍼져나가는지 세심히 주의를 기울일 것을 지방 관리들에게 당부하기도 했다. 파랑새는 외부의 침입이나 위협을 뜻하기도 하고 청포 장수는 백성들의 생계를 암시하는 말이라고도 했다. 그렇다면 떨어지는 녹두꽃은 농민운동의 실패를 예견한 말이기도 한데 그 노래를 들을수록 슬픈 기분이 드는 이유를 현감으로서는 도통 알 수 없었다.

"자, 호송관들께서는 안으로 들어가셔서 저녁 식사부터 합시다. 그런데 저 일본 병사들은 김치를 먹을 수 있나 모르겠군. 하여간 일단 안으로……."

현감이 안절부절못하는 동안 이방을 비롯한 여러 아전이 나서서 분주히 움직이기 시작했다. 그들에게도 오늘 밤은 비상사태였다. 생전 겪어보지 못한 일본 병사들을 어떻게 먹이고 재워야 할지, 그보다도 정부에서 엄히 다루기로 정한 대역죄인의 신병을 어떻게 보존하고 감시해야 할지 걱정이 태산과 같았다.

그때, 요란한 말 울음소리와 함께 역졸 한 명이 임실 관아로 들이닥쳤다. 그 역졸은 미처 말이 달음질을 멈추기도 전에 안장에서 뛰어내리더니 임실 현감 앞에 한쪽 무릎을 꿇고 봉서 하나를 내밀었다. 전봉준은 이미 감옥 안으로 끌려간 이후라서 그 내용을 알 수 없었으나 전봉준을 호송해 온 호송원들은 곧바로 봉서에 담긴 내용을 알 수 있었다. 임실 현감이 그 봉서를 읽자마자 호들갑을 떨었기 때문이었다.

"여봐라 이방. 교서관 관리가 작성한 이 문서 좀 보아라. 내 이럴 줄 알았다. 공연히 농민들 눈치를 보면서 걱정만 했군그래. 내각에서 드디어 죄인에게 엄중한 경고를 내려보냈어. 이건 나라에서 백성들을 완전히 제압했다는 자신감을 내보이는 것이지."

"무슨 내용입니까요?"

"전봉준을 곧바로, 잠도 재우지 말고 당장 한양으로 끌어올리라는 어명이시다. 그뿐 아니라 죄인을 호송하는 인원을 충분히 보강하고, 백성들이 많이 모이는 곳에 이르면 즉시 함거(檻車, 죄인을 가두는 수레)로 옮겨 싣되 앉지 못하게 세워서 사지를 묶고 상투를 잘라 난발하여 천륜을 어긴 중죄인의 모습을 백성들 모두에게 구경시키도록 하라는 어명이시란 말이다."

"그럼 지금 곧바로 죄인을 호송해야 할까요?"

"그렇지. 호송원들이 대충 끼니를 때우면 곧장 떠나보내도록 해라. 죄인을 실을 함거는 한양에서 따로 내려보낸다고 하니 이제껏 해 온 대로 죄인을 호송하되 인원을 대여섯 명쯤 더 차출하여 보강토록 하라."

"지금 관아에 남아있는 하인들이 기껏해야 열 명이 안 됩니다. 그중에 반을 차출하면 관아에 서 벌어지는 수많은 일을 어찌 감당할 수 있겠습니까?"

이방은 이렇게 툴툴댔다. 하지만 하인 대여섯 명을 잠시 차출해서 보내는 대신 큰 날벼락을 피해 갈 수 있게 되었다는 심정은 이방이나 현감이

나 다를 바 없었다. 하긴 저렇게 쇠사슬에 엮어져 있긴 해도 전봉준이 얼마나 무서운 존재란 말인가. 얼마 전, 농민들이 크게 들고 일어섰을 때 관아를 점령한 이후의 수칙 1호가 수령부터 죽이고 곧바로 아전들을 처단하자는 것 아니었나.

"자, 자 어명을 하사받았으니 서둘러라. 그런데 말이다. 녹두 장군인지 뭔지는 장차 운명이 어찌 될꼬?"

현감이 이렇게 묻자 이방은 촉새처럼 떠벌이기 시작했다.

"그야 뻔하지요. 저렇게 끌고 올라갈 때부터 전시효과를 노리는 걸 보니 이것, 바로 이것 아니겠습니까?"

이방은 손바닥을 세워 제 목을 치는 흉내를 냈다. 아마도 이방은 지난 여름 온 세상을 떠들썩하게 했던 갑오개혁의 주인공 김옥균의 처단 장면을 머릿속에 떠올린 모양이었다.

갑오개혁을 주도했다가 실패, '3일천하'도 누리지 못하고 일본으로 피신했던 김옥균은 이후에 조선 수구세력을 확보하기 위해 청으로 갔다가 암살당했다. 그 뒤에 시체가 조선으로 옮겨져 한성부에서 능지처참을 당하고 그의 머리는 종로에 효수되어 경고의 의미로 백성들에게 공개되었으며 나머지 시신도 전국 각지로 나누어져 전시되었다.

종로 거리에 지렛대를 얽어 삼발이처럼 세워놓고 사람 키만이나 한 백색 무명천을 걸어 놓은 뒤에 붉은 글씨로 〈大逆不道玉均(대역부도옥균)〉이라고 써서 그 모습을 전시했다. 물론 그 붉은 글씨 위에는 봉두난발인 채로 흉측하게 목이 잘린 김옥균의 머리가 매달려 덜렁대고 있었다.

시커멓게 썩어가기 시작했으나 아직도 이목구비는 충분히 구분할 수 있었다. 바로 얼마 전이었던 5월 30일, 여름 더위가 슬슬 몰려오던 무렵의 일이었으므로 한양 인근 사람들 모두의 기억에 생생했고 소문도 무성히 퍼져나갔다.

임실 관아의 감옥에 갇혀있던 전봉준이 조정에서 전해온 봉서 내용을 알게 된 것은 투옥된 지 한 식경도 지나지 않아서였다. 뒤에서 가마를 들던 호송원이 조심스레 감옥으로 찾아와 알려준 것이었다. 대략 그의 설명을 들은 전봉준은 그러나 여전히 아무런 내색도 하지 않았다. 호송원은 전봉준을 따로 만나기 위해 옥졸에게 요즘 구하기도 힘든 대조선국 화폐로 50전을 뇌물로 바쳤다. 기존 화폐 닷 냥에 해당하는 제법 많은 돈이었다.

"어차피 마지막 가시는 길. 초라하기보다는 장엄하거나 비장한 모습이길 원했습니다. 백성들을 위해 끝까지 싸우셨던 장군 아니셨습니까?"

호송원은 여전히 뜬금없는 말을 꺼냈다. 하지만 그의 말에도 나름대로 일관된 주장이 담겨있었다. 어차피 잡혀가는 길, 어차피 죽으러 가는 길, 마지막으로 위세라도 부려보고 싶다는 바람이었다. 잡혀가는 자가 부릴 수 있는 위세란 뻔했다. 다섯 명의 호송을 받는 것보다는 열 명에게서 호송을 받는 것. 열 명보다는 백 명에게 호송을 받는 것, 백 명보다는 천 명에게 호송을 받는 것이었다.

딱 거기까지가 그의 바람이었다. 더 깊게는 생각하기 싫었다. 하지만 실제로 그는 호송 인원이 몇 명인지를 알려 하기보다 함거 안에 갇혀있게 될 장군의 안위를 무엇보다 걱정하고 있었다. 함거 바닥에 앉지도 못하고, 사지가 쇠사슬에 묶여 종일 일어선 채로 끌려가게 될 것이란 말을 그는 결코 전할 수 없었다. 그뿐인가? 12월, 이 추운 엄동설한에 맨발로, 여름 무명 동저고리 차림으로, 더운물 한 잔 마시지 못한 채 함거에 실려 만인의 구경거리가 되어야만 한다는 사실을 그는 결코 떠올리기 싫던 것이었다.

전봉준은 눈을 질끈 감은 채 아무런 말이 없었다. 그는 어느새 농민들과 함께 전투를 벌이던 들판을 떠올리고 있었다. 함성을 지르며 농민들이 밟고 지나간 자리에도 여린 풀잎들은 다시 일어서고 있었다. 바람이 불 때마다 휘날리던 농민군들의 머리카락은 거친 들판의 한 부분으로 여겨지기도 했다. 언제쯤 그들은 흩어진 머리칼을 가다듬어 동백기름을 발라가며 단단하게 상투를 틀 수 있을까.

"장군. 우린 곧장 남원 관아를 향해 출발해야 합니다. 남원까지 여기서 무려 칠십 리나 됩니다. 낮에 걸어도 온종일 가야 하는 거리인데 그 길을 오늘 밤에 가야 한답니다."

"총리대신이 나를 무척 보고 싶어 하나 보오."

"내일 아침에 남원에 도착하면 경군(京軍, 영문에 속하여 임금을 호위하는 군사)의 영장(營將)인 홍계훈이 장군을 맞을 예정인가 봅니다. 그러면 저는 제 임무를 훌륭히 마치게 되는 게지요."

"홍계훈? 전라감영 소속 관군을 지휘하던 그 지휘관 말이오?"

"네, 그 작자가 장군님을 한양까지 모실 예정이랍니다. 그러면 소인과는 내일 아침나절이면 헤어지겠지요. 저는 오늘 장군을 모신 일이 영광스럽습니다."

"그런 말 마시오. 그나저나 아들과 저녁밥은 잡수셨소?"

"요기는 간단히 마쳤습니다."

"그럼 됐소."

전봉준과 호송원의 밀담은 이렇게 끝났다. 말을 마치고 뒤로 돌아앉은 전봉준의 입김이 감옥의 벽을 타고 하얗게 번져나갔다. 감옥은 너무 추웠고 무려 50전이나 뇌물을 바친 대가치고는 만남의 시간은 너무 짧았다. 옥졸은 잠시나마 마음껏 떠들라고 자리를 비워준 것에 따른 공치사가 대단했다. 하긴 대단한 일일 수도 있었다. 아무리 간단한 내용이라도 서너 명이나 되는 임실 관아 소속의 호송원들이 따라붙게 되면 어떤 말이든 한마디도 사사로이 전할 수는 없을 터이므로.

3

술시가 조금 지나자 호송원들이 감옥 안으로 들이닥쳤다. 어디서 차출한 자들인지는 몰라도 그들 대부분은 씩씩했고 몸놀림도 경쾌했다. 그들 뒤를 따라 손수 감옥까지 찾아온 임실 현감은 어딘가 모르게 들뜬 기색이 역력했다.

"대역죄인 전봉준은 들으라. 내 오늘 밤을 새워 너를 심문하려 했으나 사정이 여의치 않아 그냥 보내게 되었다. 오늘 밤 안으로 남원에 도착하게 될 터이니 그곳 사또에게 네가 한 짓을 소상히 아뢰도록 해라."

현감은 의례적인 말로 한껏 위세를 부린 후에 내쫓다시피 전봉준이 꿇어앉아 있는 무개 가마를 관아 밖으로 내몰았다. 언제 모여들었는지 몰라도 아침부터 종일 뒤따르던 일본 군사들도 총을 어깨에 둘러메고 가마 뒤를 줄지어 따르기 시작했다. 호송 행렬이 제법 길어지니 남 보기에 그럴싸하기도 했다. 추상같은 어명이 내려졌으므로 이제부터 날이 갈수록 호송 행렬은 길어질 것이었다. 남원에서 열댓 명, 그다음 도착지가 어디인지 몰라도 그곳에서 또 열댓 명… 이런 식으로 호송원이 늘어나다 보면 지금 뒤에서 가마를 받치고 있는 그의 소원대로 제법 장엄한 행차가 될 터였다.

"눈이 내립니다. 미끄러지지 않게 조심들 하세요."

뒤에서 귀에 익숙한 목소리가 들려왔다. 전봉준에게 이제 더는 사담을 나눌 수 없음을 알리는 그 호송원의 비밀스러운 통고이기도 했다. 그 목소리는 분명 같은 사람의 목소리였으나 왕방연의 시를 읊던 부드러운 음색의 목소리가 아니었다. 새로운 사람들이 들이닥치니 목소리마저 색을 변하는 모양이었다.

어느새 밤으로 젖어 든 하늘은 평소보다 훨씬 더 어둡게 가라앉아 있었으나 눈 앞에 펼쳐진 세상은 시간이 갈수록 점차 환해지는 것 같았다. 처음엔 소금이 뿌려지는 것만 같더니 눈발은 점점 굵어져서 온통 꽃송이가 날아다니는 것처럼 바뀌어 갔다.

지난여름, 그리고 초가을… 고향 들판에는 연두색 녹두꽃이 지천으로 피어나곤 했다. 한 송이씩 들여다볼 땐 연두색이었어도 지천으로 피어나면 흰색 무더기로 보이던 그 꽃. 어느새 그 꽃은 지고, 그 꽃이 진 미끄러운 길 위로 검은 하늘에서 눈꽃이 내리는 중이었다. 전봉준은 무릎을 꿇은 채 조용히 뒤를 돌아보았다. 여든 근이나 되는 쇠사슬이 사지를 휘감고 있었으므로 목을 뒤로 돌리기도 힘들었다.

왕방연의 시를 읊던 호송원도 매우 지친 모습이었다. 그는 고개를 푹 떨군 채로 가마를 받쳐 들고 있었는데 어슴푸레하게 보이는 그의 어깨 너머로 하염없이 눈이 내리고 있었다. 전봉준의 몸은 이미 차갑게 굳어 있었다. 수많은 백성의 희망을 등에 업고 살아왔지만 지금 그는 혼자였다.

눈발이 세질수록 전봉준을 호송하는 행렬의 발자국은 흔적 없이 지워져 갔다. 녹두 장군 전봉준, 그가 밟고 온 길은 어느새 눈에 덮여 새로운 천지로 바뀌는 중이었다.

'이렇게 모든 것이 지워져 가는구나.'

전봉준이 마지막으로 떠올린 모습은 언젠가 짓밟았던 발자국 속에서 다시 일어서던 여린 풀잎의 모습이었다. 그 모습에는 언젠가 다시 일어서야만 할 백성들, 그리고 다시 일어설 힘을 지닌 백성들의 형상이 담겨 있었다.

9. 불이 붙는다—평안도농민전쟁

- 김찬기

막객(幕客)[1] 김문일은 부유스레하게 여명이 밝아 오는 봄날 묘시의 새벽하늘을 망연히 올려다보고 있었다. 김문일은 꼭두새벽부터 쉼 없이 말을 달구쳐 왔던 터여서 잠시 숨이라도 한번 고를 요량이었다. 서울에서 정주 사람인 주서(注書)[2] 한호인이 내려올 터이니 송림에 미리 마중을 나가 맞아 오라는 중군(中軍)[3] 유효원의 명에 따라 김문일은 흉적 홍경래가 주둔했다던 송림으로 가는 길이었다. 오전을 지나자 말의 네 발굽이 모두 벗겨졌다. 참으로 희한한 일이었다. 무관이 된 지 십여 년이 흘렀지만, 이렇게 쉽게 네 발굽이 동시에 벗겨지는 말은 처음이었다. 김문일은 하는 수 없이 말편자를 정돈할 요량으로 말안장에서 내려왔다. 김문일의 체중을 덜어낸 말이 내내 힘겨웠다는 듯 머리를 털며 잠시 야윈 몸피를 흔들어댔다. 이제 관군과 마찬가지로 군마도 함께 여위어 지쳐가는 중이었다. 관군이 얼음이 언 살수를 건너 정주성에 진을 친 지도 어언 석 달이 넘어가고 있었다.

김문일은 말 허구리 부분을 부드럽게 쓸어내리며, 말발굽의 제철부를 발로 툭툭 차면서 발굽이 벗겨진 상태를 살폈다. 다행히 앞다리 한쪽을 빼고는 며칠은 더 견딜 수 있을 듯싶었다. 앞다리 중수골의 뒤쪽 근육도 그런대로 괜찮아 보였고, 중수골이 살짝 바깥쪽으로 휘어진 말이기는 했지만 어지간한 체중은 그런대로 잘 지탱할 수 있는 말이었다. 김문일은

1 막객(幕客): 조선 시대, 감사, 유수, 병사, 수사, 견외 사신을 따라다니며 일을 돕던 무관.

2 주서(注書): 조선 시대, 승정원의 기록을 맡아보던 벼슬.

3 중군(中軍): 조선 시대, 각 군영의 대장이나 절도사 · 통제사 등에 버금가던 장수.

다시 말을 몰아갔다.

송림 어귀에 들어설 무렵이었다. 살기가 유독 묻어나는 듯한 개 짖는 소리도 그렇거니와 까마귀 떼가 유난스럽게 날고 오르는 장면이 눈에 들어왔다. 송림은 애초 반군이 세를 모아 진을 치고 있다가 관군에게 완벽하게 제압을 당한 곳이었다. 송림 전투에 출진한 병사는 몹시 안타까웠었다는 듯 혀를 끌끌 차며 "마을 전체가 완전히 초토화가 되었나이다. 인가에 그렇게 불까지 지를 필요는 없었던 것 같았는데……."라며 말끝을 흐렸었다.

병사의 말은 사실 그대로였다. 말을 천천히 몰아 마을 안쪽으로 접어들수록 화마가 할퀴고 간 참상은 눈 뜨고는 차마 볼 수 없을 만큼 처참했다. 육탈이 되어 얼굴뼈가 허옇게 드러난 시체들이 빈 인가들 사이사이로 난 텃밭에 아무렇게나 방치되어 있었고, 한길 양쪽으로 죽 늘어선 초가에 사람이 사는 기척이라고는 전혀 없었다. 김문일은 얼마를 더 가지 못하고 그만 안장에서 내렸다. 시간이 흐를수록 송림의 살풍경으로 인하여 울렁거리기 시작한 속이 영 다스려질 기미조차 보이질 않았기 때문이었다.

지난겨울 송림에서 벌인 반란군과 관군 간의 치열한 전투는 그야말로 관군의 압승으로 끝은 났다. 그러나 그 승리는 한편으로는 관서(關西) 고을의 민심을 잃게 되는 계기가 된 것도 실은 감출 수 없는 사실이기도 했다. 송림 전투의 패배를 기점으로 하여 차차 불리한 형세에 몰리게 된 반군은 송림을 거쳐 가산으로 퇴각하였고, 결국 정주성에 진을 치고 서너 달 가까지 항전 중이었다. 관군은 싸움에서 이긴 모든 지역마다 반군과 내응한 관서의 백성들을 색출해 내었고 혹독하게 처분했다. 관서 고을의 백성들에 대한 관대함은 도시 찾을 수 없었다.

관군은 반군 우두머리 홍경래가 진을 치고 있는 고을이라 의심이 되는 곳은 진위를 가리지도 않고 우선 불을 질러 마을을 초토화했다. 송림에서 박천, 그리고 다복동과 가산에 이르는 숱한 마을이 깡그리 다 불타버렸다.

불에 그을린 백성들의 시체가 텃밭이든 들판이든 아무렇게나 널브러져 가득했고, 마을의 개들과 갈까마귀 떼가 날아들어 사정없이 뜯어먹었다.

"가는 곳마다 모조리 불을 질러 타죽은 백성들이 이루다 셀 수 없었고, 백성들을 약탈한 것이 반군의 무리보다 훨씬 더 자심했나이다."

송림 전투에 출정했던 병사의 말이 다시 화톳불처럼 되살아나며 울렁이던 속을 그예 뒤집어 놓았다. 아사한 지 얼마 안 된 것으로 보이는 일가족의 시신이 눈을 희번덕거리며 달려든 개떼들과 갈까마귀 떼 간의 먹이다툼으로 참혹하게 훼손되고 있는 참경을 더 견뎌 낼 재간이 없었기 때문이었다. 사실 변란이 일어난 직후 송림에 진을 친 홍경래의 무리는 시도때도 없이 성 밑에 와 패역을 일삼기는 했지만 어지간하면 백성의 목을 베는 짓은 삼갔다. 송림에서 맞붙은 적 무리는 무기라고 해야 고작 짧은 몽둥이 하나를 지닌 농민군이 대부분이었고, 날카로운 병장기를 지닌 자들이 열에 셋을 넘지 못했다. 일찍이 사람을 헤쳐본 적이 없는, 말 그대로 순한 백성이요 선량이었다. 사로잡은 적들을 바로 목을 베어버리는 관군과는 애당초 그 바탕이 달랐다. 송림 전투에 가담이 된 백성들은 대부분 적 우두머리인 홍경래 일파에게 선동이 되어 그저 몽둥이 하나 놋그릇 하나 들고 살기 위해 오직 홍경래만을 의심 없이 따른 무리에 불과했다.

김문일은 석 달 전 적장 이제초의 목을 벨 때의 기억을 다시 떠올렸다. 그때 김문일은 곽산 군수 이영식이 거느리고 있는 관군의 병사 중 한 명이었다. 곽산 반란군의 선봉장인 이제초의 군사들은 자신들보다 여덟 배가 넘는 관군 2,500여 명을 앞에 두고도 선봉장 이제초를 에워싸며 끝까지 항전하였다. 그들은 싸움터에서 특별하게 단련된 전투 기술을 습득한 병사도 아니었고, 그렇다고 타고난 용력이 있었던 자들도 아니었다. 오직 자기의 선봉장을 지켜내고야 말겠다는 절륜한 기개 하나로 똘똘 뭉쳐진 농민에 불과했다. 사실 김문일은 반란군 진압에 참전할 무렵부터 관서 지방의 반란에 대해 의혹을 품고 있었던 것만은 사실이었다. 왜 이토록 변란에 가담하는 관서 지방 사람들이 늘어나고 있었던 것인지도 궁금했거니와 무엇보다도 변란의 우두머리인 홍경래에 대한 관심을 지울 수가 없었다. 비록 누 년에 걸쳐 외지고 험한 평안도와 함경도 구석구석을 돌며 수령의 군사 업무나 보조하고 지내온 무관 벼슬로 전전하고 있는 터이나 손에서는 붓을 놓지 않았고, 틈이 날 때마다 마음을 다스리는 시서(詩書)를 잊지 않았다. 김문일 집안은 대대로 무인의 길을 걸어왔지만, 한편으로는 시서와 역사를 숭상하는 문풍이 엄격한 가문이었다. 김문일이 관서 지방의 변란과 그 역사에 이토록 관심을 두어온 까닭은 그 나름의 연원이 다 있었던 터였다.

"그대가 나를 마중하러 나온 막객인 게로군요."

김문일은 결기가 흠씬 묻어나오는 목소리의 주인공이 주서(注書) 한호인이란 사실을 단박에 알아차렸다. 이 폐허의 마을에 김문일이 마중을 나와 맞아 올 그 사람 외에 다른 사람이 더 있을 수가 없었을 터였다. 김문일은 그제야 이제초의 일을 회상하던 것으로부터 깨어나며 곧바로 한호인에게 예를 차렸다.

"수백 리 먼 길 행차인데 어찌 이리 혼자서 납시셨나이까?"

김문일이 격식을 갖춰 머리를 조아리며 말을 받았다. 하긴 아침에 중군으로부터 명을 받을 때부터 한호인 혼자 내려온다는 것을 익히 알고 있던 차여서 굳이 묻지 않아도 될 말을 과례로 묻게 된 터였다. 그렇게 낯부끄러운 격식을 차리고 나니 면구한 마음을 이기기 좀 어려웠다. 한호인은 승정원에서 사초나 다루던 자였다. 그것도 몇 년 전부터 물러 나와 특별한 관직에 오른 적도 없었던 터였으니, 한호인도 분명 비례임을 대번에 알았을 터인데도 일체 불쾌한 심기를 드러내지는 않았다.

"막객도 우리 정주 사람이라 들었소. 그렇다면 혹시 이 몸이 적당 괴수의 유년 지기란 사실도 알고 있소?"

사초를 만진 사람답게 엄전한 행실과 말투가 그대로 묻어왔다.

"그렇게 알고 있었나이다."

한호인은 홍경래가 변란을 일으키자 스스로 의분을 참지 못하고 떨쳐 일어나 자신이 홍경래와 어린 시절을 함께한 친구임을 내세워 담판 짓고, 홍경래의 패역을 엄히 꾸짖겠노라는 진언을 여러 차례 조정에 올려 오늘에 이르게 된 것이었다.

"오호라. 막객 공도 한 치만 건너면 이 고을의 누구와도 얽혀있겠소이다."

한호인이 말안장에 다시 올라 두 눈을 아래로 지그시 내리깐 채 물어온 말이었다.

"그러하나이다. 누대에 걸쳐 이 고을에서 살아왔고, 아직도 동성동본의 우리 성씨들이 정주에 집성촌을 이루며 살고 있나이다."

김문일 역시 막 말안장에 오르던 참이어서 미처 얼른 응대하지 못하고 말안장에 자리하고서야 대답을 했다.

"그렇다면 오늘의 이 변란이 얼마나 이 사람과 막객 공, 아니 우리 관서 인민을 처참하게 짓밟아버린 패역인지도 익히 알겠나이다. 내 감히 외람됨을 무릅쓰고 말씀드리는 거외다. ……이제 곧 저 연록의 산록에 두견화가 온통 불이 붙은 것처럼 타오를 것이외다. ……우리 관서의 모든 인민, 종묘사직 앞에서 부끄럽지 않겠소?"

한호인이 마치 연둣빛 산색이 산 전체를 스며들 듯 퍼져가고 있는 산줄기를 바라다보며 한숨처럼 말을 뱉었다. 김문일은 '국왕 앞에서 부끄럽지 않겠소'라는 말을 스스로 되뇌어 보았다. 관서 지방 사람이라면 누구나 그 말의 속뜻을 잘 알고 있을 터였다. 그 말은 어떤 때는 누 백 년의 '울분'이 서리서리 뭉친 '한'이기도 하거니와, 한편으로는 이 나라의 종묘사직, 아니 관서의 모든 백성에게는 자신을 옴짝달싹 못 하게 묶는 '오랏줄'이기도 했다.

"이 몸도 관서의 백성이옵나이다. 어찌 주서 공의 말씀을 못 알아듣겠나이까."

김문일도 잠시 깊은숨을 내쉬며 한호인의 말을 받았다. 한호인의 말처럼 관서 사람들은 성조(聖朝) 이래로 인재가 꺾여 간혹 대간직에 오른 자가 있었으나 끝내 이어지지 않으니, 항용 부끄럽고 한이 되는 경우가 자심했다. 사정이 이러하니 서울의 사대부 집안에서는 관서 백성을 완민(頑民)으로 여겨 물리쳤고, 관서 지방 사람과는 혼인은 물론 벗조차 삼지 않았다. 결국 사백 년 이래로 관서 백성들은 높은 벼슬에 오른 자가 없게 되었고, 관서 사람들 스스로 서울의 사족과 더불어 외람되이 동등한 신분으로 여기지를 못하였다.

"내 관서 사람으로서 조정에 나간 이후로 늘 삼가고 임금의 교화를 입은 몸임을 한시도 잊지 않고 살았거늘, 오늘의 역심을 품은 참람한 무리가 관서 땅을 유린하고 있으니 어찌 통탄하지 않을 수가 있겠소! 내 저 패역의 무리가 진을 치고 있는 정주성 안으로 당당하게 들어가서 엄히 꾸짖고 이 나라의 인민이 처음 시작된 곳으로써의 관서 땅의 명예를 되찾고자 함이니 막객 공도 오늘부터는 성심으로 나와 함께 대업에 나서주길 바라오."

한호인의 눈빛은 노여움으로 이글이글 타올라 마치 황황한 광채를 내뿜는 듯했다. 관서 출신으로는 드물게 사족의 세상으로 편입된 자가 품고 있는 자부심과 더불어 자기가 구축한 사족 질서를 무너뜨리는 자에 대한 적개심이 뒤섞인 자의 복잡한 심경이 흠씬 묻어나는 말투였다. 그것은 어쩌면 반란군의 북진군 선봉장이었던 이제초이 목이 베일 때 장렬하게 사자후를 토하듯 한 말투와는 거리가 있는 것이기도 했다. 관군에 쫓기던 이제초는 동림(東林) 앞 벌판에서 관군 2,500여 명과 맞서는 것이 중과부적임을 알고는 스스로 투구를 벗고 장검(長劍)을 거꾸로 쥐며 항복했다. 이에 관군은 철총(鐵銃)으로 주리를 틀며 반란의 패역을 물었지만 조금도 어려워하는 낯빛 하나 보이질 않고 당당하게 부민 수탈의 탐학을 꾸짖었다.

"패역의 무리는 일찌감치 강상의 윤리를 벗어던지고 오로지 잇속에만 눈이 먼 자들이오. 어찌 이를 그대로 두고 있을 수 있단 말이오."

한호인은 시간이 갈수록 부아가 끓어오르는지 감정을 이기지 못하고 발고리에서 발을 빼고는 말의 앞 어깨 쪽을 툭 차는 동시에 말의 돋등마루에 머리를 박고 잠깐 숨을 고르기까지 했다. 한호인은 홍경래의 무리를 잇속만을 탐하는 패도로 여기고 있었다면, 이제초는 목이 베이는 순간까지도 조정과 그에 빌붙은 세도가들을 관서의 유랑민을 수탈하는 탐학의 무리로 여기고 있었다. 이제초의 목은 첫 칼로 달아난 것이 아니었다. 첫 칼이 지나자, 선혈이 이제초의 등과 목덜미를 타고 흘러 입고 있던 환갑(環甲) 안을 흥건히 적셔가고 있었지만, 이제초는 아랑곳하지 않고 "이미 인심은 우리의 것이노라. 나는 이렇게 뜻을 이루지 못하고 분하게 가지만, 우리를 따르는 백성들은 안주를 쳐부수고 마침내 서울로 진격할 것이니 우리를 막아서는 관군은 모조리 바람 앞의 풀처럼 쓰러질 것이노라."라며 피를 토하듯 말을 뱉어 내고 두 번째 칼을 받았다. 이제초가 눈을 부릅뜬 채로 하늘을 보고 숨을 거두자 이제초가 입었던 환갑과 죽을 때까지 움켜쥐고 있었던 장검(長劍)은 박종일과 김이한의 차지가 되었다.

"막객은 왜 말이 없는가? 내 뜻을 따르지 않는단 말이오."

한호인이 못마땅한 듯 이맛살을 잔뜩 찌푸리며 연신 헛기침을 했다.

"그럴 리가 있겠나이까. 이 몸도 임금의 성은을 입은 관서의 백성이나이다. 조금도 패역의 무리에 휩쓸린 적은 없었나이다. 다만 일전에 이제초가 죽기 전 마지막에 허랑하게 내뱉은 요설을 내내 생각하고 있었던 참이었나이다."

김문일은 이제초의 일을 털어내듯 고개를 일부러 크게 가로젓고는 한호인을 건너다보며 말을 받았다.

"역도의 우두머리 홍경래를 내 어려서부터 함께 자라 잘 알고 있소이다. 그자야말로 변변한 학식도 조예도 없는 채로 몇 차례 과거에 응시하여 낙방하자, 이에 불만을 품고 10여 년간을 외지로 떠돌다가 미천하기 그지없는 모사(謀士) 우군칙을 만나 오늘의 패역을 모의한 자 외다. 그를 따르는 무리 일부는 엽관 운동을 하다 좌초된 자이거나, 불법 광산 채굴이나 고리대금을 일삼아 잇속을 챙긴 불한당, 그리고 허황한 요설에 휘말린 무지한 농민에 불과한 자들이오. 이들을 그대로 둠은 하늘과 임금을 두려워하지 않는 패도의 길에 동참하는 것이니, 이는 반드시 징치하여 나라의 법도를 엄히 해야 할 일이오."

한호인의 말은 분명했다. 홍경래와 같은 적당의 무리는 벼슬길이 막힌 자들의 불만, 그리고 잇속을 부당하게 챙겨온 불한당과 허황한 풍수와 예언의 요설에 어리석게 휩쓸려 들어간 자들이 일으킨 적변이란 것이었다.

그러나 김문일은 지금도 섣달 열여드렛날 밤, 다복동 광산의 풍경을 잊을 수가 없었다. 검은 옷에 푸른 모자를 쓴 500여 명의 군병들은 창검과 깃발을 든 채로 비장한 표정을 하고 무엇인가를 기다리고 있었다. 더더욱 놀란 것은 먼 일가붙이가 되는 진사 어르신께서 그토록 애절한 목소리로 격문을 읽어가는 모습은 차라리 구슬픈 놀라움이기도 했었다.

평서대원수(平西大元帥)는 급히 격문을 띄우니, 우리 관서 지방의 원로들과 공사노비 천민들은 모두 들으시라. 무릇 관서는 기자(箕子)의 옛터요, 단군 시조의 옛땅으로서 예의가 바르고 문물이 뛰어난 곳이다. 그러나 조정에서는 서쪽 지역을 버림이 분토(糞土)와 다름없다. 심지어 권문의 노비들조차도 서쪽 지역 사람들을 보면 반드시 "평안도 놈(平漢)"이라고 일컫는다. 지금 나이 어린 임금이 왕위에 있으니, 권세 있는 간신배가 날로 치성하여 김조순·박종경의 무리가 권력을 멋대로 하고 있다. 그래서 어진 하늘이 재앙을 내려 겨울 번개와 지진이 일어나고, 살별과 바람과 우박이 없는 해가 없다. 이 때문에 큰 흉년이 거듭되고 부황 든 무리가 길에 널려 있으며, 늙은이와 어린이들이 구렁에 빠져서 산 사람이 거의 없을 지경에 이르렀다. 그러나 다행히 세상을 구하는 성인(聖人)이 청천강 이북 선천 검산 일월봉 아래 군왕포 위의 가야동 홍의도에서 탄생하셨다. 그분은 나면서 신통함이 있었고, 다섯 살 때 승려를 따라 중국에 들어가셨다. 장성하여서는 강계와 여연에 5년간 머무르면서 황명(皇明)의 세신 유족을 거느리게 되었으며, 철기(鐵騎) 10만으로 부정부패를 숙청할 뜻을 가지셨다. 그러나 관서 땅은 성인께서 나신 고향이므로 차마 밟아 무찌를 수가 없어, 먼저 관서의 호걸들로 기병하여 백성들을 구하도록 하였다. 의로운 기치가 이르는 곳이 어찌 참 임금을 기다려 살아난 곳이 아니겠는가! 이제 격문을 띄워 먼저 여러 지역 군수들에게 알리노니, 절대로 요동치 말고, 성문을 활짝 열어 우리 군대를 맞으라! 만약 어리석게도 항거하는 자가 있으면 철기 5천으로 밟아 무찔러 남기지 않으리니, 마땅히 속히 청명(請命)하여 거행함이 좋으리라. 대원수.[4]

진사 어르신의 격문 낭독으로 비장하게 거병식을 마친 500여 명의 반군은 남진군과 북진군으로 각각 나뉘어 출병했다. 대원수 홍경래는 홍총각을 선봉장으로 삼아 남진하면서 관아를 공격하고 무기를 수습하였고, 부원수 김사용은 이제초를 선봉장으로 삼아 북진하다가 선봉장 이제초를 잃고 정주성에 입성하였다. 사실 격문을 짓고 낭독한 진사 김창시가 김문일의 먼 친척이 된다는 이유로 한때 관군 진영에서는 김문일을 반군과 내응하는 자가 아닌가 하는 눈초리로 김문일을 바라다보기도 했었다. 김문일에 대한 의심은 곧 평안 병사 이해성의 잘못된 밀계로 인하여 벌어진 일이었던 바, 변란이 발발한 지 엿새가 지나기까지는 흉측한 격문을 짓고 낭송한 김창시를 적도의 괴수로 지목할 만큼 사정에 어두웠기 때문이기도

4 대원수: 홍경래의 다복동 봉기 격문(1811년 12월 18일).

했다. 변란이 일어난 지 엿샛날이 지나서야 비로소 조정에서는 "적의 괴수는 이름도 모르는 홍가(洪哥)이고, 아장(亞將)은 우군칙"이라는 사실을 파악하기 시작했던 터였다.

"막객 공도 잘 아실 터이지만, 난 변란이 발발하자마자 홍가(洪哥)가 대역(大逆)의 괴수임을 직감한 바이오. 그자는 10여 년 훨씬 이전부터 허랑하기 그지없는 요설을 퍼뜨리고 다닌 자였소. 막객 공도 그런 허무맹랑한 요설을 마음에 두고 있소?"

김문일은 한호인의 속내를 빤히 꿰뚫고 있었다. 한호인은 홍경래를 한낱 허랑한 풍수가로 격하시켜 며칠 전 반군의 갑작스러운 기습공격으로 정주성 서북문을 지키던 관군이 대패한 후 사기가 떨어질 대로 떨어져 동요하고 있는 관군과 정주성 주변의 백성들을 단속할 작정으로 정주에 내려온 터이었다.

"만부당하신 말씀이옵나이다. 소인이 비록 무관의 말직이나 괴력난신은 멀리해야 한다는 유가의 윤리는 어렴풋이나마 터득하고 있는 터입니다. 괴이한 용력이나 신이한 자의 출현을 믿을 만큼 어리석지는 않았나이다."

김문일은 적잖이 불쾌한 감정이 일었으나, 어느새 관군이 진을 치고 있는 군영 본영 근처에 당도한 터여서 그만 더는 말을 잇지 않았다. 김문일과 한호인이 중군 유효원이 거처하는 본부 막사에 도착하자마자 유효원은 기다렸다는 듯이 얼굴에 환한 표정을 지으며 두 사람을 맞이하였다.

"모두가 이런저런 구실을 대며 전장에 오기를 꺼리고 있다고 들었는데, 주서 공은 무관도 아니신 데 이리 몸소 자처하여 험한 싸움터에 나섰으니 이 어찌 치하하지 않을 수 있겠나이까. 누대에 걸쳐 표창할 일이외다."

유효원은 좀 억지스러운 데가 없지는 않았지만, 애써 한호인을 받잡고자 하는 마음은 잘 묻어나는 듯했다.

"과찬이나이다. 임금의 교화를 받은 몸이니, 응당 지켜야 할 강상의 윤리를 회복하러 온 것에 불과하나이다. 게다가 이 몸은 관서 땅에서 자란 몸이오, 적괴 홍경래와는 유년의 지기이기도 하나이다. 제 어찌 수수방관할 수 있겠나이까."

한호인의 저렁저렁한 목소리에서는 유가의 윤리를 평생토록 준신하며 한눈팔지 않고 살아온 사람의 자신감이 짙게 묻어나고 있었다. 김문일은 그동안 관서로 부임해 온 수많은 수령들을 보좌하며 살아오면서도 저토록 신념에 찬 인물은 본 적이 없었다는 생각에 빠져 있었다. 김문일은 종종 자신의 삶을 규율하고 있는 것들에 대해 조금도 의심하지 않고 살아온 사람들을 볼 때마다 느끼는 그 단단함, 그리고 그것과 늘 함께 붙어 있는 단호한 배제의 기율에 몸서리가 쳐질 때가 있었다. 가산 군수 정시(鄭蓍) 밑에서 군무에 종사하면서 느낀 것도 바로 그 배제의 기율이었다. 군수의 기품과 절개는 누구도 범접할 수 없을 만큼 깊고 높았고, 유가의 공리로써 자기를 신칙하여 군자가 되려 하는 그 높은 뜻에 절로 경외심이 일었지만, 그것은 때때로 엄혹한 배제의 기율을 만들어내어 다른 사람은 물론이거니와 자신까지도 헤치는 경우를 종종 보았기 때문이었다. 군수는 유가의 윤리에 어긋나는 처사를 한 관아의 벼슬아치에게는 유독 엄한 형률을 적용하여 처분하였다. 인정을 참작하거나 성경(聖經)으로 비춰 보더라도 그렇게까지 할 필요가 있었는가 싶었던 처사가 종종 있었고, 그런 날이면 군수는 으레 괴로움을 이기지 못하고 폭음을 하곤 했었다. 김문일은 그런 군수를 보면서 자기를 헤쳐야만 군자가 될 수 있는 것이라는 사실을 언뜻 깨닫게 되었지만, 자기 같은 사람들은 그런 군자의 길은 걸을 수 없을 것 같다는 생각에 미쳐서는 스스로 몸을 떨지 않을 수 없었다.

"주서 공이야말로 충절의 표상이나이다. 허나 흉적 괴수를 만나 그자의 패역을 엄히 꾸짖어 다스림은 목숨을 내놓아야 할 만큼 위험한 일이외다. 저자들의 흉포함은 지금 극에 달해 있는 데다가, 석 달 전 가산의 충절 정시(鄭蓍) 공이 비운에 간 것을 떠올리면 모골이 송연해지기까지 하나이다."

중군 유효원의 말대로 흉적 괴수 홍경래를 만난 담판을 짓는다는 것은 기실 심히 위험한 일임에는 틀림이 없었다. 삼월이 되며 날이 풀리자 반군에 대한 관군의 진압 방식이 한층 더 혹독하고 잔인해지자 요사이는 정주성 주변 백성들의 증오심까지 격발된 형국이었다.

"중군의 말씀대로 패도들의 극악무도함이 하늘에 이르니, 이 어찌 통곡할 일이 아니겠나이까. 이 몸의 쓰임도 순절한 가산 군수 정시와 다름이 없는 줄 아오니, 중군의 말씀으로 이 몸이 흔들릴 리는 조금도 없을까 하나이다."

한호인은 가산 군수 정시와 자신을 빗대며 단호하게 자신의 속내를 드러냈다. 한호인은 자신도 목숨을 조정과 임금 앞에 기꺼이 내놓고 순절할 각오를 벼리고 있는 것이었다. 사실 김문일은 석 달 전, 반군을 따랐다가 가산 군수의 참혹한 순절 광경을 목도하고 다시 마음을 고쳐먹고 가산의 의병이 되어 반군 소탕에 뛰어든 사람에게서 그날의 참상을 낱낱이 들을 수 있었다.

적당이 거병한 신미년 섣달 열여드렛날 깊은 삼경의 겨울밤에 가산 군수 정시는 관아에 들이닥친 패역의 무리에게 "너희 배은망덕한 종자들아! 감히 하늘을 거스르고 제멋대로 날뛰니 참으로 극악무도한 역적들이구나! 내 목숨이 붙어 있는 한 네놈들 말대로 할 리가 없으니, 어서 빨리 시원스레 날 죽여라."라며 끝내 굴종하지 않자, 호랑이 갑옷을 입은 적당의 한 사람이 서슬 퍼런 칼을 뽑아 군수의 어깨와 팔을 쳐 온몸에 피가 낭자하였으나 군수는 오직 두 눈을 부릅뜨고 적도의 대역을 꾸짖었다. 이에 군수의 아비가 뛰쳐나와 "너는 이미 나라에 몸을 허락했으니, 나 때문에 구차하게 목숨을 보전하지 말라"며 떨쳐 일어나 패도들의 대역죄를 함께 꾸짖었다. 호랑이 갑옷을 입은 적도가 "끝내 네놈들이 목숨을 구하지 아니하는구나."라며 혀를 차고는 이내 칼을 휘둘러 먼저 군수의 목을 베었다. 그러고는 군수의 아비로 칼끝을 겨누자, 군수의 아우가 황급히 달려들어 아비를 감싸안았다. 적도의 칼끝은 삼경의 깊은 겨울밤만큼이나 깊고 날카로웠다. 기어이 군수의 아비도 숨이 끊어지고, 군수의 아우는 칼을 받고 혼절하였다. 다행히 군수의 수청 기생인 연홍이 군수의 아우를 구해 자기 집에 숨겨 놓고 보살펴 소생시키고, 군수와 그 아비의 시신을 거두어 염습(殮襲)하였다.

김문일은 중군 유효원과 주서 한호인이 주고받는 말을 들으면서도 종내 자신 품고 있었던 의혹을 풀 수는 없었다. 가산 군수 부자의 늠름한 충절은 백번을 표창해도 지나침이 없는 장절한 절조라 아니할 수 없지만 그것과 함께 붙어 있는 슬픔 또한 이길 수 없는 것이니, 사람의 생을 규율하는 강상의 윤리란 그 본질이 무엇인지 당최 알 길이 없었다. 김문일은 성경(聖經)의 도가 나지 않은 자신이 몹시 한스러웠다.

결국 한호인은 중군 유효원과 합의를 보고 내쳐 내일 아침 김문일과 함께 정주성(定州城)에 들어가 반란군을 꾸짖어 설득하기로 했다. 무엇보다도 한호인이 그의 추상같은 의지를 굽히지 않았고, 중군 유효원 또한 애초부터 한호인의 뜻을 만류할 생각이 없었기에 원래부터 두 사람 간의 실랑이는 사실 있을 수가 없었던 터였다. 이어 유효원은 진영 내 따로 설치된 중군의 시무 공간으로 두 사람을 몸소 모시고 가 전장에서는 흔히 볼 수 없는 만찬을 베풀었다. 소 한 마리를 잡아 그중에서도 살치살만을 골라 담은 접시는 두 사람 앞에만 놓았고, 유달리 맑아 보이는 청주를 곁들어 놓았으니 그 나름 융성한 대접이었다.

첫새벽인지 멀리서 닭의 홰치는 소리가 들려왔다. 김문일은 엄지로 양 관자놀이를 잠시 지그시 누르며 스스로 단잠을 털어냈다. 어젯밤 중군이 돌린 술잔이 몇 순배 돌면서 김문일은 자못 취하지 않을 수가 없었다. 김문일은 더 취할 수는 없을 것 같아서 술이 약하다는 구실을 들어 한호인보다 먼저 일어나 막사 안에 설치된 잠자리에 일찍 들었다. 한호인은 지난

밤 김문일이 먼저 술자리를 뜬 지 한 경이 더 지난 야심한 시간까지 중군과 더불어 대작을 했는데, 벌써 일어나 막사를 벗어난 모양이었다. 김문일이 서둘러 막사에서 나오자, 열댓 걸음쯤 앞에 막사를 등진 채 팔짱을 낀 채로 미동도 하지 않고 서 있는 한호인의 뒷모습이 눈에 들어왔다. 정주성을 바라보고 있는 모양이었다. 한호인이 김문일의 인기척을 느꼈는지 팔짱을 풀며 고개를 살짝 뒤로 돌렸다. 한호인은 의외로 지난밤 중군과 대작할 때 보인 결기 같은 것은 온데간데없이 사라지고 외려 긴장감에 억눌리어 선뜻 입도 떼지 못하는 듯했다.

"조반이 준비돼 있을 것이오니, 저와 함께 드시고 떠날 채비를 하시지요."

김문일이 먼저 침소가 있었던 막사 건너편에 준비된 조반 장소로 발걸음을 떼었다. 한호인은 무슨 연유인지 조반을 먹는 내내 자기만의 골똘한 상념에 잠긴 사람처럼 말이 없었다. 김문일은 무슨 말을 건네는 것이 한호인을 더 불편하게 하는 것이란 생각에 서둘러 식사를 마치고 먼저 자리에서 일어났다.

"채비는 시생이 할 것이오니, 천천히 드시고 편히 쉬고 계시옵소서."

김문일은 막사 처소로 돌아와 이내 청심원이 든 납약(臘劑) 주머니를 허리에 차고 나설 채비를 하였다. 어차피 먼 길도 아니고 지척 오 리 안에 있는 성이니 굳이 여행 짐을 꾸릴 필요는 없었다. 다만 성안에 들어가기 전에 청심원은 먹는 것이 좋을 듯싶어 약낭만 챙긴 것이었다.

"중군과는 작별 인사를 먼저 나눴으니 막객과 바로 정주성으로 향하면 될 것 같으오."

한호인이 막사 침소로 돌아와 한 말이었다. 식사 때의 골똘한 모습과는 영 딴판이었다. 게다가 중군과는 작별 인사까지 미리 나눴다니 김문일은 한호인의 재바른 행동에 적잖이 놀라지 않을 수 없었다. 어차피 마음이 무거운 데다가 작별 인사까지 번잡스럽게 나누는 것은 또 하나의 일이 덧붙는 것이었다. 김문일은 일이 이렇게 되는 바람에 그런대로 썩 괜찮은 기분으로 정주성을 향해 길을 나설 수 있을 것 같았다.

김문일과 한호인이 군영 막사를 떠나 왼쪽 솔밭길을 따라 얼마 가지 않아서 갑자기 우람한 성채가 눈에 들어왔다. 적당이 진을 치고 있는 정주성이었다. 정주성은 예전 이삼(李森)이 정주 부사 시절에 축성한 것이었다. 돌을 거칠게 깎아 기단을 쌓고, 소금을 섞은 진흙으로 단단하게 축성한 관서 최고의 요새였다. 점점 성에 다가갈수록 성터의 형세도 선명하게 드러났다. 북쪽 줄기는 매우 가팔라 보였고, 동서 두 문 쪽에는 모두 돌부리가 널려 있어 다니기 편한 것은 아닌 듯싶었다. 다만 남문 한쪽 길만은 평지에 있었지만, 바깥에 옹성(瓮城)을 쌓아놔서 전투를 벌이기도 힘든 형세였다. 한눈에 봐도 성벽은 단단해 보였고, 성채는 높아서 맞서 싸우기 힘든 난공불락의 요새처럼 보였다. 게다가 성벽 아래에는 해자까지 있어서 관군이 진격하기도 퍽 마땅치 않은 듯싶었다. 1만여 명을 헤아리는 관군이 기껏 수천을 헤아리는 작당을 석 달 넘게 공략하지 못하고 있었던 이유가 충분히 납득이 될만 했다. 적당들은 밤에는 횃불을 켜고, 낮에는 잠복한다고 들었는데 멀리 성벽 위 망대에 창을 든 적당 몇 명이 눈에 들어왔다.

"이만하면 저자들에게 소리를 쳐 우리가 온 이유를 알려도 될 것 같소이다."

한호인이 갑자기 발걸음을 멈추고 한 말이었다. 다시 기개를 되찾은 듯한 결연한 목소리였다. 김문일이 잠시 고개를 끄덕이고는 열댓 보 더 나아가 망대 위에 창을 들고 서 있는 적당을 향해 목청껏 소리를 쳤다.

"망대 위에 서 있는 자들은 들으시오. 우리는 지금 임금의 하해와 같은 큰 은혜를 입고 너희들을 구하러 왔도다. 이에 너희는 당장 이 사실을 너희의 우두머리에게 속히 알려 우리를 정중히 모시거라."

김문일이 말을 마치자 망대 위에 있던 자들이 서로 수군대는 듯한 모양이더니 이내 한 사람이 망루를 내려와 사라졌다. 아마도 상관에게 갑작스럽게 벌어진 이 상황을 보고하러 간 듯싶었다. 한식경이 지나서야 흡사 오랑캐 복장을 한 듯한 데다가 제법 풍채도 당당해 뵈는 중늙은이가 망대에 올라 소리를 쳤다.

"너희들이야말로 불온하기 짝이 없구나! 너희들은 오늘로 생을 다할 수 있었으나 우리 대원수께서 본시 자애로우사 너희가 대원수를 알현할 기회를 얻게 되었도다. 다만 조금의 방자함도 허하지 않을 터이니 각별하게 주의할 것이며, 지금 속히 서문 앞으로 오거라."

말을 마치고 옆에 있던 자에게 무슨 말인가를 주고받는 듯하더니 잠시 후 서문이 열렸다. 김문일과 한호인은 서문을 향해 조심스럽게 발걸음을 떼었다. 둘이 서문 입구에 다다랐을 때였다. 오랑캐 복장을 한 중늙은이가 입구 안쪽에서 불쑥 나타났다. 그는 두 사람을 보자마자 그저 아무 말 없이 그냥 따라만 오라는 투의 눈짓만 보냈고, 그가 두 사람을 이끈 곳은 서문 안에 있는 장대(將臺)[5]였다. 동서 양쪽으로 돌로 쌓아 만든 대이라서인지 제법 웅장했고, 울긋불긋한 깃발과 무두질이 잘된 거죽으로 만든 큰 북을 장대 아래쪽으로 벌여놓고 그 옆으로 칼과 창과 같은 병장기를 잘 정돈해 놓고 있었다. 장대의 양 끝에는 볼이 발그스름하게 물든 젊은 장정 다섯이 각각이 짝을 이루어 창끝이 날카로운 창을 들고 수직하고 있는 터였고, 장정이 수직하고 있는 뒤편 일백 보 남짓한 곳에 적이 화려하다 싶을 정도로 꾸며진 막사가 있었다. 김문일이, "바로 이 장대가 적당의 우두머리 머무르는 곳이겠구나."라는 가늠을 하고 있을 때였다.

"대원수님께서 몸소 납시었느니라. 두 사람은 당장 예를 갖춰 배알하라."

---

5 장대(將臺): 장수가 올라서서 명령 · 지휘하던 대.

오랑캐 복장의 중늙은이가 김문일과 한호인을 향해 엄전한 표정을 짓고는 말을 불퉁스럽게 내뱉었다.

"당치도 않는 말이오. 배알이라니! 이 사람이야말로 지엄하신 주상의 명을 받잡고 그대들을 불쌍히 여기어 교화하러 온 터인데, 그대는 이 어찌 망령된 언사를 일삼는가."

한호인은 허리를 꼿꼿이 세운 채로 중늙은이의 말을 강강하게 뒤받아쳤다.

"뭣이라! 이 자리가 감히 어떤 자리인지도 모르고……."

"그만들 하시오. 예를 놓고 누가 옳고 누가 그름을 가림이 뭐 그리 중한 것이오."

오랑캐 복장의 중늙은이가 분을 이기지 못하고 한호인을 노려만 볼 뿐 말을 더 잇지 못하고 있던 터에 노란 물을 들인 명주옷 차림의 얼굴이 조쌀해 뵈는 자가 장대 뒤편에서 나오며 한 말이었다. 김문일은 그자가 적당의 우두머리 홍경래임을 단박에 알아차렸다. 풍문대로 홍경래는 장수복만을 갖춰 입는 자가 아니었다. 홍경래는 골패 형태의 은 조각 징표를 만들어 각자 나눠 쥐고, 어떤 때는 여자 복장을 하여 도피와 위장을 반복하기도 하고 때로는 명주로 짠 옷을 입고 태연히 돌아다니며 자신만의 징표를 삼기도 했다. 사마시에 낙방한 열일곱 이후 홍경래는 병법과 술법에 더욱 몰두하여 신출귀몰하는 재주를 익혔다고 했다.

"그대와 열아홉에 헤어졌으니 이제 스무 해를 넘겨 이렇게 만나게 되었소이다. 그대는 임금의 은혜를 입어 나라의 녹을 먹었고, 나는 그대와 반대의 길을 걸어왔으니 이 또한 친구 간 엇갈린 운명의 장난치고는 참 고약하게 되었소이다."

홍경래가 여전히 허리를 곧게 편 채 꼿꼿한 자세로 서 있는 한호인에게 다가와 손을 건네며 한 말이었다. 한호인이 잠시 머뭇거리다가 마지못해 홍경래의 손을 맞잡고 눈인사를 건네자, 홍경래는 한호인과 맞잡은 손을 가볍게 흔들고는 이내 풀며 장대 위로 올랐다.

"오늘은 그대의 용무로 온 것이오. 내 예를 갖춰 그대의 말을 들어볼 것이니, 그대 역시 예를 갖춰 나와의 관계를 흩트리지 말 것을 당부하오. 나를 따라 이 장대 위로 올라오시오."

홍경래가 장대 아래쪽에 있는 자들에게 눈짓을 보내자 그중의 하나가 나무 의자 두 개를 가져와 서로 보게 만들고는 곧바로 내려갔다.

"그대는 이 관서에서 드물게 나라의 녹을 먹은 사람이오. 나는 그대처럼 조정의 사정을 잘 모르는 사람이오. 하나도 보태거나 덜지 말고 조정과 임금의 뜻을 내게 전해 보시오. 내 잘 경청하리다."

거드름이라곤 일절 묻어나지 않는 말본새인 데다가 깨끗한 명주옷 차림이어서인지 도무지 반란군의 우두머리처럼 보이질 않았다.

"그러하리다."

한호인가 홍경래를 따라 맞은편 의자에 앉으며 건넨 말이었다. 그러고는 도포 안쪽에 오른손을 집어넣더니 서찰 하나를 조심스럽게 꺼내고는 피봉을 뜯었다.

"백 마디 말이 무슨 소용이겠소. 이는 주상이 그대들을 끝까지 어여삐 여겨 밝게 타이르는 뜻이니 귀하게 듣고 그대로 따르면 오늘의 흉악한 죄에서 깨끗이 벗어날 터이오. 내 그대로 읽으오리다."

한호인은 잠시 숨을 한번 고르고는 주상이 보낸 하교(下教) 서찰을 읽어 나가기 시작했다.

한탄스럽게도 저 흉악한 적들의 차고 넘치는 죄를 어찌 차마 말로 다 하겠는가. 처음에는 금을 캔다고 하면서 불러 모아 패거리 지었고, 결국에는 거듭된 흉년으로 인해 유혹하고 위협하여 떼를 이루었도다. 녹림당이나 황건적처럼 푸른 도포를 입고 흰말을 타는 반란의 자취를 이어받아 미쳐 날뛰며 떠들썩하게 부르짖었구나. 살아있는 백성들을 진흙이나 숯구덩이같은 매우 어려운 지경에 몰아넣고는 어울리며 결탁하여 태평한 시절에 칼과 창을 언급했으니, 진흙탕에서 어린애들 병정놀이하는 것 같도다. 그러니 어찌 대들보 위에서 참새를 먹는다는 격과 다르겠느냐? 애달프게도 하소연할 곳 없는 저 평민들은 뜻밖에도 창끝, 화살촉에 맞는 재앙에 엉뚱하게 걸려들고, 이익으로 속이고 세력으로 위협하였으니 응하지 않을 자가 그 얼마였겠는가. 피하려고 해도 벗어날 수 없고 달아나도 살 수 없어서 마지못해 대체로 따랐으니 이들이 어찌 충성과 반역의 대의(大義)를 몰라서였겠는가. 사실은 굶주림과 추위가 피부까지 닥쳐왔기 때문이었느니라. 조정에서 특별히 우리 백성들에게 닥친, 거꾸로 매달린 칼끝 밑에 있는 것 같은 위험을 생각하여, 이에 중앙군을 출동시켜 정벌하라는 명령을 내리게 되었으니, 떠도는 백성들을 불러 모으되 털끝만큼도 해를 끼치지 말 것이며, 우두머리를 죽이는 데 그치고 위협당해 따랐던 사람들은 처벌하지 말라.6

한호인이 임금의 서찰을 읽자마자 장대 주변 경내가 수런거리기 시작했다. 그때마다 홍경래가 헛기침을 여러 차례 하면서 흥분된 분위기를 가라앉히려고 애를 썼다. 그러나 마지막 "우두머리를 죽이는 데 그치고……." 부분에서는 기어이 억눌려 있던 울화가 터지고 말았다.

"저자는 지금 임금의 어지를 전하는 것이 아니오. 요사스럽기 이를 데 없는 방자한 말로 지금 우리뿐만 아니라 임금도 능멸하는 것이오. 대원수시여! 저자의 목을 당장에 베어버려야 하나이다."

갑옷과 투구를 잘 갖춘 데다가 위풍도 제법 당당한 자가 한호인을 노려보며 한 말이었다.

6 한탄스럽게도 ~ 처벌하지 말라: 조선 후기의 무관 방우정(方禹鼎)의 『서정일기』 중에서 발췌.

"아니올시다. 선봉장의 말에 동의할 수 없나이다. 이자는 지금 임금의 뜻을 전달하고 있을 뿐이란 말이오."

홍경래가 경내의 흥분한 사람들을 진정시키려는 듯 얼른 말허리를 잘랐다.

"아니오. 임금의 뜻만은 아니외다. 이 사람의 뜻도 같으오."

한호인이 갑자기 의자에서 벌떡 일어나 경내에 모여든 사람들에게 한 말이었다. 그러자 경내가 다시 술렁거리기 시작했다.

"대원수시여, 지금 이자가 자기 속마음을 숨김없이 드러내 보였나이다. 우리를 굶주림에 못 이겨 대원수의 꾐에나 넘어간 흉적이라 하지 않나이까. 더 기다려 무엇을 바라겠나이까."

선봉장이 다시 끼어들었다.

"부디 선봉장께서도 저와 함께 잠깐이라도 이자의 말을 한 번 더 들어보는 게 어떠하오."

홍경래가 말을 마치자, 흰색 삼승포로 만든 홑바지를 헐렁하게 입은 자가 굽신거리며 선봉장 쪽을 바라보았다. 그러자 선봉장이 마뜩잖은 표정을 한번 짓고는 한발 물러났다.

"예로부터 나라의 의리를 세우는 데 큰 벼리로 여기는 것은 역도를 치는 것이외다. 이로써 의리의 경계는 분명해졌으니, 의리에 어긋난 자는 형률에 따라 그 목을 베고 허리를 잘라야 그 패역의 싹을 삼제할 수 있나이다. 이런 까닭으로 백성에게는 두 임금이 없는 것이고 당당한 강상의 윤리가 무너지지 않게 되어 임금은 임금답고 신하는 신하다워 나라에 큰 의리가 세워질 수 있는 것이외다. 그러기에 백성은 늘 명분에 의탁하여야 하며, 나라는 항용 큰 의리를 붙들어야 하는 것이외다. 내 그대에게 묻겠나이다. 그대도 이 나라의 한 백성일진대 오늘의 거병에 그 어떤 명분과 의리가 있나이까."

한호인은 비상한 결심이라도 한 듯 결연한 표정으로 말을 이었다.

"대원수시여! 이자가 지금 막돼먹고 요사스러운 무리가 백성들을 현혹하듯 우리를 패덕의 구렁텅이로 빠트리려 하고 있나이다. 더 들어 무엇을 하겠나이까."

선봉장이 눈을 뒤집어 뜨고 달려들었다. 그러자 이번에는 홑바지를 입은 자가 다시 나서며 굽신거리는 예의조차 차리지 않고 바로 선봉장을 막아섰다.

"하고 싶은 말이 있으면 더 마음껏 하시오."

홍경래가 다시 말을 받으며 한호인을 빤히 건너다봤다.

"우리 고을은 관서의 요충지요, 가가호호 거문고를 타고 시를 읊을 줄 아는 선비의 요람이었나이다. 그런데 뜻밖에도 우리 고을에서 반란이 일어 애석하게도 의리를 아는 고장으로써 받은 모욕이 그지없게 되었나이다. 이제 의리 앞에서 이 몸의 삶은 가벼워졌느냐니, 이에 선비가 나라와 임금의 안위를 근심하며 이맛살을 찌푸렸던 마음으로 오늘에 이르렀나이다. 굳이 더 무엇을 구하겠나이까."

한호인의 말투는 앞으로 일어날 일을 이미 다 알고 있다는 듯한 초연한 말투였다. 그때까지도 홍경래는 골똘하게 생각에 잠긴 채로 한호인의 말을 묵연히 듣고만 있었다.

"내 그대와 논쟁을 하고 싶었던 것은 아니오. 다만, 마지막으로 한 가지만 묻겠소. 나를 따르는 무리 중에는 극심한 굶주림을 견디다 못해 먹는 입 하나라도 줄이자고 그 아들을 산 채로 땅에 묻은 자가 있었소. 그 아비의 의리와 그대의 의리가 어떻게 다른 것이오?"

그동안 내내 한호인의 말을 듣고만 있던 홍경래가 그예 한호인을 말을 받으며 건넨 말이었다.

"그 아비는 부끄러움을 모르는 자이오."

한호인이 촌각도 망설이지 않고 단숨에 말을 받았다.

"그대는 나와 의리가 다르오! 선봉장, 저자를 단칼에 베시오!"

홍경래는 뒤도 돌아보지 않고 장대를 떠났다.

그러나 선봉장이란 자는 한호인을 단칼에 베지 않았다. 먼저 꼿꼿이 서 있는 한호인의 왼쪽 발등에 창끝을 꽂았다. 선혈이 흘러 땅을 적셨다. 그럼에도 불구하고 한호인은 여전히 꼿꼿한 자세로 장대만 응시할 뿐이었다. 선봉장이 오른쪽 발등에 다시 창을 꽂았다. 역시 한호인은 꼿꼿한 자세로 끝내 몸조차 구부리지 않았고, "나는 이 나라의 선비이고, 너는 이 나라에 반역한 큰 도적이노라. 그대 주군의 말처럼 마지막 예를 갖춰 단칼에 내 목을 베거라."며 두 눈만 부릅뜰 뿐이었다.

결국 선봉장의 칼이 섬광처럼 한호인의 목을 파고들었다. 한호인이 눈을 부릅뜬 채 모잽이로 쓰러졌다. 그 순간, 김문일은 얼음장처럼 몸이 굳어지며 내쉬는 숨결조차 동결이 되는 느낌으로 인해 그저 아뜩해질 뿐 어찌할 바를 몰랐다. 김문일은 그렇게 한참이 지나고 사람들이 머리와 몸통이 따로 떨어진 한호인의 시신 처리 문제로 왈가왈부하는 터에 그나마 정신을 수습하고 있었다. 한호인의 머리는 효수를 하지 않고, 가족이 찾아오면 정중히 인계하기로 한 모양이었다. 젊은 장정 네 사람이 한호인의 시신을 대자리로 싸서 가마니를 꿰어 만든 들것에 실어 장대에서 멀지 않은 안치 장소로 운구했다. 김문일은 운구되는 한호인의 시신을 물끄러미 바라다보다가 문득 '저것은 목숨을 버리고 의리(義理)를 선택한 뜻을 제대로 판별'한 결과이기는 하지만, 언젠가는 새로운 판별의 횃불로 반드시 불살라 사라지게 해야 할 것이라는 생각을 떠올렸다.

바로 그 순간이었다. 마치 횃불에 불이 붙는 듯이 김문일의 가슴팍을 활활 타오르는 것이 있었다. 결코 묘당(廟堂)에 있는 충신의 의리와 이 참혹한 성안에 있는 역적의 의리, 그리고 아들을 산 채로 땅에 묻은 아비의 의리가 다를 수 없다는 말을 끊임없이 되뇌면서 '그들'에게로 나아갔다. 김문일은 뚜벅뚜벅 홍경래가 머무는 장대 뒤편의 막사를 향해 걸어 나갔다. 봄날의 아침볕이 김문일의 온몸에 불이 붙듯 내리쬐기 시작했다.

10. 민란(民亂)—이재수의 난

- 김민주

1

1877년 고종 14년 정축년, 이시준의 아내 송씨 부인의 배가 만삭이 될 무렵 일식인지 월식인지 모를 이상스러운 붉은빛이 대정골 우물터 앞 처마와 지붕을 환하게 비추었다. 그 빛은 큰 호를 그리며 출산을 앞둔 송씨 부인의 품으로 들어갔다. 곧 갓난아기의 울음소리가 크게 울려 퍼졌다. 고부 이씨 벽동공파 이시준의 차남 이재수(李在守)의 탄생을 알리는 빛과 소리였다.

"넌 산방산의 정기를 타고났구나. 이렇게 우렁찬 소리를 보니 큰 인물이 될 것이야."

이시준은 웃음이 멈추지 않았다.

"참으로 이상한 징조입니다. 갓난아이 등에 점이 일곱이나 됩니다."

송씨 부인은 아기의 등을 남편에게 보였다.

"그것참 이상하구려. 한 고조 유방의 왼쪽 정강이에도 이런 점이 있었다 하고, 공자 같은 성인에게도 특이한 점이 있어 만인의 사표가 되었다고 하니, 이 아이의 운명도 대단할 거라 보오."

이시준은 말했다. 그는 선조의 제사를 온 마음으로 받들어 집안을 일으켜 세우기 위해, 있을 재(在), 지킬 수(守)를 넣어, 재수(在守)라고 이름 지었다. 이씨 가문을 보전하고 험한 일들에도 호탕한 마음을 가지라는 의미였다.

이재수는 어린 시절부터 아이들과 장난을 칠 때도 칼싸움이나 진을 치는 등의 군사놀이를 즐겨 했다. 활이나 칼을 잘 쓰고, 성격 또한, 호방하고 의협심이 있어, 왜소한 체구였음에도 존재감이 있었다. 불의를 보면 참지 못했고, 그릇된 일을 바로잡는 데 주저함이 없었다.

"재수야, 남을 돕는 것도 좋지만, 그러다 동네 싸움꾼이라고 소문나면 큰일이구나."

어머니 송씨의 말에 이재수는 자신만만하게 웃으며 답했다.

"놀림당하는 친구를 그냥 보고만 있으면 겁쟁이란 말입니다. 그건 사내가 할 짓이 아닙니다."

"그렇구나. 내 아들이지만 참 장하다. 아무리 용기도 좋다 해도 너무 나서지는 말거라. 요즘 세상이 천주교도들 세상이라 그들과 싸움 붙으면 절대로 안 된다. 그 사람들에게는 면죄부가 있단 말이다. 교인이라는 것만으로도 권세가 대단하니 우리가 조심할 수밖에."

"명심하겠습니다. 어머니."

저녁노을이 발갛게 타들어 가던 저녁이었다.

"저 노을 좀 봐라. 꼭 너 태어나던 날 같구나."

어머니의 말에, 이재수는 다 안다는 듯이 빙긋이 웃다가 장난을 쳤다.

"제가 태어난 날이 이렇게 아름다운 날입니까?"

"이상스레 붉은 빛이 우리 집을 비추고 있었어. 온 방에서 은은한 향기가 풍겨 나오는데, 곧 네가 태어난 거야."

"아버님이 제 거창한 울음소리를 듣고 산방산의 정기를 받고 태어났다고 기뻐하셨다지요."

이재수의 말에 어머니는 웃었다.

"아직도 그때 생각이 나는구나. 조그맣게 갓 태어난 아기가 골격이 또렷하다고, 또 눈빛이 어찌나 맑고 빛나는지, 사람들이 너의 눈을 보면 다 놀라워했지."

"그나저나 아버님 고생이 심하십니다."

"그렇구나. 오랫동안 기우제를 지내 이제 겨우 비도 오고 보리가 나기 시작했는데, 없던 세금이 자꾸 생기는구나. 이번에도 곡물세를 내고 남은 것으로 한 해를 날 수는 있을지, 이래저래 네 아버지가 쉴 틈이 없구나."

뭍과 달리 제주의 살림살이는 더 팍팍했다. 왜구들의 노략질을 피해 뭍으로 가려는 주민을 막기 위해 출륙 금지령이 내렸다가 풀린 지 얼마 되지 않았다. 육지와 달리 농사짓기 힘든 땅이라 세금 내는 것이 힘들었다. 더구나 천주교 신부들이 왕에 버금가는 위세를 떨며, 횡포를 부리니 신당에서 기도하는 것조차 마음 편하게 할 수가 없었다. 병인양요(1866) 이후 고종은 한불 수호조약을 맺고, 프랑스 신부들에게 치외법권과 선교의 자유를 주었다. '이 증표를 가진 사람을 왕인 나를 대하듯 하라'는 의미의 '여아대(如我對)'를 주었으니 그 위세가 얼마나 대단했겠는가.

2

1901년 정월, 대정군 관아의 통인(通引)으로 있던 이재수가 군수 채구석(蔡龜錫)을 수행하는 일을 마치고 집에 돌아왔을 때 어머니 송 씨의 얼굴빛이 안 좋은 것을 발견했다.

"어머니, 무슨 일이 있으신지요?"

어머니 송 씨는 긴 한숨부터 쉬었다.

"늘 지성을 드리던 신당이 오늘 불에 다 타버렸구나."

순간 이재수의 눈빛에 날이 섰다.

"혹시 교인들이 그런 것입니까?"

송 씨는 말을 아꼈다.

"조상신을 모시는 곳을 감히 교인들이……."

1899년 프랑스 신부 페네(Peynet)와 보좌관 김원영(아구스티노) 신부가 제주읍에 포교를 시작한 이후, 신도 수가 800명이 넘을 정도로 그 세력이 점점 더 커지고 있던 때였다. 이웃 마을에서 신당(神堂)이나 신목(神

木)을 부수러 다니는 천주교도들 소문은 들었지만, 대정군에서 그런 일이 일어나리라고는 생각지 못했다. 신목을 헐값에 팔아넘기기도 한다는 소문도 있었다.

"우상숭배가 없어져야 한다고 고을의 무속 신앙까지 모두 배척하고 있으니 어찌하면 좋으냐. 게다가 세금조차 천주교도들이 받아 가면서 못살게 구니 살아가기가 갈수록 힘이 드는구나. 민심도 흉흉해서 무슨 일이 일어날지도 모르니 너도 몸조심하거라."

고종은 1897년 국호를 '대조선국'에서 '대한제국'으로 바꾸고, 근대화를 위한 광무개혁을 실시하면서 지방 재정을 중앙에서 거둬들이는 방식으로 바꾸었다. 그동안 지방 수령과 향리가 징수하던 세금을 중앙 정부에서 파견된 봉세관이 거두면서 세금이 세배나 뛰었다. 당시 제주 목사(牧使) 이병휘의 가렴주구는 극에 달했고, 다음 해 1898년 '방성칠의 난'이 일어났다. 동학농민혁명을 일으켰다가 실패한 무리가 화전을 일구면서 살았는데, 화전세가 하도 혹독하여 민란을 일으켰으나 제주 토착 양반 세력의 반대로 실패로 돌아갔다. 광무(光武) 4년(1900년) 한성에서 제주로 파견된 악덕 봉세관 강봉헌의 혹심한 작폐는 한술 더 떴다.

"징세를 하기 위한 마름으로 천주교도들을 채용하는 게 어떻습니까? 이들에게 감히 대들 자가 없을 겁니다."

"세리로 천주교도들을 채용한다. 거참 좋은 생각이군."

"천주교도가 되면 마름이 될 수 있어? 그건 놀고먹는 거나 마찬가지 아닌가."

그 특혜를 입으려는 사람들이 천주교당으로 몰려들었고, 그들의 횡포는 날이 갈수록 도를 넘었다.

"세상에 무슨 세금을 황무지와 잡초에까지 문단 말인가?"

도민들은 허리띠를 졸라매며 혀를 찼다. 왕실에서 파견된 봉세관에게는 아무런 말도 할 수 없었다. 강봉헌의 위세는 왕권을 등에 업고 있었다.

어사의 마패를 갖고 공토와 생산물을 일일이 조사할 수 있는 권한까지 주었던 것이다.

"징수관들의 행패는 어찌하면 좋은가?"

도민들은 이구동성 한탄했다.

"강봉헌이 채용한 교도들의 패악이 무섭구나. 그들은 정녕 하늘이 무섭지 않나 보오."

그들은 갑오년에 사라졌던 민포(民布)를 다시 거두었고, 집과 나무, 목장과 가축, 어장과 어망, 소금과 벼와 작물에 대한 세금은 물론, 대흉년에 사라졌던 호포세도 다시 거두기 시작했다. 집 간수에 따라 세금을 매기는데, 징수관에게 밉보이면 뒷간에까지 세금을 붙였다. 게다가 세리가 된 사이비 천주교도들이 그 위세를 이용하면서 더 무법천지가 된 것이다. 민심은 날로 흉흉해졌다.

1901년 2월 9일 마을이 발칵 뒤집히는 일이 생겼다.

"큰일 났습니다. 훈장님이 잡혀갔습니다."

군수 채구석은 이재수의 말에 눈썹을 치켜세웠다.

"교인들 수십 명이 들이닥쳐 훈장님 가족과 장의 어르신을 잡아갔답니다."

김원영 신부가 천주교도 오달현, 오창우 등의 교인들을 이끌고 나타나 대정군 유지이자 훈장이던 현유순과 부친 현규석, 그리고 대정향교 장의(掌儀) 오신락을 잡아갔다.

"서귀포 한논(하논) 본당으로 끌려갔다 합니다."

한논 성당은 지난해 여름 김원영 신부가 세운 성당이었다.

"본당 건립에 반대한 것에 앙심을 품고 본보기로 잡아간 것이군."

채구석은 암담하다는 듯 눈을 감았다.

다음날, 본당 앞 감나무에 오신락의 시신이 걸렸다. 주민들은 크게 분노하며 교당으로 가 항의했으나 교인들의 뻔뻔스러움은 극에 달했다.

"무슨 소리요. 스스로 양심의 가책을 느껴 자결한 것을 우리가 어찌한단 말이오."

그 일로 이재수는 대정군수 채구석의 부름을 받았다.

"나를 따라 좀 가야겠다."

"무슨 일이십니까? 혹시 며칠 전 교당으로 끌려간 어르신 일이 아니십니까?"

"맞다. 장의 오신락의 죽음에 대해 밝혀야 할 때다. 오늘 그 부검을 할 것이다."

"교인들의 폭행으로 죽임을 당한 게 명백한데 무슨 부검이 필요하겠습니까?"

"천주교도들은 스스로 목을 맸다고 하니 증명이 필요할 것이다. 어서 서둘러라."

두 사람이 서귀포 본당으로 갔을 때 마당에는 처참하게 망가진 오신락의 시신만이 덩그러니 놓여 있었다. 모진 폭행과 고문의 흔적이 있었으나 천주교도들은 모두 교당으로 숨어 문책할 수도 없었다. 군수라고 해도 교당은 허락 없이 들어갈 수 없는 치외법권 구역이었다.

"도대체 교인들이라는 사람들이 어찌 그리 잔인하단 말입니까?"

"신을 업은 자들이니 무서운 게 없을 것이다. 무도한 놈들."

소식을 들은 대정 주민들 역시 분노가 치솟았다.

"무법천지인 천주교도들에게 대항합시다."

"교회와 담판을 지읍시다."

대정군은 그 일을 계기로 서서히 저항의 기운이 넘쳐나기 시작했다. 그런 와중에도 교인들의 행패는 계속되었다.

3월 17일, 파리 외방전도회 소속의 구마슬(具瑪瑟, 마르셀 라크루) 신부가 김창수 제주 군수를 찾아갔다. 그는 페네 신부가 본국으로 돌아간 후 그 후임으로 온 신부였다. 유배 중 천주교에 입교한 이범주가 투옥되었다는 소식을 듣고 석방하라고 군수에게 부탁했으나 군수가 거절하자, 직접 찾아온 것이다.

"이범주는 천주교인이오. 재판받아 유배 온 지 6년이 지났소. 무슨 일로 훈령도 없이 수감을 하는 것이오. 당장 교인을 풀어주시오."

"아니 될 말이오. 엄연히 법이 존재하여, 그 죄를 묻는 중이오. 신부님이 나설 일이 아닙니다."

"심판은 우리가 할 것이오."

구마슬은 김창수의 말에도 아랑곳하지 않고 감옥으로 향했다. 그는 옥문 앞에서 저지하던 옥지기를 힘으로 밀어붙이고, 미리 준비해 간 끌로 감옥의 자물쇠를 잘랐다.

"세상이 어찌 이리 돌아간단 말이오."

그것을 지켜보고 있던 하급 관리들은 외국인 신부의 범법 행위가 마음대로 자행되는 것을 개탄했다. 교도들의 도를 넘는 행위는 평등과 사랑이라는, 그들이 말하는 복음과는 다른 행태였다. 그동안에도 이름뿐인 천주교도가 주인 허락도 없이 염전의 소금을 훔쳐 가는가 하면, 성당에 형틀을 갖춰 놓고 천주교인 마음대로 제 마음에 안 드는 주민을 잡아다가 가두어 매를 치고, 사형을 내리기도 했다. 그 일로 찰리사(察理使) 황기연이 파견되었으나 성당에 숨어버린 그들을 잡을 수 없어 속수무책이었다.

"아무리 선교사들에게 치외법권의 자유를 주었다고 하나, 이건 사람의 테두리를 넘었습니다. 무슨 일이 일어나지 않고서는 이대로 넘어가기 힘들 지경입니다."

분노한 채구석 군수와 대정골 유림인 좌수 오대현, 송희수, 별감 강우백 등이 머리를 맞대었다.

"무슨 법이 그러합니까? 가만히 계실 겁니까? 무슨 방도를 내거나 그도 아니면 격문이라도 올려야 하지 않겠습니까?"

옆에서 보고만 있던 이재수도 참을 수가 없어 거들었다.

"힘을 모아야 합니다. 군민들 역시 가만있지 않을 겁니다."

이재수의 거듭된 말에 오대현이 나섰다.

"그래도 무력 투쟁이 되어서는 안 됩니다. 먼저 통문을 보내고 협상을 해보아야 합니다."

"먼저 자위대를 만듭시다. 그리고 격문을 보냅시다. 그래서 우리가 이 무법천지를 중단시킵시다."

이렇게 대정 고을 군수와 유림들이 자경단이라 할 수 있는 상무사(商務社)를 결성했다. 영리사업을 벌이는 회사처럼 외양을 꾸며 교인들의 눈을 피할 요량이었다.

채구석 군수는 이름을 올리지는 않았으나, 통인 이재수를 상무사 집사로 앉혀 상무사의 일을 낱낱이 보고하도록 했다. 상무사의 뒷배가 군수라는 소문이 돌자, 사원 수가 수백 명으로 늘어났다. 방성칠 난을 주도했던 남학당의 일부도 합류했다. 남학당에서 활동한 강우백을 포함한 대정군민이 함께 이상규 제주 목사에게 소장을 올렸으나 이 일로 상무사 위원이 오히려 화를 당하게 되었다.

4월 29일, 이른 아침 교도들이 신평리 송희수의 집에 들이닥쳤다.

"저자를 끌어내어 말꼬리에 매달아라."

상무사 위원들이 제주 목사에게 항의성 격문을 보낸 것에 대해 단단히 본을 보여줄 심산이었다. 교도들 여럿이 달려들어 송희수를 매치고, 엎어진 그의 상투를 잡아끌고 있었다.

"이교도 무리가 우리를 욕보이려고 했으니 그 죗값을 받으란 말이오. 이 자를 말꼬리에 매달고 대정 읍내로 달려라."

때 이른 소란에 주민들이 달려 나왔다.

"아니 저것 좀 보시오. 저게 무슨 변고란 말이오?"

"이자들이 교인들을 능욕하니 벌을 받아야 하오."

"그래도 이건 사람이 할 짓이 아니오. 당장 그만두시오."

신평리 주민들이 몰려나와 겨우 참사를 막았다. 그 사건으로 상무사는 또 한 번 큰 격론의 장이 벌어졌다.

"소식 들으셨지요. 지난번 오신락 사건으로 인해 통문을 돌린 주모자로 상무사의 송희수를 꼽았다 합니다."

"민중대회를 열어서라도 민심을 보여줘야 합니다."

상무사 위원들은 천주교도에 대한 성토 민중대회를 열었다. 오대현과 강우백이 주도한 이 민중대회는 그동안의 민심이 반영되어 주민들에게 뜨거운 호응을 얻었다.

"봉세관과 결탁해서 백성을 고통 속에 몰아넣는 교도들의 행위를 규탄한다."

"우리가 직접 제주성으로 찾아가 천주교도들의 횡포를 고발합시다."

주민들은 함성을 질렀다. 그동안의 울분을 하늘을 향해 쏟아내는 것을 이재수는 비장하게 바라보고 있었다.

"다시는 부당한 피해가 없도록 제주성으로 함께 갑시다!"

사기충천한 민중들의 외침은 천주교도들을 겁먹게 하기 충분했다. 교도들 역시 이들에게 맞설 준비를 했다. 산방산 아래 집결한 교도들이 대정읍으로 몰려왔다. 이에 강우백이 강경하게 맞서려고 했다.

"무력으로 하다간 주민들이 크게 다칠 것이네. 우리는 아직 준비된 것이 없네."

오대현이 가까스로 막았다. 하지만 평화는 지속되지 않았다. 이틀 후, 천주교도였던 대정군 관아의 부이방(副吏房) 김옥돌이 오대현의 기첩(妓妾)을 간음한 일로 태형을 받았다.

"네가 감히 남의 처첩을 푸대쌈 해 갔으니 네 죄에 대한 벌을 달게 받거라."

군수 채구석의 호통에도 김옥돌은 뻔뻔스럽게 대꾸했다.

"저는 그저 어린 양을 마귀의 손아귀에서 구했을 뿐입니다. 기생들을 여럿 거느리고 혼자 독차지하는 오 좌수가 더 나쁜 놈입니다."

"무엄하다. 버젓이 아내가 있는 놈이 기생이 탐이나 임자 있는 여인을 취하고서도 뉘우치지 않느냐?"

교인과 엮여 문제를 일으키는 것이 부담스러웠던 채구석은 김옥돌이 용서만 구하면 풀어주려 했다. 하지만 김옥돌의 방자함에 혀를 내둘렀다.

"죄인을 매우 쳐서 잘못이 무언지 알도록 해줄 것이다."

채구석의 말에 김옥돌은 더 오만하게 대들었다.

"내 몸에 손대는 자는 당장 교당으로 끌고 가 요절을 낼 테니 그리 알아라."

그 서슬에 두려움을 느껴 군수의 사령에도 군졸들이 태형을 가하지 못하자, 이재수가 나섰다.

"사또, 허락하신다면 소인이 대신하겠습니다."

김옥돌은 태형을 받으면서도 악담을 멈추지 않았다.

역시나 다음날 그 소문을 들은 천주교인 김 진사가 교인 쉰여 명을 끌고 나타났다.

"당장 김옥돌을 풀어주시오. 천주교인을 함부로 가두고 매질하다니 이게 무슨 연유요?"

"엄연히 유부녀 간음죄로 재판을 받았소."

"천주교인을 누가 심판한단 말이오. 그 죄는 우리가 알아서 심판할 것이니 얼른 풀어 주시오."

"여기는 관아요. 무엄하도다."

교인들은 군수의 말에도 끄떡하지 않고 관아의 옥문을 강제로 열고 김옥돌을 풀어주고도 모자라, 교인들을 제지하던 상무사 위원들을 잡아가려 했다.

"저 상무사 놈들을 가만두면 또 우리를 잡아넣을 것이다. 저놈들을 잡아라."

"네놈들을 먼저 잡을 테다. 버젓이 아비가 있는데도 법국 선교사를 아비라 하지 않나, 아비가 지어준 이름이 있는데도 서양 이름을 부르지 않나, 조선의 혼을 빼서 서양인으로 만드는 것이 개화인가. 이놈들아, 그렇지 않으냐?"

상무사 소속 위원들은 도망치지 않고 김옥돌과 김 진사에게 맞붙어 싸웠다. 강우백과 오대현이 주민 수십 명과 함께 대정 천주교당을 습격해 교당을 부수었다. 그 소문이 퍼지자, 프랑스 신부와 천주교도들은 뮈텔(Mutel, 민덕효) 주교에게 그 사실을 보고하고, 뮈텔은 한성 주재 프랑스 공사에 이 일을 고발했다. 사건은 일촉즉발의 상황으로 치닫고 있었다.

상무사 위원들의 몸놀림도 빨라졌다.

"제주성으로 가서 우리의 요구사항을 직접 진정하러 갑시다."

강우백의 말에 이재수 역시 동조했다.

"통문을 돌려 제주성으로 가는 진정단을 모읍시다."

"누가 앞장을 서시겠소?"

채구석이 무겁게 입을 떼었다. 장두가 필요한 시점이었다. 장두는 민중을 구하러 분연히 일어난 사람들을 가리키며, 힘없는 백성들이 억울함을 당할 때, 그들 편에 서서 그들이 원하는 걸 들어달라고 자신의 목숨을 걸고 강력히 요구하는 사람이었다.

"명목상이지만 상무사 사장인 내가 나서야 하는 일이오."

오대현이 일어섰다.

"더구나 황년(荒年)의 어려운 시기에 기생첩으로 호사하다 일어난 일이기도 하니, 내가 책임져야 하는 일이오. 장두로 나서서 이 부끄러움을 씻을 것이오."

오대현의 말에 채구석은 고개를 끄덕였다.

"그대가 나서준다면 나 또한 든든하오."

이재수는 통문을 대정골을 비롯한 이웃 고을까지 돌렸다. 그동안 울분을 참아왔던 장정들이 때를 기다렸다는 듯이 모여들기 시작했다.

5월 14일, 대정읍 주민 수백 명이 마을에 모였다. 유림 오대현을 장두로 제주성으로 진정하러 가는 사람들이었다. 주민들은 오대현이 앞장서 걸을 때마다 함성을 질렀다. 주민들은 그동안의 무기력을 떨쳐내고 함께 동참할 수 있음에 들떠 비장함보다는 희망이 앞섰다. 봄볕이 무르익은 들판이 그들을 반겼다. 바람이 그들을 앞으로, 앞으로 밀었다. 하지만 한림읍의 명월진(明月鎭)에서 그들은 멈추어야 했다. 총과 칼로 무장한 교도들 3백여 명이 그들을 막아 세웠다.

"우리는 제주성으로 가는 것이오. 우리는 무장하지 않은 평화시위요. 그러니 길을 비켜주시오."

오대현은 엄중히 말했다.

"너희들은 이교도 폭도 무리다. 어서 해산해라."

구마슬 신부가 교도들의 앞에서 오대현을 막아 세웠다.

"우리는 폭도가 아니오. 우리의 고충을 목사에게 전하러 가는 것이오."

"그것이 폭도가 아니고 무엇이냐? 해산하지 않으면 발포하겠다."

그동안 울분을 참아왔던 진정단 주민들은 신부의 명령에 대항했다.

"이래 죽으나 저래 죽으나 똑같소. 길바닥에서 죽으나 집에서 굶어 죽으나 뭐가 다르오? 빼돌린 봉세관이나 내놓으시오."

주민들의 함성이 하늘을 찔렀다. 강봉헌은 사태의 심각성을 느껴 일찌감치 변장을 한 채 화륜선을 타고 한성으로 도망쳤던 터였다.

주민들의 저항에 교도들은 하늘을 향해 공포를 쏘았다. 이에 성난 민중은 겁을 먹기는커녕 더 격렬하게 항의를 거듭했다. 위협사격은 계속되었다.

"당장 돌아가라. 해산하라."

교도들의 고함 소리와 함께 공포는 하늘에 흰 연기를 뿜으며 위협적으로 연달아 울렸다. 구마슬 신부는 교도들을 향해 소리쳤다.

"장두를 잡아라."

그 말과 동시에 공포탄의 위협은 더 거세졌다. 주민들이 놀라 우왕좌왕하는 사이 교도들이 몰려와 장두 오대현과 도망치는 진정단 주민 다섯 명을 납치했다.

"이 자들을 제주목에 넘겨 옥에 가두어라."

주민들은 겁에 질려 도망치기 시작했다.

"이교도들이 도망칩니다."

"폭도들을 따라가서 다시는 이런 짓을 못하도록 할 것이다."

구마슬의 명령에 교도들은 철수하는 진정단을 따라 대정군까지 쫓아왔다.

"무기고를 털어라. 신부의 명령이다."

교도들은 대정군의 군기고를 열고 무기를 교도들에게 나누어주었다. 흥분한 교도들은 그 무기로 주민들을 위협하며 난사하기 시작했다. 교도들을 막아 세우려던 대정골 농민들은 당황하여 도망쳤다. 이성을 잃은 교도들의 무차별 사격에 아무런 연관도 없는 농민들이 날벼락을 맞았다. 그중 한 명이 그 자리에서 즉사했고, 중상자도 여럿 나왔다. 마을이 울음바다가 되었다.

뒤늦게 소식을 들은 관아는 발칵 뒤집혔다.

"무기고가 탈취당하다니, 그런 폭도들이 다 있나?"

"대정골 김봉년이 교인의 총격에 죽임을 당하고, 장두와 함께 주민들까지 납치당했습니다."

"그들은 총과 칼을 가졌습니다. 이대로 주저앉을 수는 없습니다. 우리도 무장해야 합니다."

피 끓는 스물다섯 살의 청년 이재수는 군수 채구석에게 강력하게 말했다.

"쉬운 문제가 아니다. 그렇게 한다면 더 큰 유혈을 막을 수 없다."

채구석은 강우백과 조사생, 오대헌(오대현의 형)을 비롯한 상무사 위원들과 사후 대책을 협의했다.

"그들이 먼저 무기를 사용한 이상 무력 충돌은 막을 수가 없습니다."

강우백이 강력하게 항의했다. 송희수 사건으로 교도들과 맞붙었을 때도 오대현의 만류로 민중대회를 자진 해산하지 않았는가. 더 이상은 물러설 수 없었다. 이재수 역시 같은 의견이었다.

"무장하지도 않은 주민들에게 총을 쏘다니, 이것은 선전포고나 다름없습니다. 투쟁 방식을 바꿔야 합니다."

채구석 역시 동의하지 않을 수 없었다.

"무력 없는 평화는 없습니다. 무장봉기가 필요한 때입니다. 혹세무민에 목숨이 왔다 갔다 하는데 어찌 이대로 살 수 있겠습니까."

이재수는 힘주어 말하자, 채구석이 명령을 내렸다.

"각 리에 격문을 보내고 장정을 소집하시오."

그 소식에 진정단을 포함한 장정들이 다시 들불처럼 일어났다.

"누군가 장두를 맡아주어야 합니다. 유림이나 경험자 중에 누가 장두를 맡겠소?"

그 말이 떨어지자마자 기다렸다는 듯이 강우백이 손을 들고 일어섰다.

"나는 장두를 옆에서 모신 사람이었소. 장두의 역할이 무엇인지 누구보다 잘 알고 있소. 더구나 교폐와 세폐에 대해 누구보다 치를 떠는 사람이오. 나보다 더 장두에 적합할 자는 없을 것이오."

강우백은 방성칠과 함께 민란을 주도한 경험이 있는 인물이었다. 그의 결단에 주민들은 함성을 지르며 기뻐했다.

"하지만 나 한 사람만으로는 부족하오. 동진(東陳)과 서진(西陳) 두 무리로 나누어 제주성으로 갈 것이오. 그러면 서진을 맡아 줄 장두가 필요하오. 나는 이재수를 추천하오. 여러분 의견은 어떻소?"

이재수는 채구석의 실무를 함께 준비하며 두터운 신임을 얻고 있던 터였다. 성격이 대범하고 용감하여 상무사 위원으로 충분히 존재감을 나타내고 있었다. 오대현과 다른 강경파였고, 정의감도 뛰어났다.

"나도 찬성하오."

군수 역시 고개를 끄덕였다.

"이재수를 장두로 추대합니다."

모두 우렁찬 목소리로 동조했다. 누구도 반대하지 않았다. 평소 그의 행동에 두려움이 없는 것을 본 데다, 한라산의 정기를 받아 태어났다는 소문을 모두 들어 알고 있었기에, 그를 보통 사람과 다르다고 여기던 터였다. 산방산의 정기가 어느덧 한라산의 정기로 과장되어 소문이 났던 것이다.

그에 화답하기라도 하듯 이재수가 불끈 일어났다.

"어찌 양반만 백성이라 할 수 있겠습니까. 저 역시 여기 이 땅에 살고 있는 백성입니다. 이 땅에 뿌리를 내리고 있어, 이 땅이 누구보다 화평하기를 바랍니다. 그런 굳건한 마음이 있고, 불의를 보면 참아서는 안 된다는 것도 알고 있습니다. 누군가 나서야 하는 때에 양반이어야만 한다는 법은 없습니다. 세상에 태어나 나라를 위해 목숨을 바칠 수 있다면, 어찌 두려움이 앞서겠습니까. 이보다 더한 곳이라도 가야지요."

"내가 자네를 추천은 했다만, 장두로 나서는 일이 무얼 뜻하는지 알고 있는가?"

강우백은 이재수의 뜻에 쐐기라도 박듯 되물었다.

"물론입니다. 일이 흥하여도 패하여도 제 목숨을 내놓는 일이라는 것쯤은 알고 있습니다. 누군가는 나서야 합니다. 그 누군가의 희생이 필요하다면 저를 써 주십시오. 제 뜻을 펼치게 해주십시오. 힘 있는 자들과 맞붙는데 어찌 제 목숨이 온전하겠습니까. 그만한 각오도 없이 어찌 백성을 위한다 하겠습니까."

장두는 중앙 정부에 올리는 탄원서의 맨 위에 이름을 올리는 사람이기도 했다. 중앙이나 지방 관리들의 행실로 살림이 어렵거나 억울한 일을 당했을 때, 그 사태에 대한 억하심정을 상세히 적어 소장을 올리는 일에 앞장서는 사람이었다. 이러한 탄원으로 인해 사건이 해결된다고 해도, 엄밀히 따지자면 중앙 정부에 항명하는 일이었으므로 그 죄를 묻지 않을 수 없었다. 정식 재판을 통해 교수형을 당하는 일이 많았기에 목숨을 각오한 대의가 아니라면 쉽게 나설 수 없는 자리였다. 그만큼 강인한 의지가 있는 인물이 아니면 안 되었다. 이재수의 굳은 입매에 담긴 결의는 그것을 잘 알고 있었다. 그를 보는 사람들의 가슴 속에서 뜨거운 것이 치솟고 있었다.

강우백과 이재수가 장두를 맡아 조총과 죽창으로 무장했다.

"장두, 나는 사농바치(포수)요. 이 총이 도움이 됐으면 좋겠습니다."

장정 한 사람이 자신이 들고 있던 총을 힘차게 흔들어 보였다.

"환영하오. 한 사람의 힘이라도 모아야 할 때요."

다행히 사농바치들이 신평리 일대에 많이 살고 있었다. 그와 함께 40여 명의 사농바치가 총포를 들고 참여했다.

민군은 군수 채구석의 은밀한 지원으로 강우백이 지휘하는 동진과 이재수가 장두로 나선 서진으로 조직을 정비했다.

며칠 후, 수천에 달하는 장정이 대정읍성으로 모였다.

"우리 힘으로 우리 땅을 지킵시다."

민군은 그동안의 울분을 담아 제주성 앞으로 나아가기를 재촉했다.

"먼저 출정하시오. 정의현을 거쳐 제주성까지 가려면 훨씬 긴 여정이오. 나도 곧 뒤따를 것이오."

이재수는 강우백에게 말했다. 이재수가 이끄는 서진은 명월진성을 거쳐 제주성으로 들어가는 코스였다.

강우백이 이끄는 동진이 먼저 성문을 나섰다.

다음날인 5월 15일 대정리 일대 옹기 가마의 불이 마치 봉홧불처럼 타올랐다. 이재수가 진용을 갖추고 출정에 앞서 가장 먼저 간 곳은 신평리 본향당이었다. 마을 사람들이 가끔 모여 여러 가지 일을 논의하던 곳으로, 할망신을 모시는 신당이었다. 주민들이 가서 지성을 들여 기도하고 오는 곳이기도 했다.

이재수는 잡목들로 둘러싸인 돌담 안으로 들어가 신목 앞에서 비념을 드렸다. 대정 고을과 인근 마을 사람들로 이루어진 민군을 이끌고 제주성으로 출정했다. 가슴에는 식량을 넣은 전대를 차고, 총이나 검, 봉이나 죽창을 들었다. 민군의 맨 앞에서 척사기(斥邪旗)가 펄럭였다.

“우리의 목표는 사악한 교도들과 악질 봉세관을 타도하는 것이다. 앞으로 가자.”

“우리 힘으로 우리 마을을 지킵시다.”

민군이 다른 마을로 입성할 때마다 주민들은 민군을 열렬히 환영했고, 마을의 장정들은 민군에 합류했다. 제주의 삼군 전체가 그동안 악덕 징세와 교인들의 부당함으로 애를 먹어왔던 탓이었다. 민군은 그 지지에 힘입어 횡포의 근원지나 다름없는 성당을 차례로 불태우고, 교도들의 은신처도 색출했다.

한림읍 명월진 성은 그야말로 무혈입성이었다. 제주 관아의 군졸들과 제주에 주둔한 대한제국군들 역시 천주교도들에게 그동안 받은 여러 부당한 처사들로 억울함이 많았기에, 성문을 스스로 열어 민군을 지원했다.

다음날 이재수가 이끄는 서진은 제주성 근처 황사평에 도달했다. 사라봉 아래 너른 벌판에 민군이 진을 쳤다. 그들을 돕기 위한 민군의 숫자가 처음 출발의 두 배가 넘었다.

“잠깐, 여기서 잠시 멈추어서 동진을 기다리자.”

그즈음 성난 민중에 놀란 천주교도들은 모두 제주성 안으로 피신하여 성문을 걸어 잠그고, 빨리 봉기군을 해산시키는 군대가 오기만 기다리고 있었다.

5월 17일 아침이었다.

"장두, 정의현 성을 동진이 점령했다는 소식이 왔습니다."

"그럼, 우리도 출발합시다."

이재수는 다시 척사기를 앞장세워 제주성에 도달했다. 동진의 강우백도 곧 제주성에 이르렀다. 이재수는 강우백과 함께 제주성을 포위했다.

"성안으로 들어가는 모든 물자를 차단하라."

"항구를 장악해 육지에서 오는 모든 물자가 상륙하는 것조차도 막아야 한다."

"양곡의 반입은 물론 육지로 오가는 모든 왕래를 일체 봉쇄한다."

이에 성안의 교도들은 제주 관아를 압박하여, 군기고와 탄약고 안에 있던 무기와 탄약을 탈취했다. 이어 성벽 위에 포를 설치하고 민군에게 선제 발포를 시작했다. 민군에서는 자원한 사농바치들이 응사했지만, 그것을 막아내기에는 역부족이었다. 민군은 교도들과의 총격전으로 인해 18명이 목숨을 잃었다.

"무기를 더 구해야 합니다. 우리에게는 무기가 부족합니다."

"어떻게 구할 방법이 없을까요?"

"일본인 어상과 거래를 하는 것은 어떨까요? 제주도 연안에서 조업하는 사람들이 교인들의 세금 수탈로 사이가 좋지 않습니다. 저들에게도 천주교인들은 눈엣가시 같은 존재들이니 우리에게 무기를 팔지도 모릅니다."

1889년(고종 26) 체결된 조일통어장정(朝日通漁章程)으로 일본 어부들이 제주도 연해에서 고기잡이를 하는 대신 세금을 납부하게 되어 있었다. 그런데 그 세금이 날이 갈수록 올라가고, 또 세금을 걷는 과정에서 천주교도들과 충돌을 빚어 어채인(漁採人)들 역시 교도들에게 좋지 않은 감정이 팽배해있었다.

일본 수산업자들을 만난 이재수는 일본인 어상 아라카와-도메주로(荒川留重郎)에게서 소총 50자루를 구해 민군을 무장시켰다.

며칠 후 제주성 안이 술렁거리고 초조해지기 시작했다. 민군의 무장에 겁을 먹은 구마슬 신부는 뮈텔 주교에게 프랑스 군함을 보내 달라는 다시 편지를 썼다.

'제주에 천주교 박해가 일어났습니다. 교도들이 성안에 포위되어 있는데, 여섯 명이 살해당했으며, 부상자가 생겼습니다. 식량과 땔감도 부족하여 더이상 버티기 어려운 지경입니다. 프랑스 공사관에 급보하여 제물포(인천항)에 정박 중인 프랑스 군함의 출동을 청해주십시오.'

구마슬은 적객으로 있던 교도 장윤성을 몰래 나무포(목포)로 보내 프랑스 공사관에 밀서를 전달하도록 했다.

무력 다툼 가운데 사상자가 생기자 5월 23일, 제주 군수 김창수가 나서서 민군과 천주교도 사이의 중재를 시도했다. 제주 목사였던 이상규가 불법으로 도민들의 돈을 갈취한 죄로 면직되어, 군수가 제주 목사 서리를 겸하고 있었다.

"신부님, 오대현을 풀어주고 휴전을 합시다."

김창수는 구마슬 신부를 설득했다.

"이미 민심이 기울고 있습니다. 더 이상 버티다간 남은 사람들마저 목숨이 위험해집니다."

구마슬 신부는 묵주를 굴리며 눈을 감았다. 방법이 없었다. 언제 프랑스 군함이 도착할지 기약이 없었다. 김창수는 오대현을 서문 밖으로 내보냈다.

"우리가 원하는 것은 교도들의 횡포를 막는 것이오."

강경파 이재수가 이끄는 민군은 군수의 정전 제의를 받아들이지 않았다. 성 밖으로 나온 오대현을 맞은 이재수는 그의 손을 잡았다.

"장두, 고생이 많았소. 하지만 이렇게 끝낼 수는 없소. 여기는 내가 지킬 터이니, 동진으로 가 가으니마루(加恩旨)를 맡아주시오."

이재수와 오대현은 함께 주먹을 쥐었다.

그 무렵 제주성 안에 있는 한짓골(연동) 주민들의 삶은 기아 전쟁과 다름없었다. 식량과 땔감도 성안 반입이 안 되자, 생활이 제대로 될 리가 없었다. 더구나 계속 이어지는 공방전으로 인해 총탄이 난무했고, 성 밖에서 쏜 총탄이 민가에까지 날아들어 주민들은 공포에 떨어야 했다.

민군은 진용(陣容)을 다시 정비하여 제주성 바깥 1리(약 400m) 거리에서 성을 점령할 기세로 버티는 중이었다. 이재수는 낮에는 제주성을 향해 총을 방포(放砲)하고, 밤이면 성안 사람들에게 고함을 질러 항복을 종용했다. 성안으로 통문을 보내어 성안 주민들의 궐기와 동참을 호소하기도 했다.

"우리의 주권을 찾읍시다. 교도들의 횡포를 물리칩시다."

제주성 안의 주민들은 길어지는 공방전에 우왕좌왕하며 마음이 동요되기 시작했다.

5월 24일 성안의 비천주교도들은 김남혁(金南赫)의 주도로 관덕정 광장에 모여 시위를 하기 시작했다. 부녀자들의 호응이 더 컸다. 여자들은 한 손에 막대기를 들고 머리에 흰 띠를 두르고 성문을 열어달라고 소리쳤다.

"땔감도 다 떨어졌고, 먹을 것도 없습니다. 다 굶어 죽게 생겼어요. 제발 성문을 열어 협상을 하세요."

"언제까지 버틸 겁니까? 이렇게 우리를 죽일 작정입니까?"

부녀자들의 항의에 다급해진 구마슬 신부는 초조해지기 시작했다. 민심을 진정시키고 시간을 벌어야 했다.

"사흘간만 말미를 주시오. 그때까지도 저들이 돌아가지 않으면 성문을 열 것이오. 그러니 어서 해산하시오."

그는 사흘을 더 기다렸다. 장윤성에게서도, 뮈텔에게서도 답신이 없었다. 바다만 눈이 빠지게 바라보지만, 전함 같은 것이 오는 기미는 보이지 않았다. 구마슬 신부는 보좌 신부에게 왜 빨리 함선이 오지 않는지 다그쳤다.

그때 갑자기 '펑' 하는 소리와 함께 화약고 쪽에서 불이 났다.

"무슨 일이냐?"

신부와 교도들이 달려갔다. 사람들이 화상을 입고 쓰러져 있었다. 화약 냄새와 함께 주변에 타다만 화약 가루가 흩어져있었다. 교도군이 담배를 피우려다 그 불씨가 옮겨붙은 것이었다. 진실이 밝혀지는 게 두려웠던 교도군은 거짓 핑계를 댔다.

"부녀자들이 성문을 열지 않는다고 화약에 불쏘시개를 던졌습니다."

애꿎은 가해자가 된 부녀자들은 억울하여 범인을 잡아내라고 항의했다. 이제껏 교도들을 참아줬으나 그 누명은 참기 어려웠다.

5월 28일 아침, 약속한 사흘이 지나고서도 신부가 기대한 프랑스 군함은 오지 않았다.

"아직도 당도하지 않았나? 이를 어찌하면 좋으냐?"

그때 김남혁과 주동자 몇은 더 이상 기다리지 못하고, 부녀자 수백 명을 뒤따르게 하고 관아로 쳐들어가 구마슬 신부에게 최후통첩을 했다.

"약속 시간이 지났습니다. 지체 말고 약속대로 성문을 열어주시오. 신부님이 열지 않으면 우리가 직접 하겠습니다."

"이보게, 3일만 더 말미를 주게."

"이제 신부님 말씀은 더는 믿지 못하겠습니다. 백성들 굶어 죽어가는 것은 눈에 보이지 않는답니까? 이제 하루도 지체할 수 없습니다."

"하늘이 우리를 보고 있소. 결코 저들을 용서하지 않을 것이오."

"정직하지 않은 자는 천주교인이 아니라 하셨습니다. 거짓으로 우리를 우롱하지 마십시오."

그러는 사이 성난 부녀자와 제주 주민들은 몽둥이를 들고 성문을 지키고 있던 천주교도들에게 항의하기 시작했다. 그들은 서문누각(西門樓閣)으로 올라가 교도군의 무기들을 빼앗아 성 밖으로 버리고 깃발을 휘두르며 민군이 들어오기를 기다렸다.

"어서 성문을 열어라."

김남혁이 이끄는 한 무리는 성문을 지키던 교도들을 잡아 그들이 가진 총을 빼앗고, 서문을 열었다. 제주성 안에 있던 대한제국 주둔군이 프랑스 신부들과 천주교인들을 보호하고는 있었으나, 민심을 거역하지는 못했다. 군이 이들을 지켜야 할 마음도 들지 않았다. 아들 역시 천주교도들의 무법에 치를 떨었기에, 누구도 교도들의 편에 서지 않았다. 정의군수 김희주가 나서서 구마슬을 포함한 프랑스 신부들을 목사의 휴식처인 귤림당으로 피신시켰다.

이재수는 성문이 열리자 선봉으로 민군을 성안으로 들여보냈다. 혹시 함정이 아닐까 의심했던 민군은 그들을 환영하는 주민들을 보며 안심했다. 곧 민군이 성안으로 밀려들었다. 민군의 함성과 성안 사람들의 함성이 합쳐졌다.

성안의 사람들은 여러 장정을 거느린 이재수의 모습에 감탄했다. 역시 소문으로 듣던 대로 한라산의 정기를 받은 영웅이라 할 만한 모습이었다. 공작 깃을 단 전립에 안경을 낀 모습으로 말을 타고 있는 이재수는 평범하지 않았다.

"저분이 장두요? 실로 영웅이라 할 만하오."

"목숨을 걸고 여기까지 왔으니 영웅이 맞습니다. 대단한 자요. 그렇지 않소."

성안 주민들은 더 환호했다. 이재수는 그들의 환호를 잠재우며, 오대현과 강우백이 남문과 동문으로 각각 입성할 수 있도록 문을 모두 열도록 한 후, 힘 있게 명령했다.

"명월진에서 납치된 대정골 주민부터 구하도록 하시오."

장두 이재수는 관덕정에 정좌하고 이글거리는 눈빛으로 다시 명령했다.

"성안의 천주교도들을 모두 잡아들라. 천주교도들을 더 이상 살려두어서는 안 된다. 그들이 살아 있는 한, 우리의 삶은 다시 예전으로 돌아갈 것이다. 한 놈도 빼놓지 말고 색출해서 처단할 것이다. 이제야 그들을 제대로 재판할 것이다."

그리고, 마당에 머리를 조아리고 있던 한짓골 유지들에게 엄포를 놓았다.

"성으로 들어오자마자 성안 놈들과 교도들을 한꺼번에 몰살하려 했으나, 오늘 보니 우리와 다르지 않은 생각으로 환영하니 기쁘오. 특별히 사면할 터이니 앞으로도 교도들을 물리치는 데 협조를 부탁하오."

이재수는 숨어있다 잡혀들어온 교도들에게 그들의 죄지은 바를 낱낱이 고하도록 하고, 살벌하게 죄목을 하나하나 나열했다. 장의 오신락이 나무에 매달고 죽음에 이른 사건이 떠올랐다. 교도들은 살인은 물론 부녀자 겁간을 하고서도 뻔뻔스럽게 관을 희롱하던 자들이었다.

그 자리에서 교도들의 목이 차례로 잘려 나갔다.

"최형순(崔亨淳), 너의 죄는 이미 하늘을 찔렀다. 강봉헌의 악랄한 징세에 하수인 노릇을 하고도 모자라, 민군들에게 발포를 명령했다. 그러고도 목숨을 부지할 수 있겠느냐?"

이재수는 최형순의 목을 치고, 그 시신 반쪽을 불태워 장대 끝에 매달았다. 관덕정은 천주교도들의 장례식장이 되었다. 그는 관아로 군사를 보내 숨겨 놓은 교도들을 내놓으라고 엄포를 놓았다. 채구석은 이재수를 불렀다.

"아무리 분노가 치솟는다고 해도, 관아에는 지켜야 할 율문이 있다. 장두로서 책임을 갖고 자제하도록 하오."

군수의 통인이었던 이재수는 겨우 마음을 진정할 수 있었다. 하지만 이재수의 칼이 완전히 멈춘 것은 아니었다. 민군이 제주성에 입성한 5월 28일과 다음 날까지 3백여 명의 천주교도를 처형했다. 관덕정 뜰이 300여 구의 목 잘린 시신으로 가득했다.

5월 31일에야 구마슬 신부가 기다리던 프랑스 함선이 제주 앞바다에 도착했다. 270여 명의 프랑스 해군이 산저포(제주항)에 입항했다. 대한제국 정부의 신임 제주 목사 이재호와 민군 진압을 위한 선발대로서 중대장 홍순명이 지휘하는 강화 진위대 소속 대한제국군 1백 명, 궁내부 고문관을 맡고 있던 미국인 샌드(W.Sand, 산도)와 번역 과장 고의경 등이 함께 들어왔다.

정부로서는 최악의 사태를 막으려는 의도였다. 동학 농민 운동 당시 일본군들이 조선에 허락도 없이 들어와 백성을 학살했던 과거가 있었던 데다, 교인 박해를 빌미로 프랑스군이 제주도민들을 학살하는 내정 간섭이 이루어질 수도 있는 상황이었다. 더구나 일본 군함 제원호(濟遠號)도 함께 들어와 있었다. 제물포에서 프랑스 군함이 떠나는 것을 이상하게 여긴 일본 정부는 어채인을 보호한다는 구실로 제물포에서부터 프랑스 군함을 따라 제주로 들어온 것이다. 프랑스 함대가 조선의 내정에 개입할 경우, 일본군 역시 사태에 개입하겠다고 통보하여, 교전이 벌어질지도 모르는 일촉즉발의 상황이었다.

프랑스 군함이 왔다는 소식에 일전을 불사할 각오로 이재수는 다시 민군을 모았다.

"양인에게 우리의 주권을 빼앗길 수는 없소. 힘을 모읍시다."

그러자 민군의 수가 1만에 달했다.

제주성에 도착한 해군 제독은 관덕정에 널브러진 시체 더미 속에서 분노했다.

"세상에나 이것이 무슨 일인가. 제주도에 있는 비천주교인을 모두 죽이고 말겠어."

병인양요나 신미양요에 버금가는 불상사가 재발할지도 모르는 상황이었다.

"진정하시오. 맞붙어 싸워 큰 피해가 나는 것은 막아야지요. 무고한 백성이 죽어 나가는 것을 나 역시 보고만 있지는 않을 것이오. 나를 믿어보시오. 내가 봉기군과 협상을 할 것이오."

신임목사 이재호가 그를 만류했다. 정부는 프랑스군을 더 이상 자극하지 않도록 빠른 수습에 나섰다. 민군에게는 해산을 하면 세폐와 교폐의 요구 조건을 들어주겠다고 하고, 프랑스 군함 철수를 약속했다.

"합법적인 등소(等訴)로 정부와 협상을 하는 것이 더 이상의 인명 피해를 줄이는 길이오."

온건파 오대현도 함께 설득하지만, 이재수는 반대했다.

"정부의 말을 믿는 것이오? 아무런 힘이 없는 정부가 백성을 구할 수 있을 것 같소? 정부는 저들을 무서워하고 있소. 반드시 희생양을 필요로 할 것이오. 더구나 아직도 우리가 한 등소에 대해 어떤 해결책도 제시하지 않았소."

이재수는 세폐 혁파와 천주교도를 처단함과 동시에, 봉기 주민들의 죄를 묻지 않겠다는 조건을 다시 한번 요구했다. 하지만 사태는 더 악화되었다.

6월 9일 다시 입항한 프랑스 군함을 보고 도민들의 분노는 극에 달했다. 그 배에 도망쳤던 악질 봉세관 강봉헌이 타고 있었는 데다, 어처구니없게도, 그가 대정 군수로 부임한 것이다. 상무사 조직을 이끌었다는 명목으로 채구석이 파직되고 후임으로 들어온 것이었다.

이재수는 프랑스군과의 싸움이 불가피하다 여겨 민군을 모으고 전열을 정비했다.

"이대로 물러갈 수는 없소. 이미 우리는 피를 불렀소. 우리가 구하는 것은 목숨이 아니오. 우리 피와 땀으로 이룬 것들을 빼앗는 관리와 우리 제주의 민심을 거스르는 양인들을 물리치는 것만이 우리가 살길이오. 다시 결집해야 할 때요. 내 목숨은 이미 장두로 이름 올렸을 때 미련을 버렸소. 다시 싸웁시다."

이 사태를 직면한 제주 목사 이재호는 더 큰 분란을 막기 위해 천주교도들에 대한 배상금 지불과 민란의 주동자를 잡아 처형하겠다는 약속을 하고, 프랑스군을 먼저 철수시켰다. 프랑스 군함은 살아남은 자국 신부와 교도 40명을 데리고 한성으로 떠났다.

조정은 제주 민심 수습을 위해 대정 군수를 강봉헌에서 허철로 교체했다. 대신 찰리사 황기연과 순검 13명, 강화 진위대 참령 윤철규가 이끄는 병사 백여 명과 수원 진위대 2백 명을 차례로 제주로 들여보냈다.

고종 황제로부터 전권을 위임받아 내려온 황기연은 장두 이재수와 정부군 대장 윤철규를 불러 담판을 지었다. 그는 이재수에게 요구 조건을 물었다.

"봉세관 강봉헌을 처벌할 것과 제주도 내의 교회당을 없앨 것, 민란에 참여한 백성들의 죄를 묻지 않는다면, 민군을 해산시킬 것이오."

정부군 대장 윤철규는 그 요구 조건을 수용하겠다고 약속했다.

황기연은 빠르게 방을 걸었다.

"이것 좀 보시오. 고종 황제께서 직접 천주교도의 폐단과 세금 폐해를 바로잡겠다는 뜻이오."

"그렇다면 우리가 더 이상 싸우지 않아도 된다는 뜻 아니오."

이에 도민들의 반발도 차츰 사그라들었다.

6월 11일 정부군은 이재수와 약속한 대로 봉세관 강봉헌과 천주교도들을 본보기로 체포했다. 그러자 이재수는 약속대로 민군을 해산시키고, 민군 지도부 40명과 함께 제주성으로 들어가 정부군에게 자진 체포되었다. 강우백과 오대현 역시 이재수만 죽음에 이르게 할 수는 없다는 생각에 함께 자수했다.

이 소식을 들은 주민들은 다시 모여 교대로 관아 앞에서 장두를 풀어달라고 읍소했다.

"장두가 무엇을 잘못했단 말입니까. 잘못을 바로잡아달라고 우리를 대신해서 앞장선 것뿐입니다."

주민들은 관군들에게 쫓겨 달아났다고 다시 모이기를 거듭했다. 때로는 부녀자들 수백 명이 입성하여 대성통곡을 하며 장두를 풀어달라고 했다. 신식 군복 입은 관군들이 총대로 아낙들을 겁을 주자, 화가 난 부녀자들은 울분을 퍼부었다.

"너희들은 백성들을 살리러 왔냐? 죽이러 왔냐? 왜놈 병정같이 하고서 법국 앞잡이나 하는 것이냐?"

"정 풀어주는 게 안 되면 한성으로 압송하지 말고 제주에서 재판하게 해주시오."

주민들은 탄원하고, 때로는 구류간(拘留間)으로 찾아가 장두들에게 음식을 바치고 위로했다.

7월 18일, 찰리사 황기연과 정부군 대장 윤철규는 조사가 끝나는 대로 풀어주겠다고 약속하고 이재수와 오대현, 강우백 등 마흔 명의 민군 지도부들은 끝내 한성으로 압송했다. 그때까지도 이재수는 황제와 정부군의 약속을 믿었다. 긴 여정의 끝이었다.

3

이재수와 민군 지도부는 7월 27일부터 평리원(현 서울시립미술관)에서 비밀재판을 받았다. 대한제국 최초의 서양식 재판이었다. 이재수는 그들을 둘러싼 자들을 둘러보았다. 대부분 양인들이었다. 법관 양성소 교관 프랑스인 그리마시와 제주 성당의 구마슬 신부와 뮤세(문제만) 신부, 한성의 정도세 신부, 궁내부 고문관 샌즈 등이었다. 제주에서 여아대를 가지고 횡포를 일삼던 자들이 심판관으로 참여하는 재판이었다. 애초에 정당한 재판이 진행될 리 없었다.

9월 3일, 이재수는 오대현, 강우백과 함께 교수형을 선고받았다. 대정

군수 채구석은 금고 3년 형에 처해졌다. 천주교도들의 위법행위가 명백했음에도 정당한 재판이 아니었으므로 그들을 구제할 수 없었다.

10월 8일, 평리원 결심 재판이 끝나고, 10월 9일 밤 한성의 전옥서에서 이재수를 포함한 세 장두는 교수형에 처해졌다. 이재수는 붉은 노을을 바라보며, 자신이 태어날 때 어머니가 보았다던 환한 붉은 빛을 떠올리며, 마지막으로 유언을 남겼다.

"봉세관과 천주교인들이 제주 백성을 심히 괴롭혔던바, 이들을 어찌 역적이라 하지 않겠는가. 내가 처단한 것은 그와 같은 역적이지 죄 없는 양민이 아니다. 까닭에 나는 정당하며, 내가 한 일에 대해서 죽어도 여한이 없도다. 도민을 괴롭힌 강봉헌을 반드시 처벌하여 다시는 같은 일이 반복되지 않기만 바랄 뿐이다."

이재수의 마지막 유언은 지켜지지 않았다. 민란의 원인을 제공한 탐욕스런 악덕 징세관 강봉헌은 석방되었다. 왕실의 곳간지기인 봉세관의 권력은 강봉헌을 무죄로 만들었다. 다만 이재수가 교수형을 받기 전, 세금 폐단에 대한 17개의 조항이 신설되어 도민들이 세폐에 시달리지 않도록 시정되었고, 교민화의약정(教民和議約定)으로 천주교도들의 비행에 대해서도 시정하는 법이 제정되었다. 이재수는 교수형을 당하면서도 웃을 수 있었다.

소설로 읽는 한국민중운동사1:전통시대편
작품 해설 - 김종성

소설로 읽는 한국문화사 제5집 『소설로 읽는 한국민중운동사1: 전통시대편』에는 신작 중편소설 3편, 신작 단편소설 7편을 싣고 있다.

김민효의 신작 단편소설 「묘청 운명에 이끌리다」는 묘청의 난을 다루고 있다. 이 작품은 고려 중기의 정치적 · 사회적 배경을 중심으로 한 역사적 서사를 통해 이상과 현실의 충돌을 다룬 작품이다. 이 소설의 핵심은 묘청이라는 인물을 중심으로 한 서경 천도의 이상주의적 운동과 그것이 현실의 복잡한 권력 구조 속에서 좌절되는 과정이다. 묘청은 왕권 강화와 국가 개혁이라는 대의명분을 앞세웠지만, 그의 이상은 문벌귀족의 강한 기득권 의식과 금나라라는 외세의 압박에 부딪혀 결국 무너지고 만다. 따라서 이 작품은 단순히 과거의 이야기를 재현하는 데 그치지 않고, 독자들에게 현재를 성찰할 수 있는 계기를 제공한다. 비록 묘청은 비극적으로 패배했지만, 그의 이야기는 끝내 절망으로 귀결되지 않는다. 작품은 그의 이상과 신념이 비록 현실에서 실현되지 못했더라도, 그것이 미래를 위한 씨앗이 되었음을 암시하며 독자들에게 희망적인 메시지를 전달한다.

유시연의 신작 중편소설 「왕후 장상의 씨가 따로 있나」는 만적의 난을 다루고 있다. 1198년 개경 북산에서 나무를 하던 노비들이 모의를 하는 일이 일어났다. 최충헌의 사노비 만적이 주동이 되어 각자 주인을 죽이고 정치권력을 취해보자는 취지였다. 수천 명의 노비들이 이에 호응했고 날을 잡았다. 만적의 난은 단순히 노비 해방을 넘어 신분제를 뒤엎을 계획을 세웠다는 데 의의가 있다. 천인 이의민이 장군으로 권력의 중심에서 부귀영화를 누렸던 시절이었다. 노비들도 막연한 희망을 꿈꾸었을 것이다. 만적의 난이 무산되어 노비들이 예성강에 산채로 던져진 후 고려 사회는 더욱 혼란스러워진다. 신분 해방을 꿈꾸었던 노비 만적은 밀고자의 배신으로 허망하게 닻을 내린다.

엄광용의 신작 중편소설 「전설이 된 숨은 용」은 삼별초의 난을 다루고 있다. 작가는 삼별초 민중항쟁의 주역인 배중손을 중심으로 이야기를 전개해 나가되, 그 중간중간에 당시의 역사적 배경과 고려 왕정을 배반할 수밖에 없었던 이유를 징검다리처럼 삽입하면서 전체적인 구조가 소설적 긴장감으로 압축되도록 만들어 보이고 있다. 그래서 진도에서 마지막 혈투를 벌인 배중손이 이틀간 벌인 고뇌에 찬 전략과 마지막 전투 장면을 앞뒤로 배치하고, 삼별초 항쟁의 중심 내용을 가운데 끼워 넣어 역사적 사실과 소설적 재미의 두 마리 토끼를 잡아보려고 했다. 주인공 배중손 중심의 이야기를 전개하다 보니 같이 민중항쟁을 도모한 노영희와 김통정 두 장군에 대해서는 소략하게 다룰 수밖에 없었다. 아무튼 제주도에까지 가서 항쟁한 김통정의 삼별초는 1272년 개경 도성으로 가는 조운선 10여 척을 빼앗고, 전라도의 상공미 800석을 약탈하였으며, 여몽연합군의 전함 20여 척을 불태우는 공을 세우기도 했다. 개경의 원종은 상장군 김방경과 몽골군을 이끄는 홍다구를 장수로 삼아 군사 1만 명과 전함 160척을 제주도로 보내 삼별초를 소탕하라고 명했다. 이때 여몽연합군에 비해 중과부적이었던 삼별초 군사 대부분은 항복을 했고, 김통정 장군은 70여 수하들을 데리고 산속으로 도주하던 끝에 전원이 함께 자결하였다. 이로써 1270년부터 1273년까지 약 3년간 강화도, 진도, 제주도로 기지를 옮겨가며 여몽연합군과 싸운 삼별초의 항쟁은 막을 내렸다.

김주성의 신작 단편소설 「과녁 없는 살(䉾)」은 임꺽정의 난을 다루고 있다. 임꺽정(?~1562)은 조선 명종 시대에 경기도, 황해도, 강원도를 주무대로 횡행했던 큰 도적 무리의 우두머리다. 조선 후기 실학자 성호 이익은 『성호사설』에서 그를 홍길동, 장길산과 함께 조선의 3대 도적으로 꼽았다. 임꺽정이 죽은 후 민간에서는 그에 대한 무수한 설화가 생겨났고 현대에 이르러서도 그는 소설, 드라마, 영화, 만화 등 거의 전 서사 장르에서 매우 인기 있는 주인공으로 그려져 왔다. 이렇게 그의 존재성은 시대를 뛰어넘는 큰 문화적 영향력을 지니고 있다. 작가는 이러한 그의 존재성의 시작이자 끝인 '도적'이라는 부정적 이미지가 어떻게 대부분의 서사 속에서 '의적'이나 '영웅호걸' 같은 긍정적 이미지로 전화(轉化)되는가에 주목하고, 이 소설을 통해 그 원인의 일단을 추정해 보고자 했다. 결국 이 단편소설에서 작가가 하고 싶은 말은, '그는 왜 도적이 되었는가?'라는 3인칭 시점 질문에 대한 냉정하고 균형 잡힌 답과 최후의 순간에 품었을 '나는 왜 도적이 되었는가?'에 대한 임꺽정 자신의 답이 서로 만나는 지점 즉 '과녁 없는 살(䗧)'의 허망함이다.

정수남의 신작 중편소설 「꺼지지 않는 횃불」은 홍길동의 난을 다루고 있다. 허 판서 댁 서자로 태어난 홍길동은 뛰어난 지략과 능력을 갖췄음에도 적자가 아니라는 이유로 차별을 받는다. 이 이야기는 차별 없는 세상에서 자유롭게 살고 싶은 욕망을 이루는 내용으로 채워진다. 탐관오리의 등쌀에 제대로 살 수 없었던 백성들이 도적이 되어 산속에 숨어 살아야 하는 세상, 가난과 굶주림으로 사람답게 살 수 없는 사람들의 이야기는 또 다른 세상을 꿈꾸게 한다. 적서 차별이 없고 자유롭게 생활하는 나라를 꿈꾸던 그는 믿음직한 부하를 시켜 살만한 곳을 찾게 한다. 며칠씩 걷거나 배를 타고 찾아간 곳은 지상낙원이라 부를 만한 율도국이다. 제도와 관습으로부터 벗어난 자유로운 세상을 꿈꾸는 길동은 결국 스스로 그 나라를 만들어냈다고 볼 수 있다.

백영의 신작 단편소설 「활빈도의 길」은 장길산의 난을 다루고 있다. 장길산은 숙종 때 실존 인물로, 황해도 일대에서 활동을 시작해 평안도 양덕과 함경도 두만강 입구의 서수리까지 활동 범위를 넓혔다. 조정은 온 힘을 다해 그를 잡으려 했으나 끝내 잡지 못했다. 당시 조정이 가장 두려워한 것은 장길산이라는 이름이 사라지지 않는다는 사실이었다. 장길산은 단순한 도적이나 약탈 집단이 아니었다. 그는 활빈도라는 상징성을 가진 의적

(義賊)으로서 민중의 지지를 얻었다. 백성들은 관군이 장길산을 잡으러 와도 협조하지 않았다. 이 소설은 장길산의 활빈도 활동에 초점을 맞추고 그것의 사상적 근거로서 미륵 신앙이 수용되는 과정을 그리고 있다. 역사 기록 어디에도 장길산이 언제 어디서 죽었는지는 남아 있지 않다. 다만 그의 이름이 수십 년 동안 사라지지 않고 민중의 희망으로 살아 있었다는 사실만이 전해진다.

김세인의 신작 단편소설 「작변(作變)」은 이필제의 난을 다루고 있다. 이필제는 무과에 급제했으나 벼슬길에 나아가지 못했다. 과거제의 남발과 붕당의 폐해, 연줄과 돈으로 얽힌 인사 제도 속에서 실력 있는 인재가 설 자리는 갈수록 좁아졌기 때문이었다. 조정은 민생이 삼정의 문란(전정·군정·환곡)과 탐관오리의 횡포로 파탄에 이르렀고, 지배층은 모화사상에 갇혀 자주성과 개혁 의지를 상실한 상태였다. 이런 즈음에 『정감록(鄭鑑錄)』이 널리 퍼졌고 이필제도 그 책을 접하게 되었다. '이씨 조선은 망하고 새로운 진인이 나타날 것'이라는 문구에 이필제는 매료되었다. 그러던 중 교조 수운 최제우가 끌려가는 모습을 보며 동학에 주목하게 되었다. 그는 해월 최시형을 만나 동학교도들과 함께 영해 부성을 공격하기로 했다. 마침내, 1871년 3월 10일 거사를 단행하여 탐관오리인 영해 부사 이정을 제거했는데, 그날은 바로 수운 최제우가 순도한 날이다. 따라서 이는 억울하게 처형당한 교조를 신원하려는 운동이자, 지배층의 부패와 조정의 무능에 맞선 집단적 저항이었다고 말할 수 있다.

김찬기의 신작 단편소설 「불이 붙는다」는 평안도농민전쟁을 다루고 있다. 1811년 신미년 12월 홍경래는 우군칙 등과 모의하여 다복동 광산에서 반란을 일으킨다. 홍경래와 유년 시절부터 친구로 지내던 전 주서 한호인은 선비의 고장인 관서에서 흉적이 나왔음을 부끄럽고 분하게 여겨 적당 우두머리 홍경래와 담판을 하기로 결심을 하고 서울에서 정주로 내려오게 된다. 이에 관군의 현지 총사령관 격인 중군 유효원은 한호인을 막객 김문일을 붙여 적진에 가게 한다. 결국 한호인은 목이 베이고, 그 순간 김문일은 "결코 묘당(廟堂)에 있는 충신의 의리와 이 참혹한 성안에 있는 역적의 의리, 그리고 아들을 산 채로 땅에 묻은 아비의 의리가 다를 수 없다는 말을 끊임없이 되뇌면서" 의리의 본질을 캐기 위한 도정에 나서기로 결심하고 먼저 적당 홍경래가 있는 거처로 나아가게 된다.

채희문의 신작 단편소설 「녹두꽃 지던 길」은 농학농민전쟁을 다루고 있다. 역사를 돌아보면 외세의 침략이 거세지거나 탐관오리의 부정부패가 극에 이르렀을 때마다 백성들은 어김없이 맨주먹을 불끈 쥐고 일어나 맞서 싸웠다. 1894년에 들불처럼 타오른 갑오농민전쟁도 그와 다르지 않았다. 농민들은 탐관오리의 부패와 과도한 세금, 일본과 청나라 세력의 침탈에 맞서 봉기했고 그 한가운데에 전봉준(1855~1895)이 있었다. 전봉준은 조선 말기의 동학 농민 전쟁을 이끈 민중 지도자다. 키가 작아 '녹두장군'이라 불린 그는 부패한 관리들의 포학(暴虐)하고 가혹한 학정에 맞서서 억눌린 농민들을 이끌고 직접 항쟁에 나섰으며 민중을 중심으로 한 개혁을 시도했다. 이번 단편소설에서는 전봉준의 삶 중에서 그의 마지막 장면만을 극적으로 다루었다. 백성을 위해 싸우고 자신을 희생한 위대한 사내의 마지막 길을 똑바로 되돌아보고자 한 것이다. 그는 쇠사슬에 묶여 진흙탕 길을 밟으며 사라져갔으나 그의 기개는 언제까지나 끊기지 않고 영원히 이어져 나갈 그의 발자국처럼 후세에까지 영원히 남게 되었다.

김민주의 신작 단편소설 「민란(民亂)」은 이재수의 난을 다루고 있다. 신축민란으로 부르기도 하는 이재수의 난은 대한제국 말기 쇠퇴해 가던 중앙 정부의 부정과 봉건적 세금 수탈에 저항하는 필사의 몸짓이며, 서구 외세의 간섭과 문화적 침탈에 대항하는 민초의 항쟁이었다. '조선 왕실의 부당한 증세에 제주도민이 반발하였고, 그 과정에서 300여 명의 천주교인이 학살당했다'라는 내용으로 국제적 관심을 끌었다. 그의 여동생 이순옥은 오빠 이재수의 애국적 거사와 죽음을 기록으로 남기기 위해 그 발자취를 더듬어 구술원고를 완성했다. 국내 출판을 거부당한 후 1931년 일본에서 조무빈의 도움으로 〈야월의 한라산-이재수의 실기〉를 펴냈다. 대정지역의 유지들과 이재수의 후손들 역시 그의 의로운 죽음을 세상에 알리고 기념하기 위해, 그의 생가 근처 홍살문 거리에 '제주대정군삼의사비'를 세웠다. 이재수, 오대현, 강우백 세 장두를 기리는 기념비다. 종교가 사람을 구하지 못하고 오히려 권력과 아집으로 점철될 때의 비극을 보여주는 표석이기도 하다.

집필 작가 소개(작품 게재순)

김민효　2003년 계간 《작가세계》 신인문학상 단편소설 「그림자가 살았던 집」 당선. 서울예술대학교 문예창작학과 졸업 및 중앙대학교 예술대학원 문학예술학과 졸업. 소설집 『검은 수족관』·『그래, 낙타를 사자』 『빛나는, 완전범죄』, 영문번역집으로 『WHERE IS OUR HOME』, 논픽션집 『놀러가자, 피터팬』(공), 미니픽션집 『나를 안다고 하지 마세요』(공), 『술集』(공) 등 출간. ㈔한국작가회의 소설분과 회원.

유시연　2003년 계간 《동서문학》 신인문학상 단편소설 「당신의 장미」 당선. 현진건문학상 수상. 정선아리랑문학상 수상. 문학나무 작가 상 수상. 동국대학교 문화예술대학원 문예창작과 졸업. 소설집 『알래스카에는 눈이 내리지 않는다』, 『오후 4시의 기억』, 『달의 호수』, 『쓸쓸하고도 찬란한』, 『상해의 밤』, 장편소설 『부용꽃 여름』, 『바우덕이전』, 『공녀, 난아』, 『허준』 등 출간. 현) 소설로 읽는 한국문화사 편찬위원회 간사. ㈔한국작가회의 소설분과 회원.

엄광용　1990년 《한국문학》 신인문학상 중편소설 「벽속의 새」 당선. 1994년 삼성문예상 장편동화 부문 수상. 류주현 문학상 수상. 중앙대학교 예술대학 문예창작과 졸업, 단국대 대학원 석사과정 사학과 졸업 및 동 대학원 박사과정 사학과 수료. 소설집 『전우치는 살아 있다』, 장편소설 『황제수염』·『사냥꾼들』·『사라진 금오신화』·『천년의 비밀』, 대하소설 『광개토태왕 담덕』(전 10권), 동화집 『초롱이가 꿈꾸는 나라』 등 출간. 현 한국문명교류연구소 연구원. ㈔한국작가회의 소설분과 회원.

김주성 1986년 서울신문 신춘문예 단편소설 「해후」 당선. 삼성문학상 장편소설 『불울음』 당선. 황순원문학연구상 수상. 중앙대학교 예술대학 문예창작과 졸업 및 동 대학원 석사과정 문예창작과와 경희대 대학원 박사과정 국문학과 졸업(문학박사). 소설집 『어느 똥개의 여름』, 장편소설 『사랑해 수니야』, 대표작품선집 『불울음』 출간. 전 경희대 후마니타스 칼리지 강사. 현 ㈔ 한국작가회의 소설분과 회원.

정수남 1984년 서울신문 신춘문예 단편소설 「접목」 당선. 국학대(고려대 전신) 국문학과 졸업. 한국소설문학상, 전영택 문학상, 이범선 문학상 수상. 창작집 『분실시대』·『별은 한낮에 빛나지 않는다』·『타성의 새』·『아직도 그대는 내 사랑』·『시계탑이 있는 풍경』·『길에서, 길을 보다』·『앉지 못하는 새』, 『아주 이상한 가출기』, 『생명의 기원』, 장편소설 『행복아파트 사람들』, 시집 『병상일기』 등 출간. 현 '정수남 문학 공작소' 대표. ㈔한국작가회의 소설분과 회원.

백영 2019년 농민신문 신춘문예 단편소설 「염소」 당선. 2022년 계간 《실천문학》에 연작소설 「만년의 선물」 발표. 고려대학교 문과대학 국문학과 졸업. 단편소설집 『바르트를 읽는 밤』, 장편소설 『심훈: 불꽃과 상록수』 출간. 현 ㈔한국작가회의 소설분과 회원.

김세인 1997년 계간 《21세기문학》 신인문학상 단편소설 「옥탑방」 당선. 숭의여대 문예창작과와 한국방송통신대학교 국문학과 졸업 및 중앙대학교 예술대학원 문학예술학과 졸업. 류주현문학상 향토문학 부문 수상. 소설집 『무녀리』·『동숙의 노래』·『아모르파티』, 장편소설 『오, 탁구!』·『어린 새들이 울고 있다』 출간. 전 숭의여대 및 장안대 강사. 현 세종시에서 문예창작 강의. 현 ㈔한국작가회의 소설분과 회원.

채희문　중앙대학교 예술대학 문예창작학과 졸업. 1987년 계간 『세계의 문학』에 중편소설 「철탑」 발표. 1988년 동아일보 신춘문예에 중편소설 「병원」 당선. 1995년 제5회 서라벌 문학상 신인상 수상. 2020년 제9회 황순원작가상(소나기마을문학상) 수상. 창작집 『철탑』, 『검은 양복』, 엽편소설집 『발가락 사십 개를 부양하는 남자』, 중편소설 『흥선 대원군: 일세를 주름잡은 풍운아』, 장편소설 『흑치』, 『슬픈 시베리아』, 청소년소설 『주니어 박문수전』, 대표작품 선집 『바람도 때론 슬프다』 출간. 현 ㈳한국작가회의 소설분과 회원.

김찬기　1991년 세계일보 신춘문예 단편소설 「애기소나무」 당선. 고려대학교 문과대학 국문학과 졸업 및 같은 학교 대학원 국문학과 석사과정과 국문학과 박사과정 졸업(문학박사). 소설집 『달마시안을 한 번 보러와 봐』, 연구서 『한국 근대문학과 전통』·『한국 근대소설의 형성과 전(傳)』, 역서 『고등소학독본』, 등 출간. 전 한경대학교 교무처장. 전 현대소설학회 회장. 현 한경대학교 교수. ㈳한국작가회의 소설분과 회원.

김민주　2009년 매일신문 신춘문예 단편소설 「탱고」 당선. 2010년 문화일보 신춘문예 단편소설 「당신의 자장가」 당선. 김만중 문학상(은상) 수상. 천강문학상 수상. 대구가톨릭대학교 철학과 및 상명대학교 문화기술대학원 소설창작과 졸업. 소설집 『화이트 밸런스』, 『언더 고잉』, 공동창작집 『쓰다 참, 사랑』, 장편소설 『최무선: 하늘을 나는 불』 출간. 현 ㈳한국작가회의 소설분과 회원.